中国海洋大学教材建设基金资助

王华伟　曹亚辉　主编

日本社会与文化

にほんしゃかいとぶんか

青岛·中国海洋大学出版社

图书在版编目(CIP)数据

日本社会与文化：日文 / 王华伟，曹亚辉主编．—青岛：中国海洋大学出版社，2008.6（2010.3 重印）

ISBN 978-7-81067-988-6

I.日... II. ①王…②曹… III. ①日语—高等学校—教材 ②日本—概况—高等学校—教材 IV. H36

中国版本图书馆 CIP 数据核字(2007)第 021146 号

出版发行	中国海洋大学出版社
社　　址	青岛市香港东路 23 号　　邮 编　266071
网　　址	http://www.ouc-press.com
订购电话	0532-82032573(传真)
责任编辑	何　结　　电 话　0532-85901087
印　　制	淄博恒业印务有限公司
版　　次	2008 年 6 月第 1 版
印　　次	2010 年 3 月第 3 次印刷
成品尺寸	144mm×215mm　1/32
印　　张	17.5
字　　数	460 千字
定　　价	29.80 元

日本社会与文化

主编　王华伟　曹亚辉

编者　(以姓氏笔画为序)

万　礼　王　南　王伟军

邓传俊　李　晨　李锦淑

余逸文　刘绍磊　刘笑非

张云驹　张利民　韩　晓

目　次

第一部　地理・概貌

第二部　歴史・文化

第三部　政治体制

第四部　経済

第五部　社会・生活

第一部

地理·概貌

第一部 地理·概貌

第1章　日本の国土概況

第一節　日本の位置

日本はアジア大陸の東にある島国で、四つの大きな島とその他の島からなる。四つの大きな島は北から北海道･本州･四国･九州と順に並んでいる。

日本海を挟んでロシア、北朝鮮、韓国と隣り合っている。東シナ海を挟んでは中国および中国台湾と隣り合っている。また、南側で太平洋(フィリピン海)を隔てて米領北マリアナ諸島と隣り合っている。

日本の周辺は全て海であり、島国である。そのため他国と陸上において接していない。周辺は海であるが、朝鮮半島やサハリンが日本本土から数十キロという比較的近い位置にある。

最東端：東京都　南鳥島

最西端：沖縄県　与那国島西崎

最南端：東京都　沖ノ鳥礁

最北端：北海道　択捉島カモイワッカ岬

北方領土を除く最北端は北海道稚内市弁天島(宗谷岬)である。

ロシア占領下で帰属が微妙な千島列島阿頼度島最北埼を最北端とする意見もある。図1は日本列島の地図である。

北海道
青森
秋田
岩手
山形
宮城
新潟
福島
石川
富山
群馬
栃木
長野
埼玉
茨城
福井
岐阜
山梨
東京
神奈川
千葉
鳥取
兵庫
京都
滋賀
島根
岡山
愛知
静岡
広島
大阪
三重
奈良
山口
香川
徳島
和歌山
福岡
愛媛
高知
佐賀
大分
長崎
熊本
宮崎
鹿児島
沖縄

図1　日本列島

第二節　日本の国土

日本列島は北東から南北に約 3,000km と弓なりになっており、海岸線の長さは3万km以上である。山が多く、国土の76%が山地で、平地は24%しかない。

日本の国土面積はおよそ38万㎢で、中国の約1／26、アメリカの1／25、イギリスの1.5倍である。

領海の面積は3,091km²である。

一　山地

日本列島は、環太平洋地震帯の上にあり、火山活動も活発で世界でも有数の地震多発地帯となっている(1923 年の関東大震災(マグニチュード7.9)と1995年の阪神・淡路大震災(マグニチュード7.2)の二大地震)。国土の70%が山地で、その大部分は、森林に覆われているので、国土の森林の面積は66%となっている。農業用地は14%、宅地は3%で、工業用地にいたってはわずか 0.4%にすぎない。本州の中央部には、飛騨・木曽・赤石の三つの山脈があり、3,000m以上の山々が聳えている。その他の地方でも2,000mに近い山がたくさんある。これらは、それぞれ北・中央・南アルプスとも呼ばれ、総称して日本アルプスとか、日本の屋根とも言われている。これは、1896 年にイギリス人のウェストンによって名付けられたものである。

富士山は、標高 3,776mの日本最高の山で、典型的な円錐形活火山(1707 年に大噴火があったが、それ以後噴火活動はない)で、美しく広い裾野を持っている。冬には、中腹まで雪におおわれ一層美しさを増す。現在、日本には浅間山・阿蘇山・桜島・雲仙岳・三原山など約60の活火山がある。

日本の主な山地・山脈は次の図2の通りである。

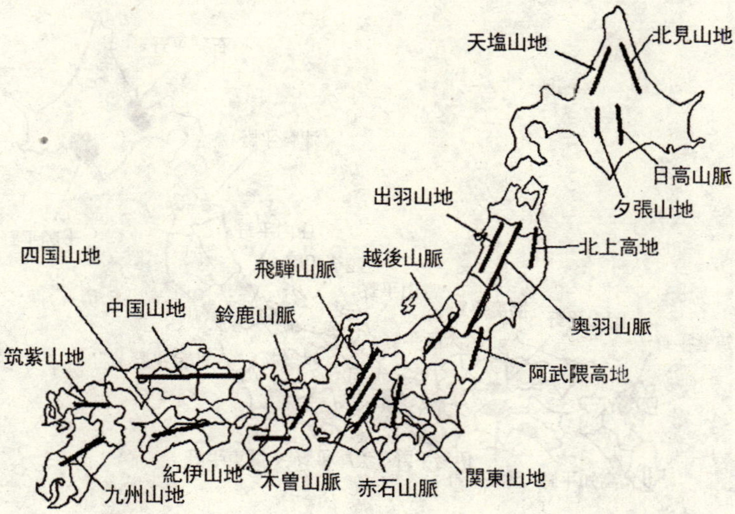

図 2　日本の山地・山脈

二　日本の平野・河川

日本には、川が運んだ土砂が堆積してできた平野が多いが、面積は狭い。川が作り出す地形として、三角州(川が海に近づくにつれ、だんだん広がっていき、三角形の平野をつくったところ)、扇状地(川が山間から平地に流れ出したところにできるおうぎ形の地形)、河岸段丘(川の侵食で、川岸の土地がけずられていき川岸が段々状態になっているところ)がある。主な平野は図 3 のように、関東平野・濃尾平野・石狩平野などがある。

日本の川は、国土の面積が狭いために、短くて急流が多く、最も長い信濃川でも 367km である。落差の大きい急流は、水力発電に適し、美しい峡谷をつくっているが、交通にはほとんど利用できず、洪水や水不足を起こす危険がある。

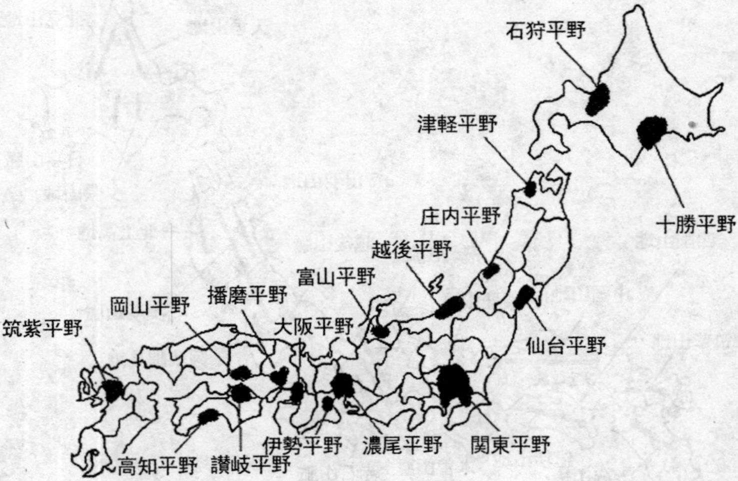

図 3　日本の平野

三　島

現在日本列島は日本国の主要な領土である。よって日本国民の意識では「日本列島」とは「日本国」とほぼ同義である。特にメディアなどでは「列島」と略するときが多い。島の数は 6,852 もある。次の表 1 は四つの大きな島及び沖縄の島の数である。

表 1　日本の島の数

地　　域	構成島数
全　国	6,852
北海道	509
本州	3,194
四国	626
九州	2,160
沖縄	363

第三節　日本の海と海溝

日本周辺の海は一つに繋がっているが、東側および南側が太平洋、西北側が日本海、西側が東海、北東側がオホーツク海と呼ばれている。本州と四国の間の海は特に瀬戸内海と呼ばれており、多数の島々が点在する。海流について見てみると、日本列島の南側を黒潮（日本海流）と呼ばれる暖かい海流が流れている。北からやってくる親潮（千島海流）と三陸沖から常磐沖でぶつかって好漁場をつくっている。一方、黒潮の分流である対馬海流が対馬海峡から日本海に流れ込んでいる。

海溝は、海の底が細長い溝状に深くなっている場所である。その深さは水面下 10,000m に達する。海嶺で生まれた海洋プレートが、マントルに沈み込んでいる場所である。同じような海底構造にトラフがある。6,000m を超える深さのものを海溝と呼び、それより浅いものをトラフと呼ぶ。

日本の近くには千島カムチャツカ海溝、三陸沖の日本海溝、伊豆･小笠原海溝、南西諸島海溝がある。

千島海溝カムチャツカとは太平洋北西部、カムチャツカ半島南部に発し、千島列島南岸に沿って北海道南東部に至る海溝である。その延長はさらに南の日本海溝に連なる。水深は大部分が 7,000m 以上で、最も深い所は海面下 9,550m になる。

日本海溝とは、東日本沖の太平洋底に、海岸線にほぼ並行して存在する海溝のことである。北は北海道の襟裳岬沖で大きく東に曲がって千島海溝へと続き、南は、房総半島沖で東に曲がり、伊豆･小笠原海溝へ続く。最も深い所は 8,020m になる。

伊豆･小笠原海溝は、日本の伊豆諸島･小笠原諸島付近にある海溝。フィリピン海プレートに太平洋プレートが沈みこむことによってできた海溝で、北に日本海溝が連なる。最も深い所では海面下 9,780m になる。

琉球海溝は南西諸島の東方に分布しているフィリピン海プレート西縁に位置する海溝である。最深部は沖縄島南東沖 7,507m になる。奄美大島および宮古島東方の海底の高まりで三つの部分に分けられており、中央部の海溝地形が最も明らかである。

第四節　日本の人口と人口密度

2005 年国勢調査による 10 月 1 日現在の日本の人口は 1 億 2,776 万人で、2000 年（1 億 2,693 万人）に比べ 83 万人、0.7%（年率 0.1%）の増加となった。男女別にみると、男性は 6,234 万人で 0.4%の増加, 女性は 6,542 万人で 0.9%の増加となっている。5 年ごとの人口増加率の推移を表 2 でみると、1945～50 年はいわゆる第 1 次ベビーブームにより 15.3%と高い増加率となったが、その後は出生率の低下に伴って増加幅が縮小し、1960～65 年には 5.2%となった。その後、第 2 次ベビーブームにより、1970～75 年には 7.0%と一時的に増加幅が拡大したものの、1975～ 80 年には 4.6%と再び縮小に転じ、2000～05 年には 0.7%と戦後最低の人口増加率となっている。

国際連合の推計によると、2005 年の世界の人口（年央推計人口）は 64.6 億人で、各国の人口を表 3 でみると、中国が 13.2 億人と最も多く、次いでインド（11.0 億人）、アメリカ合衆国（3.0 億人）と続いており、日本の人口は世界で 10 番目となっている。

表 2　人口の推移(1920 年～2005 年)

年次	人口 (千人)	5 年間の人口増加 増加数 (千人)	5 年間の人口増加 増加率 (%)	人口 増加率 (年率%)
大正 9 年(1920 年)	55,963	—	—	—
14 年(1925 年)	59,737	3,774	6.7	1.3
昭和 5 年(1930 年)	64,450	4,713	7.9	1.5
10 年(1935 年)	69,254	4,804	7.5	1.4
15 年(1940 年)	71,933	2,679	3.9	0.8
20 年(1945 年)	72,147	2) 780	2) 1.1	2) 0.2
25 年(1950 年)	1) 84,115	2) 11,052	2) 15.3	2) 2.9
30 年(1955 年)	9,007	1) 5,959	1) 7.1	1) 1.4
35 年(1960 年)	94,302	4,225	4.7	0.9
40 年(1965 年)	99,209	4,908	5.2	1.0
45 年(1970 年)	104,665	3) 5,455	3) 5.5	3) 1.1
50 年(1975 年)	111,940	7,274	7.0	1.4
55 年(1980 年)	117,060	5,121	4.6	0.9
60 年(1985 年)	121,049	3,989	3.4	0.7
平成 2 年(1990 年)	123,611	2,562	2.1	0.4
7 年(1995 年)	125,570	1,959	1.6	0.3
12 年(2000 年)	126,926	1,356	1.1	0.2
17 年(2005 年)	127,757	831	0.7	0.1

資料：国勢調査(1945 年は人口調査)結果による。
注：1)吐噶喇列島を除く。
2)沖縄県を除く。
3)小笠原諸島を除く。

なお日本の人口は 2000 年には世界で 9 番目であったが、2005 年はナイジェリアの人口が日本を上回った。また主要先進国の 2000～05 年の人口増加率をみると、ロシアで減少となっている(表 4)。

表3　世界各国人口－上位12カ国(2005年)

順位	国名	人口(百万人)	世界人口に占める割合(%)
	世界	6,465	100.0
1	中国	1,316	20.4
2	インド	1,103	17.1
3	アメリカ合衆国	298	4.6
4	インドネシア	223	3.4
5	ブラジル	186	2.9
6	パキスタン	158	2.4
7	ロシア	143	2.2
8	バングラデシュ	142	2.2
9	ナイジェリア	132	2.0
10	日本	128	2.0
11	メキシコ	107	1.7
12	ベトナム	84	1.3

資料：United Nations, "World Population Prospects. The 2004 Revision" による2005年央の中位推計値。
ただし、日本は国勢調査の結果による。

2005年の日本の人口密度は1㎢当たり343人である。人口1千万以上の国について人口密度をみると、日本は、バングラデシュ(985人/km²)、韓国(480人/km²)、オランダ(393人/km²)に次いで4番目となっている(表5)。

表4　主要先進国の人口及び人口増加率(1995年～2005年)

国名	人口(百万人) 1995年	人口(百万人) 2000年	人口(百万人) 2005年	人口増加率(%)( )内は年率 1995年～2000年	人口増加率(%)( )内は年率 2000年～2005年
日本	126	127	128	1.1(0.2)	0.7(0.1)
カナダ	29	31	32	4.7(0.9)	5.1(1.0)
アメリカ合衆国	270	284	298	5.4(1.1)	4.9(1.0)
フランス	58	59	60	1.8(0.4)	2.1(0.4)
イギリス	58	59	60	1.7(0.3)	1.7(0.3)
イタリア	57	58	58	0.7(0.1)	0.7(0.1)
ドイツ	82	82	83	0.8(0.2)	0.4(0.1)
ロシア	148	147	143	-1.1(-0.2)	-2.3(-0.5)

資料：United Nations, "World Population Prospects. The 2004 Revision" による2005年央の中位推計値。
ただし、日本は国勢調査の結果による。

表5　人口密度の上位12カ国(2005年)

順位	国名	人口密度(人/□)
	世界	48
1	バングラデシュ	985
2	韓国	480
3	オランダ	393
4	日本	343
5	ベルギー	341
6	インド	336
7	スリ・ランカ	316
8	フィリピン	277
9	ベトナム	254
10	イギリス	246
11	ドイツ	232
12	パキスタン	198

資料：　人口は表3と同じ。
面積はUnited Nations, “Demographic Yearbook, 2001”による。
ただし、日本の面積は国土交通省国土地理院「平成16年(2004年)全国都道府県市区町村別面積調」
注：　人口1千万以上の国について算出。

2006年10月1日現在、47都道府県の人口密度のランキング第一位は東京都(5,693.68人／km^2)で、都道府県庁所在地の人口密度のランキング第一位は東京都の新宿区(16,445.86／km^2)で、全国780市の人口密度ランキング第一位は埼玉県の蕨市(13,799.90人／km^2)、東京都(特別区)(13,606.46人／km^2)は第二位である。

日本では人口の5割が国土の14%ほどの平野に集中している。また特に東京、名古屋、大阪を中心とする地域(三大都市圏)に日本の人口の5割弱が集中している。このような人口の差により、過疎化·過密化といった問題が発生している。

2005年国勢調査による人口を2005年10月1日時点の境域で市町村別にみると、東京都特別区部が848万人と最も多く、次いで横浜市、大阪市、名古屋市、札幌市、神戸市、京都市、福岡市、川崎市、さいたま市、広島市及び仙台市の合わせて12

市が人口 100 万以上となっている。

これらの人口 100 万以上の市すべてで、2000 年に比べ人口が増加しており、人口増加率をみると、川崎市が 6.2%と最も高く、次いで横浜市、福岡市(共に 4.4%)などとなっている。

人口 50 万以上 100 万未満の市は、政令指定都市の北九州市(99 万人)、千葉市(92 万人)、静岡市(70 万人)のほか、堺市、浜松市、新潟市など 14 市となっており、北九州市、静岡市、東大阪市の 3 市で 2000 年に比べ人口が減少しているが、その他の 11 市では増加している。また、人口増加率をみると、八王子市が 4.5%と最も高く、次いで千葉市(4.2%)、相模原市(3.8%)などとなっている(表 6)。

表 6　人口 50 万以上の人口及び人口増減(2000 年～2005 年)

順位1)	市	人　口(千人)		2000年～05年の人口増減3)	
		2000 年	2005 年2)	実数(千人)	率 (%)
1	特別区部	8,483	8,135	348	4.3
2	横浜市	3,579	3,427	152	4.4
3	大阪市	2,629	2,599	30	1.2
4	名古屋市	2,215	2,172	43	2.0
5	札幌市	1,881	1,822	59	3.2
6	神戸市	1,525	1,493	32	2.1
7	京都市	1,475	1,474	0	0.0
8	福岡市	1,410	1,341	59	4.4
9	川崎市	1,327	1,250	77	6.2
10	埼玉市	1,176	1,133	43	3.8
11	広島市	1,155	1,134	20	1.8
12	仙台市	1,025	1,008	17	1.7
13	北九州市	993	1,011	−18	−1.8
14	千葉市	924	887	37	4.2
15	堺市	831	830	1	0.2
16	浜松市	804	786	18	2.3
17	新潟市	785	779	6	0.7
18	静岡市	701	707	−6	−0.8
19	岡山市	675	653	22	3.4
20	熊本市	670	662	8	1.1

順位1)	市	人口(千人)		2000年～05年の人口増減3)	
		2000年	2005年2)	実数(千人)	率(%)
21	相模原市	629	606	23	3.8
22	鹿児島市	604	602	3	0.4
23	船橋市	570	550	20	3.6
24	八王子市	560	536	24	4.5
25	松山市	515	508	7	1.3
26	東大阪市	514	515	−1	−0.3

注：1)2005年の人口による。
2)2005年10月1日現在の境域によって組替えた人口である。
3)2005年10月1日現在の境域に組替えて算出した。

第五節　気候

日本は温帯にあるが、国土が南北に細長いため、北の亜寒帯から南の熱帯まで気候が大変異なる。本州(一部地域を除く)、九州、四国、南西諸島(一部地域を除く)など大部分は温帯に属する。そのほかは、北海道と本州の高原地帯は亜寒帯、火山列島·南鳥島·八重山列島·多良間島·沖大東島は熱帯に属する。温帯の地域のみならず、国土全ての地域において季節の変化が大きく、気候は季節の違いでも異なっている。日本の気候は、列島の中央を縦走する山岳地帯を境に太平洋に面している地域と日本海に面している地域とで大きく異なる。また、夏と冬では気温の差が大きく、夏は熱帯と同じくらい暑くなるところもある。

日本の気候は国土の中央にある山脈のため、日本海側と太平洋側では非常に違う。日本海に面した地域は冬の間シベリアからの季節風により大雪が降る。季節風というのは毎年決まった時に吹く風である。新潟県や富山県など北陸地方の日本海側は、特に山間部に於いて世界的な豪雪地帯として知られている。一方、太平洋側の冬は晴天に恵まれるし、フェーン現象によって空気の乾いた状態が続く。ただし元々が寒気なので著しく気温を上昇させるものではない。太平洋側では夏は太平洋から吹いてくる季節風の影響で雨が多く、蒸し暑い日が続く。また、日本海側では、夏は太平洋側ほど雨が降らないが、気温は太平洋側と同じくらい高くなる。

夏は「梅雨」と呼ばれる雨期によって始まり、5 月下旬から 7 月下旬にかけて、南から順に梅雨が明けていく。梅雨が明けると、蒸し暑い夏を迎え、「暑いですね」が挨拶代わりになるほどである。しかも湿度が高く 70%以上ある。その暑さは乾燥しているインドや中近東での摂氏 30 度とは比べ物にならないほど体力を消耗させるのだが、この暑さのお陰で高緯度にもかかわらず稲作を行える日本文化の根幹に大きな影響を与えている。また太平洋側では連日最高気温が摂氏 30 度を超えることもある。日本の夏は台風の季節でもある。1946 年から 2000 年の平均では年間 3 個本土に上陸するが、多い年には 4 つから 5 つ上陸することもある。

高温多湿、しかも台風もやってくることから、日本の伝統的な住宅は部屋を壁で仕切らず風通しを良くして涼を呼ぶようにつくられている。襖や障子という取り外し可能な建具を用い、床を高くして畳を敷いた床にしたのもこのような気候に対処するための工夫なのであった。しかし 1960 年代からの高度成長期を境にそのような伝統的な日本住宅が減ってきている。鉄とコンクリートで出来た住宅やオフィスで冷暖房を行った部屋に暮らすようになり、特に都会ではそれが当たり前になっている。その結果、ヒートアイランド現象という局地的な温暖化が問題になっている。

このように異なった日本各地の気候は人々の生活や産業に大きな影響を与えている。

第2章 日本の地域区分

日本は都道府県(1都1道2府43県)という広域行政区画から構成される。但し、地域区分(地方区分)には揺れが見られる。また、一部の市などは行政上は別途政令指定都市、中核市、特別区に定められているほか、各都道府県をさらに細かく分けた市町村という行政単位や、町村をいくつかまとめた郡がある。北海道には独立出先機関として14の支庁が置かれている。

普通日本は北海道地方、東北地方、関東地方、中部地方、近畿地方、中国・四国地方、九州地方の七つの地方に分けられる。

第一節　北海道地方

北海道地方には根室・網走・釧路・十勝・宗谷・留萌・上川・空知・日高・石狩・胆振・後志・檜山・渡島の14の支庁が置かれる。道庁所在地は札幌市である。道内を大きく四つに地域分けして次のように呼ぶことがある。

道南地方：渡島・檜山の2支庁管内

道央地方：石狩・後志・空知・胆振・日高の5支庁管内

道北地方：上川・留萌・宗谷の 3 支庁管内

道東地方：釧路・網走・十勝・根室の 4 支庁管内

北海道地方

一 気候

気候は亜寒帯湿潤気候で、夏と冬の温度差が大きく冬の積雪は根雪となる。気温は夏冬とも一般に日本海側で高く、オホーツク海・太平洋側で低い。

日本海側は冬季に降雪が多く、太平洋側では少ない。太平洋側では夏には霧が発生する。内陸の盆地部は気温の年較差が大きく冬季には記録的な低温を示すことも多い。道南地域は道内では最も温暖で東北地方と似通った気候であり、植生も類似している。

北海道地方には梅雨がないとされ、気象庁でも北海道の梅雨入りは発表されていないが、梅雨前線が北海道にかかり、2 週間ほどぐずついた天気になることがある。これを蝦夷梅雨という。

二 工業

苫小牧市、釧路市は大規模な製紙、パルプ業が発達し、機械製造、飼料・肥料コンビナートを有する商工業都市である。特に苫小牧市単独で札幌市の製造品出荷額を上回り、釧路港の貿易総額は石狩湾新港の 4 倍強を誇る。

室蘭市は製鉄、化学コンビナートによる工業都市。函館市は造船。札幌市は道内産の農水産品加工から発達した食品加工製造が盛ん。旭川市は食品加工製造、製紙・パルプ業、電子機器、家具、酒造、出版印刷業。

北海道の工業は太平洋沿岸の苫小牧、釧路の両地域に集約する。食品加工は苫小牧から札幌にかけての内陸の諸都市に集中している。

近年コールセンターの立地に札幌市、釧路市で積極的な制度整備を図っている。特に釧路市では通信費用の1/2、家賃の1/2最高1,000万円を助成する施策を整え数社の誘致に成功している。中国経済の勃興による旺盛な需要の伸びに伴い、室蘭市の製鉄は増産状態が続いており街に活況が戻ってきた。北海道全体が不況感にある中で、2005年になって製造業の発達した都市では経済状態に漸く回復感が戻ってきた。

三　農業・畜産業

北海道は、日本の食糧基地と自称するほど農業が盛んで、全国の約12%にあたる1兆579億円の農業産出がある(2003年)。麦や芋等の畑作も全国と比べて比率が高く、テンサイやジャガイモ、小麦等全国一の品目が多い。中でも産出額の内約45%を占めるのは畜産であり、特に乳用牛の生産額が大きい。道内の生乳生産量も全国の約40%を占める。また、日高支庁を中心にサラブレッド等の軽種馬の生産も盛んである。

農家1戸当たりの耕地面積は16.9ha(2002年)で、他都府県の13倍にも達する。これは単に土地が広いこともあるが、北海道の各地方の気候条件に対応した農業が発達し開拓当初から大規模化したこと、農村部で兼業の機会が少なく専業農家が多く離農する者が多かったことから周辺農家が離農地を吸収合併し規模を拡大してきたこともその要因とされる。

亜寒帯湿潤気候を利用した酪農の盛んな釧路支庁、根室支庁では農家1戸当たり耕地面積は60.3ha(2003年)にも達する。大規模経営の為農家の所得水準は高く、北海道の農家1戸あたり農業所得は約580万円である。釧路支庁鶴居村では約1,370万円にも及び、全国最高を誇る。

空知・上川・十勝・網走(北網)が北海道の四大農業地帯と言われている。空知支庁はコメが中心。北部でソバ、南部でタマネギも生産している。特にソバの収穫量は幌加内町が全国1位、深川市が第2位となっていて、(第3位が旭川市、第4位が滝川市)日本を代表するソバ産地であると言える。川支庁は、日本を代表する野菜産地である。

宗谷支庁・釧路支庁・根室支庁は大酪農地帯である。肉牛の生産もしている。気候が耕作には適していないので、耕地は殆どない。宗谷支庁に至っては99%が牧草地である。

四　水産業

明治時代までは北海道日本海沿岸でニシン漁を始めとして、北海道の水産業への依存率は高かった。その後カムチャッカ沖、ベーリング海沖での北洋漁業が飛躍的に伸び、北海道太平洋沿岸で水産業が発達した。また同時に発展した水産加工業は北海道の工業の基盤ともなった。1977年の排他的経済水域(200海里水域)設定で遠洋中心の北海道漁業は大損害を受けた。しかし依然として北海道は全国の4分の1を水揚げする漁業王国である。またホタテやカニ、ウニ等の水産物を目当てに来る旅行者も居る等、観光産業にも貢献をしている。水揚げ量は釧路市が道内で一番多い。釧路は1990年まで、13年連続世界1位の水揚げ量であったが、その後急減。2005年現在、千葉県銚子市が全国1位の水揚げ量を誇っている。

五　製造業

北海道の製造業は、太平洋側に面した大規模港湾のある、苫小牧市(苫小牧港)、室蘭市(室蘭港)、釧路市(釧路港)に発達している。苫小牧市は人口規模で札幌市の1/10未満だが製造品出荷額で札幌市を抜く。この3市の製造品出荷額は北海道全体の実に4割を占め、北海道経済の機関車としての役割がある。札幌市は消費依存型の都市で食品加工業以外目立つ製造業はない。

六　鉱業

明治から高度成長期にかけては、石狩炭田と釧路炭田を中心に石炭産業が盛んであったが、現在は釧路市の太平洋炭礦を最後に大規模な採炭は終了した。国内で唯一、坑内採炭事業が釧路コールマインによって継続されて採炭されている。昭和に入り、鴻ノ舞鉱山（紋別市）の金の産出量が増加し、全盛期には「東洋一の金山」といわれるが、資源枯渇等を理由に1973年閉山した。また豊羽鉱山（札幌市）もかつて銀·銅·鉛·亜鉛で日本最大級の産出量を誇り、希少金属であるインジウムの産出量も世界一を誇っていたが、2006年3月をもって鉱量枯渇のため閉山となった。

七　観光関連産業

1972年の札幌オリンピック開催を機に、北海道開発庁を中心に空港や鉄道の整備が進み、観光産業が大きく花開いた。夏は避暑やアウトドアレジャー、ドライブ、ツーリング、冬はスキーやスノーボード等が楽しめる他、日本の農業基地としての北海道という側面から名産食品もあり、温泉の多さも手伝って毎年多くの観光客を集めている。また、観光客等を対象として小売業や運輸業が発達している。

しかし近年では海外旅行が安価で手軽になった事から北海道の魅力が相対的に薄れてきている。北海道拓殖銀行の破綻後は連鎖倒産も相次ぐ等、観光産業の経営状況は必ずしも芳しくない。

道外からの観光客数は1997年以降年間600万人前後でほぼ横ばいに推移しているが、この間に外国人観光客は 12 万人（1997 年度）から 29 万人（2003 年度）へと増加している。特に中国台湾、中国香港、韓国の 3 地域からの団体客数の伸びが大きい。

八　主な都市

札幌の時計台

札幌市　北海道の道庁所在地で、道内第一の政治・経済・文化の中心都市である。昔はほとんどアイヌ人だけの土地であったが、1868年北海道開拓使が置かれてから道内行政の中心となった。都市計画によって作られた北海道第一の近代的都市で、市街は碁盤の目のように区画されている。大倉山、真駒内は1972年冬季オリンピックの中心会場であった。

九　特色

1. 特産物

花咲ガニ、毛ガニ、じゃがいも、夕張メロン、熊の木彫り

2. 主な祭り

雪祭り(札幌)、オロチョンの火祭り(網走)

3. 郷土料理

石狩鍋、三平汁、ジンギスカン焼、ルイベ

4. 一番高い山

大雪山（旭岳）　2,290m

5. 何でも日本一

じゃがいもの生産(2004年)2,235千t(全国の77%)

かぼちゃの生産(2004年)105千t(全国の46%)

だいこんの生産(2004年)187千t(全国の12%)

たまねぎの生産(2004年)614千t(全国の54%)

にんじんの生産(2004年)192千t(全国の31%)

てんさいの生産(2004年)4,656千t(全国の100%)

いんげんの生産(2004年)26.1千t(全国の96%)

あずきの生産(2004年)82.3千t(全国の91%)

だいずの生産(2004年)39.6千t(全国の24%)

小麦の生産(2005年)540千t(全国の62%)
スイートコーンの生産(2004年)115千t(全国の43%)
米の生産(2004年)624千t(全国の7%)
ますの漁獲量(2003年)21.1千t(全国の92%)
かれいの漁獲量(2003年)24.8千t(全国の40%)
さけの漁獲量(2003年)221千t(全国の84%)
さんまの漁獲量(2003年)122千t(全国の46%)
たこの漁獲量(2003年)29.3千t(全国の48%)
えびの漁獲量(2003年)3,865t(全国の15%)
かにの漁獲量(2003年)6,786t(全国の20%)
ほたてがい(養殖)の漁獲量(2003年)151千t(全国の59%)
バターの生産(2003年)72.5千t(全国の87%)
青函トンネル53,850m

十　文化財

知床(世界自然遺産2005年)

知床

北海道の東端にあるオホーツク海に面した知床半島と、その沿岸海域が登録の対象となっている。半島中央部は、千島火山帯が貫き、海岸線は荒く海に削られた地域である。冬には世界で最も南端に接岸する流氷が訪れる。この流氷により大量のプランクトンが知床半島付近にもたらされ、サケなどの豊富な魚介類が生息する。サケは秋に知床の河川を遡上し、ヒグマやオジロワシなどに捕食される。これらの動物の排泄物および死骸は、植物の栄養素として陸地に還元される。このような、海と陸との植物連鎖を見ることのできる貴重な自然環境が残る点が国際自然保護連合(IUCN)に評価され、2005年に世界自然遺産の登録物件となった。

日本では、自然遺産として3件目の登録。また、海岸線から約 3km 沖まで登録地域となり、日本で初めて海洋を含む自然遺産登録物件となった。

第二節　東北地方

東北地方

東北地方とは、本州東北部にある日本の地方である。福島(福島市)、宮城(仙台市)、山形(山形市)、岩手(盛岡市)、秋田(秋田市)、青森(青森市)の 6 県で構成され、本州の約 3 割の面積を占める。

一　気候

気候は、小地形による修飾があるが、大きく日本海沿岸、奥羽山脈西側(盆地)、奥羽山脈東側(盆地)、太平洋沿岸の四つに別れており、それぞれ異なった傾向を持っている。また、それぞれのグループごとに、北と南で微妙な違いもある。

日本海沿岸と奥羽山脈西側(盆地)の「日本海側グループ」は、日本海側気候となっており、夏季はフェーン現象により、晴天が多く、非常な高温になることがある(山形市で日本最高気温 40.8 度を記録)。しかし昼間の高温の割りに夜間は気温が下がって過ごし易い。冬季は日照時間が少なく、豪雪地帯となっているところが多いが、特に奥羽山脈西側の盆地の降雪量が多い。

太平洋側の奥羽山脈東側（盆地）は、太平洋沿岸と「日本海側グループ」の中間のような気候になっている。夏季は、フェーン現象により高温となる日と、太平洋沿岸地域のような曇天で気温が低い日との両方がある。冬季も、寒気団や北風·西風などの諸要因が強いと日本海側のように雪が降る場合がある一方、太平洋沿岸地域のように、晴天になる日も多い。太平洋沿岸は、夏季は、北部·中部は通常曇天で気温が上がらず、数年毎にやませの流入により、低温で悪天候の冷夏となる年がある。南部（福島県浜通り）の夏季は、太平洋高気圧の影響下に入り易く、高温で晴天の日が多い。中部·南部は、冬季の積雪量は少なく、晴れて空気は乾燥する。

二　工業

東北にはいろいろな伝統工業が今も各地に残っている。山形県鶴岡市の羽二重や仙台平などの絹織業がある。青森県弘前市の津軽ぬり、岩手県平泉町の秀衡ぬりなどが有名である。岩手県の盛岡市と水沢市は南部鉄器と呼ばれる鉄器と鉄瓶生産で知られている。福島県の相馬焼き、山形県の平清水焼の焼き物がある。

東北地方には近代工業が少ない。しかし、1962 年の「全国総合開発計画」が打ち出されて以来、常磐郡山·仙台湾·秋田湾·八戸の四地域が新産業都市として指定され、東北地方の工業都市として発展している。

三　農業

東北·北陸地方は日本の代表的な米作地域である。東北六県で、米の生産量は全国の 28%を占める（2004 年）。

都道府県別に見たリンゴの収穫量割合は、青森県が全国の 52%（2005 年）、岩手県が 7 %占めている。津軽平野のリンゴをはじめ、東北各地で様々な果樹が栽培されている。

四　漁業

三陸沖には黒潮と親潮に乗ってくるイワシ、サバ、サンマ、サケなどが多い。青森県の八戸、岩手県の宮古などはいずれも整備の整った大漁港であり、水揚げ量も多い。松島湾や牡鹿半島はカキやノリの養殖で有名である。

五　主な都市

仙台市　宮城県の県庁所在地で、東北地方の最大の都市である。伊達氏の城下町として発達し､樹木の多い｢杜の都｣として知られる。東北地方の政治・経済・文化の中心地として大きな力を持っている。工業はあまりふるわなかったが、1964 年仙台湾にのぞむ地域が新産業都市の指定を受け、急速に工業開発が進んでいる。

青葉城址

六　特色

岩手県

1. 特産物

   南部鉄器、岩谷堂たんす、前沢牛、三陸わかめ

2. 主な祭り

   チャグチャグ馬コ(滝沢)、さんさ踊り(盛岡)、遠野祭り(と斧)、荒祭(室根)、春の藤原祭り(平泉)、日高神社火防祭り(水沢)

3. 郷土料理

   ひっつみ鍋、わんこソバ

4. 一番高い山

   岩手山　2,038m

5. 何でも日本一

りんどう(切花)の出荷量(2004年)6,170万本(全国の69%)
あわびの漁獲量(2003年)389t(全国の18%)
わかめの養殖(2003年)24.7千t(全国の41%)
生うるしの生産(2003年)750kg(全国の54%)
木炭の生産(2003年)5,070t(全国の24%)

宮城県

1. 特産物
鳴子系こけし、仙台たんす、白石和紙、雄勝すずり、ほや、笹蒲鉾、ひとめぼれ
2. 主な祭り
七夕祭り(仙台)、塩釜みなと祭り(塩竈)
3. 郷土料理
カキの土手鍋、めぬけのあら汁
4. 一番高い山
蔵王山(屏風岳)　1,825m
5. 何でも日本一
まぐろの漁獲量(2003年)39.0千t(全国の16%)
さめの漁獲量(2003年)12.7千t(全国の49%)
あなごの漁獲量(2003年)1,146t(全国の13%)
水産練り製品の生産(2003年)474億円(全国の12%)

秋田県

1. 特産物
大館曲わっぱ、樺細工、とんぶり、稲庭うどん
2. 主な祭り
竿灯祭り(秋田)、なまはげ(男鹿)、かまくら祭り(横手)
3. 郷土料理
きりたんぽ、はたはた鍋、しょっつる
4. 一番高い山
鳥海山　1,757m(鳥海山の最高地点は、山形県側の2,236m)

5. 何でも日本一

コンデンサの生産(2003年)2,247億円(全国の28%)

漆器製家具の生産(2003年)34.8億円(全国の20%)

1世帯あたり年間生鮮野菜購入量(2004年)230kg

山形県

1. 特産物

肘折系こけし、将棋の駒、米沢牛、さくらんぼ、紅花

2. 主な祭り

花笠祭り(山形)、樹氷祭り(蔵王)、長井あやめ祭り(長井)、黒森歌舞伎(酒田)

3. 郷土料理

納豆汁、いも煮

4. 一番高い山

鳥海山　2,236m

5. 何でも日本一

さくらんぼの生産(2004年)10.8千t(全国の66%)

西洋なしの生産(2004年)14.7千t(全国の62%)

果実缶詰の生産(2003年)86億円(全国の20%)

福島県

1. 特産物

大堀相馬焼、会津本郷焼、三春駒、会津塗、絵ろうそく、喜多方ラーメン

2. 主な祭り

相馬野馬追(相馬、原町)、提灯祭り(二本松)、柳津の裸祭り(柳津)

3. 郷土料理

わっぱめし

4. 一番高い山

燧ヶ岳　2,356m

5. 何でも日本一

カーステレオの生産(2003年)1,153億円(全国の25%)

七　文化財

白神山地

白神山地(世界自然遺産1993年)

全体の面積は13万haでそのうち約1万7千ha(169.7km²)がユネスコの世界遺産(自然遺産)に登録されている。青森県側の面積はそのうち74%の126.3km²を占め、残る43.4km²は秋田県北西部にあたる。なお、白神山地は法隆寺地域の仏教建造物、姫路城、屋久島とともに、1993年、日本で最初に世界遺産に登録された。

白神山地は、世界遺産登録地域の外側にも広大な山林を持ち、通常は、登録地域外も含めて呼ばれる事が多い。その中でも特に林道などの整備が全く行われていなかった中心地域が世界遺産に登録されている。

世界遺産地域は、中央部の核心地域と、周辺の緩衝地域に分かれ、これらの地域は世界遺産登録時より開発を行わず、現状のまま保護される事になっている。従って、これらの地域には遺産登録以前からあった登山道以外には道はなく、今後も恒久的に整備されない予定である。特に核心地域には道らしい道はない。又、青森県側の核心地域に入るには、事前、あるいは当日までに森林管理署長に報告をする必要がある。秋田県側の核心地区は原則的に入山禁止である。核心地区は林道すらないので、そこを踏破するには極めて高度な技術を必要とする。世界遺産に登録されてから、核心地区での遭難事故もあり死亡者も出ている。

第三節　関東地方

関東地方は東京都(東京都)と、神奈川(横浜市)、千葉(千葉市)、埼玉(浦和市)、茨城(水戸市)、栃木(宇都宮市)、群馬(前橋市)の 6 県から構成されている。

一　気候

太平洋岸に位置するため、夏に雨が多く、冬に乾燥する太平洋側気候が見られる。沖合いは黒潮の通路となっている。但し、群馬県や埼玉県などの内陸部では、寒暖差の大きい内陸性気候が見られる。

夏はオホーツク海気団よりやませが吹き込み、気温が下がる時がある。夏になると、特に栃木県北部、群馬県南東部、埼玉県北部には、夕立による雷の発生が多い。

関東北部山岳地帯の近辺では、日本海からの雪雲により、冬に降雪が多い。冬から春には、南岸低気圧が通過する時に、雪が降り易い。東京や水戸など沿岸平野部の降雪は、ドカ雪(湿り雪)か粉雪かの二つのパターンが多い。特徴として南岸低気圧の時は湿り雪で、冬型の時は粉雪となる日が多い。但し、冬型で大雪となる地域は那須岳と三国山脈に近い北側の山間部に多く、南側には無い。例外的に寒冷低気圧の降雪もある。

二　工業

京浜工業地帯は、東京特別区、川崎市、横浜市を中心に、東京都、神奈川県、埼玉県に広がる工業地帯である。かつては名前の通り、東京から横浜までの東京湾西岸、京浜運河に広がる埋め立て工業地帯であったが、次第に範囲が東海道沿いの藤沢市・茅ヶ崎市・平塚市や、内陸の八王子市・相模原市・さいたま市(旧大宮市)にまで拡大していった。四大工業地帯の一つで、太平洋ベルトの中核であり、日本最大の工業地帯である。

また、東京湾沿岸に千葉県へ伸び、京葉工業地域を形成、埼玉から東北道沿いに北関東工業地域を形成した。

中京工業地帯・阪神工業地帯・北九州工業地帯と比較した場合、事業所数・従業員数・付加価値額で見た規模は1位である。しかし、1999年以降、製造品出荷額の規模は中京工業地帯に次いで2位である。

巨大な消費市場と原料・製品の輸出入に便利な港湾(東京港・川崎港・横浜港)を有する。鉄鋼・機械・化学などの重化学工業、食品・繊維などの軽工業ともに発達しているが、重化学工業の割合が多く、印刷・出版や雑貨工業の発達が特徴的である。(日本最大の印刷工場が東京にある)また、中小規模の工場が多いことも特徴である。

京浜工業地帯は、阪神工業地帯より遅れて工業地帯となった。しかし沿岸部のみならず、内陸にまで工業地帯を広げ、機械工業などの都市型工業を立地させ、発展してきた。臨海部(横浜市、川崎市、大田区など)では鉄鋼業や化学工業、内陸部(八王子市、立川市など)では機械工業が発達している。

第二次世界大戦後、京浜工業地帯の延長部として発展した。

臨海部の埋立地に鉄鋼業、石油化学工業などの大規模な工場が立地している。浦安市から富津市まで連なっている。代表的な都市は市川市、船橋市、千葉市、市原市、木更津市、君津市など。全体的に火力発電所が多く、千葉市にJFEスチール東日本製鉄所、君津市に新日本製鉄所がある。

「大手」「超大手」といわれる製造業の本社（工場とは限らない）は、東京都区部に所在するものが多い。しかし、関東地方に工場を置く企業（親会社）の本社が、必ずしも関東地方に所在するとも限らない。

京浜工業地帯の主要な工業都市には東京、横浜市、横須賀市、日野市、藤沢市、茅ヶ崎市、相模原市、八王子市、川崎市などがある。

京葉工業地域とは、千葉県の東京湾に面した海岸部に、千葉港を中心として広がる工業地域である。船橋港（京葉港）、千葉港、木更津港などの港湾施設がある。

第二次世界大戦後、京浜工業地帯の延長部として発展した。臨海部の埋立地に鉄鋼業、石油化学工業などの大規模な工場が立地している。浦安市から、富津市まで連なっている。代表的な都市は市川市、船橋市、千葉市、市原市、木更津市、君津市などある。全体的に火力発電所が多く、千葉市にJFEスチール東日本製鉄所、君津市に新日本製鉄所がある。

三　農業

東京都区内周辺と隣接地では樹園地や芝生や軟弱野菜などを栽培している。東京に近い近郊農村では東京への出荷を目指して、キャベツ・ダイコンなど大量の野菜を栽培する野菜専業農家が見られる。関東平野の周辺部・山麓一帯では養蚕や工芸作物が盛んである。高冷地では白菜・キャベツなど輸送に耐える野菜を近郊農村とは時期をずらせて栽培している。

四 鉱業

関東地方の周辺に広がる山地では、かつては各地で工業の盛んな地域が見られた。日立市や足尾など一部の鉱山が操業していたが、1975年頃に閉鎖された。埼玉県の秩父市、栃木県佐野市（旧葛生町）付近では、セメント原料の石灰岩、ドロマイトの採掘が行われている。千葉県では天然ガスの採掘が行われている。大半は東京向けに供給される。また副産物であるかん水からはヨードが精製されており、医薬品向けに日本から輸出される数少ない鉱物資源となっている。

五 畜産業・漁業（水産業）

大消費地である東京を控え、茨城県や栃木県、千葉県を中心に養豚、養鶏、酪農が多い。生乳生産量では、北海道に続いて、栃木県が第二位、千葉県が第三位に位置する。

太平洋側を中心に水揚げが多い。特に銚子漁港は、国内有数の水揚げ高を誇る。成田国際空港は、水産物の輸入金額が日本一である為、「成田漁港」とすら呼ばれる。

六 主な都市

東京 昔から江戸と呼ばれ、城下町から発展した。江戸時代には日本の政治・経済の中心となり、18世紀の初め頃に人口百万を越す世界的大都市となった。明治以後は首都としてさらに発展し、日本の政治・経済・文化の中心地となった。しかし、巨大都市東京は交通・住宅などといった問題も抱えている。

東京タワー

横浜市 神奈川県の県庁所在地で神戸市と並ぶ国際港湾都市である。十大都市の一つである。1859年、横浜港が開かれて

横浜みなとみらい

から急速に発展した。臨海部の埋立地を中心に鉄鋼・造船などの大工場があり、川崎市と共に京浜工業地帯の中核をなしている。近年は東海道線沿いの内陸部の工業化が著しい。また貿易は工業とともに市の経済の中心をなしている。

川崎市 神奈川県の重工業都市である。1907年に工場が初めて建てられ、その後次々に工場ができ、京浜工業地帯の中心地となった。製鉄・機械などの大工場がならび、工業生産額は全国の都市でトップクラスである。

川崎マリエン

七 特色

東京都

1. 特産物

江戸小紋、江戸きりこ、佃煮、浅草のり、黄八丈

2. 主な祭り

三社祭り（台東区・浅草神社）、神田祭り（千代田区・神田神社）、鷲神社酉の市（台東区・鷲神社）、山王祭り（千代田区・日枝神社）

3. 郷土料理

深川鍋、ねぎま、どじょう鍋、江戸前すし

4. 一番高い山

雲取山 2,017m

5. 何でも日本一

パーソナルコンピューターの生産（2003 年）3,326 億円（全国の 20%）

蛍光ランプの生産（2003 年）130 億円（全国の 9%）

新聞(日刊紙)の発行部数(2005 年)6, 090 千部
1 人あたりの個人預貯金残高(2004 年)1, 556 万円

茨城県

1．特産物
笠間焼、結城つむぎ、水戸納豆
2．主な祭り
鹿島神宮祭頭祭り(鹿嶋)、伊奈の綱火(伊奈)、梅祭り(水戸)
3．郷土料理
あんこう鍋、わかさぎ料理
4．一番高い山
八溝山　1, 022m
5．何でも日本一
メロンの生産(2004 年)56. 6 千t(全国の 23%)
くりの生産(2004 年)6. 4 千t(全国の 27%)
れんこんの生産(2004 年)28. 5 千t(全国の 47%)
こいの漁獲量(2003 年)475t(全国の 16%)
まいわしの漁獲量(2003 年)19. 9 千t(全国の 38%)
ビールの生産(2003 年)521. 7 千 kl(全国の 13%)
即席めんの生産(2003 年)378 億円(全国の 11%)

栃木県

1．特産物
益子焼、かんぴょう、ゆば、大谷石
2．主な祭り
日光東照宮春の大祭(日光)、生子神社の泣き相撲(鹿沼)
3．郷土料理
すみつかり、こんにゃくすっぽん
4．一番高い山
白根山　2, 578m
5．何でも日本一

いちごの生産(2004年)28.7千t(全国の14%)
かんぴょうの生産(概数)(2002年)386t(全国の97%)
にらの生産(2004年)13.1千t(全国の21%)

群馬県

1. 特産物
こんにゃく、下仁田ねぎ、伊勢崎がすり、桐生織
2. 主な祭り
だるま市(高崎)、春駒(川場)、やっさ祭り(月夜野)
3. 郷土料理
こんにゃく料理
4. 一番高い山
白根山　2,578m
5. 何でも日本一
きゅうりの生産(2004年)69.1千t(全国の10%)
キャベツの生産(2004年)207千t(全国の16%)
生しいたけの生産(2003年)5.2千t(全国の8%)
こんにゃくいもの生産(2004年)63.3千t(全国の94%)

埼玉県

1. 特産物
草加せんべい、深谷ねぎ、岩槻人形、たび、こいのぼり、桐たんす
2. 主な祭り
秩父夜祭り(秩父)、川越祭り(川越)
3. 郷土料理
忠七めし
4. 一番高い山
三宝山　2,483m
5. 何でも日本一
ブロッコリーの生産(2004年)14.0千t(全国の15%)

こまつなの生産(2004 年)12.3 千t(全国の 14%)
ゆり(切花)の出荷量(2004 年)2,570 万本(全国の 14%)
節句人形・ひな人形の生産(2003 年)77 億円(全国の 44%)
望遠鏡の生産(2003 年)1.1 億円(全国の 12%)
男性の1日の通勤・通学時間　58 分(2001 年)

千葉県

1. 特産物

しょうゆ、らっかせい

2. 主な祭り

佐原祇園祭り(佐原)、成田山節分会(成田)、香取神宮神幸祭(佐原)

3. 郷土料理

さんが、イワシのなれずし

4. 一番高い山

愛宕山　408m

5. 何でも日本一

かぶの生産(2004 年)51.4 千t(全国の 31%)
さといもの生産(2004 年)29.2 千t(全国の 16%)
ねぎの生産(2004 年)69.6 千t(全国の 14%)
ほうれんそうの生産(2004 年)35.8 千t(全国の 12%)
えだまめの生産(2004 年)10.2 千t(全国の 14%)
さやいんげんの生産(2004 年)7.2 千t(全国の 14%)
日本なしの生産(2004 年)40.8 千t(全国の 12%)
らっかせいの生産(2004 年)15.9 千t(全国の 75%)
小麦粉の生産(2003 年)873 千t(全国の 17%)
ジェット燃料油の生産(2003 年)814 億円(全国の 32%)
しょうゆ・食用アミノ酸の生産(2003 年)80.9 億円(全国の 34%)
ナフサの生産(2003 年) 1,947 億円(全国の 38%)
海水浴場の数(2005 年)78 ヶ所

神奈川県

1. 特産物

小田原かまぼこ、たたみいわし、箱根寄木細工、鎌倉彫り

2. 主な祭り

七夕祭り(平塚)、貴船神社の船祭り(真鶴)、鶴岡八幡宮例大祭(鎌倉)

3. 郷土料理

いのしし鍋

4. 一番高い山

丹沢山(蛭ヶ岳)　1,673m

5. 何でも日本一

チーズの生産(2003年)59.1千t(全国の34%)

写真フィルムの生産(2003年)1,489億円(全国の43%)

ガソリンの生産(2003年)998万kl(全国の19%)

シャンプー・ヘアリンスの生産(2003年)581億円(全国の26%)

洗濯石けんの生産(2003年)22.2億円(全国の36%)

ハンカチーフの生産(2003年)289万ダース(全国の40%)

ボールペンの生産(2003年)115億円(全国の21%)

男性の1日の通勤・通学時間58分(2001年)

女性の1日の通勤・通学時間28分(2001年)

八　文化財

日光の社寺(世界文化遺産1999年)

日光は、徳川初代将軍家康の霊廟である東照宮が1616年に造営されて以来、徳川幕府の聖地となった。東照宮は、その後1636年に全面的に大規模な造り替えが行われ、現在の規模・構造になった。さ

東照宮

らに、1653年には3代将軍家光の霊廟である大猷院が造営された。8世紀以来、日光は男体山を中心とする山岳信仰の聖地であり、山麓や中禅寺湖畔にははやくから社寺が営まれていた。

東照宮が造営された男体山の東麓には、さきに輪王寺と二荒山神社があり、それらをあわせて大規模に造営された。幕府が総力をあげて造営した建物は、人物·動物·植物などの彫刻を多用し、漆塗や彩色、飾り金具などで華やかに飾られている。

二荒山神社、東照宮、輪王寺等が含まれる。

第四節　中部地方

中部地方は静岡(静岡市)、愛知(名古屋市)、山梨(甲府市)、長野(長野市)、岐阜(岐阜市)、福井(福井市)、石川(金沢市)、富山(富山市)、新潟(新潟市)の9県からなっている。

中部地方

大きく分けて、日本海に面する北陸地方、内陸部の甲信地方(中央高地)、太平洋に面する東海地方に分けられるが、中部地方の西部日本海側を狭義の北陸地方、西部太平洋側に三重県東部を加えた範囲を中京地方、東部を甲信越静として区分する事も稀にあり、甲信越静を関東地方とあわせて広域関東圏とする事も稀にある。

日本海に面する県：新潟県、富山県、石川県、福井県
内陸に位置する県：山梨県、長野県、岐阜県
太平洋に面する県：静岡県、愛知県

一 気候

北陸地方と水内地方(長野県北部)は日本海側気候で、世界的に見ても、人の生活圏としては珍しい程の豪雪地帯である。甲信地方と岐阜県飛騨・東濃地方は内陸性気候で、寒暖差が烈しく、日本アルプスを抱える地方である。西濃地方(岐阜県南西部)を含む東海地方は太平洋側気候で、特に平野は温暖である。

二 工業

中京工業地帯は、愛知県・岐阜県・三重県北部に広がる工業地帯である。四大工業地帯(最近では三大工業地帯という意見もある)の一つ。京浜工業地帯、阪神工業地帯と比較した場合、従業者数あるいは製造品出荷額で見た規模は最も大きく、本邦随一の工業集積地帯である。従業者数は100万6,743人、製造品出荷額は42兆1,963億円にのぼる(2001年)。

明治時代には製糸、紡績、繊維工業が盛んであった。第二次世界大戦中から鉄鋼業・機械工業が、戦後には石油化学工業が進出した。戦前は特に愛知航空や三菱重工業、中島飛行機などの工場があり航空機生産が盛んで軍需産業の重要拠点であった。

名古屋港周辺の埋立地には製鉄所や石油化学コンビナートが建設されている。また、豊田市を中心として自動車工業が発達している。岐阜市や一宮市周辺には毛織物工業、大垣市は繊維工業、瀬戸市、土岐市には伝統的な窯業が発達している。

中京工業地帯の代表的な都市には、名古屋市、岐阜市、豊田市、大垣市、東海市、安城市、碧南市、刈谷市、一宮市、四日市市などがある。

三　東海道メガロポリスと太平洋ベルト

メガロポリスは巨帯都市とも言われ、いくつかの巨大都市が帯状に連なって形成された都市群のことである。日本において東京～大阪(厳密には千葉～神戸)に至る太平洋ベルト地帯東部を東海道メガロポリスと呼ぶことがある。この言葉は日本が高度経済成長期を迎えた頃に行われていた国土政策、全国総合開発計画の頃に叫ばれた言葉であり、当時、政治、経済、文化の最先端を邁進していたメガロポリスにならって名付けられたものとされている。

太平洋ベルトは京浜・中京・阪神・北九州の四大工業地帯を結ぶ太平洋岸・瀬戸内海ぞいの細長い臨海地域である。1960 年に立てられた所得倍増計画で、公共投資の重点的配分地帯とされた。面積は全国の 1／4 に過ぎないが、人口の約 6 割、工業出荷額の約 7 割が集中している。その結果，この地域に運輸・通信機関，金融機関，政治機能，文化施設などが集中している。

太平洋ベルト

四　農業

濃尾平野は治郎丸ほうれんそうや漬物で有名な守口大根で広く知られているが、ほかにもキャベツ・カリフラワーなど全国的な生産を上げている野菜が多い。

北陸地方は東北地方と共に、日本の代表的な水田単作地帯である。米の生産量は北陸四県で全国の約 14%を占め、主として京阪神地方に大量に移出されている。

静岡県の茶の栽培面積は全国の約1/3、生産量は約半分を占めていて、いずれも全国一である。静岡県のミカンの栽培は1981年は全国第二位の生産量となっている。

五　漁業

東海地方は早くから沿岸各地に特色のある漁業が発達した。また、黒潮の流れを利用した沖合い漁業や世界の海へ乗り出す漁業(遠洋漁業の基地焼津)があり、淡水の養殖(静岡の浜名湖などのウナギ養殖)もあり、東海地方の漁業は多様である。

六　日本の電源地帯

日本のエネルギー源は水力発電、火力発電、原子力発電に分かれている。1966から原子発電が始まり、今後、原子力の発電量(1981 年には全国の総発電量の 15.1%を占める)が増加していくことは確かである。

中部地方には飛騨·木曾などの山脈が走り、多くの河川が流れている。いずれも勾配が急であり、水源付近は降水量、積雪量が多く、水力発電に恵まれた条件を備えている。

七　主な都市

名古屋城

名古屋市　愛知県の県庁所在地で、中京地方の大中心地である。江戸時代は徳川家の城下町として発展し、昭和の初めまでは繊維·食料品などの軽工業の中心として知られた。第二次世界大戦後は機械・金属の総合工業都市の性格を持つようになった。戦後の大規模な復興計画の実施により、市街が整備された。

静岡市　同県の県庁所在地である。江戸時代には駿府とよばれ、城下町、市場町として栄えた。東海地方では名古屋市につぐ商業都市である。工業は漆器家具・建具などが主であるが、最近、大工場も誘致されている。日本平・登呂遺跡などがある。

登呂遺跡

八　特色

新潟県

1. 特産物

小千谷縮、塩沢紬、こしひかり、錦鯉、加茂桐たんす、洋食器

2. 主な祭り

弥彦燈篭祭り（弥彦）、白根たこ合戦（白根）、一の宮けんか祭り（糸魚川）、羽茂祭り（羽茂）

3. 郷土料理

のっぺい汁、鮭の酒かけ

4. 一番高い山

小蓮華山　2,769m

5. 何でも日本一

チューリップ（切花）の出荷量（2004 年）2,470 万本（全国の33%）

食卓用ナイフ・フォーク・スプーンの生産（2003 年）91 億円（全国の 89%）

1 世帯あたり年間豚肉購入量（2004 年）20.9kg

富山県

1. 特産物

越中和紙、高岡銅器、薬、高岡塗、ほたるいか

2. 主な祭り

こきりこ踊り(平村・上平村)、御車山祭り(高岡)、越中おわら風の盆(八尾)

3. 郷土料理

鱒ずし

4. 一番高い山

立山(大汝山)　3,015m

5. 何でも日本一

アルミニウム製サッシの生産(2003 年)3,075 億円(全国の39%)

黒部ダム(堤の高さ)186m

石川県

1. 特産物

九谷焼、輪島塗、加賀友禅、山中塗、金沢箔

2. 主な祭り

百万石祭り(金沢)、青柏祭(七尾)、伴旗祭り(内浦)

3. 郷土料理

ごり汁、じぶ煮

4. 一番高い山

白山　2,702m

5. 何でも日本一

金属はくの生産(2003 年)22.6 億円(全国の 54%)

福井県

1. 特産物

越前焼、越前和紙、越前がに、若狭塗、三国らっきょう

2. 主な祭り

三国祭り(三国)、勝山の左義長(勝山)

3. 郷土料理

打ち豆料理

4. 一番高い山

三ノ峰　2,095m

5. 何でも日本一

メガネの生産(2003年)50.5億円(全国の70%)

羽二重の生産(2003年)12.8億円(全国の34%)

ポリエステル長織維織物(2003年)112億円(全国の23%)

山梨県

1. 特産物

ぶどう、もも、水晶、障子紙、花火、甲州印伝

2. 主な祭り

吉田の火祭り(富士吉田)、信玄公祭り(甲府)

3. 郷土料理

ほうとう、煮貝

4. 一番高い山

富士山　3,776m

5. 何でも日本一

ぶどうの生産(2004年)53.4千t(全国の26%)

ももの生産(2004年)53.4千t(全国の35%)

すももの生産(2004年)9.2千t(全国の34%)

果実酒の生産(2003年)34.7千kl(全国の34%)

貴金属製品の生産(2003年)466億円(全国の31%)

富士山　3,776m

長野県

1. 特産物

内山紙、野沢菜、信州そば、佐久鯉、わさび、木曽ひのき細工、天竜水引、木曽塗

2. 主な祭り

どんど焼き(県内各地)、岳の幟(別所温泉)、御柱祭り(諏訪・下諏訪・茅野)、善光寺御開帳(長野)、道祖神火祭り(野

沢温泉)

3. 郷土料理

ごへいもち

4. 一番高い山

穂高岳(奥穂高岳)　3,190m

5. 何でも日本一

はくさいの生産(2004 年)210 千t(全国の 24%)

レタスの生産(2004 年)176 千t(全国の 35%)

セルリーの生産(2004 年)13.5 千t(全国の 37%)

アスパラガスの生産(2004 年)5.4 千t(全国の 19%)

なめこの生産(2003 年)5.0 千t(全国の 20%)

カーネーション(切花)の出荷量(2004 年)9,410 万本(全国の 21%)

みその生産(2003 年)526 億円(全国の 38%)

かんてんの生産(2003 年)85.5 億円(全国の 78%)

ギターの生産(2003 年)115 千個(全国の 58%)

顕微鏡・拡大鏡の生産(2003 年)283 億円(全国の 79%)

35 ミリカメラの生産(2003 年)72.2 億円(全国の 16%)

男性の平均寿命(2000 年)78.90 歳

博物館の数(2005 年)280 ヶ所

岐阜県

1. 特産物

美濃焼、美濃和紙、春慶塗、関刃物、岐阜ちょうちん

2. 主な祭り

高山祭り(高山)、郡上踊り(八幡)

3. 郷土料理

ほうばみそ

4. 一番高い山

穂高岳(奥穂高岳)　3,190m

5. 何でも日本一

ほうちょうの生産(2003 年)50.5 億円(全国の 45%)
はさみの生産(2003 年)47.6 億円(全国の 32%)
陶磁器製和飲食器の生産 (2003 年) 259 億円 (全国の 40%)
木製机・テーブル・いすの生産(2003 年)214 億円(全国の 12%)

静岡県

1. 特産物
   茶、桜えび、いちご、うなぎ
2. 主な祭り
   浜松祭り(浜松)、掛川祭獅子舞(掛川)、大井神社の帯祭り(島田)
3. 郷土料理
   いのしし鍋、とろろ汁
4. 一番高い山
   富士山 3,776m
5. 何でも日本一
   かつおの漁獲量(2003 年)71.7 千t (全国の 21%)
   茶 (荒茶) の生産(2004 年)44.2 千t(全国の 44%)
   水わさびの生産(2002 年) 1,248t(全国の 53%)
   ガーベラ(切花)の出荷量(2004 年)6,310 万本(全国の 35%)
   まぐろ缶詰の生産(2003 年)406 億円 (全国の 92%)
   オーディオディスクレコードの生産(2003 年)437 億円(全国の 59%)
   ピアノの生産(2003 年)133 千台(全国の 100%)
   富士山(山の高さ) 3,776m

愛知県

1. 特産物
   常滑焼、赤津焼、瀬戸染付焼、豊橋筆、三州瓦、きしめん、ういろう、八丁みそ、守口漬
2. 主な祭り

国府宮はだか祭り（稲沢）、豊浜の大漁祭り（南知多）、提灯祭り（一色）、熱田祭り、（熱田区・熱田神社）、尾張津島天王祭り（津島）

3. 郷土料理

かしわ料理、みそ煮込うどん、天むす、えび料理

4. 一番高い山

茶臼山　1,415m

5. 何でも日本一

カリフラワーの生産（2004年）2.7千t（全国の11%）
シクラメン（鉢物）の出荷量（2004年）312万鉢（全国の14%）
きく（切花）の出荷量（2004年）52,360万本（全国の28%）
ばら（切花）の出荷量（2004年）5,720万本（全国の14%）
パンジー（花壇用苗）の出荷量（2004年）1,820万鉢（全国の9%）
観葉植物（鉢物）の出荷量（2004年）2,290万鉢（全国の38%）
硫酸の生産（2003年）39.5億円（全国の16%）
産業用ロボットの生産（2003年）682億円（全国の13%）
乗用車の生産（2003年）62,996億円（全国の44%）
カーエアコンの生産（2003年）4,376億円（全国の61%）
ふとん（羊毛ふとん含む）の生産（2003年）49.3億円（全国の9%）

九　文化財

白川郷・五箇山の合掌造り集落（世界文化遺産1995年）

白川郷（岐阜県大野郡）の集落は大型の木造民家群から構成されている。茅葺きの合掌づくりの大きな屋根の下は3～5階からなり、1階は広い居室空間、2階以上は屋根裏部屋の寝室あるいは作業空間となっている。1棟には数十人からなる大家族が住むのが一般的だった。

合掌造り集落

この種の18、19世紀の民家約50棟が集中して残る荻町地域は、山間の田畑のなかに位置し、周囲を広葉樹林が囲み、民家は中央

の谷筋の方向に平行して棟を並べ、急勾配の茅葺屋根とあいまって、独特の集落景観を構成している。

白川郷は本州のほぼ中央の山間部にある。この地は 17 世紀末期から江戸幕府の直轄支配下にあり、住民の多くは農耕のほかに山林樹木の伐採・搬出や養蚕を生業としていた。民家内の屋根裏部屋では、養蚕の作業なども行なわれていた。

また、「結」と呼ばれる住民の相互扶助組織があり、屋根の葺き替えなどの家屋維持を共同して行なう慣習が残る点も興味深いものである。居住と作業のための大規模な空間をもち、大家族が暮した民家の連なる白川集落は、世界的にもユニークな景観を成している。

第五節　近畿地方

近畿地方は京都(京都市)、大阪(大阪市)の2府と滋賀(大津市)、三重(津市)、奈良(奈良市)、和歌山(和歌山市)、兵庫(神戸市)の5県からなっている。

近畿地方

一　気候

気候は大きく四つに分かれる。日本海沿岸の北近畿と福井県嶺南は日本海側気候で、冬の雪は北陸程多くはなく、雨の日が比較的多い。このため、気候では「弁当忘れても傘忘れるな」という格言が存在する。南紀と三重県(伊賀盆地を除く)は太平洋側気候で雨が多い。大阪府·兵庫県摂津·播磨地方·淡路島·和歌山県北部は瀬戸内海式気候で、年間を通じて温暖·少雨である。京都府(山城地方·南丹)·滋賀県南部·奈良県北部(奈良盆地)·三重県北西部(伊賀盆地)は内陸性気候で、山脈の間に位置するため、太平洋や日本海からの季節風が遮られる。このため、雨が少なく、夏と冬、昼と夜の寒暖差が烈しい。

二　工業

阪神工業地帯は大阪·神戸を中心とする工業地帯である。京浜·中京·北九州工業地帯とならび、日本四大工業地帯の一つである。京浜工業地帯、中京工業地帯と比較した場合、事業所数で見た規模は最も大きいが、製造品出荷額で見た規模は第 3 位である。事業所数(従業員 4 人以上)は 42,704、製造品出荷額は 30 兆 3,997 億円である(2001 年)。

臨海部は堺·泉北地区の石油化学コンビナートをはじめとして、鉄鋼·金属·機械·造船などの大工場が集中し、阪神工業地帯の中核となっている。東部には機械器具·雑貨など、南部は綿織物などの繊維、淀川ぞいには電気器具·化学薬品などの工業が発達している。また、灘の清酒、堺の刃物、八尾のブラシなどの伝統工業も有名である。近年は和歌山県や播磨地方などの埋め立て地、京都府·滋賀県の内陸部に工業地帯が広がっている。

主要な工業都市には大阪府、神戸市、尼崎市、堺市、東大阪市、守口市、門真市、姫路市、加古川市、高砂市、和歌山市、京都市などがある。

三　農業

琵琶湖周辺の近江盆地では、琵琶湖の水を利用して、古くから稲作が発達してきた。大阪周辺では都市向けの野菜·果樹·草花などを栽培する。大阪の玉ねぎ・スイカやイチゴ、和歌山山間のミカン、淡路島の草花などは知られている。

四　真珠の養殖

志摩半島の英虞湾には真珠の養殖場がある。志摩半島の海は暖かく、海水がきれいで、波が静かなので、真珠の養殖に適している。ここで養殖された真珠は世界各国へ輸出している。

五　林業

近畿地方の林業の中心は紀伊山地である。奈良県南部と三重県南部の吉野・熊野地方は紀伊山地の中でも特に雨の多い地方である。そして一年中温暖で、土壌が木の生育に適しているため、この地域は昔から豊かな森林資源に恵まれ、日本有数の林業地となってきた。これは「木の国」といってもいいくらいで、生産されている木材は杉が中心である。紀伊山地には私有林が多いということである。

六　主な都市

大阪城

大阪市　大阪府の中央部、大阪湾に面した西日本第一の大都市である。京都・奈良と隣接し、瀬戸内海に通じる大阪湾に面するため、古代から栄えたが、特に豊臣秀吉が大阪城を築いて以来、城下町・商人町として急速に発展した。現在、大商業都市であると共に、阪神工業地帯の中心でもあるが、第二次世界大戦後は大阪の経済的地位は弱体化しつつある。また、公害・住宅・生活環境などの問題も抱えている。

京都市　京都府南部、京都盆地にある国際文化・観光都市である。かつては日本の首都であった。市内には史跡・寺社がいたるところにあり、観光客が多く、観光収入は市の大事な財源に

清水寺

なっている。西陣織・京友禅に代表される伝統工業が工業の中心であるが、家内工業的で規模は小さい。第二次世界大戦後は南部・西部を中心に機械などの近代工業も盛んになっている。市街地周辺の農村は近郊農業地域であり、野菜などが栽培されている。

奈良市　奈良県の北部にある。かつては都であった。しかし、都が京都に移ってから衰え、春日大社などの門前町として発達した。国宝に指定された建築や彫刻などの文化財が多く、国際観光都市として内外の観光客が訪れる。

興福寺五重塔

六　特色

三重県

1. 特産物
   萬古焼、伊賀焼、鈴鹿墨、伊勢えび、松阪牛、真珠、的矢かき
2. 主な祭り
   上野天神祭り(上野)、伊勢大神楽(桑名)、伊勢神宮のお木曳(伊勢・20年に1度)
3. 郷土料理
   焼き蛤、伊勢うどん
4. 一番高い山
   大台ケ原山(日出ヶ岳)　1,695m
5. 何でも日本一
   ろうそくの生産(2003年)54.5億円(全国の44%)
   錠・かぎの生産(2003年)320億円(全国の41%)
   自動販売機の生産(2003年)156.9千台(全国の31%)

滋賀県

1. 特産物

信楽焼、近江牛

2. 主な祭り

大津山王祭(大津)、左義長祭り(近江八幡)、長浜曳山祭り(長浜)

3. 郷土料理

鮒ずし、鴨すき

4. 一番高い山

伊吹山　1,377m

5. 何でも日本一

あゆの漁獲量(2003年)912t(全国の11%)

理容用電気器具の生産(2003年)886億円(全国の67%)

エアコンディショナの生産(2003年)196万台(全国の23%)

琵琶湖(面積)670.3km²

京都府

1. 特産物

清水焼、京人形、西陣織、京友禅、千枚漬、丹波栗、丹後ちりめん

2. 主な祭り

祇園祭り(東区・八坂神社)、葵祭り(左京区・下鴨神社、北区・上賀茂神社)、時代祭り(左京区・平安神宮)、大文字五山送り火(如意ヶ嶽・東山・明見山・大北山)、石清水祭(八幡)、鞍馬の火祭り(左京区・鞍馬由岐神社)

3. 郷土料理

湯豆腐、はも料理、すっぽん鍋、にしんそば

4. 一番高い山

皆子山　972m

5. 何でも日本一

ちりめんの生産(2003年)74億円(全国の63%)

うちわ・扇子の生産(2003 年)37 億円(全国の 47%)
マネキン人形・人台の生産(2003 年)3.4 億円(全国の 13%)

大阪府

1. 特産物
塩こんぶ、粟おこし
2. 主な祭り
天神祭り(北区・大阪天満宮)、だんじり祭り(岸和田)、住吉祭り(住吉区・住吉大社)
3. 郷土料理
てっちり、うどんすき
4. 一番高い山
金剛山　1,056m
5. 何でも日本一
じゅうたん・だん通の生産(2003 年)45.1 億円(全国の 69%)
綿織物製下着の生産(2003 年)587 千ダース(全国の 26%)
電気冷蔵庫の生産(2003 年)1,275 千台(全国の 34%)
医薬品製剤の生産(2003 年)8,906 億円(全国の 15%)
洋傘の生産(2003 年)975 千本(全国の 51%)
歯ブラシの生産(2003 年)62.1 億円(全国の 17%)
家庭用合成洗剤の生産(2003 年)463 億円(全国の 15%)

兵庫県

1. 特産物
丹波立杭焼、出石焼、播州そろばん、神戸牛、明石鯛、揖保そうめん、しょう油、線香
2. 主な祭り
神戸祭り(神戸)、灘のけんかまつり(姫路)
3. 郷土料理
浜焼き、アナゴずし
4. 一番高い山

氷ノ山(須賀ノ山)　1,510m

5. 何でも日本一

線香類の生産(2003 年)125 億円(全国の 42%)

野球・ソフトボール用具の生産(2003 年)43.3 億円(全国の 26%)

手びきのこぎりの生産(2003 年)74.2 億円(全国の 60%)

清酒の生産(2003 年)317 千 kl(全国の 32%)

プラスチック製靴の生産(2003 年)10,451 千足(全国の 28%)

のりの養殖(2003 年)66.2 千t(全国の 19%)

奈良県

1. 特産物

奈良筆、奈良墨、奈良漬、三輪そうめん、金魚

2. 主な祭り

若草山焼(奈良)、春日祭り(奈良・春日大社)、お水取り(奈良・二月堂)、興福寺薪能(奈良・興福寺)、薬師寺花会式(奈良・薬師寺)

3. 郷土料理

柿の葉ずし、飛鳥鍋

4. 一番高い山

八剣山(仏経ヶ岳)　1,915m

5. 何でも日本一

ソックスの生産(2003 年)19,896 万足(全国の 43%)

1 世帯あたり年間牛肉購入量(2004 年)12.0kg

和歌山県

1. 特産物

梅干し、富有柿、紀州塗、紀州たんす

2. 主な祭り

那智の火祭り(那智勝浦)、お燈祭り(新宮)

3. 郷土料理

なれずし、めはりずし、雀ずし

4. 一番高い山

護摩壇山　1,372m

5. 何でも日本一

うめの生産(2005年)69.3千t(全国の56%)

柿の生産(2004年)52.1千t(全国の22%)

さやえんどうの生産(2004年)4.2千t(全国の15%)

みかんの生産(2004年)180千t(全国の17%)

はっさくの生産(2004年)34.8千t(全国の60%)

野菜漬物の生産(2003年)558億円(全国の12%)

七　文化財

法隆寺地域の仏教建造物(世界文化遺産1993年)

法隆寺地域(奈良県生駒郡斑鳩町)には世界最古の木造建築が数多く残っている。7世紀に法隆寺·法起寺ほかの仏教寺院が造営され、これらの寺院では現在も宗教活動が続けられている。法隆寺は、7世紀初期に創建が始まり、現在の伽藍は西院及び東院と子院群で構成されている。

法隆寺

西院は7世紀後半から8世紀初頭にかけて再建されたもので、東院は8世紀前半に建設されたものである。

西院の主要建物である金堂·五重塔·中門·回廊は、中国や朝鮮にも残存しない初期の仏教建築様式であり、両院のほかの主要建物は主に8世紀から13世紀に建てられたものである。両院の周囲にある子院は12世紀ごろに建築が始まり、しだいにその数を増やした。17世紀から18世紀にかけての建物も多く、日本の仏教寺院建築の変遷を窺うことのできる文化遺産が集約されている地域と言える。

法起寺は7世紀に創建された寺院であるが、いまは706年に完成した三重塔のみが残っており、法隆寺西院と同様、初期の仏教建築様式による建物である。

姫路城（世界文化遺産1993年）

木造の建物を配し、石造の城壁と白色の土塀をめぐらせる日本の独特の城郭の様式は16世紀中頃に確立した。姫路城（兵庫県姫路市）はこの城郭建築の最盛期の遺産であり、17世紀初頭の日本の城郭を代表するものである。日本の城の中でも、木造の城郭建築群と城壁・土塀から構成される構造物が特に良く残っている。

姫路城

この城は、白壁で統一された優美な外観から、白鷺城の別称があり、その名でも広く知られている。姫路は西日本の交通の要衝の地にあたり、1600年に城主となった大名池田輝政が翌年から1609年にかけてこの地にあった古城を廃して新たに城を建造した。現在残る姫路城の構造物や建物はこの時のもので、周囲は内外二重の濠で囲まれている。

内濠と高い石垣に囲まれた内郭地域には城柵主要部と城主の居館が造営され、内濠と外濠のあいだの外郭地域には武家屋敷があった。その外は一般民衆の居住地と商業地からなる城下町であり、その周囲にも濠が巡っていた。内郭地域の城郭建築は当初の姿がほぼ完全に残っており、外郭地域とあわせて、整備基本構想のもとに保存・整備が進められている。

古都京都の文化財（京都市、宇治市、大津市）（世界文化遺産1994年）

京都は794年から1868年にかけて天皇が居所をおいた日本の首都であり、武家政権が政治の中心を鎌倉と江戸に移した時期以外、文化・経済・政治の中心として繁栄した。

京都は北、西、東の三方を丘陵に囲まれた盆地という地理的特

賀茂御祖神社

徴を利用して建設された都市である。中央の平地部では、幾多の兵火に見舞われて火災が頻発し、多くの建物などが失われては再興されるという繰返しだった。しかし、周辺の山麓部は災害を免れ、起伏に富んだ自然地形を利用して建てられた大寺院や山荘·庭園がいまでも多数残されている。

平地部にも東寺や二条城などの大きな規模の記念物や各種の伝統的な住宅様式を示す町並みなどの文化遺産が、条坊制の中に残っている。8 世紀に創建された東寺には、11 世紀から 19 世紀にいたる各時代の建物が建ち並び、16 世紀に建造された二条城には、広大な敷地に当時の華やかな建物が残っている。

賀茂別雷神社、賀茂御祖神社、教王護国寺(東寺)、清水寺、醍醐寺、仁和寺、高山寺、西芳寺、天龍寺、鹿苑寺、慈照寺、龍安寺、本願寺などが含まれる。

古都奈良の文化財（世界文化遺産 1998 年）

東大寺中門

奈良は 710 年から 794 年までの日本の首都であり、政治·経済·文化の中心として栄えた。この時代に中国(唐)との交流を通して日本文化の原型が形成された。また 794 年に首都が京都へ移った後も、大社寺を中心にした地域が宗教都市として存続して、繁栄した。これらの文化遺産には宮跡·寺院・神社がある。

平城宮は首都の北部中央に設けた天皇の居所であり、それに行政機関の施設が付属したものである。当時の宮殿や役所などの木造建築の遺構は今でも地下に良好に保存されている。首都とその周辺に造営された多くの社寺は、現在も法灯を伝えており、8 世紀の堂宇をはじめ各時代の建物が残っている。

薬師寺·唐招提寺には8世紀の日本古代建物が残っており、これらは当時の仏教寺院の伽藍を代表するものである。東大寺·興福寺は、主要部分については兵火によって創建当初のものが失われたが、広大な境内地のなかには8世紀の建物が一部残っている。

失われたものの多くは12世紀に再興された。再興に際しては、当時の新しい中国の建築技術が導入され、その代表的建物が東大寺南大門である。また8世紀に再興された東大寺の金堂は世界最大の木造建物である。春日大社の建物は主に19世紀中頃に再建されたもので、日本の本格的な神社の伝統によって20年毎の造り替えが繰り返されていて、伝統の様式を今に伝えている。

東大寺、興福寺、春日大社境内、春日山原始林、元興寺、薬師寺、唐招提寺、平城宮跡などが含まれる。

紀伊山地の霊場と参詣道(世界文化遺産2004年)

紀伊山地は、1300年以上にわたり日本の宮都であった奈良・京都の南に位置し、太平洋に突出した紀伊半島の大部分を占める山岳地帯で、鬱蒼とした森林に覆われた山々は、神仏の宿るところとして、古くから信仰を集めてきた。

紀伊山地の霊場と参詣道

特に「吉野・大峯」、「熊野三山」、「高野山」は、それぞれ修験道、神仏習合、真言密教の独自性を保ちながら、山岳霊場として相互に関連して発展を遂げ、修験道の修行の場となった「大峯奥駈道」やおびただしい参詣者を集めた「熊野参詣道」、「高野山町石道」は、日本の精神文化形成そのものにも、大きな影響を及ぼした。

このように「紀伊山地の霊場と参詣道」は、山岳に依拠する「三つの霊場」と「三つの参詣道」によって構成されているが、自然と人間の信仰心が一体となって織りなす「文化的景観」が、文化遺産としての重要な柱となっている点も、特徴の一つである。

第六節　中国·四国地方

中国地方は鳥取（鳥取市）、岡山（岡山市）、島根（松江市）、広島（広島市）、山口（山口市）の５県で、四国地方は香川（高松市）、徳島（徳島市）、高知（高知市）、愛媛（松山市）の４県である。

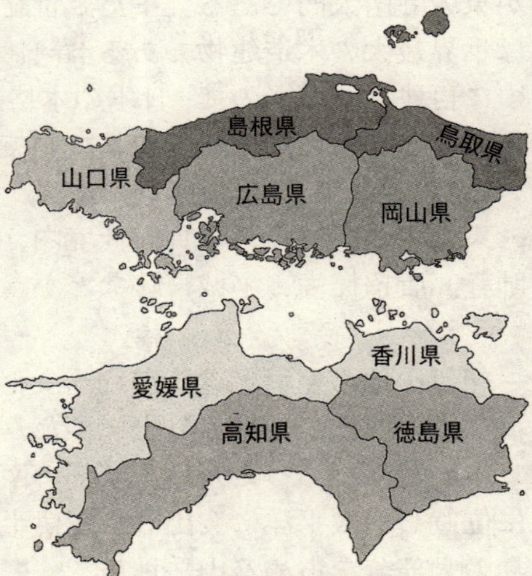

中国・四国地方

一　気候

中国の気候は、山陰と山陽で大きく異なる。山陰は日本海側気候で、冬には雪が比較的多い。一方、山陽は瀬戸内海式気候で、年間を通して雨が少ない。

四国の気候は中央を東西に走る四国山地により太平洋側と瀬戸内海側とで異なる。太平洋側は温暖で多雨であるが、瀬戸内海側は温暖ではあるが少雨である。

二　工業

瀬戸内海沿岸各地に発達した工業地域を瀬戸内海工業地域と呼ぶ。工業生産額では北九州工業地帯を抜き、京浜·阪神·中京につぐ。

瀬戸内海の水運を始めとして交通が便利なこと、沿岸の埋立により工業用地が得やすいことを背景として、第二次世界大戦後に急速に発達した。

昔から乾燥気候を利用した製塩業(坂出・玉野など)、鉱物資源に基づく製錬(新居浜)、セメント工業(宇部・小野田など)、造船業(玉野・呉など)、それに繊維工業(岡山・倉敷など)が盛んであった。第二次世界大戦後に徳山・岩国などを中心に石油化学工業が急速に伸び、それぞれ埋め立て地にコンビナートを作って、いろいろな石油化学製品を生産している。

瀬戸内海では工場排水、都市排水などによる汚染が心配されている。

主要な工業都市に倉敷市、周南市、宇部市、福山市、呉市、広島市、岩国市、新居浜市などがある。

三　農業

人口が多く、平野が少ない瀬戸内では干拓地と後ろの山を切り開いた段々畑が特色になっている。

瀬戸内の農村は人口が多く、気候が暖かいので、手のこんだ集約農業を行ってきた。1955年以降、瀬戸内は工業化が進み、兼業農家が出てきた。第二次世界大戦後、ミカンの生産が政府の奨励で全域に広がり、愛媛県は和歌山・静岡を抜いて、全国一の生産県となった。しかし1968年以降、ミカンは生産過剰となり、赤字になる農家が増えた。2003年度全国収穫量割合は愛媛県(17%)、和歌山県(17%)、静岡県(11%)である。

四　養殖漁業

瀬戸内海では江戸時代から広島湾などを中心にカキ、ノリの養殖が行われていた。現在でも全国のカキの 60%以上を生産している。カキ、ノリのほか、ハマチ、クロダイの養殖も行われている。さらにタイの稚魚や赤貝の稚貝などを大量に放流している。

五　南四国の園芸

高知市では冬の温かさと日照時間の長いことを利用した野菜の促成栽培が昔から行われている。高度経済成長期に施設園芸農業は益々発展した。現在では先端技術を取り入れ、いずれも自動化されて、ビニールハウスは野菜製造工業と呼ばれるほどになっている。

土佐湾の沿岸は施設園芸が日本一の地域である。生産されたピーマン·キュウリなどは箱詰めにされて、全国へ出荷される。

六　中国山地の牧畜

中国山地の中央部、広島県北部から岡山県にかけての山地は吉備高原と呼ばれる。高原の農家は一戸に一頭から二頭の牛を育て、平野部や近畿地方の農村へ農耕用の役牛として送り出していた。しかし近年では農家が役牛のかわりにトラクターを使うようになった。高原の村々でも出稼ぎや兼業農家が多くなり、牛を飼わなくなった。役牛にかわり、肉牛·乳牛や豚などが多く飼われるようになった。しかし人々が都市へ出て行くため、過疎化が進み、大きな問題となっている。

七　四国山地の林業

四国山地は土地がよく肥え、雨が多く、森林の生育に適している。深い山の中に住む人たちは昔から木を育て、木材を切り出し、炭を焼き、ミツマタ·ヒエなどを作り、山のもたらす恵みの中で生活してきた。高知県東部の魚梁瀬ではみごとなスギの大木の林が見られる。天然林を伐採した後にはスギが植林され、整備された人工林になっていった。高知県は他県に比べて、国有林の割合が多い。

八 鳥取砂丘

鳥取砂丘

鳥取砂丘は千代河口の東西に広がる福部·鳥取·浜坂·湖山の四砂丘の総称で、山陰海岸国立公園の特別保護地区に指定されている南北 2.4km、東西 16km に広がる、日本最大の砂丘である。この砂丘は年々大きくなり、付近の田畑を埋めたり、家に被害を与えたりしている。そのため、防風林などを作って、砂を防いでいる。近年、この砂丘は畑にされ、スプリンクラーで水をやって、スイカ·メロンなどが作られている。

九 主な都市

広島城

広島市 同県の県庁所在地である。太田川の三角州上に発達した旧城下町で、第二次世界大戦中までは軍事都市として知られた。1945 年、世界最初の原爆投下により、焼け野原となったが、戦後は平和都市として都市計画により復興、戦前の活気を取り戻し、中国地方の政治·経済·文化の一大中心地となっている。自動車·造船などの工業も発達している。

後楽園

岡山市 同県の県庁所在地である。岡山平野のデルタにあり、古くから農業の盛んな所であった。また池田氏の城下町として栄え、市街も古くから発達した。明治以後、繊維工業が活発になり、機械食品工業も興ってきた。市の南部は大干拓地で米作地帯となり、北部には果樹園が広がる。

十　特色

鳥取県

1. 特産物
   因州和紙、松葉がに
2. 主な祭り
   流し雛(用瀬)
3. 郷土料理
   かに鍋
4. 一番高い山
   大山(剣ヶ峰)　1,729m
5. 何でも日本一
   二十世紀なしの生産(2004 年)22.8 千t(全国の 50%)

島根県

1. 特産物
   石見焼、石州和紙、雲州そろばん、しじみ、すずき
2. 主な祭り
   出雲大社例祭、ほうらんえんや(松江)、鷺舞(津和野)
3. 郷土料理
   すずき奉書焼、出雲そば
4. 一番高い山
   恐羅漢山　1,346m
5. 何でも日本一
   しじみの漁獲量(2003 年)7,298t(全国の 43%)
   ぶりの漁獲量(2003 年)13.3 千t(全国の 22%)

岡山県

1. 特産物
   備前焼、マスカット、モモ
2. 主な祭り

西大寺の会陽(岡山)

3. 郷土料理

祭りずし、ままかり

4. 一番高い山

後山　1,345m

5. 何でも日本一

マッシュルームの生産(2002 年)1,395t(全国の 44%)

成人男子・少年用学校服ズボンの生産(2003 年)1,302 千点(全国の 75%)

成人女子・少女用学校服上衣・オーバーコート類の生産(2003 年)428 千点(全国の 27%)

成人女子・少女用学校服スカート・スラックスの生産(2003 年)420 千点(全国の 36%)

ワイシャツの生産(2003 年)253 千ダース(全国の 23%)

たたみ表の生産(2003 年)6.0 億円(全国の 15%)

広島県

1. 特産物

熊野筆、かき、福山琴

2. 主な祭り

厳島の管絃祭(宮島)

3. 郷土料理

かき鍋

4. 一番高い山

恐羅漢山　1,346m

5. 何でも日本一

まつたけの生産(2003 年)21t(全国の 26%)

ネーブルオレンジの生産(2004 年)3.5 千t(全国の 24%)

かきの養殖(2003 年)110 千t(全国の 49%)

酸素ガスの生産(2003 年)122 億円(全国の 19%)

印刷機械の生産(2003 年)525 億円(全国の 23%)

山口県

1. 特産物
   赤間すずり、れんこん、ふぐ、萩焼
2. 主な祭り
   先帝祭(下関)
3. 郷土料理
   ふぐ料理
4. 一番高い山
   寂地山　1,337m
5. 何でも日本一
   べんがら(酸化第二鉄)の生産(2003年)177億円(全国の60%)
   塩酸の生産(2003年)6.2億円(全国の37%)
   か性ソーダの生産(2003年)44.4億円(全国の40%)

徳島県

1. 特産物
   阿波和紙、すだち、鳴門わかめ、巻柿、阿波のあい染め
2. 主な祭り
   阿波踊り(徳島)
3. 郷土料理
   たらいうどん
4. 一番高い山
   剣山　1,955m
5. 何でも日本一
   しろうりの生産(2000年)5,759t(全国の54%)
   あゆの養殖(2003年)1,689t(全国の24%)

香川県

1. 特産物
   讃岐うどん、オリーブ、うちわ

2. 主な祭り

高松祭り(高松)、金刀比羅宮大祭(琴平)、小豆島春の例大祭(土庄)

3. 郷土料理

源平鍋

4. 一番高い山

竜王山 1,060m

5. 何でも日本一

豆電球・クリスマスツリー用電球の生産(2003 年)9,296 万個(全国の 22%)

衣服用編手袋の生産(2003 年)41 億円(全国の 89%)

愛媛県

1. 特産物

砥部焼、大洲和紙、タオル、いよかん

2. 主な祭り

宇和島祭り(宇和島)、西条祭り(西条)

3. 郷土料理

鯛めん

4. 一番高い山

石鎚山(天狗山) 1,982m

5. 何でも日本一

いよかんの生産(2004 年)109 千t(全国の 84%)

キウイフルーツの生産(2004 年)6.3 千t(全国の 22%)

タオルの生産(2003 年)459 億円(全国の 62%)

印刷用紙の生産(2003 年)1,530 億円(全国の 15%)

高知県

1. 特産物

土佐和紙、土佐節

2. 主な祭り

よさこい祭り(高知)

3. 郷土料理

皿鉢(さわち) 料理

4. 一番高い山

瓶ヶ森　1,896m

5. 何でも日本一

なすの生産(2004年)39.7千t(全国の10%)

オクラの生産(2000年)3,210t(全国の30%)

十一　文化財

厳島神社(世界文化遺産1996年)

厳島神社

厳島神社(広島県佐伯郡宮島町)は瀬戸内海の島を背後にして、その入江の海のなかに木造建物が建ち並ぶ日本でも珍しい神社である。社殿構成は12世紀に始まったが、その後焼失し、1241年に再建された。海に建つ木造建物として過酷な環境下にありながら、歴代政権の厚い庇護に支えられて、古い様式を今日に伝えている。

社殿背後の厳島は約30㎢の島で、特別史跡及び特別名勝に指定されている。古くから主峰である弥山(海抜530m)が崇敬の対象となり、島全体が神聖視されていた。ここに神社が造営されたのもその故であると考えられる。また、厳島の緑濃い森林が海岸線に迫る美しい自然景観は、17世紀頃から「日本三景」の一つとして称えられてきた。特異な構造をもつ厳島神社はこのような自然景観の中、海に向かって建ち並んでいる。

原爆ドーム(世界文化遺産1996年)

原爆ドーム

原爆ドームは広島県の物産の改良増進を図り、産業の発展に貢献する目的で、1915年4月に建設された広島県物産陳列館で、チェコの建築家ヤン・レツルが設計したものである。北方の中国山地から広島湾へと流れる太田川が形成したデルタ上、太田川(本川)と元安川の分岐する地点が建設場所に選ばれ、その河岸約 2,310 ㎡を埋め立て、旧広島藩の米倉と民有地を整地して加え、全体で約 3,200 ㎡を敷地として使用していたといわれる。建物は、煉瓦と鉄筋コンクリートで作られた 3 階建てで、正面中央階段室を 5 階建てドームとし、一部に地階を有していた。屋根のドーム部分は銅板葺、そのほかはスレート葺とし、ドーム先端までの高さはおよそ 25m、建築面積はおよそ 1,002 ㎡だった。また、噴水池をもつ洋風庭園や、四阿をもつ和風庭園も整備されていた。

建物は原爆の爆心地から北西約 160m の至近距離にあり、熱線と爆風を浴びて大破、全焼した。しかし、爆風が上方(爆発点高度約 580m)からほとんど垂直に働いたため、ドーム中心部は奇跡的に倒壊を免れたと考えられている。「原爆ドーム」という呼び名は、建物の頂上天蓋の残骸が傘状になっている姿から「いつころからともなく、市民の間から誰ということもなく自然に言い出された」と言われている。

石見銀山遺跡とその文化的景観(世界文化遺産 2007 年)

石見銀山は、鎌倉時代末期には、すでに発見されていたが、1533 年、朝鮮半島の技術者から伝来した精錬技術「灰吹法」により、採掘量は飛躍的に伸びた。大航海時代には、ヨーロッパや南米まで石見銀山の名は知れ渡り、銀は日本の貴重な輸出資源となった。特に 16～17 世紀には、銀の採掘量は増加の一途をたどり、日本の銀の産出量は、世界の 3 分の 1 に相当したとされており、その日

石見銀山遺跡

本の銀の大半を産出するまでになった。

江戸時代に入ると、石見銀山は、幕府の重要な財源の一つとして、この地域は、幕府直轄となり、周辺地区は計画的に整備されたが、徐々に採掘量は減少し、大正時代に休山となった。休山後、大規模な採掘や開発が行われなかったため、室町時代から明治時代当時の採掘方法や採掘跡が良好な状態で保存されている。また、江戸時代の面影を残す町並みも、登録地域に含まれている。

第七節　九州地方

九州は日本列島を構成する主要な4つの島の中で三番目に大きな島(36,731.56km²)。北海道の半分弱の面積。本州と四国の西に位置する。

九州地方は福岡(福岡市)、大分(大分市)、佐賀(佐賀市)、長崎(長崎市)、熊本(熊本市)、宮崎(宮崎市)、鹿児島(鹿児島市)、沖縄(那覇市)の八つの県からなっている。

九州地方

一　気候

九州の気候は冬は北西季節風をうけ、くもりの日が多く寒い。梅雨による降水量が多く、夏は暑い。南西諸島の気候は冬は暖かく、夏は暑い。梅雨や台風の影響が非常に大きい。

二　工業

1. 北九州工業地帯

北九州市を中心とする北九州工業地帯は九州地方北部の工業地帯で、四大工業地帯の一つである。大陸からの鉄鉱石と筑豊炭田の石炭を背景に、1897 年に作られた官営八幡製鉄所(現在の新日本製鉄)がこの地域の工業の始まりであった。製鉄をはじめ、金属・機械・化学などの大工場が洞海湾周辺にひしめている。しかし、第二次世界大戦後、大陸とのつながりが途絶えたため、日本の産業の中での比重は低下した。近年は、自動車工場やIC工場が進出している。

工業用水の不足、海水汚染、大気汚染などの公害、道路整備の遅れなどの難問を抱えている。

主要な工業都市には北九州、福岡、長崎·佐世保、大分、久留米、有田·伊万里·唐津などがある。

2. シリコン·アイランド

九州自動車道などの道路網が整備されたり、空港ができたことで、九州はいたるところにIC 工場ができ、出荷されている。「シリコン」というのは、コンピュータチップの原料で、アイランドは英語で「島」である。つまり九州は「コンピュータ生産の島」ということになる。IC は軽量かつ高価なため、飛行機で運んだりしても、十分に採算が取れることにより発達している。

三　農業

福岡県と佐賀県の南部にわたって広がる筑紫平野は九州一の米所として知られている。特にその中の佐賀平野は米作の先進地とされてきた。農業機械化とイネの品種改良のため、佐賀平野の米の単位面積の収量は30 年代に全国一となった。しかし、60 年代から米の減反政策によって、一部分の水田が転作または休耕しなければならなくなった。今では大豆、麦類などのほかレンコン用のはす栽培も行われている。

四　有明海の干拓

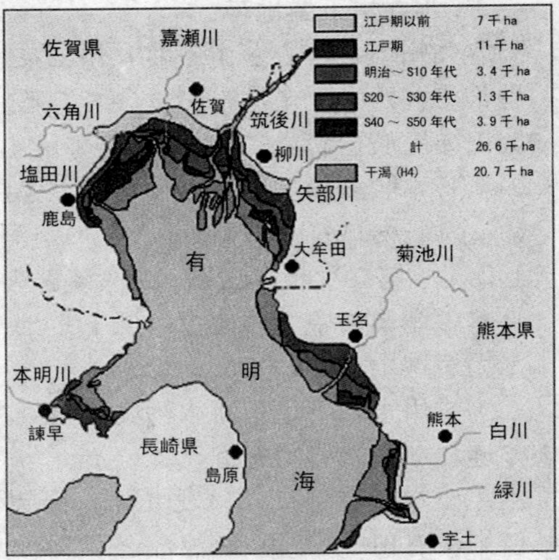

有明海の干拓

干拓とは遠浅の海や干潟、水深の浅い湖沼やその浅瀬を仕切り、その場の水を抜き取ったり干上がらせるなどして陸地にすることである。主に農地として開拓する時に用いられる。

有明海の沿岸には広大な干拓地が古くから造成され、一面の水田地帯が展開している。

有明海は遠浅の海であり、筑後川をはじめ、菊池川などの河川が大量の土砂を運び込む上、潮の満ち干の差が日本最大の 6mに達することもあって、干潮時にははるか沖合いまで広い干潟が現れる。干拓地はこのような干潟の一部を堤防で囲み、排水して作られた。これらの有明海の干拓地でも筑紫平野と同じように、米の減反政策は大きな問題となっている。

五　有明海のノリ養殖

有明海は現在、全国一のノリ養殖地となっている。養殖の行われる秋から春先までは航路などを除いて、ノリの養殖施設が海面を埋め尽くす。摘み取りの始まる初冬にはどこの沿岸漁村でも自動ノリすき機を備えた製造工場があわただしく操業を始める。しかし近年は養殖施設があまりにも過密化したため、水流が妨げられ、病害の発生、消費量、価格などの問題がある。

六　シラス台地

九州の南部には火山灰が数メートルから数 10m も積もってできた台地が続いている。このような台地をシラス台地という。シラス台地は狭くて、農業に適さないが、近年はダムや用水路ができ、野菜や果物などが作られるようになった。大雨が降ると、度々崖崩れなどの災害が起こっている。

七　主な都市

勝山公園

北九州市　福岡の北部にある重化学工業都市である。1963 年門司・小倉・戸畑市・八幡・若松市の５市による新設合併似より誕生し、三大都市圏以外で最初に政令指定都市に指定され、現在７区ある。九州で関門海峡から洞海湾にかけての海岸沿いに重化学工業の大工場が密集し、北九州工業地帯の中心になっている。

荒津大橋

福岡市　福岡県北西部、博多湾にのぞむ同県の県庁所在地である。古くから大陸文化の入口として開けた。九州全体の政治・経済・文化の中心地となっている。港町博多を中心とした商業、城下町福岡を中心とした政治・文化都市という性格を持っている。

平和公園

長崎市　同県の県庁所在地である。古くから国際都市として発達し、鎖国時代には日本でただ一つの貿易港として外来文化の移入口となった。産業の中心は造船業で、ほかに製鋼なども盛んである。長崎港は日本有数の商、漁港である。広島と共に原子爆弾の被爆地として知られている。

八　特色

福岡県

1. 特産物
   小石原焼、上野焼、博多人形、久留米絣、からし明太子、おきゅうと、八女茶、たんす、博多織
2. 主な祭り
   博多どんたく(福岡)、博多祇園山笠(福岡)、小倉祇園太鼓(北九州)
3. 郷土料理
   水炊き、がめ煮
3. 一番高い山
   釈迦岳　1,231m
4. 何でも日本一
   たんすの生産(2003 年)195 億円(全国の 25%)
   ちょうちんの生産(2003 年)49.4 億円(全国の 41%)
   たけのこの生産(2003 年)9.0 千t(全国の 28%)
   洋ラン類(切花)の出荷量(2004 年)410 万本(全国の 16%)

佐賀県

1. 特産物
   伊万里・有田焼、唐津焼、松浦漬け、嬉野茶
2. 主な祭り
   唐津くんち(唐津)
3. 郷土料理
   むつごろうの蒲焼き
4. 一番高い山
   多良岳(経ヶ岳)　1,076m

5. 何でも日本一
　シリコンウエハの生産(2003 年)770 億円(全国の 20%)

長崎県

1. 特産物
　三川内焼、波佐見焼、からすみ、べっ甲細工、びわ
2. 主な祭り
　長崎くんち(長崎)、長崎ペーロン競漕大会(長崎)
3. 郷土料理
　長崎ちゃんぽん、皿うどん
4. 一番高い山
　雲仙岳(平成新山) 1,486m
5. 何でも日本一
　びわの生産(2005 年)2,220t(全国の 33%)
　さばの漁獲量(2003 年)67.1 千t(全国の 20%)
　あじの漁獲量(2003 年)69.3 千t(全国の 25%)
　ふぐの漁獲量(2003 年)715t(全国の 11%)
　たいの漁獲量(2003 年)3,378t(全国の 13%)
　さざえの漁獲量(2003 年)1,846t(全国の 21%)

熊本県

1. 特産物
　からしれんこん、球磨焼酎、肥後象がん、とうろう
2. 主な祭り
　阿蘇の火祭り(一宮、阿蘇)、山鹿燈篭祭り(山鹿)
3. 郷土料理
　肥後田楽
4. 一番高い山
　国見岳　1,739m
5. 何でも日本一
　トマトの生産(2004 年)82.0 千t(全国の 11%)
　すいかの生産(2004 年)71.4 千t(全国の 16%)

なつみかんの生産(2004 年)19.1 千t(全国の 26%)

大分県

1. 特産物
   かぼす、乾しいたけ
2. 主な祭り
   臼杵石仏火祭り (臼杵)
3. 郷土料理
   黄飯
4. 一番高い山
   くじゅう連山(中岳)　1,791m
5. 何でも日本一
   乾しいたけの生産(2003 年)1,316t(全国の 32%)

宮崎県

1. 特産物
   そば焼酎、乾しいたけ
2. 主な祭り
   高千穂夜神楽祭り(高千穂)
3. 郷土料理
   冷や汁
4. 一番高い山
   祖母山　1,756m
5. 何でも日本一
   ピーマンの生産(2004 年)33.6 千t(全国の 22%)
   葉たばこの生産(2004 年)5,046t(全国の 10%)

鹿児島県

1. 特産物
   さつま揚げ、山川漬、いも焼酎、大島つむぎ、薩摩焼
2. 主な祭り
   おはら祭り(鹿児島)
3. 郷土料理

きびなご料理、豚骨、酒ずし

4. 一番高い山

宮之浦岳　1,935m

5. 何でも日本一

さつまいもの生産(2004年)378千t(全国の37%)

らっきょうの生産(2000年)4,591t(全国の31%)

うなぎの養殖(2003年)7,374t(全国の34%)

ぶたの飼育頭数(2004年)1,378千頭(全国の14%)

焼ちゅうの生産(2003年)201千kl(全国の21%)

沖縄県

1. 特産物

壷屋焼、泡盛(あわもり)、パパイヤ漬、紅型、黒ざとう、琉球がすり、シーサー

2. 主な祭り

糸満ハーレー(糸満)、エイサー祭り(沖縄)、旧廿日正月祭り(那覇)

3. 郷土料理

ゴーヤーチャンプルー、そーきそば、ラフテー(豚の角煮)

4. 一番高い山

於茂登岳　526m

5. 何でも日本一

パインアップルの生産(主産県)(2004年)11.5千t(全国の100%)

さとうきびの生産(2004年)680千t(全国の57%)

女性の平均寿命(2000年)　86.01歳

九　文化財

琉球王国のグスク及び関連遺産群(世界文化遺産2000年)

琉球列島は日本列島南端に位置する。14世紀中頃には三王国

首里城

が分立していたが、15 世紀前半にこれらを統一して琉球王国が成立した。中国・朝鮮・日本・東南アジア諸国との広域の交易を経済的な基盤とし、当時の日本の文化とは異なった国際色豊かな独特の文化が形成された。その特色を如実に反映している文化遺産が城(グスク)である。

今帰仁城・座喜味城・勝連城・中城城は、いずれも三国鼎立期から琉球王国成立期にかけて築かれた城であり、首里城は琉球王がその居所と統治機関を設置するために築いたものである。これらの城壁は、主として珊瑚石灰岩により造営されており、曲面を多用した琉球独自の特色を備えている。さらに王室関係の遺跡として円覚寺跡、玉陵、識名園(別邸)が残り、王国文化をうかがうことができる。

屋久杉

屋久島(世界自然遺産 1993 年)

屋久島は、九州大隈半島の南南西約 60km の海上に位置する島で、鹿児島県熊毛郡屋久島町に属し、近隣の種子島や口永良部島などと共に大隈諸島を形成する。

面積 504.88km²。円形に近い五角形をしている。鹿児島県の島としては奄美大島に次いで 2 番目、日本全国でも 9 番目の大きさである(北海道・本州・四国・九州を除く)。

豊かで美しい自然が残されており、島の中央部の宮之浦岳を含む屋久杉自生林や西部林道付近など、島の面積の約 21%にあたる 107.47 km²がユネスコの世界自然遺産に登録されている。世界遺産への登録は 1993 年、姫路城・法隆寺・白神山地とともに日本初である。

第二部

歷史·文化

第二部 歷史·文化

第1章　原始時代

第一節　日本人の祖先

日本人の住む日本列島はアジア大陸の東の端に弓のように連なっている。しかし、今から数十万年前には日本の国土はまだ大陸と地続きで、ナウマン象やマンモスなど、今は死に絶えたいろいろな動物が住んでいた。

ナウマン象の復元骨格

その後、長い間の土地の変動や気候の変化の中で、日本列島の骨組みは次第に浮き彫りにされていった。今からおよそ一万年前、氷河時代が終わって地球の表面が暖かくなってきた頃、土地の低いところに海水が入り込み、日本は大陸から切り離されて、四方を海に囲まれた島になったと考えられている。

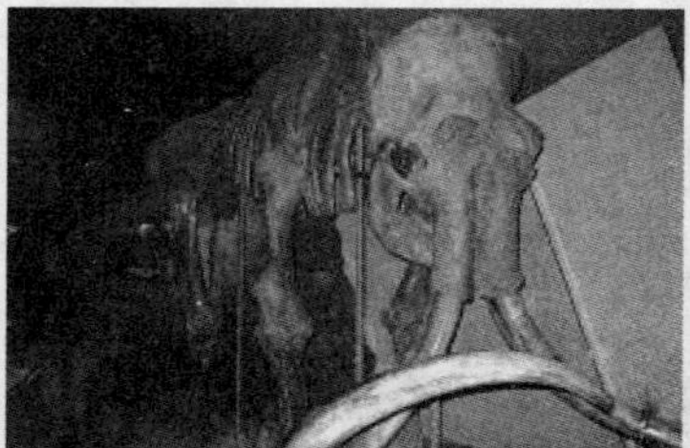

マンモスの復元骨格

1949年、群馬県の岩宿で、打

製石器が発見され、それによって、まだ日本が大陸と地続きであった頃から、この国土には既に人々が住みついていた事が明かになった。これらの人々はまだ土器を作ることや田を耕すことを知らず、打製石器や木切れを使い、獣や植物の実などをとって暮らしていた。

第二節　縄文文化の時代

一　縄文文化の時代

日本に住み着いた人々は自然と戦いながら、弛みなく努力を続けた。やがて、今から数千年前には人々は磨製石器を作り出し、壷やかめなどの土器を作って物をたくわえたり、これを使って煮炊きをしたりするようになった。これらの土器には縄目に似た模様のついたものが多いので、これを縄文土器といい、この土器を使っていた時代を縄文文化の時代、または縄文時代と呼んでいる。

縄文土器

この時代の人々は主に狩りや漁をして暮らしていた。人々はそれまでの石槍のほかに、新たに弓矢を使うことを考え出し、鹿や猪など、割合大きな獣もしとめるようになった。

二　竪穴式住居と集落

獲物を追って野山を移り住んでいた人々も、道具や獲物を取る技術が進み、生活がしやすくなってくると、次第に一つの土地に住み着くようになった。

人々は北風を遮って日当たりがよく、水の得やすい台地に住居を建て、集落を造った。地面に円や四角の形の縦穴をほり、穴の周りに柱を立てた竪穴式住居が造られていた。集落の真ん中には普通、広場があり、人々はここに集まって共同の作業をしたり、祭りを行ったりしたらしい。人々は狩りや漁の仕事を集団で力を合わせて行い、取れた獲物はみんなで公平に分け合った。まだ治める人と治められる人との身分の差別はなく、年長で経験の豊かな人が人々を指図していたと考えられる。

竪穴式住居の復元図

第2章 古代

第一節 弥生時代

数千年間も続いた縄文時代を経て、やがて新しい時代に入った。1884年東京の弥生町の貝塚から縄文式土器とはかなり違う土器が見つかった。これは弥生式土器と名づけられ、この時代を弥生時代と呼んでいる。

弥生式土器

この時代は縄文時代に比べるとずっと進んだ時代であった。米の作り方が伝わり、狩りや漁が中心の生活から農業中心の生活へと変わっていった。また、銅、鉄などの金属の道具も伝えられ、石器よりもはるかに便利なこれらの道具が次第に広まっていった。

世界の文化の発展の仕方は石器時代から青銅器時代、鉄器時代へと移っていくのが普通であるが、この頃の日本で使われていた金属器は青銅器と鉄器であった。これは日本へ海外から進んだ文化が伝えられたため、普通の発展の仕方と異なっているのである。

第二節　国土の統一

一　邪馬台国

金印

紀元前１世紀頃、中国は前漢の時代で、その勢いは朝鮮にも及んでいた。九州北部の国々はこのごろから海を越えて朝鮮に行き来し、大陸の進んだ文明に接していた。１世紀の中ごろ、後漢に使いを送り、皇帝から印を与えられた倭の奴という国はこれらの九州北部の国々の一つであったと思われる。

これらの小さい国々は互いにその勢いを伸ばそうとして争い、やがて、勢いの強い幾つかの国を中心にして、大きな国にまとめられていった。３世紀の中ごろ、邪馬台国の女王卑弥呼は30ほどの国々を従え、中国の魏に使いを送っていたという。当時の日本の様子は『魏志』という中国の歴史書の中に書かれている。

二　大和朝廷の統一

４世紀後半に大和地方に強力な国が生まれ、それが次第に周囲の小国を服従させ、統一していたことがわかる。この強力な国家を大和国家、その朝廷を大和朝廷と呼ぶ。5 世紀ごろまで東は東北地方まで、南は九州、四国の南端をのぞく西日本全体を支配したようである。

一方、4 世紀後半には大和国家は朝鮮半島にまで出兵した。当時、朝鮮は高句麗・百済・新羅の３つの国にほぼまとめられたが、大和国家は百済と手を結び、一時は北上して高句麗とも戦ったと言われる。そして5世紀になると、大和国家の王は次々に中国の南朝に使者を送って朝貢し、北朝と手を結んでいた高句麗に対抗するために南朝に結びつこうとした。

三　政治のしくみ

大和朝廷は大王（天皇一族）を中心とする中央の豪族たちの政府であった。中央の豪族は代々決まった朝廷の仕事を受け持ち、人々を従えてその仕事に当たった。豪族を通じて、大和朝廷に従うこれらの人々を部民と呼んだ。地方では小さい国々の支配者だった各地の豪族は朝廷から国造や県主という役をさずけられて、その地方を治める仕事につき、朝廷に貢物を納めていた。

豪族たちはそれぞれ出身地や朝廷で受け持つ仕事を氏の名とし、また主に地位や家柄などによって、臣・連・君・直・首などの姓を大王から与えられて、それを氏の名につけて呼んだ。このような政治のしくみを氏姓制度といい、5世紀の末から6世紀にかけて次第に整っていった。

四　古墳時代

大和朝廷の支配が広まっていくのに応じて、3世紀の後半頃、近畿地方を中心に、各地に大きな古墳が盛んに作られるようになった。たくさんの土を盛り上げて築かれた塚で、豪族を葬った墓である。古墳には、前方後円墳・前方後方墳・円墳・方墳などさまざまな古墳が見られる。数が多いのは円墳や方墳であるが、大規模な古墳はいずれも前方後円墳であり、最も重要と考えられた墳形であった。

大仙陵古墳

4世紀から5世紀にかけて、古墳は次第に広まり、現在、全国各地で見ることができる。巨大な古墳がたくさんあるのは奈良県大阪府など大和朝廷が直接支配していた地方である。その中で、最大の規模を持つ古墳は、中期の中ごろに造営された大阪府の大仙陵古墳(現、仁徳天皇陵)で、前方後円形の墳丘の長さが486mあり、3重の周濠をめぐらしている。更にその外方の陪塚が営まれている区域をも含めると、その墓域は100haにも及ぶ。その頃の大和朝廷の勢いの盛んな様子をよく示している。

6世紀になると、豪族だけでなく有力な農民も古墳を作るようになった。

古墳がたくさんつくられた3世紀後半から6世紀後半の頃を古墳時代、その頃の文化を古墳文化と呼んでいる。

第三節　伝わる大陸の文化

大陸との関係が深くなると、日本に移り住む朝鮮や中国の人が多くなり、土木·養蚕·機械など各種の面で、大陸の優れた技術が伝った。これらの技術は各地に次第に広まり、暮らしを豊かにした。

漢字が伝わり、次第に政治に携わる人々の間に広まった。そして、儒教などの書物が伝わると、それまで日本古来の生活や信仰になじんできた人々に、大陸の新しい知識や考え方に触れる道が開かれることになった。

インドから中国に伝わった仏教は朝鮮にも広まり、国の保護を受けて発展した。仏教は朝鮮からさらに日本に伝えられた。仏教の教えは次第に人々の心を捉えるようになり、儒教と共に、日本人の思想や信仰を形作る大事な骨組みの一つになった。

渡来人では、弓月君、王仁、阿知使主が有名である。

第四節　律令国家の形成

一　中国の隋・唐

中国では長い間続いた南北の対立がなくなり、589 年、隋が全国を統一した。隋は科挙という役人の試験制度を行い、中央集権の政治を整え、南北を結ぶ大運河をつくって、南北の統一を固めた。しかし、国内の反乱によってやがて隋は滅び、唐にかわった。

唐は律令という法律を整え、中央集権の政治のしくみを固めた。また、均田制をとって、農民に土地を分け与える代わりに租・庸・調などの税を納めさせ、兵役にもつかせるようにした。

国力も充実し、文化も発達した唐は当然周囲の国々にいろいろな面で大きな影響を与えた。

二　聖徳太子の政治と飛鳥文化

隋が中国を統一したことは大和国家にも大きな影響を与えた。当時大和朝廷内では蘇我氏と物部氏という二つの有力な豪族が勢力を争っていた。587 年、蘇我氏はついに物部氏を滅ぼし、朝廷内における実力者としての地位を築いた。ついで 592 年蘇我氏は彼らを嫌っていた天皇を殺して、女の推古天皇を立て、翌年、推古天皇の甥に当たる聖徳太子を皇太子に立て、摂政として政治を行わせることにした。その当時、都が主として飛鳥地方(奈良盆地の南部)におかれているので、歴史上推古天皇が即位

聖徳太子

した 592 年から都が奈良に移される 710 年までの約 120 年間を飛鳥時代といい、4 世紀の中ごろから 592 年までを大和時代という。

聖徳太子らは小野妹子などの遣隋使に留学生や僧侶を付き従えて、中国に派遣し、隋の進んだ制度や文化を盛んに学び取った。また、603 年には冠位十二階を定めて、役人に官位を与え、その地位の上下を明らかにした。さらに翌年儒教や仏教などの思想をもとにして、十七条の憲法をつくって、天皇を中心とした豪族たちの団結と仏教の信仰を強調する。こうして天皇を中心とした中央集権的支配を打ち立てようとする動きが強められると共に、この頃から大王を天皇と呼ぶようになった。

聖徳太子はあつく仏教を信じ、人々にも信仰を勧めた。この頃から天皇や豪族たちは寺院を建てて、仏教を中心とする文化がおこるようになった。その中で最も大きかったのは蘇我氏が建てた飛鳥寺(奈良県)や聖徳太子が建てた四天王寺(大阪市)、法隆寺(奈良県)である。これらの寺院を中心とする文化を飛鳥文化という。飛鳥文化は中国の南北朝時代の仏教文化の影響を受けたものである。

三　大化の改新と律令制

7 世紀初め、日本の朝廷は 630 年から遣唐使を送って唐との交流を深める。また、唐から帰った留学生は唐にならって中央集権的な律令制国家を作り上げるよう主張した。この考えを学んだ中大兄皇子や朝臣の中臣鎌足らはひそかに計画を進めて、645 年に朝廷内で独裁的地位にあった蘇我氏一族を滅ぼした。そして、全国の土地と人民を国家のものとし、天皇を中心とする中央集権的国家の建設を目指した。この年、中国にならって、年号を立て、大化元年としたので、これ以後の一連の改革を大化の改新という。しかし、この新しい方針が実現されるまでには長い年月がかかった。

701 年、大宝律令という法律がつくられ、国家の諸制度が一段と整えられた。中央には2官(神祇官·太政官)8省(中務·式部·治部·民部·兵部·刑部·大蔵·宮内)からなる政府が置かれた。地方の政治は全国を畿内と七道に分け、それを国·郡·里に分けて、それぞれ国司·郡司·里長を置いた。国々に国衙という役所を設けて国衙のある所を国府と呼んだ。

人民に対して戸籍をつくり、班田収授法によって口分田を割り当てた。人民には租·庸·調などの税や雑徭(労役)や兵役などが課せられた。

第五節　遣唐使と天平文化

一　奈良時代

710 年には平城京(奈良市)に都を移した(平城京は唐の都長安を手本にして造られたもので、東西 4.2 km、南北約 4.7 kmもあった)。これから 794 年、都が京都に移るまでの約 80 年間を奈良時代という。奈良時代は律令制国家の最盛期であった。

和同開珎

この時代に「和同開珎」という貨幣が作られ、これは日本で最初の貨幣であった。しかし、農民は労役·兵役などの負担が大きく、生活が苦しかった。

二　遣唐使

律令に基づく国家の諸制度は遣唐使によって伝えられた唐の政治と文化を学びながら完成された。遣唐使は630 年から 9 世紀末に廃止されるまで、十数回派遣され、毎回 2～4 隻の船に400 人もの人々が乗り込んだが、たいてい 1 隻か 2 隻は難破した。このように唐への行き来は命がけであった。

三　天平文化

奈良時代の中で文化が最も栄えたのは聖武天皇の頃である。それで、その頃の年号をとって、奈良時代の文化を天平文化と呼んでいる。

奈良時代には遣唐使らによって唐の文化が取り入れられたので、天平文化はその影響を強く受けている。また、その頃の天皇は政治と仏教を結びつけ、仏教をあつく保護したので、文化にも仏教の色合いが強く現れている。天平文化は唐の大陸風の文化の影響を強く受けた仏教文化であった。

ほかに、『古事記』、『日本書紀』、『万葉集』や風土記などの国家的な規模で編纂された書物が出たことも、統一国家が作り上げられたことを示す天平文化の特色である。

第六節　貴族の政治と文化

一　平安時代

奈良時代の中ごろから藤原氏などの貴族や僧が政権をめぐって争い、道鏡という僧は一時天皇の位につこうとした。桓武天皇は寺院勢力の強い奈良を離れ、794 年、都を平安京(京都市)に移した。平安京はこの時から明治維新に至るまで約 1000 年間都となった。この約 1000 年間のうち、源頼朝が鎌倉に幕府を開くまでの約 400 年間を平安時代という。

二　荘園の発達

8 世紀起こった荘園は 10 世紀以後、その数を増やし、やがて、荘園にかかる租税を国家に納めなくてもよい権利や、国司が荘園に立ち入るのを拒むことができる権利を持つようになった。これでは国司の支配する人々や土地が減り、国の財政が成り立たなくなってしまうので、朝廷は度々荘園を整理しようとしたが、あまり効果は上がらなかった。

地方の豪族は国司や他の豪族などから自分の土地を守るために、武力をたくわえる一方、その土地を有力な貴族や寺院などに荘園として寄進した。そして荘園領主に年貢を納める代わりに、その土地を保護してもらうようになった。豪族たちはこの領主のもとで、現地の監督や年貢のとりたてを受け持つ荘官となり、その勢いを保ち続けた。

三　摂関政治

9 世紀に入ると、中央では藤原鎌足の子孫である藤原氏が勢いを伸ばし、代々天皇の母方の祖父(外祖父)となり、ほかの貴族を退けて、政治の実権を握るようになった。そして、10 世紀半ば過ぎには藤原氏の主だったものが必ず、天皇の幼い時は摂政、成人した後は関白として、天皇に代わって政治を行うようになった。これを摂関政治という。

藤原氏が最も栄えたのは藤原道長とその子頼通の時期であった。道長は 4 人の娘を次々と天皇の后や妃に立て、三代の天皇の外祖父になって栄華の絶頂を極め、頼通も約 50 年間にわたって、政権をほしいままにした。摂政関白以外の高い官位にも藤原氏がほとんど独占するようになった。

こうした藤原氏の栄華もやがて 11 世紀の末になると、藤原氏に反対する天皇や貴族の活動と地方での武士の台頭によって崩れていった。

四　日本風の文化

遣唐使が廃止された頃、これまでの唐風文化に代わって、日本独特の文化が生み出されるようになった。かな文字が広く使われるようになった。和歌では天皇の命令で紀貫之らが『古今和歌集』を編集した。かなの文学では『竹取物語』などが書かれたが、特に紫式部の『源氏物語』と清少納言の随筆集『枕草子』はその代表的な作品である。

宮殿や貴族の住居はこれまでの中国風のものから寝殿造りの建物に変わり、庭園には池や築山がつくられた。屏風などには色とりどりの美しい大和絵が書かれた。

10 世紀頃空也という僧は南無阿弥陀仏と念仏を一心に唱えれば、死んでから極楽浄土に生まれ変わることができるという浄土教を説いた。貴族をはじめ、多くの人々の間に広まった。この世に極楽浄土を作り出そうとして、阿弥陀仏堂を建てた。その代表的なものは藤原頼通が建てた平等院鳳凰堂である。

第七節　武士のおこり

一　源氏と平氏

10 世紀頃世の中が大変乱れてくると、地方の豪族は自分の土地や財産を守るために、一族の者や手下の農民に武器を持たせた。こうして各地に武士が生まれた。この武士の集団を武士団という。武士団を率いた頭を棟梁と呼んだ。棟梁の中には都の貴族と結びついて、宮中を警護する武士になるなどして、武士が中央に進出する道が開かれたが、武士の棟梁の中で最も勢力を伸ばしたのが桓武平氏と清和源氏であった。

二　院政

11 世紀半ばに天皇となった後三条天皇は藤原氏を外戚としなかったこともあって、藤原氏の勢力を抑えようとし、荘園を減らすことに努めたりした。次の白河天皇もその方針を受け継ぎ、1086 年、天皇の地位を譲って上皇となってからも、邸の院庁で政治を行った。天皇の位をしりぞいた上皇や法皇（出家して仏門に入った上皇)が朝廷とは別に院で行う政治を院政という。その期間は約100年間続いた。そして院政を行う院庁や上皇の住まいは武士が守った。武士が次第に重く用いられるようになっていった。

三 平氏の政治

12 世紀半ばに政治の実権をめぐって上皇と天皇の間に対立が現れるようになった。それが藤原氏の中の摂政、関白の地位をめぐる争いと結びついて、1156 年保元の乱と呼ばれる戦いがおこった。その結果天皇側についた源義朝と平清盛が大きな力を持つようになった。そして両者は対立を深め、1159 年平治の乱という戦いがおこった。この戦いに勝った平清盛は急速に政治的な力を強め、1167 年には武士として太政大臣になり、藤原氏を圧倒して政権を握った。

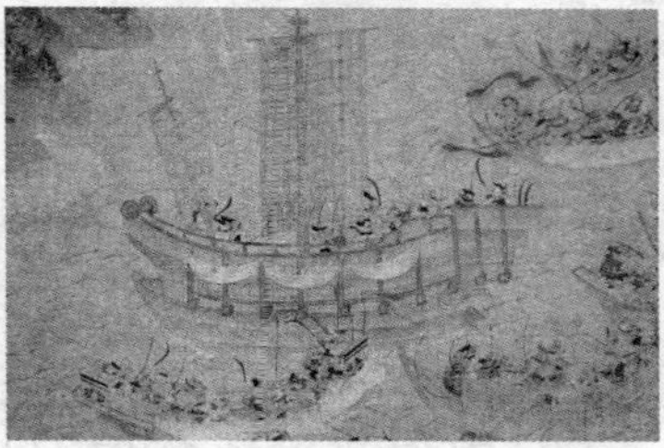
壇ノ浦の戦い

清盛は藤原氏と同じように女を天皇の后にし、その一族はほとんど高い官位についた。宋との貿易によって大きな利益をあげ、30 余国を支配すると同時に 500 余りの荘園を持っていた。平氏の中に「平氏でなければ人間でない」という者さえあった。平氏の政治はただ平氏一族の利益をはかるだけのものであったから、院・貴族・僧の反感を買い、全国の武士たちの不満も高まった。ついに 1185 年、壇ノ浦(山口県)の戦いで源氏に全滅させられた。

第3章 中世

第一節　武家政治の始まり

一　鎌倉幕府と鎌倉時代

源平の合戦で平氏を滅ぼした源頼朝は1192 年、朝廷から征夷大将軍に任命され、鎌倉幕府を開いた。1333 年、鎌倉幕府が滅亡するまでの約 140 年間を鎌倉時代という。

源頼朝像

源頼朝は 1180 年から武士を統率する侍所、一般の政務と財政を行う公文所と、裁判の事務を扱う問注所を設けた。これらを置いたことにより、鎌倉幕府の政治のしくみが整った。全国に対する支配は守護、地頭を通じて行われた。守護は国ごとに置き、国の支配に当たり、地頭は全国の荘園·公領に置き、土地の管理·年貢のとりたてに当たった。こうして頼朝の政治支配の力が全国に広まっていった。このような武士による政治を武家政治という。

朝廷や貴族は公領や荘園をおさえていたが、幕府が実権を握って政治を行うようになった。

二　執権政治

頼朝の死後、彼の妻政子とその父北条時政が幕府の実権を握るようになった。源氏の将軍は3代で絶えてしまった。これ以後、幕府の将軍は源氏の遠縁に当たる貴族が京都から迎えられ、将軍の廃立も北条氏が自由に行うようになった。

その頃院政をしていた後鳥羽上皇は源氏の血筋が絶えたのを聞き、実権を朝廷にもどそうと、1221年、北条氏を討つ命令を全国に出したが、幕府軍に敗られ、隠岐に流された。これを承久の乱という。この乱の後幕府は京都に六波羅探題を置いて、朝廷を監視した。このため、朝廷の勢いは衰え、幕府の力が強まった。

執権北条泰時は御家人の秩序を正し、土地をめぐる争いを公正に裁判するために、1232年御成敗式目を定めた。これは武士の最初の法律であり、行政・民事などの全般にわたった法律である。

三　鎌倉時代の武士と農民

鎌倉時代の武士は普通一族や家来を従え、農村に住み、地頭や荘官としてその地方を支配するものが多かった。彼らは周囲に堀や土塁をめぐらした武家造りの屋敷に住み、その回りに田畑があり、屋敷の中に住む家来が耕作していた。また彼らは主君への奉公を果たし、自分の領地を守るために、武芸をみがいて敵と戦う用意を怠らなかった。

鎌倉時代の農民は荘園や国司の支配下にある国衙領に住んで農耕をしていた。荘園の領主や地頭に年貢を納めなければならなかった。また、そのほかの税も課せられた。この時代には農業の技術が一段と進み、牛や馬を使って田畑を耕し、二毛作も行われた。

平安時代の終わり頃から進んできた農業技術が鎌倉時代になると、全国に広まるようになった。農業技術の進歩などによって農作物などが余るようになり、畿内や関東地方をはじめ、九州地方から東北地方まで各地で市がたち、いろいろな品物が出回るようになった。市では行商人と各種の職人が活躍した。荘園領主や地頭は市の商人に税をかける代わりに、市の商売を保護した。

四　元軍の侵入

13世紀の初め頃、チンギス＝ハンがモンゴルを統一した。武力によって、20年ほどの間に世界史上最大のモンゴル帝国を築いた。チンギス＝ハンの孫フビライは高句麗を服従させ、1271年国名を元と改め、都を大都に移した。元は、日本を従えようとしたが、執権北条時宗はこれを拒否した。1274年と1281年の2回、元の大軍が日本に侵入したが(文永の役と弘安の役)、2回ともたまたまに起こった暴風雨に痛手を受けて退いた。

元が襲来に失敗したのは、陸上での戦いに離れているが、海上での戦いには不慣れで、知識が乏しかったことにある。もともと、元・高麗には水軍がなかったことがそれを物語る。また、元に征服された高麗や旧南宋の人々の抵抗によるところもあった。しかし、幕府の統制のもと、九州の武士がよく戦ったことも大きな理由である。

五　鎌倉文化

鎌倉時代には武士が勢力を伸ばしてきたことによって、新鮮で力強い文化が作り出された。建築では宋から伝わった天竺様(東大寺南大門)・唐様(円覚寺舎利殿)があり、彫刻では運慶の東大寺南大門の金剛力士が有名である。また伝記や合戦の様子などを主題とした絵巻物には武士や農民の生活が多く描かれた。

文学の様子も変わってきた。『平家物語』をはじめ、軍記物語が現れた。和歌に『新古今和歌集』・実朝の『金槐和歌集』、随筆には鴨長明の『方丈記』や吉田兼好の『徒然草』などが現れた。

仏教では栄西、道元などの僧が宋に留学して、それぞれ臨済宗、曹洞宗を日本に伝えた。浄土の信仰は法然によって浄土宗として確立された。その弟子の親鸞は浄土真宗を開いた。また日蓮は「南無妙蓮華経」を唱える日蓮宗を開いた。それらの宗派はいずれも激しい弾圧を受けながらも、武士、農民、商人などの間に広まっていった。

六　鎌倉幕府滅亡と建武の新政

幕府を支えている御家人は元と戦った後、与えられた恩賞が十分でなかったので、次第に幕府に不満を持つ者が現れてきた。また当時御家人は相続ごとに領地を分けてきたので、その領地が小さくなり、貧困化する傾向があった。幕府は1297年、徳政令を出して御家人を救おうとしたが、わずか1年たらずで取りやめた。一方、非御家人の武士の中に悪党と呼ばれるものが現れて、弾圧にかかわらず、ますます盛んになった。幕府にはもうそれを押さえる力がなかった。

後醍醐天皇はこの様子を見て、倒幕の計画を立てたが、2回ももれて、隠岐に流された。しかし、楠木正成など天皇に味方をする武士が増え、さらに幕府側の有力な武将足利尊氏や新田義貞も天皇側につき、1333年北条氏を滅ぼし、ついに鎌倉幕府は倒れた。

京都に帰った後醍醐天皇は年号を建武と改め、貴族と武士を従えて、天皇自らが政治を行うことにした。これを建武の新政という。しかし、この新政は武士の力によって実現したが、貴族を中心に行われた。武士たちはみんなこれに不満を持ち、もとの武家政治の方がよかったと思ようにようになった。当時、武家政治の再興を企図していた足利尊氏はこのような状況を見て、武士を集め、京都を占領した。こうして、この新政はわずか2年余りで失敗に終わった。

第二節　武家政治の移り変わり

一　南朝と北朝

後醍醐天皇は京都を逃れ吉野(奈良県)に移った。これを南朝という。尊氏の立てた京都の朝廷を北朝という。これからおよそ60年間二つの朝廷の戦いが続いた。1338年には尊氏は北朝の天皇から征夷将軍に任ぜられ、幕府を開き、勢力を強めた。3代将軍義満は1392年、南北朝の合体を実現させ、全国を統一した。

二　室町幕府

義満は京都の室町に立派な屋敷をつくり、ここを幕府としたので室町幕府という。鎌倉幕府にならって幕府には将軍の下に管領を置き、管領の下には侍所·政所·問注所などを設けた。これらのうち、最も力のあったのが管領と侍所の長官で、管領には足利の一族の細川·斯波·畠山の三氏が代わる代わるなった。侍所の長官は赤松·山名·一色·京極の四氏から選ばれた。これを「三管四職」といった。地方の国々には守護·地頭を置き、鎌倉に鎌倉府が、東北地方には奥州探題·羽州探題などが置かれた。

三　守護大名の勢力

南北朝の争いの間に、御家人を中心に一族が団結するという、これまでの武士団のしくみは崩れていった。それに代わって、尊氏は、守護が荘園の年貢の半分を取ることを認めたので、守護は、それを国内の武士に分け与えて家来にし、大きな勢力を持つようになった。このため朝廷や公家は荘園からの収入が減少して勢力が衰えていった。守護が国内の地頭やそのほかの武士を従えて大きな勢力を持ち、一国全体を自分の国のように支配するようになった。これを守護大名という。

室町幕府は有力な守護大名によって支えられていた。しかし、義満の死後、幕府にはこれらの守護大名を押さえる力がなくなり、有力な守護大名は一国或いは数カ国を支配して、互いにその力を競い、中には、将軍と争うものも現れるようになった。

四　倭寇と勘合貿易

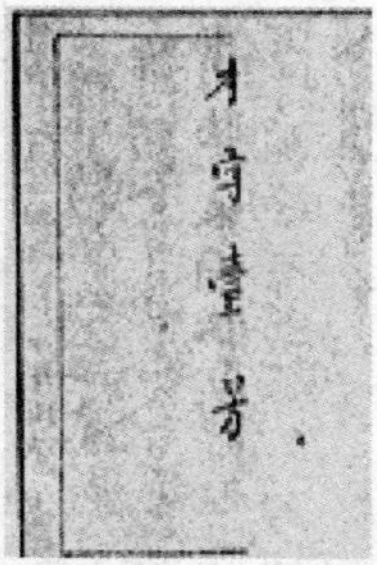
勘合符

鎌倉時代の末頃から、北九州あたりの沿岸で海賊が現れて、中国・朝鮮の沿岸を襲い、中国・朝鮮の人々はこれを倭寇と呼んで、おそれた。

李氏朝鮮と明は倭寇を防ぐことに力を入れると共に、日本にも倭寇の取り締まりを求めた。室町幕府も、貿易の利益を求めて、明・朝鮮と正式な貿易を開き、倭寇の取り締まりを厳しくしたので、倭寇は次第に収まった。明と結んだ正式の貿易では倭寇と区別するために、貿易船は勘合符という合札を用いたので、日本と明との貿易を勘合貿易とも呼んでいる。

五　さかんな一揆

生きるための組織はそのまま同時に戦うための組織であった。「惣」は農民蜂起の闘争組織としてかつて見られなかった粘り強い力を発揮した。そのような「惣」の成長していない地方では国人・名主層の地域的な結合が出来上がってきた。従ってそこでは荘園領主を通じて、かけられてくる年貢或いは強制労働に対して激しいデモをかけ、その減免を求める農民自身の戦いが一方にあり(これを荘家の一揆という)、その一方では守護大名や荘園領主の支配を断ち切って、独立の「封建領主」になろうとする国人・名主層の政治闘争がある（これを国人の一揆または国一揆という)。農民は団結を強めて自治を行うようになると、領主の無理な命令に対しても力を合わせていこうとするようになった。これを土一揆という。徳政令を要求した一揆を徳政一揆という。1485年の山城の土一揆は幕府軍を打ち破って、8年間も国人の話し合いによる政治が行われた。加賀の一向一揆は守護富樫氏を滅ぼし、1474年から100年間も門徒による政治が行われた。

六　応仁の乱と戦国時代

室町幕府は足利義満の頃、一番栄えたが、守護大名が公領を支配し、一国全体に重い税をしばしばかけて、次第に幕府から独立する力を持つようになった。8代将軍義政の頃、さらに勢力が強まった。その中で有力な細川氏と山名氏は幕府の実権をめぐって、1467年応仁の乱と呼ばれる内戦がおこった。応仁の乱の結果、幕府の力はいよいよ衰え、それぞれの国の守護大名はほとんど独立国の領主のようになり、互いに戦いを繰り返すようになった。この100年も続いた乱れた戦いの時代を戦国時代という。

応仁の乱をさかいに、それまで勢力の強かった守護大名は、相次ぐ戦いの中で次々に倒され、これに代わって、その家来であった者が各地に領国を打ち立てて戦国大名になった。このように身分の下の者が上の者を倒したことを当時「下剋上」といった。主な戦国大名には小田原の北条氏、甲斐の武田氏、尾張の織田氏などがあった。

戦国大名の中に家来や農民を支配するため分国法をつくるも

のが少なくなかった。また、経済を豊かにするため産業の発達に力を入れた。

七　室町文化

この時代に古くから民間に伝えられた芸能が観阿弥·世阿弥の父子によって大成された。茶道が始まり、連歌がおこり、また御伽草子では『一寸法師』、『ものぐさ太郎』などが有名である。さらに、この時代には都市や農村で盆踊りが盛んになった。

寺院の建築法を取り入れた書院造りがはやった。その代表的なものが８代将軍義政の建てた銀閣である。絵画では水墨画で有名な雪舟の山水画がある。

鎌倉時代に起こった禅宗·浄土宗·日蓮宗などの新仏教はこの時代になると、いっそう広まった。

1543 年ポルトガル人が種子島に入港して、鉄砲·火薬などを伝えた。その後、1549 年キリスト教の宣教師ザビエルが日本に来て、キリスト教を説いた。当時、キリスト教の信者をキリシタンと呼んだ。

第三節　幕藩体制の成立

一　天下の統一

織田信長の統一

応仁の乱の後、戦国の戦乱が続いたが、16 世紀の中ごろになると、各地の強力な大名の間に全国を統一しようとする気運が高まってきた。その中でまず京都にのぼり、統一を進めたのが織田信長である。

織田信長像

尾張の小大名であった信長は 1560 年桶挟間の戦いに勝ってから、急速に勢力を伸ばした。1573 年、将軍足利義昭を京都から追い払って、約 240 年続いた室町幕府は滅んだ。また、統一を妨げる大名や寺社一向一揆などに対して大弾圧を加え、次々に征服した。1576 年、信長は近江に安土城を築き、統一の根拠地とした。1582 年、中国地方の毛利氏を討つ途中、家来の明智光秀にそむかれて、京都の本能寺で死んだ(本能寺の変)。

豊臣秀吉の統一

信長の天下統一の仕事を受け継ぎ、完成させたのは豊臣秀吉である。その時、彼は中国地方に出陣していたが、本能寺の変の知らせを聞くとすぐ引き返し、光秀を倒した。1583 年、大阪城を築き、統一の根拠地として約 8 年間で九州から東北地方までたいらげ、天下統一を成し遂

豊臣秀吉像

げた。秀吉は1585年関白となり、その翌年に太政大臣に任命された。さらに京都に聚楽第を建て、1585年ここに天皇を招き、天皇の前で諸大名に秀吉への忠誠を誓わせた。

秀吉は全国の耕地を検地して、石高と年貢を決めた。これを「太閣検地」という。検地と共に農民から刀·槍などの武器を取り上げた。これを刀狩という。刀狩の本当のねらいは武士と農民の身分を明らかにして、農民が武力で反抗しないようにすることにあった。

朝鮮侵略

豊臣秀吉は国内統一だけではあきたらず、明を服従させようと考え、朝鮮に協力を迫ったが、朝鮮がこれを拒否したので、1592年、1597年の2度にわたって朝鮮に大軍を送った。しかし、そのうちに明が援軍を送り、朝鮮の民衆の反抗が強まって、侵略は失敗に帰した。やがて秀吉の死によって、日本軍は朝鮮から引き上げた。

二　安土·桃山文化

この時代には大きな富をたくわえた大名豪商などによって新しく、力強い文化が作り出された。この文化を代表する一つは安土城·大阪城などの城である。これらの城の襖·壁などには様々な絵が描かれたが、これを障壁画と呼んでいる。

茶の湯は千利休によって茶道として完成された。能楽·浄瑠璃などの芸能も盛んになって、歌舞伎の最初の形である女歌舞伎もこの時期に生まれた。ヨーロッパ人の渡来によって天文学·暦学·地理学など新しい知識や技術が伝えられた。

三　江戸幕府の成立

信長と秀吉の後、天下統一の仕事を受け継いだのが徳川家康である。徳川氏は元三河の小さな大名であった。秀吉が死ぬと、後継ぎをねらった家康(東軍)と秀吉のお気に入りだった石田三成(西軍)は関ヶ原(岐阜県)で天下分け目の戦いをはじめ、家康が勝ち、天下を握るようになった。1603年、家康は征夷大将軍に任命され、江戸に幕府を開いた。しかし、豊臣氏側の武士などが家康に服従しなかったので、家康は1614年と1615年の大阪の陣で秀吉の子秀頼を滅ぼした。1603年から江戸幕府が打ち倒された1868年までの265年間を江戸時代という。

四　幕藩体制の成立

江戸幕府のしくみは一番権力のあった将軍の下に数人の老中と若年寄がいて、老中は幕府の政治をつかさどり、若年寄は旗本と御家人をとりしまった。重大な時局には老中の上に大老がおかれた。老中の下に寺社奉行·江戸奉行·勘定奉行と大目付がいて、大目付は大名をみはった。若年寄の下に目付けがいて、旗本·御家人のとりしまりに当たった。

大名とは将軍に従う一万石以上の領地を持つもので、親藩(徳川将軍家の親類の大名)·譜代(徳川氏の三河時代からの家来であった大名)·外様(関ヶ原の戦いの後徳川氏に従った大名)のように区別されていた。

江戸時代の大名の領地を藩といった。藩の政治組織も幕府とほぼ同じであった。藩は幕府の許可する範囲内でのみ、独自の支配を行うことが認められた。こうした幕府と藩によって全国を支配する体制を幕藩体制と呼ぶ。

1615年に、大名に「武家諸法度」を出して、大名が幕府の許可なしで城を築いたり大名どうし結婚をしたりすることを禁止した。また、「参勤交代」を定め、大名は1年おきに江戸で暮らし、妻子は人質の形で江戸に住むようにされた。

幕府や大名は農民が納める年貢が最も大きな収入であったので、その支配に力を入れた。村を治める役人には郡代や代官がいたが、農民の中からも村役人が出て、村の政治に加わった。

村役人には庄屋(名主)・組頭・百姓代がいた。また村人に「五人組」をつくらせて、連体責任制をおわせた。さらに士・農・工・商の身分制を定め、人民に対する支配を強めた。

五　鎖国

外国貿易とキリスト教

家康は経済力を強めるために秀吉にならって、ルソン・安南などと貿易を行い、商人に朱印状を発行して、朱印船貿易を行うようになった。それにつれて日本人の移住も盛んになり、ルソン・安南などの各地に日本町ができた。貿易のため家康もキリスト教に対してはじめは大目に見ていたが、1605 年には信者が 70 万人にもなり、東北地方から北海道にまで広がっていった。幕府はこのような情勢に直面し、非常に恐れるようになった。そこで幕府は 1612 年キリスト教禁止令を出し、宣教師を国外に追放すると共に信者に対する迫害を開始した。1637 年、九州の天草島と島原半島に天草四郎という少年を頭とする島原の乱がおこった。この乱をしずめたあと、幕府は信者の取り締まりをいっそう厳しくし、踏絵などを行った。

鎖国

幕府はキリスト教を取り締まるために貿易のほうも次第に制限していった。1639 年、ポルトガル船の来航を禁止し、長崎をただ一つの貿易港としてオランダと中国にだけ貿易を許した。これを鎖国という。幕府の政策は 1854 年まで約 200 年間も続いた。鎖国によって封建制度を長く続けることができた。しかし世界各国の発展から取り残されることになった。

六　文治政治

5 代将軍綱吉は儒学を好み、江戸の湯島に孔子の聖堂と学問所が建てられ、政治の方針も儒教の精神に基づいて行われるようになった。学問(文)で世の中を治めるというのでこのような政治を文治政治という。しかし政治に熱心であった綱吉は「生類憐れみの令」という極端な動物愛護令を出し、人民を苦しめた。その後、6 代将軍家宣の儒学の先生新井白石は優れた学者で、綱吉時代の失敗を改め、文治政治をいっそう推し進めようとした。しかし、白石の政策は当時の経済の発展に合わず、世の中を混乱させた。結局わずか7年で失敗に終わった。

七　藩校と寺小屋

綱吉や白石の文治政治によって全国各地に学問が広まっていった。各藩でも藩校をつくって武士の子供を教育した。会津の日新館、水戸の弘道館などが有名であった。

また出版が盛んになったので民衆の知識も次第に向上し、都市では寺子屋が開かれ,町人の子も教育を受けるようになった。

八　産業の発達と町人(商人)の成長

幕府や藩も年貢を増やすために、堤防を築き、用水路をつくり、新田の開発に力を入れた。それと同時に、千歯こきなどの新しい農具が使われるようになった。また、作物の種類も多くなった。農業の生産力が高まるにつれて、他の諸産業も発達した。織物·紙などの手工業が盛んになり、農家から生糸などの製品を買い集める問屋も増えた。工業では各地で金山·銀山などの開発が進んだ。

江戸幕府は参勤交代や軍事·政治上の必要から、道路を整え、交通を発達させた。特に東海道·中山道などの五街道の宿場や飛脚制度などの整備に力を入れた。

九　都市の発達と町人(商人)の成長

商業·交通の発展は都市の繁栄を促し、目覚しい発展を遂げた。当時、江戸·大阪·京都は三都と呼ばれ、政治·経済·文化の中心地としてにぎわった。

商品経済の発展に伴って町人の活動分野も広くなり、問屋·仲買などの専門化が進んだ。問屋や仲買は仲間という組合を組織して営業を独占した。町人の中には三井家·鴻池家などのような大商人も現れ、紙幣の両替や大名への金貸しによって、多くの富をたくわえ、その力は大名をしのぐほどであった。

十　元禄文化

元禄文化は文治政治と経済の発達を背景に、実力を持ってきた上方(京都·大阪)の町人らを中心とした、現実の生活を楽しもうとする考えが強く反映された民衆文化である。

小説では大阪の町人井原西鶴が浮世草子を完成した。詩歌では連歌から独立した俳諧が盛んになったが、松尾芭蕉はこれを芸術性の高い文芸として完成させた。演劇では人形浄瑠璃や歌舞伎が盛んになってきた。美術では尾形光琳が装飾画を発展させた。工芸では友禅染が発明された。建築では日光の東照宮、京都の桂離宮のような独特の建物もつくられた。

第四節　幕藩体制の動揺

18 世紀には入ると幕藩体制が動揺するようになった。農民の暮らしに貧富の差がひどくなり、凶作で飢え死にする者が多くなった。そこで重い年貢に苦しんだ農民や町人によって百姓農民一揆やうちこわしがおこった。これは江戸時代を通じて止まらなかった。一方、一般の武士の生活も苦しくなった。幕府も藩も幕藩体制を守るためにいろいろ改革を行った。

一　各種の改革

享保の改革

1716年8代将軍吉宗はそれまで幕府を担当していた新井白石らをしりぞけ、自ら幕府の財政の立て直しを目指して、一連の改革を行った。倹約令・武芸奨励・公事方御定書などが出されたが、結局、問題の根本的解決ができず、一時好転した幕府の財政も、そのあと再び赤字に転じた。

田沼政治

1772年、老中となった田沼意次は年貢増徴よりも商業資本を積極的に利用する重商主義政策を取った。その結果賄賂の横行を招き、民衆反発、天明の大飢饉で百姓一揆・打ちこわしが激化し、社会の不安が増大したので、意次は老中をやめさせられた。

寛政の改革

1787年老中となった松平定信は農村復興に重点を置き、商品経済を抑制し、学問を統制するという保守的政策を取った。その結果、定信は反感を買い、極端な緊縮、統制も民衆の不満を増大させた。

天保の改革

1832年、天保の大飢饉が始まり、1837年、民を救おうとする大塩平八郎の乱がおこった。乱の後、老中水野忠邦は天保の改革を行った。倹約令・金融対策などを出したが、わずか2年で失敗した。天保の改革は幕府の無力を表しており、これ以後、幕府の支配は急速にくずれていった。

二　新しい学問と化政文化

国学の成立

国学は、17世紀に『万葉集』を研究した僧の契沖に始まり、18世紀に賀茂真淵に受け継がれ、本居宣長がこれを大成した。

宣長の弟子平田篤胤は復古神道を唱えた。後に、尊王攘夷運動の思想的な支えとなった。

洋学の発展

日本は鎖国状態にあったが、吉宗が漢訳洋書の禁止をゆるめてから、洋学の研究がようやく盛んになった。洋学ははじめ、オランダから伝わったので、蘭学と呼ばれていた。1774年医者の前野良沢、杉田玄白らがオランダ語から西洋の解剖書を『解体新書』に翻訳した後、洋学は江戸から全国へ広まり、医学をはじめ、動植物学・物理・化学・天文学などと次々に広がった。

文学と美術

小説では黄表紙(恋川春町の『金金先生栄華夢』)、洒落本(山東京伝の『通言総籬』)、滑稽本(式亭三馬の『浮世風呂』)、人情本(為永春水の『春色梅児誉美』)等の様々な形式の読み物が生まれた。俳諧では与謝蕪村、小林一茶が出た。演劇では浄瑠璃をしのいで歌舞伎芝居が全盛期になった。美術ではこの頃文人画の成立、写生の発達、浮世画の成熟などの動きが見られた。

第4章　近代

第一節　明治維新

一　開国と貿易の開始

1853年、アメリカのペリーは軍艦4隻を率いて、浦賀(神奈川県)に来航し、幕府に強く開国を要求した。翌年ペリーの武力に押された幕府はついに日米和親条約を結び、下田(静岡県)、函館(北海道)両港を開くことになった。こうして200年以上も続いた鎖国は打ち破られた。

1856年、総領事として日本に派遣されたハリスは幕府と交渉して、さらに通商条約を結ぼうとした。ちょうどその頃大老井伊直弼は朝廷の許可を得ないで、1858年、朝廷や一部の大名の反対を押し切って、日米修好通商条約を結び、続いてオランダ・ロシア・イギリス・フランスともほぼ同じ内容の条約を結んだ。治外法権を認め、関税自主権を失い、低い関税しかかけることのできなかったこの通商条約は完全な不平等条約であった。

二　安政の大獄

通商条約をとり決めたことにより、幕府に反対する声がいよいよ高まった。これに対し、井伊直弼は1859年反対派の大名や武士たちを厳しく罰した。これを安政の大獄という。これに反発した反対派の武士(水戸の武士)たちは 1860 年井伊を江戸城の桜田門外で暗殺した。

三　尊王攘夷から倒幕へ

開国によって経済の混乱が起こり、人々は生活が苦しくなり、幕府のやり方をうらむようになった。そこで、朝廷をもりたてて外国の勢力を討ち払おうとする尊王攘夷運動が始まった。幕府はこれをしずめるために、朝廷や諸大名と協調して、公武合体運動を進めたが、幕府の勢力は次第に衰えた。

1863 年に薩摩藩は前年の生麦事件の報復として、イギリス艦隊の攻撃を受け、1864 年長州藩は攘夷を実行した報復として、イギリス・フランスなどの連合艦隊の攻撃を受けた。これらの事件で薩長両藩は外国の強さを知り、攘夷が不可能だと悟り、欧米諸国に対抗するのに富国強兵をはかる必要があると考えるようになった。そこで薩摩では西郷隆盛・大久保利通らが、また長州藩で木戸孝允・高杉晋作らの倒幕派が藩の実権を握り、イギリスに近づいて軍備を整えた。一方幕府はフランスの援助を受けてこれに対抗した。こうした状況のもとで、1866 年土佐藩の坂本竜馬の仲介で薩長両藩は幕府を倒すための薩長同盟を結んだ。

四　大政奉還と幕府の滅亡

幕府の支配力が目に見えて弱まってきたのを見て、15 代将軍徳川慶喜は 1867 年政権を朝廷に帰した。これを大政奉還という。こうして約 260 年続いた江戸幕府の時代もようやく終わりを告げた。

政治の実権は朝廷に帰したとは言うものの、実際の政治は全国の藩主によって決めるので、相変わらず徳川氏の言うままになる恐れがあった。そこで、岩倉具視らの倒幕側は「王政復古の大号令」を発した。幕府側はこの要求を受け入れられず、鳥羽・

伏見の戦いで負け、江戸に迫られた時、慶喜は江戸城を明け渡して降伏した。さらに官軍は東北諸藩を破り、函館の旧幕府軍を降伏させて、徳川幕府はついに滅亡した。

五　明治維新

明治天皇

幕府を倒した人々が中心になって新しい政府がつくられた。この政府は明治天皇を中心にして次々に新しい政治を行い、社会のしくみを大きく変えていった。この改革を明治維新という。1868 年「五か条の御誓文」を出して、新しい政治の方針を示した。同年、年号を明治と改め、首都を東京に移した。

政府は 1869 年版籍奉還が行われ、領地（版）と人民（籍）を収公した。1871 年に行った廃藩置県は中央集権の支配を確立した。また士農工商の身分制は皇族・華族・士族・平民に変化して身分の差を取りやめた。1873 年国民皆兵をたてまえとする徴兵令を出した。富国強兵・殖産興業を進めるために地租改正を行った。

六　征韓論と西南戦争

新しい政府のやり方に不満を持つ士族が出たので、政府の中で西郷隆盛らは朝鮮に対する武力侵略を行うことを主張して、これによって士族の不満を外に向かって吐き出させようとした。この意見を征韓論という。しかし岩倉具視らに反対されて、これを抑えた西郷らは一斉に政府の役人をやめ、故郷に帰った。

政府改革によっていろいろの特権を失い、没落した士族たちの間には、政府への不満が次第に高まり、征韓論が受け入れられなかったり廃刀令や俸禄制度の廃止が決まったりしたことに反対して、西日本各地で不平士族が反乱を起こした。1877 年、西郷隆盛をもりたてて、鹿児島の士族が反乱を起こした。これが西南戦争である。戦いは半年以上も続く大規模なものであったが、政府は徴兵令制度による新しい軍隊によってこれをしずめた。

七　文明開化と初期外交

欧米文化を積極的に取り入れたので、思想生活は大きな影響を受けた。福沢諭吉・中村正直などの啓蒙思想は封建思想を批判し、功利主義や自由民権思想を高めた。学校教育が始まり、国民の普通教育を推進した。生活では衣食住が洋風化してきた。

明治政府は1871年日清修好条約を結んで、最初の対等交渉を開いたが、1874年、政府部内の反対を無視した西郷従道は独断で台湾に出兵した。1873年、西郷隆盛·板垣退助らが征韓論を主張したが、反対された。1875年江華島事件をおこし、1876年日朝修好条規を結んだ。

第二節　自由民権運動と立憲政治の始まり

一　自由民権運動

1874 年板垣退助らは政府に議会をつくろうという民撰議院成立の建白を出して、自由民権運動の口火を切った。この運動ははじめ、下級士族を中心として次第に地方の地主や商工業者を加え、その運動の内容も政治的なものだけでなく、経済的な要求も含むようになった。国会開設や憲法制定を求める声が全国に広まり、民権運動が激しくなったため、ついに政府も国会を開くことを定めて、1881 年に勅諭を出して、9 年先の 1890 年にいよいよ国会が開かれることになった。

自由民権派は国会開設に備えて政党を結成した。板垣退助を党首に自由党が、大隈重信を党首に立憲改進党が作られた。しかし、その後、自由民権運動は政府の取り締まりや農村の不景気による活動資金の欠乏、内部の対立の激化などのため、次第に行き詰まった。1887 年民権派は条約改正問題を取り上げて、再び政府に反対する活動を進めたが、政府は保安条約を出してこれを取り締まった。

二　帝国憲法の制定

1882 年、政府は国会を開く時期を決めると、諸外国の憲法を調べるために、伊藤博文をヨーロッパに派遣した。翌年伊藤は日本へ帰ると、さっそく憲法草案を作り始めた。

1885 年、太政官制をやめて、内閣総理大臣を中心に各省の大臣を置く西洋風の内閣制度をつくった。初代の総理大臣には伊藤がなった。また 1888 年枢密院を設けて政治の方針を決める最高機関として憲法草案が審議された。これが1889年2月に大日本帝国憲法として発布された。ここに日本は近代憲法をもった立憲国家となった。

1890 年には第一回の衆議院議員の総選挙が行われて、その年の 11 月から議会政治が開始されている。

伊藤博文

第三節　中国・朝鮮に対する侵略戦争

一　条約改正

江戸幕府が外国と結んだ修好通商条約は日本に不利な独立国としての権利を十分に認めない、不平等条約であったため、明治政府は何回もその改正に取り組んだが、岩倉具視・井上馨などの努力はいずれも失敗した。しかし 1894 年の中日甲午戦争の前夜になると、状況は変わった。イギリスはロシアと勢力範囲を争うために日本を利用しようとして不平等条約の中の治外法権を撤廃することに同意した。1911 年までに欧米諸国はイギリスにならって、条約改正に応ずるようになった。それは中国や朝鮮を侵略する代償として欧米諸国から認められたのであった。

二　中日甲午戦争

1876 年、日本は朝鮮と日朝修好条規を結び、無理やり朝鮮を開国させた。こうして日本は朝鮮に勢力を伸ばす足場をつくった。朝鮮を属国と見ていた清はこれを黙ってみることはできなかった。

日本はいつか清の勢力を朝鮮から追い出そうとして、軍備を整えて用意を始めた。その機会は 1894 年の春、朝鮮での重税が原因で起こった農民戦争であった。これを抑えようとした朝鮮の政府は清に救いを求め、清の軍隊が出動した。日本も対抗して兵を出した。こうして清と日本は農民の反乱をきっかけとして朝鮮で対峙した。1894 年 8 月、日本は宣戦布告をして、日清戦争が始まった。戦争は日本の勝利のうちに終わった。その結果、帝国主義列強の中国侵略が始まった。

三　下関（馬関）条約

1895 年 4 月、日本と清は下関で講和条約を結んだ。これを下関条約という。その結果、朝鮮の独立を認め、清国は遼東半島と台湾·澎湖島を日本に譲り、さらに賠償金 2 億テールを日本に支払うこと、そのほか、沙市などの港を開くことを約束した。

遼東半島の割譲は三国(ロシア·フランス·ドイツ)干渉によって実現しなかった。しかし、その代わりに清から 3,000 万テールの賠償金をかすめとった。

四　日露戦争

甲午戦争後、欧米諸国は清に圧力をかけ、様々な権力や租借地を手に入れ、中国に対する分割を進めた。列強の中国に対する侵略に直面して、1900 年有名な義和団の反帝武装蜂起が起こった。日本とロシアを主力軍とする連合軍はこれを抑えた。これを義和団事件という。その後、ロシアは軍隊を東北地方にとどめ、東北地方からさらに朝鮮(1897 年朝鮮は韓国と国号を改めた)にまで勢力を伸ばしてくるようになった。これはもともと朝鮮を支配し、さらに東北をも侵略しようと考えていた日本と衝突した。そこでロシアと対抗するために、イギリスと日本は日英同盟を結んだ。

1904 年 2 月、ついに日露戦争が始まった。この戦争は朝鮮·東北地方の支配権をめぐる帝国主義戦争であった。1905 年春には、日本は戦争を続ける力がなくなり、アメリカの大統領の斡旋によって日露両国はポーツマス条約を結んだ。この条約では、ロシアは韓国に対する日本の指導権を認め、旅順·大連の租借権を日本に譲ることになった。

五　韓国併合

1905 年、日本政府は韓国に統監府を置いて韓国政府を指導し、監督した。伊藤博文が初代統監に任命された。この植民地化政策に対して韓国の民衆は抵抗したが、日本の軍隊に抑えられた。1909 年、伊藤博文が韓国青年に射殺されると、日本政府は韓国併合の実現をいそぎ、イギリス·アメリカ·ロシアの了解を得た上で、1910 年 8 月韓国併合を実現した。これによって朝鮮は日本の完全な植民地と化したのである。

第四節　日本資本主義の発達

一　日本の産業革命

政府は早くから、富国強兵·殖産興業を基本方針として、欧米諸国から近代的な経済制度や機械·技術などを取り入れて産業を育成し、官営事業を起こした。1880 年代になると、これらの官営事業の多くは政府と結びつきの強い一部の商人に安く払い下げられた。日本における産業革命は日清戦争の前後から綿糸紡績業を中心にしておこった。重工業面での産業革命は製鉄と造船を中心に進められた。八幡製鉄所と三菱の長崎造船所などは軍備の拡張に重要な役割を果たした。

日本の産業革命は欧米諸国の先進的な設備や技術を取り入れて資金·市場・原料などは中国や朝鮮に対する略奪に依存していた。

二　社会·労働運動

産業革命が行われた1897年前後から、労資の階級対立が次第に激化したため、労働運動も活発になりだした。1897年には「労働組合期成会」ができ、大きなストライキも起こるようになった。

労働運動が起こるにつれて、社会主義に対する関心も高まった。当時の代表的な人に片山潜·幸徳秋水などが挙げられる。1898年に社会主義研究会が生まれ、1901年に社会民主党を結成したが、政府は治安警察法によって直ちにこれを禁止した。しかし日露戦争以後、社会·労働運動はますます激しくなった。そこで政府は労働条件を改善し、労働者と資本家の対立を和らげようとして工場法を制定した。しかし一方で、政府はこれらの社会·労働運動を厳しく取り締まったので、運動は一時衰えた。

1910年、社会主義の中の無政府主義者が天皇暗殺を計画したとして、幸徳秋水をはじめ12人の無政府社会主義者を死刑にした大逆事件がおこった。その以後、運動は「冬の時代」に入った。

第五節　明治時代の文化

一　思想と学問

欧米諸国の新しい思想が盛んに受け入れられ、1880年ごろには国民の権利を説く民権思想が広まった。1890年ごろには欧化主義に反対し、日本の伝統的価値を尊重しようとする国粋主義が唱えられ、中日甲午戦争後、思想では全般的に国家主義的風潮が強くなった。

政府は1886年に学校令を定めて、学校教育制度が次第に整ってきた。1890年には教育勅語が出され、国家主義的教育の方針がはっきり打ち出された。1903年には教科書国定制度が始まり、1907年には義務教育の年限も6年に延長された。

学問のうち、法学·経済学などの人文·社会学科では、ドイツ学が主流であった。自然学科の分野では、政府が富国強兵·殖産興業の政策を推し進める必要から、手厚い保護が加えられ、明治の後半には欧米諸国に劣らない研究が現れた。北里柴三郎の破傷風の血清療法などがあった。

二　近代文学

小説では坪内逍遥·二葉亭四迷らによって近代小説の道が開けていった。日清戦争後、自然主義の小説が盛んになった。島崎藤村·田山花袋等が知られている。自然主義文学と反対の立場をとり、独自の文学をうちたてた作家に夏目漱石と森鴎外がいる。詩·和歌なども新しい形や考え方で作られるようになった。

美術では東京美術学校ができ、横山大観らが活躍し、洋画では黒田清輝らが有名である。音楽では西洋音楽が小学校に取り入れられた。演劇は歌舞伎の全盛時代であったが、当時の社会を題材にした新派劇も生まれた。

葛飾 北斎「神奈川沖浪裏」

第5章 第一次世界大戦と日本

第一節 列強の対立と第一次世界大戦

19世紀の末から世界は帝国主義時代に入り、列強は武力を背景に、アジア･アフリカなどに勢力を伸ばした。そして、植民地を奪い合い、互いに対立するようになった。ヨーロッパで、ドイツ･オーストリア･イタリアが「三国同盟」を結び、バルカン半島からトルコ方面に勢力を伸ばそうとし、イギリス･フランス･ロシアは「三国協商」を結んで、これに対抗してにらみ合った。二つの帝国主義集団の対立が極限にまで達した時、1914年7月、オーストリア･ハンガリー帝国の皇太子の暗殺事件が起こり、これをきっかけに、第一次世界大戦が始まった。

政府は日英同盟を名目にアジア侵略のチャンスと考えて、参戦を決定した。そして、山東省の日本軍の武力を背景にして、1915年5月、対華21か条の要求を中国政府に示した。中国政府はこれに反対したが、日本の強い態度に屈して、やむなく要求の大部分を受けた。しかし中国人民は日本の侵略的政策に強い反感を抱いて排日機運を高めた。

第二節　日本をめぐる大戦後の世界

一　パリ講和会議

1918年11月、ドイツはオーストリアに続いて無条件で連合国に降伏し、大戦は終わりを告げた。翌年の1月パリでアメリカ·イギリス·中国·日本など27の戦勝国と戦敗国ドイツも参加した講和会議が開かれ、ベルサイユ条約が結ばれた。日本はこの条約でドイツの山東省における権益を引き継ぐことを認められた。

アメリカの大統領ウィルソンの考えに基づいて、ベルサイユ条約によって国際連盟が作られた。

二　ロシア出兵

1917年3月ロシアでは革命が勃発した。同年11月、十月革命によって、ソビエト政府が生まれた。その後国内では革命政府軍と反革命軍が激しい戦いを続けた。これをおさえようと、日本は米·英·仏と共同でロシアに出兵した。結局、ロシア人民の闘争によって失敗に終わった。

三　反日運動

1919年3月1日、朝鮮では独立を要求する運動が行われた。この運動はたちまち朝鮮全土に広がった。これに対して日本政府は軍隊や警察の力で運動を抑えたが、その後も朝鮮人民の独立運動は粘り強く続けられた。

1919年5月4日北京大学の学生が山東地方を返すことを要求し、ベルサイユ条約に反対するデモを始めた。運動はたちまち多数の民衆も加えて、日本の侵略に反対する全国的な運動となった。各地でストライキが起こり、日本帝国主義反対の運動が広がった。これを五·四運動という。

第三節　社会運動と政党政治

一　民主主義の広まり

第一次世界大戦後、民主主義の提唱や平和主義の熱意に対する考えがにわかに広まった。この考え方は日本にも及んできた。東大の教授吉野作造は選挙権を求める民本主義(デモクラシー)を説いた。彼の考え方は社会の多くの人々の賛成を得てデモクラシーの気運を広げていった。この民本主義の風潮はやがて人々にその頃の日本の政治のやり方を批判させ、正しい議会政治のあり方について、真剣に考えさせるようになった。

二　米騒動と社会運動

第一次世界大戦は日本経済にこれまでにない好景気をもたらした。その反面、シベリア出兵で米の買い占めによって米価は暴騰しつづけた。1918年7月富山県の女一揆から米の安売りを要求し、米屋を襲う暴動が全国に広がった。これを米騒動という。政府は軍隊を出動させ、これを抑えた。

1912年、鈴木文治らが労使協調·自助的団体の友愛会を設立した。1922年賀川豊彦らが農民の組合を統一して、日本農民組合を結成し、各地の小作争議を指導した。新しく目覚めた婦人も活動を開始した。1911年、青鞜社が雑誌『青鞜』を発行し、1920年新婦人協会を結成した。

社会運動の発展は社会主義者の活動を呼び起こし、1922年ひそかに日本共産党が結成された。また、1922年被差別部落の人々が京都で全国水平社を結成して、人間の自由と平等をうたって、自らの力で差別を破る運動を進めた。

三　政党政治

日露戦争が終わってから、民衆の力は大きくなり、政治家もだんだんその力を無視できなくなっていった。デモクラシーと呼ばれる民主主義の思想、正しい議会政治の考え方が広まっていった。普通選挙の声が高くなると、1924年憲政会の総裁加藤高明が総理大臣となり、普通選挙の法律が定められ、これにより政党政治の基礎が固まり、1932年まで政党政治が行われた。

第四節 大正の文化

大正時代の日本では、欧米の文化も広く国民生活に溶け込むようになった。また産業の目覚しい発展と共に、東京をはじめ、大都市に人口が集中するようになり、国民生活に大きな変化がおきた。教育の面では、義務教育の普及率が男女とも99%を超え、大学や専門学校が増設されて、高等教育も広まり、知識階級の人々の数が増えた。

言論機関の発達も目覚しく、ラジオ放送も始まり、新聞と共にニュースの報道や文化の普及に大きな役割を果たした。自動車が人々に利用されるようになり、電話なども普及するなど、社会の各方面で都市化と大衆化が進んだ。

思想の面では自由主義や民主主義の風潮が強くなり、個人を尊重する傾向が強まった。大正時代後半になると、マルクス主義の思想が知識人や学生の間に広まっていった。

文学の面では1910年武者小路実篤らを中心とする白樺派の文学運動が起こった。これに対して、芥川龍之介らの新感覚派が現れた。一方、社会運動が盛んになるにつれ、小林多喜二らによるプロレタリア文学が次第に広まってきた。

新聞はどの家庭にも入るようになり、映画(活動写真)・ラジオ放送も登場した。これは日本人の生活に大きな変化を与え、衣食住の近代化が進んだ。

第6章 第二次世界大戦と日本

第一節 日本を襲う不景気

一 金融恐慌

第一次世界大戦後の不景気に 1923 年の関東大震災は追い撃ちをかけた。多くの工場が破壊され、これらの工場へ金を貸していた銀行も立ち行かなくなった。特に中小の銀行は資金のやりくりがつかなくなった。ついに 1927 年には、たくさんの銀行が次々に倒れ、金を預けていた人は貯金を引き出せなくなってしまい、大勢の人が苦しむことになった。これが金融恐慌である。恐慌の中で財閥などの経営する大銀行は中小銀行を合併し、金融界を支配するようになった。

二 世界大恐慌と日本

1929 年秋、ニューヨークでの株の暴落は、世界的恐慌に発展した。日本資本主義は金融恐慌の打撃からまだたち直らないのに、この大波に飲み込まれ、さらに大きくよろめいた。農村にとっては生糸が売れなくなり、大変な痛手を受け、都会の失業者は増えるばかりであった。そのため小作争議·労働争議が激増した。

三　恐慌からの脱出

民政党の浜口雄幸はアメリカ・イギリスと協調する外交と財政の緊縮、産業の合理化、物価の引き下げ、貿易の増大、金輸出の容認によって、不景気を乗り越えようとした。しかし浜口内閣の財政の緊縮が失敗した後、軍事力によって中国への経済侵略を果たし、不景気を切り抜けようとした。

第二節　中国東北への侵略とファシズムの台頭

一　田中内閣の中国侵略政策

金融恐慌の中で生まれた田中内閣は行き詰まった現状打開のため、中国に経済的軍事的に侵略する強行外交の方針をとった。

1927年、田中内閣は国民革命軍の北伐を阻むために、日本人居留民の保護を口実にして、三次にわたり山東に出兵した。そのため排日運動が激化した。

1927年6月から7月にかけて、外務省軍部首脳と中国関係の外交官が東方会議を開き、「対支政策綱領」を決定した。

1928年、北伐には敗北した東北軍閥の張作霖は拠点の奉天(今の瀋陽)に帰る途中、奉天郊外で列車ごと爆殺された。田中内閣はこの事件を隠そうとしたが、天皇の叱責を受けて総辞職した。

二　九・一八事変と偽満州国

1931年9月18日、関東軍参謀石原莞爾らは奉天郊外の柳条湖で鉄道を爆破し、これを中国軍のしわざとして東北に対する侵略戦争を開始した。これが九・一八事変である。

1932年1月、日本軍は各国の非難をそらすため、今度は上海で日本陸戦隊が中国軍を攻撃して上海事変を起こした。

1932年3月に関東軍は清朝最後の皇帝溥儀を担ぎ出して皇帝にし、いわゆる「偽満州国」をでっち上げた。こうして日本帝国主義は東北を日本の完全な植民地としたのである。

日本の侵略に対して国際連盟は中国からの提訴に基づき、英国人のリットンを現地に派遣した。調査の結果日本が東北を支配下におくためであったことを発表して、東北から撤兵を勧告したが、日本はその勧告に従わず、1933年国際連盟を脱退した。

三　五・一五事件と政党内閣の崩壊

九・一八事変が始まると、政治における軍部の力が次第に強くなった。一部の青年将校や国家主義者は政党政治を倒し、軍部を中心とした政府をつくろうとした。1932年5月15日に海軍の青年将校や右翼が首相官邸その他を襲い、総理大臣犬養毅を射殺した。これが五・一五事件である。この事件によって、8年間続いた政党内閣が終わり、その後は軍部が政治の中心に立つようになった。

四　二・二六事件と日独伊防共協定

1936年2月26日、陸軍の青年将校たちが反乱を起こし、首相官邸などを襲って高橋蔵相らを殺害した。反乱はまもなくしずめられたが、この事件は日本の支配階級がファッショ的な支配体制を確立する上で大きな役割を果たした。

この事件の後、広田弘毅が総理大臣になり、すべての大臣が国家主義者で固められた。そして組閣にあたり軍部の要求を大幅に取り入れた。

1936年、日本とドイツ・イタリアの三国との間で国際共産主義に対する防共協定が結ばれたが、この三国は世界の「新秩序」を主張し、領土と勢力範囲の再分割を要求する枢軸を形成した。

ファシズムが台頭するにつれて、思想や学問に対する統制も強められ、共産主義・社会主義だけでなく、自由主義の思想も弾圧の対象となった。

第三節　中国への侵略戦争と戦時体制の確立

九・一八事変以後、日本軍は偽満州国を守るという理由で万里の長城を超えて、中国内陸へ侵略していった。

1937 年 7 月 7 日北京郊外の蘆溝橋付近において、夜間演習の日本軍が中国軍の不法攻撃を受けたとの言いがかりをつけて、中国軍に戦争を仕掛けた。日本の近衛内閣は事変の不拡大を声明したが、現地の日本軍は戦線を拡大し、中国の重要都市を相次いで占領した。こうして中日両国は宣戦布告のないままに全面的な交戦状態に入った。日本は当時の陸軍全兵力の 2／3 に当たる 16 個師団を中国に投入し、都市の空襲などによって中国各地を破壊し、多くの民衆を虐殺した。同年 12 月に日本侵略軍は南京を占領して約 30 万の中国人を殺した。日本軍の焼き尽くし、殺し尽くし、奪い尽くすという、いわゆる「三光作戦」政策が全中国人民の憤慨を呼び起こして、全民族の抵抗が始まった。

国内における戦時体制の確立は戦争の進展に従い、また、資本主義における国家支出の比重の増大に伴い、着々と進行した。特に近衛内閣は 1938 年に国家総動員法を制定し、政府が国の経済活動や国民生活を支配した。そのため国民の生活はますます苦しくなった。

これと対応しつつ、政治の独裁化も、進行の途上にあった。1940 年にはほとんどの政党の解散を前提として、大政翼賛会が創立された。この会は時の首相・近衛文麿を総裁とし、府県知事を地方支部長とする戦争に協力する政府御用達機関であり、このため政党のなくなった帝国議会は有名無実となった。

第四節　第二次世界大戦と日本

一　大戦の始まり

ヨーロッパではドイツ·イタリアを中心に戦争の準備が進められ、1938年、ドイツはオーストリアを合併、翌年、チェコスロバキアを占領し、またイタリアはアルバニアを占領した。ドイツは1939年、ソ連と独ソ不可侵条約を結んだ上で、ポーランドに攻め込んだ。イギリスとフランスは直ちにドイツに宣戦し、ここに第二次世界大戦が始まった。

二　太平洋戦争

1940年ドイツがフランスを占領すると、日本はドイツ·イタリアと軍事同盟を結んだ。これが日独伊三国軍事同盟である。これによって三国は共同してアメリカ·イギリス·フランスなどの国々と対抗することになった。

1941年アメリカは石油や鉄などの重要物資を日本へ輸出することを禁止し、日本の戦力を脅かした。そのため日米の交渉は行き詰まった。この時日米交渉を続けようとする近衛首相と交渉の打ち切りと対米開戦を主張する陸相東条英機とが対立し、総辞職して、東条が総理大臣になった。東条内閣は積極的に対米戦争の準備を進めて、米·英その他の国との開戦を決意した。

1941年12月8日、日本の海軍は突然ハワイの真珠湾を奇襲し、英·米に宣戦を布告して、太平洋戦争が始まった。ドイツ·イタリアも三国同盟によってアメリカに宣戦した。

三　日本の敗戦

日本・ドイツ・イタリアは戦争の初期には勝ち続けることができた。しかし連合軍(アメリカ・イギリス・ソ連)側の戦争体制が整い、次第に連合軍側が有利になっていった。1943 年 9 月、イタリアが連合軍に降伏し、1945 年、ドイツも降伏した。

1943 年 11 月、アメリカ・イギリス・中国の首脳がエジプトのカイロで日本に対する徹底的な攻撃と、今後の重要な問題を相談し、それをカイロ宣言として発表した。

1945 年 7 月、アメリカ・イギリス・ソ連の三国首脳はドイツのポツダムで会談し、日本の戦後処理方針と日本軍の無条件降伏を勧告するポツダム宣言が出された。しかし日本は宣言を無視する態度を取った。

アメリカは同年 8 月、広島と長崎に原子爆弾を投下し、またソ連も日本に宣戦を布告したので、8 月 15 日、宣言の受諾を天皇が放送した。9 月 2 日東京湾内の米艦ミズーリ号上で降伏文書調印が行われ、15 年間にわたった戦争はここにようやく終わりを告げた。

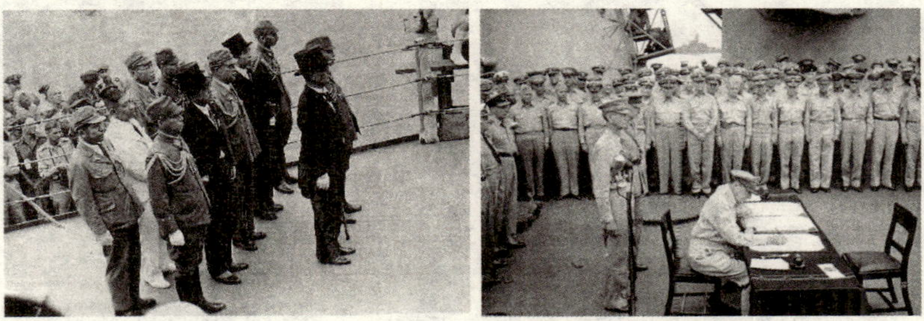

米艦ミズーリ号上における降伏文書調印式

第7章 第二次大戦後の日本

第一節　敗戦当初の日本

一　アメリカ(連合国軍)の日本占領

日本がポツダム宣言を受け入れ、連合国に無条件降伏した。1945年8月の終わりに、連合国軍最高司令官マッカーサーに率いられた、アメリカ軍を主力とする連合国軍が日本を占領した。9月の初めに連合国軍最高司令官総司令部(GHQ)が東京に置かれた。

こうして日本の天皇及び政府の国を治める権限は連合国軍最高司令官のもとに置かれ、総司令部は日本政府に指令、勧告を出してポツダム宣言を実行に移すことになった。

二　軍国主義の追放

連合国最高司令部は最初に日本軍国主義の追放を行った。約770万人にのぼる日本の陸海軍将兵は武装を解いて、武器を連合国軍に引き渡した。日本の軍隊は解体した。

総司令部は9月、東条英機ら日本の戦争を指導した軍人·政治家などを戦争犯罪人として捕えた。これ以後、戦争犯罪人の逮捕が続き、1946年5月から連合国によって開かれた極東国際軍事裁判では東条英機をはじめとする4,000人の日本軍人らが死刑や有罪の判決を受けた。

また、軍国主義者や戦争中に軍部と結んで活躍した約2万人の政治家·官吏·実業家·学者·教育者などが公職と教職から追放された。

一方、総司令部は日本の占領政策の実行上の便宜から天皇制を存続させようとし、政府を促し、天皇に宣言を出させた。天皇は自ら「天皇は人間である」と宣言して、これまでの生き神(現人神)として国民の上に君臨していた存在を打ち消した。これらの措置は旧日本の軍国的主義を一時は全面的に崩壊させた。

三　民主的諸改革

連合国軍総司令部は日本を民主的な国にするための占領政策を推し進めた。その結果、男女同権、労働組合の結成、言論の統制の撤廃、財閥解体と農地改革などの改革が次々に行われた。

四　政党の復活

軍部が解体してから、ほどなく軍部によって押しつぶされていた政党はいち早く復活し、日本自由党·日本進歩党·日本社会党などが結成された。それまで非合法であった日本共産党も公然と活動を始めた。

五　日本国憲法の公布

明治憲法による政治体制はポツダム宣言の提示する「平和主義·国民主権·基本的人権確立」の大原則とは明らかには背反しているため、総司令部は日本政府に対して、新憲法草案を提示した。その新憲法草案は帝国議会の審議を経て、日本国憲法として成立し、1946年11月3日に公布され、翌年5月3日から施行された。

日本国憲法は国民主権・基本的人権の尊重・平和主義の三つを原則としている。特に国民の基本的人権について細かく定めて、これを永久に犯してならない権利とし、戦争と武力の行使を永久に放棄することを定めたことが大きな特色である。

六　教育基本法の制定

次いで、教育基本法が制定され、義務教育は小学校6年・中学校3年合わせて9年とし、教育は真理と平和を願い求める人間を養成することが目的であると明示された。そして男女同権のたてまえから男女共学を原則とし、義務教育の上に高等学校3年・大学4年の制度をつくった。これは6・3・3・4学校制度と呼ばれた。

七　戦後当初の文化

自由主義・マルクス主義や実存主義などいろいろな思想や教え方に立つ学問研究が進められるようになった。共同研究や国際交流も始められた。

自然学科においては、1949年湯川秀樹が日本人として初めてノーベル物理学賞を受けた。また南極観測事業に加わって、自然科学分野の国際協力を進めた。

文学では戦争中に沈黙していた志賀直哉・谷崎潤一郎らの老大家が活躍し始めた。また太宰治・坂口安吾らが戦後の人々の変化や現実を鋭く捕えた作品を発表し、大岡昇平や野間宏らは戦争体験を通して戦争を批判する作品を表した。

また芸術、スポーツなども盛んになった。

第二節　日本の復興と国際復帰

一　国際連合の成立

第二次世界大戦中の1942年1月、アメリカ·イギリス·ソ連·中国を中心とする26カ国は全力を挙げて戦争中協力し、かってに講和を結ばない、と誓う「連合国共同宣言」に署名した。この共同宣言に同調する国は1945年3月に47カ国になり、これが国連を作る基礎となった。1945年10月、サンフランシスコ設立会議で各国の批准の手続きを経て、憲章は効力を発生し、国連は正式に成立した。

二　国際情勢とアメリカの対日政策の転換

戦後、世界は激変した。第二次大戦において、ファシズム·帝国主義を倒すために、社会体制の違いを超えて、互いに協力した資本主義国家群の中心であるアメリカと社会主義国ソ連は共に国際連合の中心国として活動しながら、同時に国際間の重要議題について鋭く対立し、いわゆる「冷たい戦争」の状態になった。

この間、アジアでは民族解放運動がおこって、独立の民族政権を樹立することに成功した。また朝鮮は日本の支配から離れ、北緯38度を境として、米·ソ両国軍に分割占領されていたが、1948年、北には朝鮮民主主義人民共和国が誕生し、南には大韓民国が成立した。

また中国では、共産党に指導された解放軍が国民党軍を破り、1949年10月1日毛沢東を国家主席とする中華人民共和国の成立が宣言され、中国大陸と6億の人民が社会主義陣営に参加することとなった。

アメリカとソ連を中心とする「冷たい戦争」がおこり、中国で中国共産党が優勢になると、アメリカ政府は日本に対する政策を変えて、日本を東アジアの「反共のとりで」にする方針を確立し、資本主義陣営の有力な国家として、対ソ対中国の政治的任務を分担させようとした。それはその後1970年代まで一貫してアメリカの対日政策の基調であった。

三　朝鮮戦争と日本の政治·経済

冷たい戦争を続けていた二つの世界の対立は新中国の成立により、いっそう緊迫し、ついに1950年には大韓民国と朝鮮民主主義人民共和国との間に内戦が勃発し、いわゆる朝鮮戦争が開始された。

この内戦では大韓民国支援という理由でアメリカ軍を主力とする国際連合軍が出動し、それに対決するため中国の義勇軍が朝鮮民主主義共和国を援助したので、戦いは局地戦争ではありながら、資本主義陣営と社会主義陣営の激突という状態を呈した。

この朝鮮戦争が始まる直前にマッカーサーは日本共産党の非合法化を日本政府に促すと共に、共産党中央委員らを公職から追放し、政治集会とデモ行進を禁止した。そして戦争が始まると、警察予備隊をつくることと、海上保安庁の増員を指令した。

朝鮮戦争中、日本は国連軍の後方基地となり、国連軍の出動の準備や軍需品の調達を行った。この特別需要によって日本の産業は活気にあふれ、鉱工業の生産は戦前の水準を超え、日本の経済が復興していった。

四　サンフランシスコ平和条約と日米安全保障条約の締結

1951年9月、アメリカは日本を資本主義国家群の一国として自立させるために、サンフランシスコで講和会議を開き、日本と平和条約を結んだ。そしてアメリカ·イギリス·フランスなど48カ国がこの条約に調印した。しかしソ連その他の社会主義国は会議に参加したが、調印しなかった。中国はこの会議に招かれなかった。

この平和条約が発効した1952年4月28日から、日本は7年間の占領状態を脱して、国家の主権を回復した。またこの平和条約の調印と同時に日米安全保障条約(安保条約)が結ばれ、日本の防衛はアメリカ軍が引き受けることになった。

五 日本の国際復帰

1956年鳩山内閣が「対米協調」を基本政策としながらも、日ソ国交回復・日中貿易改善を主眼とする「自主外交」の方針を貫き、戦争終結と国交回復を正式に認め合う日ソ共同宣言を発した。その結果、ソ連は日本の国際連合加盟について諒解したので、同年日本は全会一致で国際連合加盟を認められた。こうして日本は国際社会に復帰した。次いで、1958年に日本は国際連合・安全保障理事会の非常任理事国に選出された。

第8章 55年体制と経済成長

第一節 55年体制

一 二極構造の世界

朝鮮戦争の休戦後も冷戦は続いた。米ソは原爆から水爆へ、更に大陸間弾道ミサイルへと、とめどない軍備大競争にのめりこんだ。

しかし、1950年代半ばから東西対立を緩和する動きが生まれた。更に1960年代には両陣営内で「多極化」が進み始め、米ソの圧倒的地位にかげりが見えるようになった。ヨーロッパ経済共同体(1957年)に次ぐヨーロッパ共同体が組織され(1967年)、ド=ゴール大統領のフランスは独自の外交を展開し、西独や日本は驚異的な経済成長を遂げてアメリカ産業を脅かすようになった。東側では中ソ対立が表面化し、中国は1964年に核実験を成功させ、1966年には「文化大革命」を開始した。

二 55年体制の成立

サンフランシスコ平和条約の発効は政治勢力の再編成をもたらした。1954年、吉田首相に反発する勢力は鳩山一郎を総裁として日本民主党を結成し、同年末、吉田内閣はついに退陣し、鳩山内閣が成立した。

鳩山内閣は「自主外交」をうたい、1956年10月には首相自らモスクワを訪れ、日ソ共同宣言に調印して国交を正常化した。その結果、同年12月には日本の国連加盟が実現した。

一方、社会党は1951年、平和・安保両条約に反対する左派と平和条約には賛成の右派とに分裂していたが、1955年2月の総選挙で、改憲阻止に必要な1/3の議席を確保するために、同年10月には両派の統一を実現した。保守陣営でも、同年11月、民主党と自由党が合流して自由民主党が結成された。ここに2大政党制が形成されたが、自社両党の議席数はほぼ2対1のままで推移し、保守一統優位の政治体制（55年体制）は以後40年近く続くことになった。

第二節　経済の高度成長

一　経済の高度成長

朝鮮戦争の特需によって復興した日本の経済は1955年ごろから、大企業を中心に新しい技術の機械設備を取り入れ、新しい工場を建設して、目覚しい成長をし始めていた。国内の需要も増え、神武景気とか岩手景気とかと呼ばれた好景気が続いた。

1960～1970年の10年間に工業生産は3.5倍以上に伸び、国民総生産も名目で4.5倍に増えた。経済成長率は年15%を越す勢いを示した。こうして国民総生産は1968年にはアメリカ・ソ連に次いで世界第三位となった。貿易も鉄鋼・船舶・自動車・電気製品を中心に輸出が著しく増え、長い間赤字続きであった貿易収支も1960年代の後半から黒字となった。

二　高度成長と産業・交通の発達

この時期に京浜・阪神・中京の三大工業地帯を中心として、太平洋・瀬戸内海の沿岸地域に鉄鋼・機械などの新しい工業地域の建設が進められた。鉄鋼・自動車などの工場では生産の自動化が進められ、製品の質も向上した。また、東北・北陸・九州などの地方にも工業都市を指定して地域開発が始められた。

工業の発達と共に高速道路が建設され、大都市では高架の自動車道路が張り巡らされ、地下鉄などの建設も盛んに行われた。貨物輸送では、自動車が鉄道や船舶に代わって主力となった。1964年には東京—大阪間に新幹線が開通した。

三　高度成長の影響

経済の高度成長は国民生活や日本社会に大きな影響をもたらした。国民の衣食住の生活様子が大きく変わった。日常生活物資が豊富になり、国民の需要も増え、町々にはスーパーマーケットが進出し、消費を美徳とする使い捨ての風潮が広まった。また、教養面や娯楽面の商品の購入も多くなった。

住宅面においては大都市で高層ビルの建設が盛んになり、郊外には一戸建ての住宅の建築も増えた。

しかし、高度成長はいろいろな問題ももたらした。人口の都市集中による農山漁村の人口過疎、都市の地価高騰・住宅難・交通難、また、公害問題などの問題も起こった。また、独占的な大企業の経済の増強と共に、中小企業の中には物価の上昇や労働不足などのため、経営が立ち行かなくなったり、大企業の子会社になったりするところが増えた。

第三節　70年代以後の日本

一　経済の低成長と不景気

1971年のドル・ショック以降、1ドル＝360円とする固定為替相場制は崩れ、日本も変動為替相場制をとった。そのため、円の値打ちが上がったり下がったりして貿易中心の日本の経済は不安定な状態が続くこととなった。

1973年の石油ショック以後、世界経済は不景気に見舞われ、日本の高度成長も終わりを告げた。翌年には戦後初めてマイナス成長となった。中小企業では倒産が増え、失業者も増加した。こうして町には不景気風が満ち溢れるようになった。70年代の後半から80年代になると、勤労者の実質賃金(所得)が低下するという情勢の中で、政府の財政も著しく苦しくなった。

二　政治情勢の動きと国民の意識

1972年佐藤栄作内閣の時、長い間国民の念願であった沖縄が返還された。佐藤首相の後を受けた田中角栄首相は中国を訪問し、中日国交正常化の共同声明に調印した。さらに1978年、日中平和友好条約を結んだ。

その間、田中内閣が金権問題で退陣すると、自由民主党の三木武夫らの短命内閣が続いたが、党内では政権争いなどをめぐって、激しい派閥争いがくり返された。しかし、野党も無気力で政治情勢は膠着したままであった。

1980年6月、日本初めての衆参両院のダブル選挙で、自由民主党の鈴木善幸内閣が成立した。国会で勢力を持った政府・自由民主党は、軍備増強・行政改革などの政策をかかげた。そして他方では憲法改正や愛国心教育などのキャンペーンをはった。こうした政策はその後を受けた中曽根康弘内閣によって、いっそう強硬な政治姿勢で推し進められた。

このような政治経済情勢の中で、政治に無関心な青年が増え、勤労者の間にもマイホーム主義の風潮が広まった。生活水準が上がったので、社会を改善して変えていくという考え方や行動も薄らいだ。しかし、アメリカの大統領レーガンの軍備拡大政策や、それを受けた日本政府の政策に戦争への不安を持つ人々が多くなり、日本やアメリカ、ヨーロッパ諸国で反核平和運動が高まった。

第四節　現代の世界と日本

一　冷戦から内戦へ

新冷戦の展開は、米ソ両国経済の後退を加速させた。アメリカは国内産業の空洞や国家財政・国際収支の「双子の赤字」に苦しみ、世界最大の債務国に転落した。

ソ連も深刻な経済危機に襲われ、1985 年に登場したゴルバチョフの指導のもとに国内体制の建て直し(ベレストロイカ)が試みられた。機能不全に陥った計画経済に市場原理の導入を図り、情報公開(グラスノスチ)などを通じて政治・社会の自由化を進めた。更に積極的な外交で対米関係の改善を図り、1987 年にはアメリカと中距離核戦力(INF)全廃条約を結び、翌年にはアフガニスタンからの撤兵をはじめ、ついに 1989 年 12 月両国首脳のマルタ会談の結果、「冷戦の終結」を米ソ共同で宣言した。

ソ連は東側陣営の結束を強制する政策を断念したので、1989 年、東欧諸国は民衆デモの圧力のもと、次々に社会主義を放棄して陣営を離反した。1991 年、党内保守派のクーデタの失敗のため、ソ連共産党は解散を余儀なくされ、更に同年末にはソ連は解体した。東西対立の極であるソ連の消滅で、冷戦の時代は完全に幕を閉じた。

ソ連解体後、アメリカが強い国際的指導力を発揮する状況が生まれ、クウェートに侵攻したイラクに対して 1991 年はじめ、米軍を主力とする「多国籍軍」が国連決議を背景に武力制裁を加えた。続発する地域紛争に国連平和維持活動(PKO)で対応する動きが国際的に強まるなかで、1992 年、日本も内紛の続くカンボジアに自衛隊の派遣を始めた。

二 55 年体制の崩壊

冷戦の終結後まもなく、冷戦の国内版である 55 年体制も崩壊した。1989 年、昭和天皇がなくなり元号が平成と改めた頃から、保守長期政権下での金権政治の実態が国民の前に明らかにされていった。同年、竹下内閣はリクルート事件の疑惑の中で退陣し、これを継いだ宇野宗佑内閣も参議院議員選挙での大敗北で短命に終わった。海部俊樹内閣は激動する国際関係、とりわけ湾岸戦争への対応に苦しみ、1991 年成立した宮沢喜一内閣は翌年、PKO 協力法(国際平和協力法)を成立させた。しかし、同内閣のもとで、1992 年に佐川急便事件、翌年にゼネコン汚職事件が明るみに出て、国民の激しい非難を浴びた。こうしたなかで、政界でも選挙制度改革や政界再編成を目指す動きが強まった。

1993 年に自由民主党が分裂して、7 月の総選挙で自由民主党は過半数割れの大敗となった。宮沢内閣は退陣して、共産党を除く非自民 8 党派の連立政権が、日本新党の細川護熙を首相として誕生した。自由民主党長期政権は、38 年目に終わりを告げ、55 年体制は崩壊した。

三 経済大国の苦悩

1980 年代には日本の対米貿易黒字が激増したため、アメリカは自動車などの輸出自主規制を求め、農産物の輸入自由化を迫った。政府は 1988 年には牛肉·オレンジの輸入自由化を、1993

年には米市場の部分開放を決定した。1989年からの日米構造協議では、アメリカは市場開放の進まぬ日本経済の「不公正な」制度·慣行を問題とするなど、対日批判をさらに強めている。

アジアの発展途上のうち、韓国·中国香港·シンガポールでは、外国の資本·技術の導入を軸に輸出指向型の工業化が進み、世界的な長期不況の中で急激な経済成長を続けた(NIES—新興工業地域経済群)。1980年代までに、「経済大国」日本とその周辺に配置された工業生産基地·アジアNIESからなる経済圏は、世界経済の活力の中心となった。近年ではさらに経済開放政策を進める中国の経済特区やASEAN諸国に広がりを見せるようになった。

変動為替相場制移行以来、円高傾向は続いたが、1985年の5カ国蔵相会議(G5)での協調介入の合意(プラザ合意)以降は円高が加速し、輸出産業を中心に不況が一時深刻化した。しかしその後には内需拡大に支えられた大型景気がおとずれた。不況克服の過程で、コンピュータ·通信機器を利用した生産·販売のネットワーク化が図られ、重化学工業でもME(マイクロ=エレクトロニクス)技術の導入による柔軟な多品種少量生産体制が整備された。ところが、金融機関や企業にだぶついた資金が不動産市場や株式市場に流入し、1987年ころから実体とかけ離れた泡のように、地価や株価は投機的高騰をはじめた(バブル経済)。企業業績の好調は極端な長時間労働を慢性化させ、ホワイトカラーなどの「過労死」が問題になった。円高の進行のため、欧米·アジア諸国に生産拠点を移すなど日本企業の海外進出が急展開し、国内産業の空洞化が進んだ。

1990年はじめから株価が、翌年には地価が下落し始めて、バブル経済は崩壊した。このために大量の不良債権を抱え込んだ金融機関の経営が悪化して金融逼迫が生じ、これが実体経済の不況に波及した。日本経済は円高の進行·不況の深刻化により、出口の見えない苦境に陥った。

さらに1995年に入ると、阪神・淡路大震災やオウム真理教による地下鉄での毒ガス無差別テロや複数の金融機関の経営破綻などの事件が相次ぎ、国民の間に不安が広がっている。

日本は国内では財政の再建・政府官庁の整理・老人問題・差別問題・福祉制度の統合など、様々な問題を抱えている。また、国際的にはアメリカ・ＥＣ(ヨーロッパ共同体)諸国との間の貿易摩擦、発展途上国に対する援助、石油・食料など資源の確保、ソ連との北方領土問題など、解決しなければならない多くの問題がある。

激しく動く世界情勢の中で、経済大国となった日本は、第二次世界大戦でアジアの人々に与えた計り知れない苦しみと、世界でただ一つの原爆の被害を受けたことを思い起こして、世界平和を守るために、いっそうの努力をしなければならない。そのため、平和と基本的人権の尊重を基本とした日本国憲法の精神を、世界の全人類に広めることが日本国民に課せられた使命であると言えよう。

第三部

政治体制

第三部　政治体制

第1章 天　皇

第一節　天皇の称号

一　「天皇」の由来

「天皇」という称号の由来には道教の「天皇大帝」(北極星)あるいは「扶桑大帝東皇父」から採ったという説や唐の高宗は皇帝ではなく天皇と称したことがあり、これが日本に移入されたのではないかという説、五世紀頃には対外的に「可畏天王」、「貴國天王」あるいは単に「天王」等と称していたものが推古朝または天武朝に「天皇」とされたなど、ほかにも諸説が多い。はじめて採用されたのは推古朝説も根強いが、7 世紀後半の天武天皇の時代とするのが最近の有力説である。

二　天皇の称号の変遷

天皇という称号が生じる以前、倭国(「日本」に定まる以前の国名)では天皇に当たる地位を、国内では大王あるいは天王と呼び、対外的には「倭王」「倭国王」「大倭王」等と称された。「てんのう」の読みは「てんおう」の連声による明治期の変化。

天皇という呼称は律令(「儀制令」)に規定があり、祭祀においては「天子」、詔書には「天皇」、華夷においては(国内外にむけては)「皇帝」、臣下がすぐそばから呼びかける時には「陛下」、皇太子など後継者に譲位した場合は「太上天皇」、外出時には「乗輿」、行幸時には「車駕」という七つの呼び方が定められているがこれらはあくまで書記(表記)に用いられるもので、どう書いてあっても読みは風俗(当時の習慣)に従って「すめみまのみこと」や「すめらみこと」等と称するとある(特に祭祀における「天子」は「すめみまのみこと」と読んだ)。死没は崩御といい、在位中の天皇は今上天皇と呼ばれ、崩御の後、追号が定められるまでの間は大行天皇と呼ばれる。配偶者は「皇后」。自称は「朕」。臣下からは「至尊」とも称された。

なお、奈良時代、762 年～764 年に神武から持統天皇までの 41 代、及び元明・元正天皇の漢風諡号である天皇号が淡海三船によって一括撰進された事が『続日本紀』に記述されているがこれは諡号(一人一人の名前)であって「天皇」という称号とは直接関係ない。

平安時代以降、江戸時代までは、みかど(御門、帝)、きんり(禁裏)、だいり(内裏)、きんちゅう(禁中)などさまざまに呼ばれた。「みかど」とは本来御所の御門のことであり、禁裏・禁中・内裏は御所そのものを指す言葉である。これらは天皇を直接名指すのをはばかった婉曲表現である。陛下(階段の下にいる取り次ぎの方まで申し上げます)も同様である。また、主上という言い方も使われた。天朝は天皇王朝をさす言葉だが、転じて朝廷、または日本国そのもの、もしくはまれに天皇をいう場合にも使う。すめらみこと、すめろぎ、すべらきなどとも訓まれ、これらは雅語として残っていた。また「皇后」は「中宮」ともいうようになった。今上天皇は当今の帝などとも呼ばれ、譲位した太上天皇は上皇と略称され、仙洞や院などともいった。出家すると法皇とも呼ばれた。光格天皇が仁孝天皇に譲位して以後は事実上、明治以降は制度上存在していない。これは現旧の皇室典範が退位に関する規定を設けず、天皇の崩御(死去)によって皇嗣が即位すると定めたためである。

大日本帝国憲法(明治憲法)において、はじめて天皇の呼称は「天皇」に統一された。ただし、外交文書などではその後も「日本国皇帝」が多く用いられ、国内向けの公文書類でも同様の表記が何点か確認されている。そのため、完全に「天皇」で統一されていたのではないようである(庶民からはまだ天子様と呼ばれる事もあった)。陸海軍の統帥権を有することから「大元帥陛下」とも言われた。口語ではお上、主上、聖上、当今、畏き辺り、上御一人、などの婉曲表現も用いられた。

なお、一般的に各種報道等において、天皇の敬称は皇室典範に規定されている「陛下」が用いられ、「天皇陛下」と呼ばれる。宮内庁などの公文書では「天皇陛下」のほかに、他の天皇との混乱を防ぐため「今上陛下」と言う呼称も用いる。会話における二人称では単に陛下と呼ぶことが多い。三人称として、敬称をつけずに「今の天皇」「現在の天皇」「今上天皇」と呼ばれることもあるが、近年では「お上」「聖上」などの婉曲表現で呼ぶことはまれである。

英語における天皇を意味する言葉は、原則として大文字のEを用いたEmperorである。定冠詞(the)を付ける場合もあるが、その場合でも大文字のEという原則は崩れない(固有名詞扱いであるため)。天皇を言及する際に用いられる尊称はHis Majestyであるが、His Imperial Majestyと記すこともあり、また略してH.M.と記す場合もある。天皇は男性であるため、Her Majestyは原則として「皇后」を意味するが、略号は天皇と同じくH.M.である。「～天皇陛下」という場合、正式にはHis Majesty (the) Emperorの後に名前を記す。天皇皇后両陛下という場合は、Their Majesties Emperor and Empressとなる。天皇に対する呼びかけは一般的にYour Majestyで、「皇帝としての威厳」に対して呼びかけるという形式になる。なお、天皇・

皇后以外の皇族への尊称である殿下は、His/Her Imperial Highness であるが、この場合はImperial は省略できない。

歴史学などの分野では日本固有の存在としての天皇を強調する意味でTenno やMikado と呼ぶこともままある。

三 天皇の配偶者の称号

明治維新以前は一般的に側室を認める時代のため、天皇には皇后以外の複数の配偶者がいた。天皇の配偶者は、出身の家柄に応じて名乗れる称号は決まっていた。

明治維新以降、国民の間では民法の影響で一夫一妻制が浸透したので、皇族や貴族の中においても一夫一妻制が広まった。ただ、明治天皇には側室がいたため、最初に一夫一妻制を実現した天皇は大正天皇である。それ以後の天皇、皇族は一夫一妻制に基づき、配偶者は一人である。

四 天皇家の姓氏

天皇や皇族は氏姓および苗字を持たないとされる「○○宮」の称号は、宮家の当主個人の称号とされており、苗字には当たらない。古代日本において、氏姓、すなわちウジ名とカバネは天皇が臣下へ賜与するものと位置づけられていた。天皇は、氏姓を与える超越的な地位にあり、天皇に氏姓を与える上位存在がなかったため、天皇は氏姓を持たなかったのである。このことは、東アジア世界において他に類を見ない非常に独特なものである。

しかし、ウジ・カバネが制度化される以前の大王家は、姓を有していたとされている。5 世紀の倭の五王が、倭讃、倭済などと称したことが『宋書』倭国伝ないし文帝紀などに見え、当時の倭国王が「倭」姓を称していたことがわかる。このことから、宋との冊封関係を結ぶ上で、ヤマト王権の王が姓を称する必要があったのだと考えられている。また『隋書』倭国伝に倭国王の姓を「阿毎」とする記述があり、7 世紀初頭まで大王家が姓を有していたとする考えもあるが、中国風の一字姓でないことから「阿毎」は姓でないとする見解が支持されている。大王家の「倭」姓は、中国の冊封体制から離脱した5世紀末ないし、氏姓制度の形成が進んだ5世紀末から6世紀前半までの間に放棄されたとする説が有力となっている。

第二節　天皇の皇位継承

皇位継承とは、皇太子などの皇位継承者が皇位(天皇の位)を継承することである。諸外国における国王・皇帝の地位の継承を意味する王位継承、あるいは帝位継承とほぼ同義語である。天皇の皇位継承は、大日本帝国憲法及び日本国憲法で明文規定されていた。日本国憲法では「皇位は、世襲のものであつて、國會(国会)の議決した皇室典範の定めるところにより、これを繼承(継承)する。(日本国憲法第2条)」とある。その皇室典範には「皇位は、皇統に屬する男系の男子が、これを繼承する。(同法第一条)」とある。

第三節　憲法における天皇

一　日本国憲法における天皇

現在において天皇は、日本国憲法(1946年11月3日公布、1947年5月3日施行)第1章に記されている。日本国憲法においては、「日本国の象徴であり日本国民統合の象徴」(第一条)と位置づけられ、憲法の定める国事行為を除くほか、国政に関する権能を有しない。

天皇は日本国と日本国民統合の「象徴」とされ、これは主権の存する日本国民の総意に基づくものとされる。

天皇が日本国憲法の下における「元首」であるのか否かについては議論があるが、日本国憲法に元首について何ら記載がないこともあり、元首という用語の定義如何で元首であるかどうかの結論が異なるとされることが多い。

天皇は、諸外国からは元首としての扱いを受けている。オリンピックの開会宣言は開催国の元首が行う慣例になっているので、日本国内で開催されたオリンピックでは天皇が開会宣言を行っている。

天皇は日本国憲法の定める国事に関する行為のみを行うとされ、国政に直接関与する権能を有しない。天皇の行う国事行為は以下のとおり。

国会の指名に基づく内閣総理大臣の任命。

内閣の指名に基づく最高裁判所長官の任命。

憲法改正、法律、政令及び条約の公布。

国会の召集。

衆議院の解散。

国会議員の総選挙の施行の公示。

国務大臣や、その他の官吏の任免の認証。

外国への全権委任状、大使、公使の信任状の認証。

大赦、特赦、減刑、刑の執行の免除及び復権の認証。

栄典の授与。

批准書、外交文書の認証。

外国の大使、公使の接受。

儀式を行うこと。

これらの天皇の国事行為は、内閣の助言と承認が必要とされ、内閣がその責任を負う。（輔弼と同義）

二　大日本帝国憲法における天皇

大日本帝国憲法(1889 年 2 月 11 日に公布、1890 年 11 月 29 日に施行された)はプロイセン王国やベルギー王国の憲法を参考に作成されたと言われている。

法文を素直に解釈すると大日本帝国憲法においての天皇は大きな権力を持っていたように読めるが、明治以降も、天皇が直接命令して政治を行うことはあまり無かった。この点について「君臨すれども統治せず」という原則をとる現代の日本やイギリスなどの君主と実態においては近しい存在であったという意見もある。しかしながら重要な政治的局面で影響力を行使することもあったため異なるという意見もある。大日本帝国憲法下の天皇の法的位置付けについては憲法学上さまざまな論争がなされてきた。

大日本帝国憲法においては、その第 1 条で、「大日本帝國ハ萬世一系ノ天皇之ヲ統治ス」と定められており、第 4 条で「天皇ハ国ノ元首ニシテ統治権ヲ総攬シ此ノ憲法ノ条規ニ依リテ之ヲ行フ」と、日本国憲法とは異なり明確に「元首」と規定されている。

大日本帝国憲法において天皇の大権は以下のように記されている。

天皇は国の元首にして統治権を総攬する。

天皇は陸海軍を統帥する。

天皇は帝国議会の協賛を以って立法権を行う。

国務大臣は天皇を輔弼する。

司法権は天皇の名に於いて法律により裁判所が行う。

衆議院において政府に反対する勢力が多くを占めることを予想して、貴族院に衆議院と同等の権限を持たせている。行政権は国務大臣の輔弼により天皇が自ら行うものとされた。内閣は憲法ではなく内閣官制で規定されており、内閣総理大臣は国務大臣の首班ではあるものの対等な地位とされた。この構造が昭和に入ってから軍部に大きく利用されることとなり、「軍の統帥権は天皇にあるのだから政府の方針に従う必要は無い」と憲法を拡大解釈して軍が大きな力を持つこととなった(権力の二重構造、統帥権干犯問題)。

第四節　天皇家

天皇家とは、日本の皇室のうち、天皇とその家族(内廷皇族)をあわせた構成員の全体をいう。現在の構成は次の通り。

天皇：明仁　　皇后：美智子

皇太子：徳仁　　皇太子妃：雅子

内親王：愛子内親王

皇室のうち、天皇家に属さない家族を宮家という。皇室の活動に使われる皇室費のうち、天皇家の日常活動に使われる予算を内廷費という。現在の天皇の直接の系統である秋篠宮家は天皇家ではないが、時として天皇家として扱われることもある。

また、京都市東山区にある泉涌寺は天皇家唯一の菩提寺で、天智天皇以降の歴代皇族の位牌が祀られ、第87代・四条天皇のほか、第108代・後水尾天皇から江戸時代末期の孝明天皇(第121代)まですべての天皇・皇妃陵墓が寺の背後に設置されている。御寺と呼ばれ、宮内庁の施設を寺の一角に設置。皇族上洛の折りには必ず立ち寄るといわれている。

第五節　菊花紋章

菊花紋章とは、菊の花をかたどった紋章。十六弁の八重菊を図案化した紋章(家紋)であることから、十六弁八重表菊紋ともいう。日本の皇室を表す紋章であり、しばしば日本の国章に準じた扱いを受ける。菊の御紋とも呼ばれる。

法的には国旗に準じた扱いを受け、菊花紋章に類似した商標等は登録できない。

菊花紋章が公式に皇室の紋とされたのは、1869 年の太政官布告による。この時、天皇の紋章として十六弁八重表菊紋が、その他皇族の紋章として十四弁一重裏菊紋がそれぞれ定められた。また、1871 年には、皇族以外の菊花紋の使用が禁止された(現在は、菊花紋章を商標として登録することはできないものの、使用することは禁じられていない)。菊は「菊花紋章」から皇室の代名詞とされ、幕末の流行り歌に「菊は咲く咲く、葵は枯れる西じゃ轡の音がする」と歌われている。

戦前は、戦艦大和など、大日本帝国海軍の軍艦の艦首に、また大日本帝国陸軍では三八式歩兵銃に付けられていた(特に銃は、雑に扱おうものなら「陛下から賜ったも同然の兵器に何事か」と鉄拳制裁が待っていた)。

現在でも、在外公館の玄関には、菊花紋章のレリーフが付されている。また、日本国発行の旅券の表紙や国会議員のバッジには、菊花紋章に似た十六弁一重表菊紋が描かれている(なお、自民党の党章も、十四弁一重表菊の中央に「自民」の文字を入れた略菊花紋章)。そのほか、菊花紋は日本の勲章のデザインにも取り入れられるなど、菊は桜と並び国花に準じた扱いを受ける。

第2章 国旗・国章・国歌

第一節 国旗

日本の国旗とは、正式には日章旗である。日本では一般的に日の丸と呼ばれる。

国旗及び国歌に関する法律（国旗国歌法）の規定によれば、旗の形は縦が横の３分の２の長方形。日章の直径は縦の５分の３で中心は旗の中心。色は地は白色、日章は紅色とされている。

日章旗

一 起源

日章旗の起源は未詳であるが、日本人は古来、太陽を信仰の対象としており、聖徳太子も隋の皇帝・煬帝へ、「日出処天子―」で始まる手紙を送るなど、また国名「日本」（日ノ本）というところからも太陽（日の出）を意識しており、「日が昇る」という現象を大切にしていたことが窺える。

世界的・歴史的に太陽が赤で描かれることは珍しく（太陽は黄色または金色、それに対して月は白色または銀色で表すのが一般的である）、日本でも古代から赤い真円で太陽を表すことが一般的であったというわけではない。例えば高松塚古墳、キトラ古墳には東西の壁に日象・月象が描かれているが、共に日象は金、月象は銀の真円で表されている。また711年の文武天皇の即位以来、宮中の重要儀式では三足烏をかたどった銅烏幢に日月を象徴する日像幢と月像幢を伴って飾っていたことが知られるが、神宮文庫の『文安御即位調度之図』(文安元年記録)の写本からは、この日像幢が丸い金銅の地に赤く烏を描いたものであったことが確認されている。これは世俗的にも共通した表現であったようであり、『平家物語』などの記述などからも平安末期の頃までの日輪の表現は通常赤地に金丸であったと考えられている。対して赤い真円で太陽を表現する系譜は、中国漢時代の帛画に遡る(上の日像幢と同様に内側に黒い烏を配するものである)。日本での古い例としては、法隆寺の玉虫の厨子の背面の須弥山図に、赤い真円で表された日象が確認される。また平安時代においても密教図像などに見出される表現であり、中国から仏教とともにもたらされた慣習であると推測される。こうした表現が原型となり、白地赤丸の日章旗が生まれたと考えるのが妥当であろう。なお日本では紅白がめでたい色とされており、日章旗が定着していった事実は日本人の精神構造を知るうえで興味深い。因みに「あか」の語源は「あかるい」と言う処からきている。

現存最古の日章旗としては、雲峰寺所蔵のものが知られる。これは後冷泉天皇より源義光(新羅三郎)が下賜されたという伝承をもっており、「御旗」と呼ばれ義光の系譜である甲斐武田家に家宝として伝来した。その伝来を無条件に信じるわけにはいかないが、中世前半に遡る遺例として貴重である。また同じく中世の日章旗としては、奈良の堀家に伝わる後醍醐天皇下賜のものが知られるが、これは現在盗難に遭っている。

江戸時代の絵巻物などにはしばしば白地に赤丸の扇が見られるようになっており、近世には簡易な装飾として普及していた。特に狩野派なども赤い旭日の表現を多用するようになり、江戸時代の後半には縁起物の定番として認識されるに到っていた。

また江戸時代後期には薩摩藩の船印として用いられており、開国後は幕府が日本国共通の船舶旗(船印)を制定する必要が生じたときに、薩摩藩からの進言(進言したのは薩摩藩主、島津斉彬だといわれる)で日章旗を用いることになった。一般的に日本を象徴する旗として公式に用いられるようになったのはこれが最初であるとされるが、戊辰戦争時には官軍が菊花旗、幕府側が日章旗を用いており、国旗として扱われるようになったのは明治以降である。

二　国旗制定と法制化

1870 年制定の太政官布告第 57 号商船規則に基づき、日本船の目印として採用されて以来、日本の国旗として使用されてきた。商船規則による日章旗の規格は現行とは若干異なり、縦横比は 7 対 10、日章は旗の中心から旗竿側に横の長さの 100 分の 1 ずれた位置とされていた。

1990 年代末から、各地の高校や大学の入学式で日章旗を掲揚するか否かの議論が高まり、1999 年施行の国旗国歌法により、正式に国旗として定められた(ただしあくまで憲法の範囲内であり、これによって表敬・崇敬の強制をするものではないとの首相による憲法解釈が存在する)。

なお、大喪時の掲揚方法は、大喪中ノ国旗掲揚方(大正元年閣令第 1 号)に定められている。

三　法制化前における法令での扱い

商船規則は船の帰属国の旗に関する規定であり日章旗を純粋に国の旗として定める法規ではなかったこと、商船規則発布以降も当時の帝国議会で複数回にわたり国旗法案が提出されたものの廃案となったことから見て明治時代にも「国旗法が欠けている」との社会的認識があったと思われることなどから、特に第二次世界大戦後に、日章旗の国旗としての法的正当性に疑義を唱え反・日の丸を主張する勢力が出現、統計調査等でもこれを支持する意見が一定の勢力を占めるようになった。これに対し日章旗を国旗と認める勢力は日章旗が日本国旗であることは一種の慣習法と考えられることなどを主張、その根拠として前出の商船規則、大喪中ノ国旗掲揚方のほかにも複数の法令の条文中に「国旗」の文字が使用され「日本国旗が存在することが当然の前提とされている」ことを挙げていた。

四　日章旗に対する反感

各種世論調査から、大多数の日本国民は日章旗を国旗と認めており、抵抗感もないとされているが、以下の経緯から国内外に反感を抱く住民もいる。

第二次世界大戦等では特にアジア各地での日本軍の統治・占領の象徴として日章旗が用いられた。このため中国・韓国・北朝鮮・フィリピンなど、第二次大戦で日本等による被害の多かった国や地域では、日章旗に対する嫌悪感が示されることがある。例えば、中国では日章旗を中国で掲げることに感情的抵抗があるとする説がある。亦、日本に対する抗議デモ等で、日章旗が燃やされる事もしばしば起こっている。昭和天皇が 1971 年にイギリス、オランダを訪問した際には激しい抗議デモが起こり、ここでも日章旗が焼かれた。イギリス、オランダはかつて東アジア・東南アジア等を植民地としていた宗主国で、第二次大戦で日本と敵対した国である。

戦前には教育勅語に基づいて天皇崇敬や所謂軍国主義を浸透させる為に御真影とともに教育の場で使用された事を理由に、戦後の教育界では国旗掲揚と国歌斉唱については強い警戒心を持たれた。特に、革新・左翼勢力(主に日本教職員組合や社会民主党・日本共産党等)を中心に日章旗に対する根強い反発があり、国旗としての是非存続に関する議論が長い間なされてきた。ただ、君が代に比べると、一般に嫌悪感は比較的弱い。

沖縄では、戦後の米軍統治時代までは、左派・右派を問わず、日章旗が祖国復帰を求める県民のナショナリズムの象徴として扱われていた。しかし、日本復帰後には第二次世界大戦で捨て石の如く扱われ潰滅的な被害を受けたとする主張に伴い一部には日章旗掲揚に嫌悪感を抱く住民もいる。

五　国旗掲揚運動

一方で祝日等に国旗を掲揚する事をすすめる運動が見られる。戦後、国旗に対する敬意の念や掲揚する事に抵抗を感じる感情が広まり、国旗の掲揚が公共機関等以外の各家庭等では余り見られなくなった。その為再び国旗掲揚を広める活動が起こり出した。

六　その他

自衛隊航空機は、国籍識別マークとして赤丸に白い縁取りを採用している。これは旧日本軍時代と同様である。

海上自衛隊では日の丸を国籍旗としても採用している。

白米の真ん中に梅干しを一個のせた弁当を「日の丸弁当」と呼ぶ。

国家公務員や三公社五現業のように、国家や公社が行う事業とそこで働く人間の態度を、危機意識が欠けているなどの批判的な意味で、「親方日の丸」と呼ぶ事がある。

韓国では主に反日主義者などが侮辱を込めて「使用済みナプキン」と表現する。また、韓国で行われる反日デモでは必ずと言ってよいほど日章旗を燃やす。

第二節　国章

国章とは、国家を象徴する徽章をいう。一般に国旗よりもデザインが複雑な為、その国の風土、歴史、文化などが象徴的に表現され、その国を理解する上で国旗よりも多くの情報を読み取ることが出来る(狭義の国章)。

なお、日本語では、広義には国旗を含めたものを国章と呼称することもある。例えば刑法(明治40年法律第45号)第92条の「外国に対して侮辱を加える目的で、その国の国旗その他の国章を損壊し、除去し、又は汚損した者は、二年以下の懲役又は二十万円以下の罰金に処する。」などである。

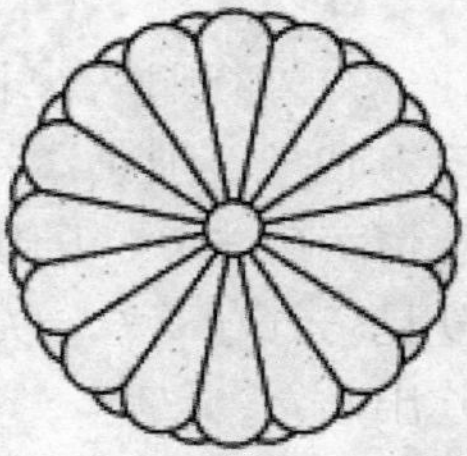
十六弁八重表菊紋

日本の旅券

日本では、法令上明確な国章は定められていない。その為、慣例的に天皇家の家紋であり、天皇の紋である十六弁八重表菊紋(菊花紋章)が、国章に準じた扱いを受けている。

また、首相・政府(内閣)の慣例的な紋章である五七桐花紋も、国章に準じた扱いを受ける。

なお、日本の旅券(パスポート)の表紙に用いられる「十六弁一重表菊紋」は、菊花紋章に似ているが、八重と一重の違いがある。

第三節　国歌

日本の国歌の名は君が代である。国歌を定めている法律は「国旗及び国歌に関する法律」であり、1999年8月13日に公布・施行された。法律制定以前の明治時代から国歌として扱われてきた。君が代を日本の国歌として扱うことについては日本国内で賛否両論があり、第二次世界大戦後から現在に至るまで、論争が続いていたが、法定により日本国としては公式に確定している。ただし、卒業式や入学式など公の場における演奏・斉唱の是非については、なおも議論が続いている。

従来の慣習によった時期と違い、現在は法律改正によって国歌の変更が可能となっており、別の歌を国歌にするための手続きは法制化により明確となった。

君が代は、平安時代に詠まれた和歌を基にした歌詞に、明治時代に林廣守が作曲している。

一　君が代の歌詞

君が代は　千代に八千代に　さざれ石の　いわおとなりて　こけのむすまで

読み：

きみがよは ちよにやちよに さざれいしの いわおとなりて こけのむすまで

一般的な漢字かな交じり表記：

君が代は 千代に八千代に 細石の 巌となりて 苔の生すまで

現代語訳：

君が代は、千年も八千年も、細石が大きな岩になってそれにさらに苔が生えるほどまで、長く長くずっと続きますように。

註 1) 歌詞・読みは、国旗国歌法の表記を採用(歴史的仮名遣いでは「いはほ」とする)。

2)「君が代」は平安時代の用法としては「わが君の御代が」とすることが多いが、時には「こちらさまの(あなたさまの)御寿命が」という意味の場合もある。歌詞についての公式の解釈がないので両方とも可能であることを注記しておく。

君が代

詩 古今和歌集　作曲 林 広守

二　歌詞のテキストと作者

作者は未詳である。

歌詞の出典はしばしば『古今和歌集』(古今和歌集巻七賀歌巻頭歌、題しらず、読人しらず、国歌大観番号343番)とされるが、古今集のテクストにおいては初句を「わが君は」とし、現在採用されているかたちとの完全な一致は見られない。「君が代は」の型は『和漢朗詠集』の一本に記すものなどが最も古いといえる(巻下祝、国歌大観番号775番)。

三　歌詞の解釈

「わが君は」とする場合、考えられうる解釈は(1)「わたしの恋しいあなたは……」と恋人の長生を祈る歌、(2)「こちらのだんなさまは……」と祝言を専門とする芸能者が門付けによってその家の主の繁栄と長生を祈る歌、またはそうした態度をまねてある人がある人の長寿を祝う歌、(3)「わが大君は……」と天子の千秋万歳を祈る歌、の三つがある。古今集にかぎって考えるならば、読人しらずの民謡的な歌であること、四首つづけての読人しらずの後に仁明天皇が僧正遍昭の長寿を祈る歌が掲げられていることなどから、(3)の解釈を取るにはやや無理がある。もともと古今集の賀歌には聖代を寿ぐ意識よりも、長寿を祝い、祈る意識のほうがつよく、特に天子の宝算を祝祷する意識はあまりつよくないことはその詞書を見ても瞭然としているからである。ただし(1)の説を特に強調することも、古今集の解釈としてはやや無理があり、当時の人々の賀歌に対する態度からしてもっとも穏当と思われるのは(2)の解釈ということになるのではないだろうか(ちなみに以上はあくまで古今集採録の歌としての考察であり、それ以前に、あるいはその発生時において「わが君は」の歌がどのように解釈されていたかについてはまったく見当がつかないというのが正確なところである)。

元来民謡的性格の歌であったために、そのテクストに異文があることは特に奇異とするに足りない。古今集採録のかたちが古形である可能性はかならずしも否定できないが、ある時期以降「わが君は」と「君が代は」の両様が行われ、一方が古今集に採られたと見るべきであろう。「君が代は」とした場合、解釈としてはやはり上掲(1)から(3)の三説がありうるが、妥当性としては(1)の線がうすくなる。「君が代」は祝、賀の歌によく用いられる語であるから、単に長生を祈るというだけではなく、公式の場で堂々と祝いを述べるという性格がつよくなるためである。ちなみに和漢朗詠集での配列を閲するかぎりは、「君が代」はあきらかに(3)の解釈を与えられている(祝の部の漢詩は、例えば「嘉辰令月歓無極、万歳千秋楽未央」などといったものである)。

ただしここで誤ってならないのは、マスコミュニケーションの発達していないこの当時の民衆にとって、君主とは手の届かない、想像も付かない、雲の上の神や大昔の伝説、おとぎ話に近い概念であり、『君が代』における「君の長生」を祈る歌詞は、忠誠心や尊王とは切り離された「この治世の平安が続きますように」といった「祝福」に近い意味でとらえられていたことであろう。

なお、「千代に八千代に」の部分であるが、中世期の古今集解釈には二様があり、現行のように「千代に八千代に」とする説(冷泉家系統)と、「千代にや、千代に」と「千代に」の反復であるとする説(二条家系統)がともに行われたが、現在では前者で落ちついている。学問的な通説としても前者とする人が多い。

第3章 国会

日本の統治機構は立法（国会）、行政（内閣）、司法（裁判）の各機関の分立した三権分立制をとっている。

日本国憲法下の三権分立

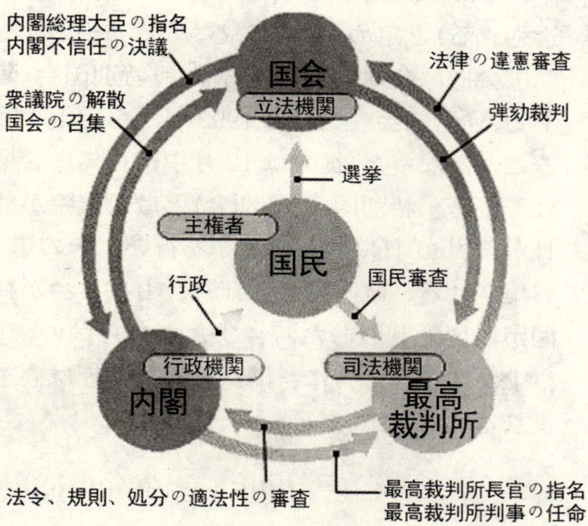

国会は国権の最高機関であって、国の唯一の立法機関である。国民を代表して政治の仕事を相談し法律を作ったり予算を決めたりして、国の政治のもとになるものを決めるところが国会である。

国会は、衆議院および参議院の両議院で構成され、両議院とも全国民を代表する選挙された議員で組織される。

衆議院議員の選挙権は満 20 歳以上の、被選挙権は満 25 歳以上の男女に、いずれも等しく与えられている。また、参議院議員については、選挙権は衆議院議員の場合と同様であるが、被選挙権は満 30 歳以上の男女に与えられている。

衆議院議員の定数は 480 人で、うち 300 人は小選挙区制によって、180 人は比例代表制により全国を 11 に分けた各選挙区から選出されます。参議院議員の定数は 242 人で、うち 96 人は比例代表制によって、146 人は都道府県を単位とする 47 の選挙区から選出される。

国会議員の任期は、憲法によって、衆議院議員については 4 年、また、参議院議員については 6 年(3 年ごとにその半数が改選される)と定められている。

国会には会期により通常国会・特別国会・臨時国会の三種類がある。通常国会(常会)は 1992 年から毎年 1 回 1 月中に召集されることになった(従来は 12 月中に召集)。会期は 150 日と定められている。特別国会(特別会)とは衆議院が解散された時解散の日から、40 日以内に総選挙を行い、その選挙から 30 日以内に召集される。臨時国会(臨時会)とは常会が終わった後でも、内閣が必要と判断した時、またどちらかの議員で総議員の 1/4 以上が要求した時に、開かれる。会期は両議院の一致の議決により定められる。

第4章 内閣

内閣は行政の最高機関である。普通、政府と呼んだほうが分かりやすいが、日本国憲法では政府という言葉はなく、内閣という言葉が使われている。国会と裁判所の働きを除く多くの国の政治面の仕事を行う。

内閣総理大臣紋章

内閣は、内閣総理大臣と 14 人以内の国務大臣で構成されるが、2008 年 2 月現在の内閣である福田内閣は、内閣総理大臣と 17 名の国務大臣によって構成される。中央省庁は、内閣府、総務省、法務省、外務省、財務省、文部科学省、厚生労働省、農林水産省、経済産業省、国土交通省、環境省、防衛省及び国家公安委員会(警察庁を管理する)の 1 府 12 省庁体制である。

第一節　内閣の地位

行政の最高機関で、国の政治のあり方を見とおしながら、いろいろな役所を監督する。憲法や法律に従って、国の政治を実際に推し進めていく働きを行政という。行政の権力が行政権である。大日本帝国憲法では行政権は天皇にあった。日本国憲法が生まれてから、行政権は内閣の手に移り、天皇は今では、行政に関係しない。

第二節　議員内閣制

内閣は「国会の信任」をもとにしてつくられ、国会に対して責任を負う。「国会の信任」を受けた内閣は国会によって、行政の最高機関として認められ、行政の仕事を任されている。この議会に根ざしたしくみを議院内閣制という。

第三節　内閣のしくみ

内閣は内閣総理大臣とそのほかの国務大臣とから成り立っている。内閣総理大臣は国会議員の中から国会の指名によって決められる。国務大臣は内閣総理大臣によって任命される。

国務大臣は、内閣総理大臣によって任命され、また、任意に罷免される。この任免は、天皇が認証する。

国務大臣の他、大臣の称が付される職務には、副大臣がある。副大臣は、大臣、内閣官房長官または特命担当大臣の命を受け、政策および企画を司り、政務を処理する。副大臣の任免は、その府省の長である大臣の申出により内閣が行い、天皇の認証を要する。

行政事務を分担管理する内閣府の長としての内閣総理大臣及び各省の長としての各省大臣を内閣法、内閣府設置法及び国家行政組織法で「主任の大臣」と規定している。すべての国務大臣が必ず、いずれかの行政事務を分担管理しなければならないというわけではなく、いわゆる「無任所大臣」が存在することを妨げるものではない。

国務大臣が主任の大臣としてその事務を分担管理することとされている。

これらの行政機関の長としての各大臣は、その府・省の事務を統括し、職員の服務を統督する権限のほか、その府・省に係る主任の行政事務について法律及び政令の制定又は改廃の案についての閣議請議の権限、法律の委任に基づいた命令(府・省令)、告示、訓令及び通達の発出の権限等を有している。

第四節　内閣の仕事

法律に基づいて、国の役所を指図し、監督すること、外交の仕事をすること、外国と条約を結ぶこと、公務員を監督すること、予算案を国会に出すこと、憲法や法律を実行するために必要な命令を出すこと、国に祝い事などがあった時刑を軽くしたり許したりすること、衆議院を解散したり臨時国会を召集したりすること、最高裁判所長官を指名し、その以外の裁判官を任命することなどある。

第五節　総理大臣の権限

国務大臣を任命し、またはやめさせること、総理大臣が許可しなければ国務大臣を逮捕したり刑事裁判にかけたりすることはできないこと、法律や命令にそれぞれ受け持ちの国務大臣と一緒に署名すること、国の役所が出す命令を中止させることができることなどである。

第5章　司　法

日本国憲法において、司法とは、行政事件を含むすべての裁判作用を行う権能を指す（第76条1項）。特別裁判所の設置は禁止され、行政機関による終審裁判を禁止した（第76条2項）。これは、法の支配の原理を徹底するためである。

日本の裁判所は最高裁判所と下級裁判所とに分かれる。

第一節　最高裁判所

最高裁判所は、日本国の司法府を統括する最上位の裁判所である。日本国憲法において存在が規定され、裁判所法に基づき構成される。

最高裁判所は、最高裁判所長官と14名の最高裁判所判事により構成される。最高裁判所長官は内閣の指名に基づき、天皇によって任命される。最高裁判所判事は内閣が任命し、天皇がこれを認証する。最高裁判所裁判官の定年は70歳である（日本国憲法第79条第5項、裁判所法50条）。

各裁判官は任命後初めて行われる衆議院議員総選挙の際に

最高裁判所裁判官国民審査(国民審査)に付され、その後10年を経過するごとに国民審査に付される(日本国憲法第79条第2項)。審査は罷免をしたい裁判官の氏名の欄に×をつけるという方式で行われる。これにより罷免された裁判官は未だ存在しない。

受理された事件は当初は小法廷で審理が行われるが、裁判所法10条1号～3号に当たる場合(法令が憲法に適合するか判断するとき、及び憲法その他法令の解釈が、以前の最高裁の判例と異なるとき)、小法廷の裁判官の意見が数説に分かれ各々同数の場合、大法廷で裁判をするのを相当と認めた場合には大法廷に回付され、大法廷において更に審理される。

第二節　下級裁判所

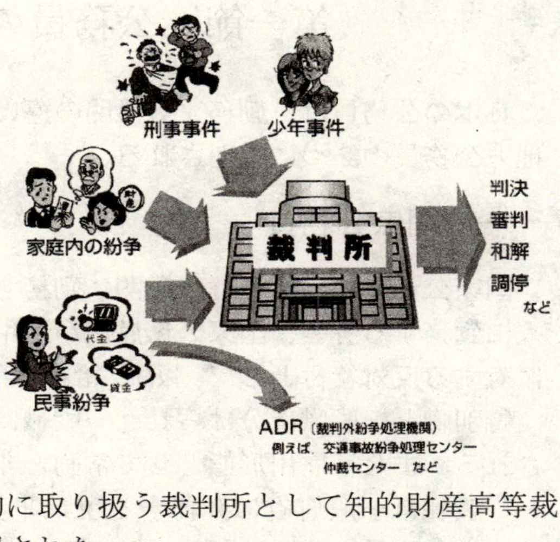

下級裁判所には高等裁判所(高裁)、地方裁判所(地裁)、家庭裁判所(家裁)、簡易裁判所(簡裁)がある。高裁には支部を置くことができ、地裁・家裁には支部または出張所を置くことができる。2005年4月には知的財産権に関する事件を専門的に取り扱う裁判所として知的財産高等裁判所(知財高裁)が設置された。

第6章 公務員

日本国においては、公務員とは、国ないしは地方公共団体の職に現にある者すべてを言い、その者の職の選任方法の如何を問わず、また職が立法、司法、行政のいずれの部門に属しているかも問わない。

第一節　公務員の種類

日本の公務員は、勤務する機関の違いによって国家公務員と地方公務員の2つに大別される。

一　国家公務員

国家公務員は、国の行政機関に勤務する者や特定独立行政法人に勤務する者等、国家公務員法が適用される者を指し、勤務に対する反対給付として、報酬、給料、手当などを受けている。

特別職と一般職に分けられ、一般職には国家公務員法が適用される。また、雇用形態として常勤と非常勤にわけられる。

一般職は一般府省に勤務する現業非現業の職員・特定独立行政法人の職員など、特別職以外の全ての国家公務員を包含する。特別職は内閣総理大臣・国務大臣・副大臣・大臣政務官・大使・公使や裁判官・裁判所職員・国会職員・防衛庁職員など、国家公務員法第二条第三項に掲げられている職員の職である。

なお、人事院には、ある職が国家公務員の職に属するか、一般職・特別職のどちらに属するかを決定する権限がある。

二　地方公務員

地方公務員は、地方公共団体に勤務し、地方公共団体の組織のなかで一定の地位を占め、地方公共団体に勤務を提供する反対給付として、報酬、給料、手当などを受けている者をいう。地方公務員法第2条の規定では、「地方公共団体のすべての公務員」を地方公務員と定義している。職によって一般職と特別職に分けられる。

一般職は、特別職に属する職以外の一切の職をいう。一般職の職員には、地方公務員法に規定する一般職の職員に関する任用、職階制、給与、勤務時間その他の勤務条件、分限及び懲戒、服務、研修及び勤務成績の評定、福利及び利益の保護並びに職員団体等に関する規定が適用される。

特別職とは次に掲げる職である。都道府県知事、市町村長、議会の議員、副知事、助役、出納長、収入役、行政委員会の委員など、地方開発事業団の理事長、理事及び監事の職、地方公営企業の管理者及び企業団の企業長など。法律に特別の定めがある場合を除き、特別職である公務員には地方公務員法は適用されない。

第二節　資格任用制

一般職公務員の任用は、専門的知識などについて客観的な試験を経るか、或いは業績の判断によって行われる。このような任用制度を資格任用制という。行政の複雑化と専門化に能率的に対処し、公務員任用の公正さを確保するために工夫された。

国家公務員の採用は、人事院の実施する試験によることを基本原則としている。

第三節　公務員の義務と権利

国家公務員法第 96 条は「すべて職員は国民全体の奉仕者として、公共の利益のために勤務し、且つ、職務の遂行に当たっては、全力を挙げてこれに専念しなければならない」と規定している。そして、第 100 条以降において、公務員の義務として職務上知り得た秘密を外部に漏らしてはならないこと（守密義務）、法律または命令が定めた場合を除いて職務に専念しなくてはならないこと（職務専念義務）、選挙の行使を除いて政党ないし政治目的に関する行為に関わってはならないこと（政治活動の禁止）を規定している。

公務員は、職務上の義務の代償あるいは職務の公平性を担保することを目的として、次のような権利が与えられている。

身分保障に関する権利——法定の事由による場合のほかは、職員の意に反して、降任、休職、免職されない。これらの不利益処分については、権利保障のための手続きが定められている。また、勤務条件に関する行政措置の要求の権利がある。財産上の権利——給与を受給することができる、退職年金等（長期給付）、保険給付等（短期給付）を受ける権利、公務傷病に対する補償を受ける権利、職務上の実費弁償等を受ける権利など。

第7章 地方の政治

第一節　民主政治と地方自治

日本の国民は国の政治に参加できるが、同じように身近な村や町や市・県などの政治にも参加できる。民主政治の国では住民が自分たちの村や都市を住みよいものにするために、自分たちの力を使えるようになっている。これが地方自治である。

地方自治の考え方は国に大きな権力を持たせる「中央集権」とは反対に地方に権力を分散する「地方分権」である。その点からも、地方自治は民主主義の考え方と深く結びついている。

民主主義の精神は何よりも人間一人一人を尊ぶ。つまり個人の独立心を認めて、個人が尊ばれるように、基本的人権の考えを打ち出している。そして、政治を行う手だてとして、国(政府)をおく。国よりも身近な村や都市の政治をなおざりにはしない。民主主義の理想の社会は人間一人一人が幸福に暮らせる社会である。

第二節　地方公共団体のしくみ

都道府県や市町村などが普通の地方公共団体である。これらのしくみは大きく分けると

(1)地方議会(国の国会に当たる)

(2)知事·市町村長(内閣に当たる)

の二つになる。県庁とか市役所·町村役場などは(2)の中に入る。

なお、地方公共団体は法に基づいて、争いや犯罪をさばく力(司法権)は与えられていない。裁判の仕事は国の裁判所だけに与えられている。

第三節　住民の権利

住民は地方公共団体に対して、権利と義務を持っている。住民のもつ権利とは参政権・直接請求権・住民投票権などであり、義務とは税金を納めたり、地方公共団体の仕事に協力することである。

知事や市町村長は強い力を持って政治を行っているように見えるかもしれない。しかし、実際には知事や市町村長は法律や議会で決められたことに従って、仕事をしているのである。

ところで、その議員や知事·市町村長を選ぶのは住民である。従って、地方自治では誰よりも住民一人一人が最も強い力を持っていると言えるのである。

第8章 選挙

第一節 政治参加

1863年にゲティズーバで行われたアブラム・リンカーンの演説の一節、「人民の、人民による、人民のための政治」は民主主義の原則を明快に表明している。

このように政治の主権が国民の手中にあると考えると、一般国民の政治参加は民主政治の中核をなすと言えよう。人々は政治参加を通して、自分の意見を政策決定者に伝達し、その意思を政府に実現させるために圧力をかけ、或いは政治システムへの支持を表明したりする。また、人々は政治に参加することによって、公共心に富む、よりすぐれた民主的市民に成長することも言われている。

第二節 選挙

選挙は政治参加の中で最も多くの人が参加する行為である。憲法によって満20歳以上の成人による普通選挙、人種、信条、財産などで差別されない平等選挙、誰に投票したか秘密が守られる秘密選挙の選挙三原則が保障されている。有権者は代表を選挙で選ぶことによって間接的に政治に関与し、政治家や政党は得票の最大化を目指すために、その意思に沿った政治を行おうとする。しかし、有権者は決められた選挙期日に与えられた政党や候補者を選択することによってしか争点に対する態度を表明できない。その意味で選挙は政策決定者に有権者の意思を正確に伝える手段として完全ではない。

第三節　代表制

民主政治で最も大切なしくみは代表制である。これは国民のすべてが政治に直接に参加することはできないので、自分の代わりになる人、つまり代表を選ぶというしくみである。だから、代表は自分を選んでくれた人々の考え方や利益をありのままに示さなければならない。

代表者は自分を選んだ人々から、この問題についてはこのように投票せよ、という指令をもらって、その通りに投票する。つまり、代表者は代表される人々の意見を忠実に述べる事を要求されているのである。

第四節　選挙の特徴

まず第一に、日本の有権者には参政権を権利よりも義務だと考える人が少なくない。参政権は言うまでもなく、権利であって、義務ではない。だから適当だと思う候補者がいない場合には棄権してよい。

しかし、日本では投票を義務と考えて、とにかく投票することが大切だと説かれることが多い。自動的登録制であることも、こうした考え方を助けているといってよかろう。

第二に、選挙運動が候補者中心で、一般の有権者は選挙運動に参加しにくくなっている。

一般の有権者が選挙運動に参加する最も手っ取り早い方法は、友人や知人を訪問して自分の支持している候補者に投票してくれるように頼む、戸別訪問である。しかし、日本では戸別訪問は買収·もてなしなどの不正を広げやすいという理由で禁止されている。

第9章 政党

第一節　与党と野党

政党は与党と野党に区分けされる。

与党は行政を担当する政党で、「行政府に与する政党」であることに由来する。行政府に自党から閣僚を選出し、行政権の行使に責任を持つ。行政府に閣僚を選出していないものの、与党の政策協議に参加し、行政権の行使に責任を持つ「閣外協力政党」も与党として定義される。

明治期、帝国議会発足当初は与党のことを吏党(官吏側の政党)と呼んでいた。

野党は行政を担当していない政党で、「政府から離れた在野の政党」であることに由来する。与党(政府)の政策に反対、または対案を立てたりすることが多いことから「反対党」と呼ばれることもある。明治期、帝国議会発足当初は野党のことを民党(民意側の政党)と呼んでいた。

英語では与党と野党をそれぞれ Government(政府)、Opposition(反対党)と称している。

第二節　日本の政党

今活動している政党は次の通りである(2006年12月1日現在)。

一　自由民主党

自由民主党(1955年11月15日 -)は、昭和·平成期における日本の保守政党。略称は自民。公式の英文名称は「Liberal Democratic Party」(LDP)。

戦後日本現代政治を代表する政党であり、戦後の一時期を除いて結党以来ほぼ一貫して議会で多数を占め与党の立場にある親米保守政党である。1955年、自由党と日本民主党が合併して成立した。鳩山由紀夫らによる民主党や小沢一郎による自由党の登場後は、「自由民主党」の正式名を使うと混同されるおそれがあるため、「自民党」または「自民」の略称を使う頻度が増えている。機関紙も、それまでの『自由新報』から『自由民主』に改題した。

「太陽を仰ぐ二人の子ども」をシンボルマークに用いているが、正式な党章は党旗にも用いられている「14枚花弁菊紋の中央に“自民”のモノグラム」。彩色は紫地に白線での描写。

自由民主党のデータは次の通りである。

英文名: Liberal Democratic Party(LDP)

総裁: 安倍晋三

幹事長: 中川秀直

成立年月日: 1955年11月15日

本部所在地: 東京都千代田区永田町一丁目11番23号

衆議院議員: 306/480(2006年6月1日現在)

参議院議員: 同上(同上)

党員: 1,222,618(2005年末現在)
シンボル: 太陽を仰ぐ二人の子ども|自由民主党本部

二　公明党

公明党は、昭和·平成期における日本の政党で、略称は公明である。英文名称は「NEW KOMEITO」(NK)または「New Clean Government Party」(NCGP)。

1964年、創価学会を支持母体とする公明政治連盟が本格的な衆議院進出を意図して結成。英文名称は「THE KOMEITO」。

1994年、新進党への合流に伴い、合流派の公明新党(衆議院議員と95年改選期の参議院議員)と残留派の公明(98年改選期の参議院議員と地方議員)に分党した。

1998年、新進党の解散に伴い、旧公明党系の新党平和·黎明クラブ・公明が第3極の政治勢力の結集を目指して結成した。

公明党のデータは次の通りである。

英文名: NEW KOMEITO(New Clean Government Party)
代表: 太田昭宏
幹事長: 北側一雄
成立年月日: 1964年11月17日
本部所在地: 東京都新宿区南元町17
衆議院議員:31(2006年1月20現在)
参議院議員: 同上(同上)
党員: 約40万人(2004年現在)

自由民主党、公明党は現在の与党である。

三　民主党

民主党は、平成期における日本の政党。略称は民主で、英文名称は「Democratic Party of Japan」(DPJ)である。

1996年、新党さきがけの菅直人、鳩山由紀夫らが自由民主党、新進党の二大政党に対抗する第3勢力の結集を目指して結成した。

1998 年、新進党の解散に伴い、民主党·民政党·新党友愛·民主改革連合が自民党に対抗する勢力の結集を目指して結成した。

民主党のデータは次の通りである。

英文名: Democratic Party of Japan(DPJ)

代表: 小沢一郎

幹事長: 鳩山由紀夫

成立年月日: 1998 年 4 月 27 日

本部所在地: 東京都千代田区永田町一丁目 11 番 1 号

衆議院議員: 113/480(2006 年 4 月 24 日現在)

参議院議員: 同上(同上)

党員: 党員 : 41, 799

サポーター : 202, 683(2006 年 7 月 11 日計)

シンボル: 民主党ロゴマーク | 民主党本部

四　社会民主党

社会民主党という政党は歴史上いくつか存在する。現在存在する社会民主党については、初代党首は村山富市だったが、総選挙を控えた 1996 年 9 月土井たか子に代わった。議会勢力としては、社会党の左派を継承するもので、右派および左派の一部の議員は同じ年に成立した民主党に参加した。政権に対しては、日本社会党(以下、社会党)をひきつぎ 1998 年 5 月まで自由民主党、新党さきがけとの 3 党協議の枠組みを維持したが、以降は野党に転じた。

はじめ社会党末期の路線を継承して「社民·リベラル」を掲げたが、野党に転じてから「リベラル」への言及はしだいに減り、相対的には左寄りの「社会民主主義」色を押し出すようになった。平和と福祉が党の訴えの中心である。日本国憲法の擁護と憲法の理念の実現を呼びかけ、平和外交による紛争対処を唱える。しかし、反米国かつ親中国·韓国の姿勢が見られると考える向きもある。特に、朝鮮民主主義人民共和国(北朝鮮)への過去の対応が十分に総括されていないとの批判は強い(これは当時の幹部が北朝鮮から献金を受けていたのではと一部では憶測が流れている)。経済面では福祉社会を目標にして、雇用の安定・創出と福祉の充実を柱にした経済対策の必要を説く。男性議員が多い他党と比べて女性の比率が高いのも特徴で、男女の平等ないしは女性の権利の確立を明確に志向する。

社会民主党のデータは次の通りである。

英文名: Social Democratic Party(SDP)

党首: 福島瑞穂

幹事長: 又市征治

成立年月日: 1996年

本部所在地: 東京都千代田区永田町一丁目8番1号

衆議院議員: 7(2006年1月20日現在)

参議院議員: 同上(同上)

党員: 約30,000人(2003年12月現在)

五　日本共産党

日本共産党は、1922年に結成された日本における革新政党の一つである。

究極目標として「社会主義・共産主義」を掲げている。当面は対米従属と大企業支配の打破を目標としつつ、最終的には「資本主義の枠組みを超えた社会主義」国家を達成することを目標としている。現在の国会勢力では日本で最も歴史の長い政党である。「合わせられた4枚の赤旗の上に稲穂と歯車」がシンボルマーク。

日本共産党では、公式の文書はもとより機関紙『しんぶん赤旗』紙面や公式サイト等での表記は「日本共産党」とし、基本的に略称は使用しないとしている。しかし、日本国内のマスメディアでは、他国の共産主義政党と区別する場合を除き「共産党」と略称される。また英称の Japanese Communist Party の頭文字をとり「JCP」と略される場合や、「日共」の略称もある。或いは党本部ビルの最寄駅に因んで「代々木派」と言われることもある。

日本共産党のデータは次の通りである。

英文名：Japanese Communist Party(JCP)

幹部会委員長：志位和夫

書記局長：市田忠義

成立年月日：1922年7月15日

合法化は1945年

本部所在地：東京都渋谷区千駄ケ谷四丁目26番7号

衆議院議員：9(2006年1月20現在)

参議院議員：同上(同上)

党員：約40万4,000人(2006年1月現在)

六　国民新党

国民新党(2005年8月17日)は、平成期における日本の保守政党。略称は国民。英文名称は「The People's New Party」(PNP)。

2005年、自由民主党の綿貫民輔、亀井静香ら郵政事業懇談会所属の国会議員が郵政民営化を巡る党内抗争の結果、離党して結成。民主党からも党の安全保障政策に不満を持っていた田村秀昭が参加した。

国民新党のデータは次の通りである。

英文名：The People's New Party

代表：綿貫民輔

幹事長：亀井久興

成立年月日：2005年8月17日

本部所在地：東京都千代田区平河町2-14-7・3F

衆議院議員：4(2006年1月20日現在)

参議院議員：3(2006年7月26日現在)

党員：約20万人(2006年12月現在)

七　新党日本

新党日本は、日本の政党で、略称は日本である。

2005年8月21日に東京都千代田区のパレスホテルで立党記者会見が開かれ小泉純一郎内閣総理大臣(自由民主党総裁)(当時)が進める郵政民営化法案の反対者を中心に結成された。

郵政三事業民営化関連法案に反対した自由民主党所属議員に対し、法案が参議院で否決されると、第2次小泉内閣はこれを理由に衆議院を解散した。その上で、反対した衆議院議員は総選挙で党公認しないと発表､対立候補を急ピッチで擁立した。無所属候補は公職選挙法の規定により、選挙で大きく不利になる。そのため、自由民主党の公認を受けられず離党した議員・元議員と田中康夫長野県知事(当時)により、新党日本が結成された。初代党首は田中康夫が就任するが、第44回総選挙には出馬せず長野県知事のまま党首を務めることになる。

新党日本のデータは次の通りである。

英文名: New Party Nippon

代表: 田中康夫

幹事長: 荒井広幸

成立年月日: 2005年8月21日

本部所在地:東京都千代田区平河町一丁目7番11号

衆議院議員: 1(2006年1月20日現在)

参議院議員: 同上(同上)

党員: 不明(推定千人未満)(2006年現在)

90年代以降の主な政党の離合集散（数字は結成の年・月）

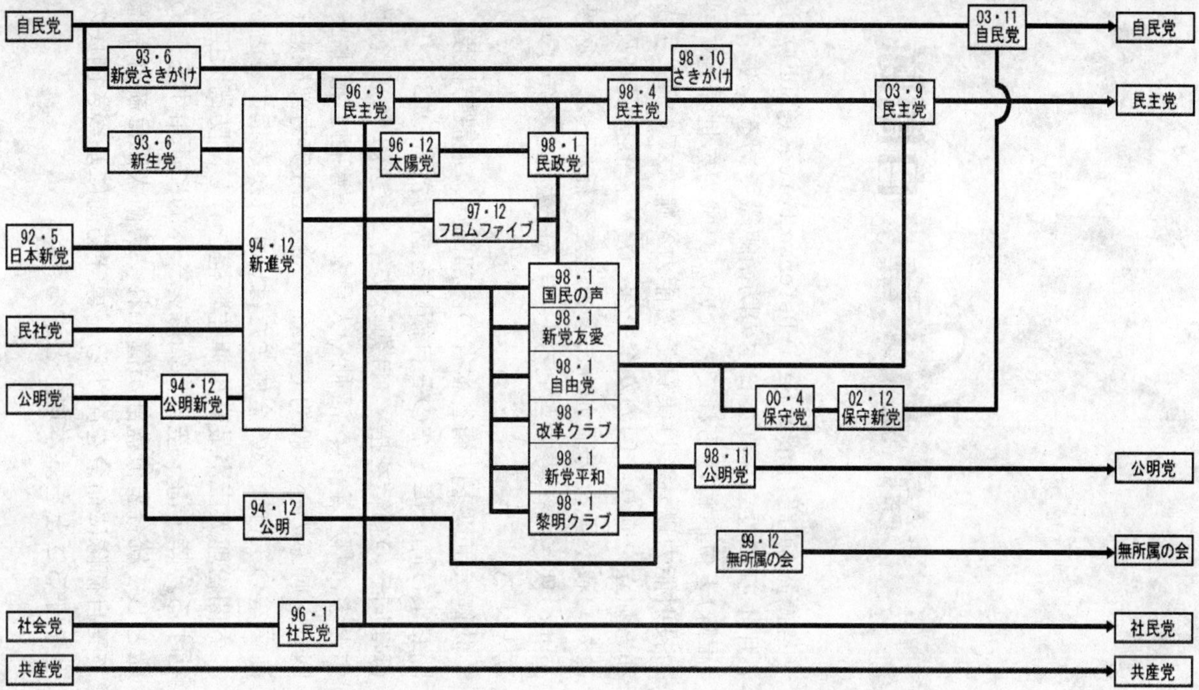

第10章 自衛隊

自衛隊(英語:Japan Self-Defense Forces(JSDF))は、1954年7月1日に設立された日本の防衛組織である。法令上では国軍(軍隊)と位置付けられていないが、戦力を世界的に展開する戦力投射能力以外では実質その能力を備えている。「我が国の平和と独立を守り、国の安全を保つため、直接侵略及び間接侵略に対し我が国を防衛することを主たる任務とし、必要に応じ、公共の秩序の維持に当たる」(自衛隊法第3条第1項)ことを任務とする。

防衛大臣以下防衛省本省の内部部局、施設等機関、特別の機関および陸・海・空の三自衛隊を含んだものであり、防衛省とほぼ同一の組織を指す(自衛隊法第2条第1項)。行政組織を指すときは「防衛省」、活動や人員など軍事面を指すときは「自衛隊」と呼ぶのが一般的である。一般には実力部隊としての陸・海・空の三自衛隊の全体またはいずれかを指すことが多い。

内閣総理大臣が最高指揮監督権を有し、防衛大臣が隊務を統括する。陸・海・空三自衛隊を一体的に運用するための統括組織として統合幕僚監部が置かれ、防衛大臣は統合幕僚長を通じて三自衛隊に命令を発する。専守防衛に基づき国民の生命と財産を守ることを基本理念とする。

第一節　自衛隊の歴史

陸上自衛隊は1950年の朝鮮戦争勃発時、GHQの指令に基づくポツダム政令により警察予備隊が総理府の機関として組織されたのが始まりである。同時期、旧海軍の残存部隊はいくつかの省庁を渡り歩き海上警備隊として再編。1952年8月1日にはその2つの機関を管理運営のための総理府外局として保安庁が設置された。同年10月15日、警察予備隊は保安隊に改組。そして1954年7月1日「自衛隊の任務、自衛隊の部隊の組織及び編成、自衛隊の行動及び権限、隊員の身分取扱等を定める」(自衛隊法第1条)自衛隊法(1954年6月9日法律第165号)が施行され、新たに領空警備を行う組織も新設。3つの自衛隊が成立した。また同日付で防衛庁設置法も施行されている。

1954年には陸・海・空三自衛隊の統合運用時のため統合幕僚会議も設置され統合幕僚会議議長がこれを統括したが、2006年にはより広範な権限を持つ統合幕僚監部に組織替えとなり統合幕僚長がこれを統括することとなった。

冷戦期は専守防衛の枠内で日米安全保障条約に従って在日米軍の日本防衛機能を補完する役割を負った。1990年代からは国際協力の目的で、海外派遣が行われはじめている。2007年1月9日、防衛庁は防衛省に昇格した。

第二節　自衛隊の構成

シビリアン・コントロール(文民統制)の原則の下、国会が定員・予算・組織などの重要事項を議決し、防衛出動に承認を与える。自衛隊を統括する内閣は憲法の規定により文民で構成されているため、最高指揮監督権をもつ内閣総理大臣と自衛隊の隊務を統括する防衛大臣は文民である。また、内閣に安全保障会議がおかれ、防衛に関する事項を審議する。陸海空三自衛隊を統合運用するための機関として、統合幕僚監部が置かれ、服務等監督、防衛大臣補佐、命令執行を行う。最高指揮監督権をもつ内閣総理大臣は統合幕僚長を通じて陸上幕僚長(陸上自衛隊)、海上幕僚長(海上自衛隊)及び航空幕僚長(航空自衛隊)に命令を発する。

なお、内閣総理大臣の立場について、自衛隊法第 7 条は「内閣総理大臣は、内閣を代表して自衛隊の最高の指揮監督権を有する。」と表現し、また自衛官の心がまえでは「その最高指揮官は内閣の代表としての内閣総理大臣」と表現している。

2007 年現在、軍事裁判所(軍法会議)と特別裁判所は憲法で禁止されているため置かれておらず、また海兵隊に相当する部隊を攻撃的な印象を持つとの政治的な理由から組織されていない。

一　陸上自衛隊

陸上自衛隊は諸外国の陸軍にあたる組織である。日本に対する海外勢力による上陸作戦を防止し、上陸された場合にはこれに対処することを主な任務とする。戦車、装甲車、榴弾砲、対戦車ロケット弾、対戦車ミサイル、地対空ミサイル、対艦ミサイル、ヘリコプターなどを保有する。英訳は、JGSDF: Japan Ground Self-Defense Force。

巡閲を受ける陸自隊員
北部方面隊- 総監部：札幌駐屯地
第 2 師団- 司令部：旭川駐屯地
第 5 師団- 司令部：帯広駐屯地
第 7 師団- 司令部：東千歳駐屯地
第 11 師団- 司令部：真駒内駐屯地
東北方面隊- 総監部：仙台駐屯地
第 6 師団- 司令部：神町駐屯地
第 9 師団- 司令部：青森駐屯地
東部方面隊- 総監部：朝霞駐駐屯地
第 1 師団- 司令部：練馬駐屯地
第 12 師団- 司令部：相馬原駐屯地
中部方面隊- 総監部：伊丹駐屯地
第 3 師団- 司令部：千僧駐屯地
第 10 師団- 司令部：守山駐屯地
第 13 師団- 司令部：海田市駐屯地
第 14 師団- 司令部：善通寺駐屯地
西部方面隊- 総監部：健軍駐屯地
第 4 師団- 司令部：福岡駐屯地
第 8 師団- 司令部：北熊駐屯地
第 1 混成団- 本部：那覇駐屯地
中央即応集団- 司令部：朝霞駐屯地

二　海上自衛隊

海上自衛隊は諸外国の海軍に当たる組織である。海上からの侵略を防止し、また海上交通の脅威となる艦船、航空機、特に潜水艦の脅威を取り除き海上交通の安全を確保することを主な任務とする。護衛艦、潜水艦、機雷戦艦艇、哨戒艦艇、輸送艦、対潜哨戒機、ヘリコプターなどを保有する。英訳は、JMSDF: Japan Maritime Self-Defense Force。

停泊する補給艦(左)と護衛艦

自衛艦隊- 司令部：船越基地

護衛艦隊- 司令部：船越基地

航空集団- 司令部：厚木航空基地

潜水艦隊- 司令部：船越基地

練習艦隊- 司令部：呉基地

教育航空集団- 司令部：下総航空基地

横須賀地方隊- 総監部：横須賀基地

呉地方隊- 総監部：呉基地

佐世保地方隊- 総監部：佐世保基地

舞鶴地方隊- 総監部：舞鶴基地

大湊地方隊- 総監部：大湊基地

三　航空自衛隊

航空自衛隊は諸外国の空軍に当たる組織である。平時においては日本周辺の空域を警戒監視し、領空内に不法に侵入しようとする航空機に対して対領空侵犯措置をとる(空の警察行動)ほか災害派遣、国際緊急援助隊業務等を行っている。また、有事においては、防空(航空優勢の確保)、航空阻止(侵入してくる陸海戦力の阻止)と近接航空支援(海上自衛隊や陸上自衛隊の空からの支援)を主な任務とする。戦闘機、支援戦闘機、偵察機、輸送機、早期警戒機、地対空誘導弾ペトリオットなどを保有し、今後空中給油機についても配備予定。英訳は、JASDF: Japan Air Self-Defense Force。

ブルーインパルスT-4の展示飛行

航空総隊- 司令部：府中基地

北部航空方面隊- 司令部：三沢基地

中部航空方面隊- 司令部：入間基地

西部航空方面隊- 司令部：春日基地

南西航空混成団- 司令部：那覇基地

航空支援集団- 司令部：府中基地
航空教育集団- 司令部：浜松基地
航空開発実験集団- 司令部：入間基地

第三節 規模と能力

日本を軍事大国と呼ぶかどうか否かには議論の余地があるが、日本が軍事費大国であることは間違いない。自衛隊は、21世紀初頭の日本周辺諸国の急進的な軍備拡大に対しても、これまで通りほぼ一定の規模と能力を有している。

現在自衛隊の中で、最も精強を誇るのは、まぎれもなく海上自衛隊である。特に、対潜水艦戦能力と対機雷戦能力は、アメリカをも凌ぐ世界トップレベルである。これには、日本が海洋国であり通商貿易国家だからである。また、20 世紀末から 21 世紀の初めにかけて、緊急災害援助、国際貢献のために後方支援活動の能力をも高めてもいる。

陸上自衛隊は、人員の割りに予算が少なく、比較的貧弱ではあるが、国防の根幹であり、火器火砲をはじめ、軍用車輌や軍用ヘリコプターといった国産の高度な技術を具備した兵器を装備する。最近は無人偵察機を、アメリカなどと並ぶ早い段階で実用化に成功した。陸上自衛隊は、国外への侵攻能力を保有しておらず、あくまでも、国内防衛を前提に活動している。

航空自衛隊は、世界トップクラスの高い防空能力を保持している。これはF-15をはじめ、早期警戒管制機、パトリオットミサイルの導入により、一層顕著となった。また航空自衛隊は、ある程度の対地対艦攻撃能力を保持している。しかし、海外の空軍と比較するほどの爆撃能力はなく、経空脅威に対する迎撃戦に特化した傾向を持つ。

第四節　各自衛隊の気質について

陸上自衛隊・海上自衛隊・航空自衛隊は、同じ自衛隊でも気質は大きく違っており、それを例えて「陸自はおにぎりを食べ、海自はカレーを食べ、空自はハンバーガーを食べる」と言われる。

各自衛隊の特徴を端的に現した言葉は下記の通り。

陸上自衛隊「用意周到 動脈硬化」

海上自衛隊「伝統墨守 唯我独尊」

航空自衛隊「勇猛果敢 支離滅裂」

旧統合幕僚会議「高位高官　権限皆無」

一　陸上自衛隊

陸上自衛隊は、隊員数が約１６万人と最も多く、地元出身者が地元の駐屯地に配属されることが比較的多い。ただし北海道には、陸上自衛隊の約４分の１の人員が集中配置されており、各地方出身者の混成である場合が多い。

野山を駆け回って厳しい訓練に励むほか、地元との交流行事に参加することも多い。また、災害派遣や復興支援等の任務にあたるの場合もある。

陸軍悪玉論によって、旧陸軍との関連を否定もしくは黙殺する傾向が強い。

二　海上自衛隊

海上自衛隊は、「陸上自衛隊とは違い、古き良き日本海軍の伝統が受け継がれている」と一般的には解釈されている。

日本海軍の伝統を継承する象徴としては、海上自衛隊の基地そのものが旧海軍の施設を継承しており、海軍旗と同様の旭日旗の自衛艦旗や、海軍記念日の掃海殉職者慰霊祭、自衛艦の命名基準、軍艦マーチの演奏、海軍カレー、US-1飛行艇などに現れている。

三　航空自衛隊

航空自衛隊は、戦後新たに誕生した新しい組織である。旧日本軍には空軍が存在しなかったためか、その創立からマニュアルまでアメリカ空軍を手本としている。その為、陸上自衛隊のような強烈な仲間意識・愛郷心、海上自衛隊のような伝統を重んじる気質は希薄である。隊員の気質としては、陸自海自と異なり、思考回路にしがらみがないため、前向きで調子がいい。

第五節　自衛官の階級

自衛隊 の 階級					
区分			陸上自衛隊	海上自衛隊	航空自衛隊
幹部	将官	将	陸将	海将	空将
		将補	陸将補	海将補	空将補
	佐官	一佐	一等陸佐	一等海佐	一等空佐
		二佐	二等陸佐	二等海佐	二等空佐
		三佐	三等陸佐	三等海佐	三等空佐
	尉官	一尉	一等陸尉	一等海尉	一等空尉
		二尉	二等陸尉	二等海尉	二等空尉
		三尉	三等陸尉	三等海尉	三等空尉
准尉			准陸尉	准海尉	准空尉
曹士	曹	曹長	陸曹長	海曹長	空曹長
		一曹	一等陸曹	一等海曹	一等空曹
		二曹	二等陸曹	二等海曹	二等空曹
		三曹	三等陸曹	三等海曹	三等空曹
	士	士長	陸士長	海士長	空士長
		一士	一等陸士	一等海士	一等空士
		二士	二等陸士	二等海士	二等空士
		三士	三等陸士	三等海士	三等空士

諸外国の軍隊の階級制度とほぼ同じ位置づけであるが、憲法9条との兼ね合いから軍隊色を薄める目的で、旧日本軍のそれから名称を変えている。

「将」は中将に相当するが、各幕僚長および統合幕僚長たる将は階級章が異なり、諸外国では大将として扱われる。

「将補」は少将に相当し、その役職により「将補(一)」「将補(二)」のように区別されている。

現在自衛隊には准将に相当する階級は存在しないが、准将の階級を新設する動きが進められている。(設置時期は未定)

「1佐」の俸給等の格付けは、その役職により「一佐(一)」「一佐(二)」「一佐(三)」のように区別されている。

「1佐」「2佐」「3佐」はそれぞれ大佐、中佐、少佐の佐官に相当する。

「1尉」「2尉」「3尉」はそれぞれ大尉、中尉、少尉の尉官に相当する。

「准尉」は准士官に相当する。2011年度をめどに現行の准尉に代わり上級曹長の階級を新設する方向で検証が進められている。階級新設後において准尉階級は幹部候補者のみの運用若しくは廃止の方向で検討中。

「曹長」「1曹」「2曹」「3曹」は、曹長、軍曹、伍長、いわゆる下士官に相当する。以上、曹までが職業自衛官、つまり定年制である。

「士長」「1士」「2士」はそれぞれ上等兵、一等兵、二等兵の兵に相当する。陸士は2年(一部の技術系は3年、以後2年)、海士と空士は3年(初任期のみ、以後2年)の任期制と、採用後2年で曹へ昇任する一般曹候補学生と、採用後3年以後おおむね7年以内に曹へ昇任する曹候補士の非任期制に別れ、任期制隊員は任期中に曹への昇任試験に合格すると3曹となる。

なお、一般曹候補学生と曹候補士は2007年度分の採用を最後に、2008年度から一般曹候補生制度が始まり、採用後2

年9月以後おおむね7年以内に曹へ昇任する。

「3士」は、自衛隊法上、自衛隊生徒に限定はしていないが、現在、自衛隊生徒に採用された者の階級としてのみ運用されており、一般隊員として入隊した者には「2士」の階級が指定されている。今後、生徒制度改編が予定されており、生徒の身分が自衛官でなくなるため、「3士」の階級は事実上廃止される。

第六節　防衛交流

自衛隊は、外国の諸軍隊と防衛交流を強化してきている。防衛省高官の訪問、外国国防省高官の招待などを繰り返している。また、自衛官と外交官の身分を併有する防衛駐在官（駐在武官に相当）を関係の深い主要国に派遣している。海上自衛隊の初任幹部を乗せた訓練艦隊の派遣もこれに貢献している。

一　日米関係

自衛隊は日米安全保障条約と同条約に基づいて駐留している在日アメリカ軍の存在を前提にして組織されている。自衛隊は現在のところ防衛に限った兵器しか導入していないため敵国への直接的な攻撃は米軍に頼ることとなるが、作戦の連携を保つために定期的に共同演習を行なっている。1997年日米両政府により締結された「SACO 合意」（*Special Action Committee on Okinawa*、沖縄に関する特別行動委員会）により、日本の国防については日本が主に対処し、米軍は補助であるという原則が、文書の上でも確認された。

二　日中関係

2007年4月11日に安倍晋三首相と温家宝首相が合意した日中共同プレス発表では、防衛交流として「両国の防衛当局間の連絡メカニズムを整備し、海上における不測の事態の発生を防止する外務省：日中共同プレス発表」と述べられている。同年 4 月 16 日、日本政府は自衛隊と中国人民解放軍の間にホットラインを創設する方針を表明した。このように 2007 年頃から、自衛隊と中国人民解放軍の交流が進んでいる。

三　日露関係

1996 年に海上自衛隊艦艇がウラジオストクを訪問して以来、毎年艦艇の相互訪問を行っている。1998 年以降は捜索・救難共同訓練を行っている。2002 年 10 月には、ソ連海軍時代を含めて初めてロシア海軍の潜水艦の日本寄港があった。

四　日韓関係

海上自衛隊と韓国海軍との間では、1994 年年から艦艇の相互訪問が開始された。更に 1999 年年には初の捜索・救難共同訓練を行った。

2000 年以降、隔年で韓国で開催されている韓国国際軍楽祭には、2002 年（陸自中央音楽隊が参加）・2004 年（陸自中央音楽隊が参加）・2006 年（空自航空中央音楽隊が参加）に参加している。

五　日印関係

インド海軍艦艇の訪日は 1969 年が初である。また、2007 年 4 月 16 日には、日米印 3 ヶ国間訓練が初めて実施された。房総南方海域で行われ、海上自衛隊からは第 1 護衛隊群司令の指揮する護衛艦 4 隻、米海軍からは第 5 空母打撃群司令の指揮する駆逐艦 2 隻、インド海軍からは東部方面艦隊司令官（R・K・ドワン海軍少将）の指揮する駆逐艦 2 隻（駆逐艦「マイソール」、ミサイルコルベット艦「クタール」）・補給艦 1 隻（「ジョティ」）が参加し、通信訓練、近接運動、戦術運動等が行われた。

第七節　自衛隊の活動

自衛隊の活動は防衛出動、災害派遣、治安維持、広報などの多岐にわたっており、それらの出動命令などは自衛隊法によって定められている。主なものを下に挙げる。

一　防衛出動

自衛隊の防衛出動は自衛隊法第 76 条によって定められており、日本が他国からの侵略を受けた時、または侵略を受ける恐れがある時に、国会の承認を受けた上で内閣総理大臣の命令により出動する。この命令が出された場合、他国からの侵略を受けている時に限り自衛隊は武力の行使が可能となる。この命令が出された場合、日本は事実上戦争状態にあるといえる。

二　災害派遣

自衛隊の災害派遣は自衛隊法第 83 条によって定められており、天災人災を問わず災害時に各都道府県知事、災害対策本部長などの要請によって防衛大臣やその指定するもの部隊等に出動を命令し、救済活動を行う。災害に際し、要請を待ついとまがない緊急事態と考えられる場合(震度 5 弱以上など)は要請を待たないで情報収集や救助のため部隊を派遣することができる。災害派遣には大規模災害派遣、原子力災害派遣が含まれている。なお、震災直後の市街地における消火任務は自衛隊に課されていない為に、林野火災において中核的役割を果たしてきた自衛隊大型ヘリコプターによる空中消火体制は整備されておらず、首都直下地震(経済被害 112 兆円余り)等において、地上消防力不足によって阪神・淡路大震災の二の舞を演ずることが懸念されている。災害派遣は地震、台風などの大雨の際、また三宅島や大島の噴火の際などにも出動しておりニュースでも伝えられるため、一般的によく知られている。また地下鉄サリン事件や日本航空 123 便墜落事件など消防のみでは対処が困難な大きな事件、事故の際にも出動している。それ以外にニュースとして伝えられることは少ないが離島からの急患輸送や遭難者の捜索も災害派遣である。

上記の命令系統と異なる災害派遣として防衛省施設などの近傍における火災(災害)がある。近傍火災は自衛隊法第 83 条第 3 項に定められており、近傍において火災その他の災害が発生した場合、部隊長が必要に応じて部隊の派遣を行うことができる。

災害派遣の件数は毎年約 800 回前後で、2004 年度では急患輸送が年 616 回、次いで消火支援が 102 回(うち近傍火災が 92 件)で、その他すべてをあわせ自衛隊全体で 884 回出動している。過去最大の災害派遣は 1995 年の阪神・淡路大震災で、のべ約 225 万人が派遣されている。

三　治安出動

自衛隊の治安出動は自衛隊法第 78 条および第 81 条によって定められており、第 78 条では命令による治安維持を定めている。内乱や騒擾状態など何らかの理由により警察力のみでの治安維持が不可能となった場合に内閣総理大臣の命令により出動する。国会の承認は命令出動後 20 日以内に付議される。

第 81 条では都道府県知事からの要請を受けた場合の治安維持を定めており、国会の承認は必要なく内閣総理大臣の命令によって出動を行う。基本的に治安維持活動の場合警察官職務執行法を準用する。この治安出動は、1960 年代の安保闘争の際、発動が検討されたが、結局実際には出動しなかった。

四　国民保護等派遣

国民保護法並びに自衛隊法の一部を改正する法律により、改正されたいわゆる改正自衛隊法第75条には、自衛隊の新たな出動体制として国民保護等派遣の業務が加わることとなった。

いわゆる武力攻撃災害やテロなどが発生した際、都道府県知事の要請に基づき、防衛大臣の命で国民保護のための措置をとることができるとされた。国民保護派遣ではなく、国民保護「等」派遣として規定されているのは、国民保護法が想定する事態として武力攻撃のみならず、テロに際しても武力攻撃事態に準じた措置がとれるように柔軟な表現になっている。

この国民保護等派遣において自衛隊が果たす役割とは、武力攻撃事態等又は緊急対処事態において、避難住民の誘導をはじめ、集合場所での人員整理、避難状況の把握などの他、避難住民などの救援つまり、食料品及び飲料水の供給、物資の供給、医療活動、捜索及び救出などの活動が主に期待されている。その他にも、武力攻撃災害などへの対処、即ち被災状況の把握や人命救助活動、消防及び水防活動、NBC 汚染対処などが期待され、また、武力攻撃災害などの応急の復旧において危険な瓦礫の除去、施設などの応急復旧、汚染の除去などの活動など様々な活動での期待がされている。

しかし、外国からの侵略や攻撃といった、いわゆる武力攻撃事態に際して自衛隊における最優先の任務は敵の防除にある(防衛出動)。特に防衛出動に際しては、武力攻撃の規模の大きさに応じて自衛隊の国民保護等派遣のための人員は制限せざるを得ず、いわゆる警察・消防・国民による民間防衛によって、なるべく地域や国民による自己救済能力を確保していくことが求められる。

改正自衛隊法では、第 75 条において即応予備自衛官、予備自衛官の国民保護等派遣が可能となり、予備自衛官の活躍も期待される。

国民保護等派遣における自衛隊の権限は、警察官職務執行法の避難等の措置、犯罪の予防及び制止、立入、武器の使用の権限を行使することができるいわゆる警察官としての権限を行使できる他、市町村長などがその場にいない場合に限り、自衛官は退避の指示、応急公用負担、警戒区域の設定、住民などに対する協力要請などの権限を行使することができるとされている。

五　領空侵犯対応

領空侵犯に関しては、自衛隊法第 84 条により防衛大臣は他国の航空機が国際法などに違反して日本の領空に侵入した場合、若しくは領空侵犯の畏れがある場合にこれを阻止する措置を行うことが出来る。領空侵犯に対する措置では領空侵犯機を日本の空港に着陸させるか日本の領空から退去させるために必要な無線による警告、誘導、武器による威嚇や攻撃などの措置をとることができる。

スクランブルは冷戦期には最高で年 1,000 回近く行なわれていたが、冷戦後は比較的少なくなりおおよそ年 100 回～200 回程度となっている。飛行機は高速で移動するので、単純に領空侵犯が行なわれた時点でスクランブル発進するのではなく、防空識別圏(ADIZ：air defense identification zone)に入った時点で発進し、実際に領空侵犯が起きるのは年数回程度である。2004 年現在、領空侵犯機に対して威嚇射撃を行なったのは 1987 年に起きた沖縄本島上空におけるソ連機侵犯事案の 1 回のみである。スクランブルは、領空侵犯の恐れのある機に対する発進のほか、ハイジャックなど非常事態が起こった民間機のエスコート(護衛・誘導)などにも行われる。

六　海外派遣

1980 年代までは、専守防衛論議とのからみで、部隊の海外派遣は行われなかった。冷戦終結に伴う、国際政治環境の変化を受けて、湾岸戦争後の 1992 年のペルシャ湾への掃海艇派遣(自衛隊ペルシャ湾派遣)を皮切りに、それ以降 PKO 協力法に基づくカンボジアや東ティモールなどへのPKO業務、国際緊急援助隊業務を行っている。

その他に、自衛隊はアメリカ同時多発テロ事件を受けテロ対策特別措置法によりインド洋周辺にて補給艦による他国の艦船への燃料や物資の補給や輸送機による物資の輸送を行なっている。インド洋に派遣する船舶は補給艦2隻および護衛艦3隻以内と定められている。また輸送機においては輸送を行う航空自衛隊の部隊の自衛官の数に相応する数量の拳銃等の所持が認められている。また、イラク戦争後のイラク復興援助のために、イラク復興支援特別措置法に基づき、陸上自衛隊を中心とする部隊のイラク派遣を行っていた。

七　不発弾処理

不発弾処理に関しては自衛隊法附則第14項に記載されている。この不発弾処理に関しては自衛隊法上では防衛大臣の命令で出動するという旨のみが記載されているだけで、その他の細かい規定はない。出動回数は災害派遣より多く、2003年度までに113,703回出動しており計5,444tの不発弾を処理している。なお自衛隊は今日まで国内での不発弾処理において失敗した例はない。欧州では不発弾処理の失敗により毎年数人の犠牲者が出ている。自衛隊の処理技術は諸外国から「ゴールドフィンガー」「ゴッドフィンガー」と呼ばれている。

八　海上における警備行動

海上警備行動は自衛隊法第82条に定められており、海上における人命、財産、治安の維持のため特別の必要がある場合、防衛大臣が自衛隊に必要な行動をとるよう命じ、内閣総理大臣の承認を受ける。

海上警備行動は1999年3月23日から24日にかけて不審船(北朝鮮の工作船)が日本の領海内に侵入した事件(能登半島沖

不審船事件）の際初めて発動され、この命令に基づき威嚇として護衛艦が計 25 回の射撃、大戦哨戒機 P-3C が計 12 発の対潜爆弾投下を実施した。

十　弾道ミサイル防衛

弾道ミサイル防衛（BMD）に関しては自衛隊法第 82 条の 2 に定められている。この条項は 2003 年に弾道ミサイル防衛システム導入が決定されたことを受け、2005 年の法改正で整備された。2006 年 3 月 31 日までには施行される予定である。

弾道ミサイル等の落下により人命または財産に対して重大な被害が生じると認められる事態に対して適用される条項で、内閣総理大臣の承認を得て防衛大臣が部隊に必要な措置をとることを命ずる。ただし、内閣総理大臣の承認を受ける暇がない緊急の場合にはあらかじめ作成された緊急対処要領に従って部隊に出動を命ずる。同条による措置がとられた場合、内閣総理大臣はその結果を国会に報告する必要がある。

各自衛隊は弾道ミサイル防衛に関する装備の整備を進めており、弾道ミサイルの探知手段としてイージス艦の改修と新型地上配備型レーダーの配備と既存レーダーの改修が行われる。また迎撃ミサイルとしてスタンダードミサイル SM-3 とパトリオットミサイル PAC-3 の配備を決定している。

第八節　自衛隊の所有兵器

一　兵器開発のコンセプト

自衛隊は他国に侵攻せず防衛に徹するという専守防衛を基本戦略として組織されている組織であるため、攻撃能力よりも防衛能力に特化した兵器を開発・調達する傾向にある。過去にはアメリカの戦闘機を輸入、ライセンス生産する場合にわざわざ対地攻撃能力や空中給油装置を取り外したりする場合もあった。

二　所有兵器の特徴

装備兵器の能力は世界最高クラスの水準であり、通常型潜水艦に至っては潜航能力など世界一の技術であると言われている。

自衛隊装備の兵器は、基本はすべて日本製とされている。日本に製造技術のないものであっても、既製品を輸入することは稀で、科学技術の維持のためにもライセンス生産と言う形で国産されている。

国産兵器の一部(90式戦車、潜水艦など)は諸外国とも肩を並べる性能であるといわれているが、武器輸出三原則および武器輸出に関する政府統一見解による武器輸出規制のため、外国に輸出できず、結果として少数生産になり高価になった装備品も多い。

輸入すれば安く調達できるという意見も一部にあるが、実際には自力開発を放棄した場合には足元を見られ、より高額な対価を払わされることも多い。ライセンス生産をした場合にも調達価格が上がる傾向があるが、技術を取得して兵器の保守を国内で完結して行えるメリットは、兵器の少々の性能差を埋めて余りあるため、ライセンス生産が悪いとは一概にはいえない。

憲法解釈上、攻撃型空母・戦略爆撃機・大陸間弾道ミサイルなどの攻撃用兵器の配備は難しいと考えられている。また、たびたび取り沙汰される核武装について、日本政府は一貫して“防御用の小型核兵器であれば憲法解釈上は装備可能であるが非核三原則にもとづき装備はしない”としている。

空中給油機については、以前はその配備は困難とされてきたが、2005年以降の海外派遣によって航空機の航続距離の大幅な延長のためにも配備が決定している。

また航空母艦については以前は、同様にその配備は困難とされてきたが、2005年以降の海外派遣によって航空機による輸送能力には限界があるとしてヘリコプターの輸送能力が大きく、同時離発着可能な事実上のヘリ空母、ひゅうが型護衛艦の導入が決定している。

第九節　自衛隊を巡る論争

一　自衛隊の侵攻阻止能力

自衛隊に限らず、ほとんどの国の軍隊の基本は自国への侵攻を阻止できる能力を備えることである。日本へ侵攻するには艦船で海を越えなければならないため、自衛隊の対艦攻撃能力は高い。一方、巡航ミサイル等の長距離攻撃兵器を全く保有していないため、侵略軍の本土の補給拠点・出撃拠点を攻撃する能力は無い。また長距離攻撃兵器がないため、上陸部隊の後方の補給線を叩く能力は低く、航空機の航続距離の範囲で攻撃する能力しかない。

また侵略軍に上陸されてしまうということは、根本的に制空権を有していないということであり、制空権がない上、長距離攻撃能力も無いため、敵上陸部隊に充分な打撃を与えられず、補給線分断もなかなかできない苦しい戦闘になると推測される。

二 自衛隊の法的性質

自衛隊の性質に関しては、争いがあるが、「自衛隊は、憲法上必要最小限度を超える実力を保持し得ない等の制約を課せられており、通常の観念で考えられる軍隊とは異なるものと考える。 また、自衛隊が国際法上『軍隊』として取り扱われるか否かは、個々の国際法の趣旨に照らして判断されるべきものであると考える」というのが政府見解の一貫するところである。

但し、「国際法上の軍隊」として取り扱われるか否かについては、外務大臣の国会答弁において、「自衛隊は、憲法上必要最小限度を超える実力を保持し得ない等の厳しい制約を課せられております。通常の観念で考えられます軍隊ではありませんが、国際法上は軍隊として取り扱われておりまして、自衛官は軍隊の構成員に該当いたします1990年10月18日衆議院本会議における外務大臣答弁。」と述べられ、肯定されることが多い。

もっとも、「軍隊」という語は多義的なので、防衛庁長官の国会答弁においても、「近代戦を有効に遂行し得る意味の軍隊ではないのでございます。ただ、防衛的の、防衛力を発揮できるという意味におきまして、もし軍隊とおっしゃるならば、おっしゃってもよろしいというのが従来の防衛庁、政府の発言でございます」1967年03月31日参議院予算委員会における増田甲子七国務大臣の答弁。これは、1954年4月1日衆議院内閣委員会における木村篤太郎国務大臣の発言等を前提としたものである。」と述べられ、「自衛隊は軍隊か」という問題は、軍隊の定義如何の問題に帰結するのであって、さほど重要な問題ではないとしている。

三 憲法との関係

自衛隊が日本国憲法第 9 条にてその保持が禁じられている「陸海空軍その他の戦力」に当たるか否かに関しては長らく議論

が交わされてきた。現在の通説では戦力を”軍隊および有事の際にそれに転化しうる程度の実力部隊”と解釈し、目的と実体の二つの側面から「軍隊」と「警察力」を区別する。後者を越えるものが「戦力」に該当すると考える者もいる。現在自衛隊が保持している戦闘艦や戦車、ミサイルなどの武力を考えれば、有事の際に軍隊に転化しうる戦力に該当するといわざるを得ず、自衛隊は日本国憲法9条2項の戦力に該当し、違憲であると主張する者もいる。一方で政府見解では戦力を「自衛のために必要な最小限度の実力」と解釈しており、自衛隊は憲法9条2項の戦力に該当せず合憲と考えている。政府の一般的な理解としては、条文中の「国際紛争を解決する手段としては、」の文言を根拠として日本国は自衛戦争の放棄をしておらず、従って自衛戦争を行使するための実力を持つことを合憲と解釈している。そのため、外国からの急迫不正な侵略行為に対抗する手段までを放棄していないので、「専守防衛」に関する防衛力を保持することが出来るとしている。しかし、自衛戦争が放棄されておらず、そのための戦力を保持することを肯定すれば、自衛のための戦力と侵略のための戦力は実際上区別することは不可能であるから、結局戦力一般を肯定することになり憲法9条2項の規定が無意味となってしまうという考え方から、憲法9条2項では「前項の目的(正義と秩序を基調とする国際平和を誠実に希求する目的)を達するため」に戦力の保持が一切禁止され、交戦権も認めないとする趣旨から自衛戦争もまた放棄されていると主張する者もいる。この問題に関する最高裁判所の判断はまだ行われておらず、自衛隊自体が合憲であるか違憲であるかの憲法判断は下されていないが、「憲法9条は自衛権を否定してはいない」という判例はある。

一方で、憲法第9条については現在までにさまざまな政府解釈が施されており、かつてよりもはるかに広い運用が可能となっている。ただし現在の政府解釈においても占領地域へ占領行政に参加するために派遣する行為は違憲と考えられている。他方、憲法を厳密に解釈して自衛隊の軍備を放棄すべきだとする意見も存在している。

自衛隊の身分がこうした「憲法の解釈」によって保証されているというあやふやな状態に対して、憲法を改正して自衛隊保持を明記すべきという意見もある。

このような議論は日本語の問題であって、諸外国から見た場合には実態ばかりでなく名称からも紛れもない軍隊であるといえる。自衛隊の英語表記はarmyやnavy、air forceなどの直接的な語を避けSelf-Defense Forceと称しているものの、この語は自衛軍とも訳しうる。事実、諸外国の報道機関で自衛隊が報道される場合、「Japanese Army」「Japanese Navy」「Japanese Air Force」などと報じられることも多い。

用語についても一般的な軍事用語とは異なり、独特の用語を用いて、軍事色を薄めているものがある(自衛隊用語)。言葉遣いなどの問題よりも、むしろ、軍事力について、日本国憲法の実質をなす立憲主義からの考察が求められるだろう。平和主義との関係も立憲主義からなされることになる。

四　各政党の反応

自由民主党は憲法9条そのものを改正して自衛隊を軍隊と位置づけるべきと主張している。また自衛隊の名称を「国軍」(日本国国軍)もしくは「自衛軍」(日本国自衛軍)に変更すべきと主張している。

民主党は国連軍に参加するために「自衛隊」とは別組織の「国連待機部隊(国連待機軍)」(憲法前文の平和主義と憲法9条の第一項と第二項は保持)を設置すべきと主張している。

公明党はかつては自衛隊を憲法違反として廃止を主張、共産党などを「自衛隊批判が甘く、軍国主義につながる」と批判していたが、現在は自民党とほぼ同じ主張を行なっている。但し、海外派遣や防衛費増額などは自民党に比べやや消極的である。

社会民主党は政権を担当していた時代を除き「違憲合法論」を唱えている。これは「自衛隊は法的には容認しうるが、現状は違憲状態にある」という認識である。

日本共産党は憲法違反と認識しており、廃止を主張している。但し、廃止までの間は大規模災害や急迫不正の主権侵害など必要な場合においては活用すべきとの立場をとる。この「自衛隊必要時活用論」は、自衛隊全面廃止を主張する新社会党や新左翼などから「妥協的であり、軍国主義につながる」と批判されている。

五　左派勢力と自衛隊との対立

左派の自衛隊への敵意

上記のような憲法上の問題や旧軍との連続性への懸念などから、自衛隊は一部の左派から、平和主義の敵として存在自体が憎悪されることとなった。そして、実際に自衛隊員の子供の学校入学拒否 1972 年 1 月、当時の外務大臣福田赳夫は関東地区の米軍基地を 3 年後に横田基地へ統合することを発表。1973 年 1 月に日米安保協議会は立川基地を 1976 年に完全返還する決定を行った。これに先立ち、1972 年 12 月に陸上自衛隊東部方面航空隊が移駐した際、立川市は自衛官（及び家族）の住民登録を拒否した（後に受諾）。住民登録が行えなかったため自衛官の子息は学校に入学することが出来なくなり、事実上の入学拒否（日本国憲法第 26 条に抵触する行為）となった。1972 年、沖縄返還とともに自衛隊が移駐した沖縄では、那覇市をはじめとする革新自治体が住民登録の一時保留などを行った。これにより、立川基地と同様に事実上の入学拒否となった。教師による自衛隊員の子供へのいじめや差別、自衛隊の公共施設使用に対する妨害や抗議などのような、自衛隊員や関係者の人権をあからさまに否定するような事件が起こっている。また、意図的に自衛隊という組織を犯罪者集団、自衛隊員という職業を賤しいものとみなす偏見や風潮を創設以来捏造しており、1995 年の阪神・淡路大震災や地下鉄サリン事件における活躍で下火になるまで長く続いた。中でも自衛隊員の配偶者や子供の中には差別を恐れ、配偶者や親の職業を隠さざるを得なかった問題は極めて深刻であった。

災害地への派遣において、派遣先自治体の対応が遅れた事例を一部新聞が「(市長個人)のイデオロギーのために」「自衛隊を活用する気がなかったとしか思えない」と指摘したことがある 1999 年 6 月 23 日から 7 月 3 日まで、九州から東北南部までを襲った集中豪雨災害。最も被害の大きかった広島県では、土砂崩れや土石流が多発して死者・行方不明者が 31 人に上った。6 月 29 日の夕方から被害が拡大しはじめ、死者・行方不明者が続々と確認される中、20 時の時点で自衛隊から広島県に対して災害派遣要請の必要性の確認が行われた。これを受け広島県は広島市の意向を確認したが、広島市は自衛隊の派遣は必要ないとして断った。しかし一夜明けた 30 日、被害はさらに拡大。結果、6 月 30 日午前 4 時に至って広島市は県へ災害派遣要請を行った。産経新聞は 1999 年 7 月 1 日の記事で『秋原忠利・広島市長は「何かできなかったかという思いはある。教訓として生かしたい」と述べたそうだが、冗談ではない。その能力を十分に持っている自衛隊を活用する気がなかったとしか思えない。自分のイデオロギーのために広島市民の生命をないがしろにした、重大なる「人災」と言っても過言ではないだろう』と批判した。但しこの件では広島市が対策に忙殺されており、広島県も災害対策本部の設置が遅れ、情報を消防庁に送ることが遅滞した。このため、国土庁や官邸に連絡することが出来ないまま時間が経過しており、一概に広島市に責任があるとは言えなかった(仮に情報が上がっていれば、上からの指示で早期に出動できた可能性はある)。実際、災害派遣要請の決め手となる被害地域の航空写真が広島市消防局長の手元に届いたのは 30 日午前零時であり、その4時間後には県知事に対して自衛隊派遣要請の要求を行っていることから、この件をもってして「(市長個人)のイデオロギーのために」「自衛隊を活用する気がなかった」とするのは少々乱暴な指摘だと言えよう。

自衛隊の左派への敵意□対立意識

上記の様な左派の自衛隊への敵意と合わせ鏡のように自衛隊の中にも左派に対して不信感・対立意識が存在している。九州・日出生台演習場では共同演習中止要求・抗議集会を行なった市民グループに、西部方面総監が副官の制止を振り切って“なぜ反対するのか”“演習は北朝鮮の脅威に備えたもの。概要が敵に洩れたらどうするつもりだ”などと抗議する騒ぎも起きている。また2007年6月7日には陸上自衛隊の情報保全隊が反戦運動などの集会を監視し、参加者の発言などを記録していたことが判明した。

第四部

経 済

第四部 経済

第 1 章 概要

第一節 歴史

日本において、経済の概念が成立するのは近代化が行われた明治時代以降であるが、現代の定義にとらわれない限りでは、古くよりあったと言える。

日本の経済は第二次世界大戦により壊滅的な打撃を受けた。その後、敗戦国として賠償金を支払いながら、経済は急速な成長をとげた。

経済成長を裏支えした要因の一つとしては、人口が 30 年以上にわたり、毎年 100 万人以上増えたことによって、労働力が供給されるとともに、膨大な建設需要を生み出していたことが挙げられる(1945 年には 7,200 万人→2005 年には 1 億 2,800 万人。つまり、戦後 50 年で約 8 割増えたことになる)。

20 世紀末には国内総生産額は世界第 2 位(市場為替レート(MER)換算ベース)となり、と言われるまでになった。しかし近年では、バブル崩壊や失われた 10 年、少子化、そして BRICS といった新興国の台頭などもあり、「もはや日本は、経済は一流と呼ばれるような状況ではなくなってしまいました」2008 年 1 月 18 日衆議院本会議 太田弘子国務大臣という認識も見られる。

第二節　天然資源

日本は国土面積が小さいことから地下資源の賦存量は総量で見れば少ない。しかし単位面積あたりの賦存量は大きく、品種の面では多種多様な地下資源を産出し、資源の博物館とも呼ばれている。セメント原料の石灰石、ガラスや建築材料の原料となる珪石は豊富であり、盛んに採掘されている。かつては金・銀・銅、石炭、硫黄を大量に産出していた。歴史的には、戦国期に戦国大名らが金銀の増産に励んだため、世界の金銀の流通量のかなりの割合を日本産が占めたこともあった。

現在は、石炭については埋蔵量は多いものの、良質の石炭が少ないこともあり、現在では採掘は行われていない。金・銀は菱刈鉱山などで非常に良質な鉱石が産出するが、採掘コストがかさむため採掘量は少ない。日本海沿岸では石油・天然ガスを産出する。天然ガスは房総半島でも産出される。しかし産出量は少なく、国内需要を満たすことはできない。最近では、日本近海に金、銀、石油、メタンハイドレートが大量に埋蔵されている事が確認されたが、コストや技術的な問題で採掘できていないものや、調査中のものがほとんどである。

木材資源は、かつては生産が盛んであったが、工業化の進展で比較劣位となりコスト面で競争力を喪失し、日本の林業は壊滅状態になり、山林の保水力の低下が懸念されている。水産資源は、近海は豊かな漁場となっており、世界一の漁獲高だが、近年漁獲高は縮小傾向にある。水資源は、温暖湿潤気候のため降雨が多い上に、山林の保水力が高いため、良質な軟水が豊富に入手可能である。飲料水はもとより工業用水としての質も高い。

第三節　産業

国内市場が大きいため第三次産業が発達している。製造業も強く、加工貿易が盛ん。特に工業技術は世界最高水準であり、多くの分野において、他の先進諸国や発展途上国にとって規範となり、また脅威ともなっている。中でも自動車、エレクトロニクス、造船、鉄鋼関連の産業は大戦後大きく成長し、世界的企業を複数擁する。

技術貿易での技術依存度は、輸入超過から輸出超過へと長期傾向的に変化している。工業用ロボットなどの付加価値の高い、独自の技術をひねり出すケースも各所で見受けられる。例えば、日本は工業用ロボットについて世界のロボット生産量の7割を生産している。また世界で使われている工業用ロボットの6割は日本で活動している。日本の工業界は非常にロボット化され、効率が良い産業と言える。また、家庭用ロボットという概念も日本から発信されたものである。

第四節　貿易

主な貿易相手国はアメリカ合衆国、東アジア、東南アジア、欧州連合(EU)、サウジアラビアなどである。特に最近は中国などのアジアとの貿易額が急増している。貿易収支は黒字で、1990年以降をみても毎年10兆円近く黒字となっている。

主な輸出入品目は、上述したとおり資源が乏しく加工貿易が盛んなため、輸入は石油、鉄鉱石、半製品や食料品である。

輸出は自動車、電気製品、電子機器、工作機械や産業用ロボットなどである。

また、継続的な経常黒字により世界最大の債権国となっており、世界経済からの配当や利子の受け取りが次第に増大している。例えば2006年は14兆円の黒字となっている。

第五節　金融

日本の通貨「円」は、アメリカ合衆国の「ドル」、欧州連合の「ユーロ」と共に国際通貨の一角を占めている。

日本の産業は発展の過程で間接金融による資金調達を広く用いたため、銀行の活動が経済に与える影響は大きい。また、銀行は融資の際に土地資産を担保に取ることが多かったため、地価が経済に与える影響も大きかった。

だが、バブル景気崩壊後は直接金融への転換が進められ、担保も多様化してきている。一方で金融機関の審査能力については、特に地方銀行で十分でないとの指摘もある。

近年、株式取引(特に個人投資家による取引と投資)、直接金融が活発化しているが、規制撤廃・金融開放の進んだアメリカやイギリスに比べると、未だ金融資産に占める株式等のリスク商品の比率は低い。その一因としてバブル崩壊後の株式投資が決定的に収益を上げにくい投資であったこと、デフレにより低い名目金利でも実質金利は高かったこと、失業の危険や所得の伸びの鈍化から流動性の高い現預金の需要が高まったこと、財形貯蓄などの強力な現預金貯蓄システムの存在、株式投資を博打と同一視する風潮などが考えられている。

第2章　日本経済史

第一節　古代日本の経済

古代の日本には無文銀銭や富本銭といった貨幣が存在していたが、いずれも実用性を持ったものだったかは疑問視されている。日本においてある程度広範囲に流通した最古の貨幣は708年に鋳造された和同開珎である。以降、963年に鋳造された乾元大宝に至るまで、皇朝十二銭と呼ばれる12種類の銅銭が発行された。このほかに金銭の開基勝宝や銀銭の太平元宝なども作られたが、広く流通したものではなかったようである。

当時の日本社会はまだ自給自足経済の水準から脱しておらず、必ずしも貨幣を必要としていなかった。皇朝十二銭は畿内とその周辺国以外にはあまり普及しなかったようである。やがて原材料の銅の不足や朝廷の弱体化もあり、改鋳を重ねるごとに銅銭の品質は劣化してゆき、信頼は失われていった。また、私的に偽造された私鋳銭も広く出回った。朝廷による貨幣の発行は963年が最後である。11世紀には銅銭よりも米や絹織物が通貨の役割を持つ代替品として使用されることが多くなった。

第二節　中世日本の経済

12 世紀後半から日宋貿易が活発化した。平清盛は貿易に熱心で、大量に宋銭が輸入された。宋銭による資金力が平家を台頭させたと考えた朝廷はその流通を停止させようとしたが、鎌倉時代に入るとその流通はますます加速し、鎌倉幕府と朝廷がともに宋銭の使用を認めるようになった。13 世紀に入ると絹織物が持っていた貨幣価値を銭貨が駆逐し、次第に年貢も銭貨で納められるようになった。

第三節　江戸時代の経済

江戸時代、鎖国政策のため世界経済からはほぼ隔絶されており、清、朝鮮、オランダと限定的な交易を行っていた。国内の経済は米が中心であり、豊作、凶作といった米の出来不出来は単に飢饉を引き起こすだけにとどまらず、しばしば経済、社会情勢に重大な影響を与えていた。江戸時代後期には農業技術の向上により米の生産量は増大するが、流通量の増加は米価を下落させ、米を中心とした石高を基調とする幕府諸藩の経済体制は苦しくなっていく。なお、1730 年に大阪には米の先物取引市場が生まれている。

全国の生産と物流のネットワークは、二大消費地であった江戸と上方を中心に編成され活発な商取引が行なわれていた。特に、江戸における普請事業は、建設投資の乗数効果を通じて景気循環を生み出していた。「火事と喧嘩は江戸の華」と呼ばれるほど江戸は火事が多く、火事のたびに木材需要が発生し、うまく木材を調達することによって成金となる者もいた。建設投資は、諸藩の収益を江戸へ送ることで達成され、その投資は木材需要などを通じて再び諸藩の経済へ還流した。

乱高下する米価に左右されうまくいかないことが多い幕府財政は、収入を確保しようとたびたび貨幣改鋳を行なったが、悪貨が出回る事態となり、米価ならびに諸式は次第に上昇した(インフレーション)。

生産技術は、家内制手工業や工場制手工業が主となっている。江戸時代末期には、銑鉄を大量生産するための反射炉が各地で製造された。

江戸時代に代替製品などの生産力をつけ、国内市場を発展させ、寺小屋によって識字率も高まったために、明治以降の発展の基礎条件のいくつかが形成された。

第四節 近代日本の経済

一 文明開化

開国以降は、富国強兵、殖産興業政策によって軽工業を中心に工業化・近代化を遂げ、株式市場での直接金融による資金調達を行う近代的な市場経済を発達させた。主な輸出品は絹糸、マッチ、電球などの軽工業製品であった。また、このころから鉄鋼など重工業も始まったが発達せず、輸入超過が続いた。財閥と呼ばれた巨大企業は、このころからさまざまな分野に手を出し始めた。この頃、度重なる対外拡張政策などにより、日本の対外債務は膨張。明治維新以来の経済体制は崩壊の危機に瀕した。

二　二度の世界大戦

第一次世界大戦でヨーロッパにおいて軍需が盛り上がったため、日本の経済は非常に潤い、軽工業から重工業へと転換した(大戦景気)。また、アメリカと同様に債権国へ転換した。しかし、第一次世界大戦が終了してヨーロッパの軍需が冷え込むと外需に依存していた日本は戦後不況に陥った。1923年の関東大震災なども重なり銀行の信用構造は大きく揺らぎ、1927年に昭和金融恐慌が発生した。さらに1930年、浜口内閣が経済正常化のために実行した経済政策(金解禁)が世界恐慌と重なることで頓挫し、不況は悪化した(昭和恐慌)。

世界的な不況の中で躍進を遂げたソ連の5カ年計画に感化され、日本でも不況脱出のために自由主義経済から国家統制経済に移行すべきだと主張する革新官僚が現れ、国家総動員体制を望む軍部と連携して中日戦争が始まると次々と経済を官僚の統制下におくようになる。第二次世界大戦が始まると日本経済は完全に国家統制経済となり、自由主義経済は潰えた。

莫大な戦費は大増税だけではまかないきれず、日銀引受による国債の乱発が行われ、このことは戦後のハイパーインフレを引き起こすことになった。

終身雇用や労使一体、月給制など日本的雇用慣習といわれるものはこの時期に作られた。また、官民の協力体制や厚生年金などによる資源配分の傾斜、産業構造の重化学工業化と、財閥による垂直生産体制の整備は、戦後の経済発展の下地を作った。

第五節　戦後日本の経済

一　戦後復興と高度成長

第二次世界大戦により日本の産業は壊滅的な打撃を受けた。逼迫する生産力を主要産業に振り向ける傾斜生産方式などの政策もとられ、日本は深刻なインフレーションに見舞われた。朝鮮戦争で日本は多大な資金的負担を強いられ、多くの犠牲を払いつつも朝鮮特需を機に日本の重工業は息を吹き返した。1955年に始まる神武景気を皮切りに、製造業を軸に高度成長を達成した。輸出で獲得した外貨を元手にした設備投資による生産の増大と、労働組合の存在をバックにした労働者の賃金の上昇による購買力の増大がかみあって、日本の経済は拡大につぐ拡大をとげた。日本の経済規模は、1968年に西ドイツを抜きGDPベースで世界第2位となった。しかし産業の育成を重視するあまり公害への対策は遅れるなどの問題も孕んでいた。

二　低成長時代

1973 年には第一次石油危機が起こり、日本経済は混乱し、1974 年の経済成長率は戦後初めてマイナスとなり高度経済成長は終焉した。この頃から主要輸出品は鉄鋼から自動車へと移行し、1970年代後半からは、日本に経常黒字が発生。輸出産業の躍進は諸外国､特にアメリカとの間に貿易摩擦を巻き起こし、アメリカ側の経常赤字の解消、日本側の内需拡大が課題とされた。その後、プラザ合意により円高不況が発生し、日本銀行は著しい金融緩和を維持した。この金融緩和の中で、1980年代後半から内需主導の景気拡大が続き、株価や地価も大幅に上昇した(バブル経済)。

また、日本の高度成長が工業、とりわけ輸出産業主導であったことにより、人口はしだいに農山村から流出し、太平洋ベルト、とりわけ首都圏に集中した。そのため過疎化が問題となり、また大都市も人口の急激な増加により過密化の問題を抱えた。大都市と地方の格差を埋める目的と、地方の雇用対策のために、高速道路網を全国に張り巡らせ、地方に病院や港湾、学校などの公共施設を次々と建てて、大都市と地方のインフラの格差を埋めた。大規模で継続的な公共投資は、従来からの地場産業が衰退する中で、地方建設業を潤わせることになった。

第六節　長期不況と現在

1990 年代に入ると資産価格(株価、地価)が一気に下落し、景気は急速に冷え込んでいった(バブル崩壊)。1990 年代はバブルの後遺症もあって日本経済は停滞したため、「失われた 10 年」と言われる。この長い経済的不調の中で、日本的な経営慣行から直接金融と強力な企業に先導された経済へと転換しつつあり、人件費はこれ以前よりも抑制されるようになった。2002 年から景気は外需主導の回復局面に入った。2006 年にはいざなぎ景気を超える長期間の景気拡大を実現した。しかし、大半の国民はこのような「景気回復」を実感していないという実情が世論調査等で明らかになっており、目下、景気の成熟化が待たれている。好景気であるはずの東京でも低所得層の増加は止まらず、2006 年末に東京都が実施した福祉保健基礎調査によると年収 500 万円未満の世帯が初めて過半数を突破した。

第3章　各産業の概況

第一節　農業

農業は戦後直後までは最も盛んな産業であった。1950 年の国勢調査では第一次産業の就業者が全就業者の約 5 割を占めていた。高度経済成長期を通じて農業に従事する者は減少の一途をたどり、現在では全就業者の 5%程度に過ぎない。農家の多くは、他に仕事をもつ兼業農家である。高度成長期以降、後継者不足が問題となり、現在農業は高齢者が主な担い手となっている。

平野部が少ないことや兼業農家率が高いことなどの理由から、大規模な農業経営はあまり盛んではない。小麦、大豆、とうもろこしなどはほとんど輸入に頼っている。

江戸時代以前からの飢饉、大正時代の米騒動など米の不足が社会不安に直結することから、国策として米の生産に力が入れられてきた。自給率も米だけはほぼ 100%である。(卵、生乳なども自給率はほぼ 100%だが、飼料はほとんど輸入である)

戦後の生産技術向上や食生活の多様化により米が余るようになり、高度成長期以降は減反政策に転じている。また、農産物自由化の流れにより、1990 年代から米も輸入されるようになった。都市近郊では野菜栽培や花卉栽培が行われている。農業分野においても、ブランド化により高付加価値の商品へ転化させる動きが見られる。このブランド化の努力の結果、日本の食料品は世界的なブランドとして輸出されるまでになった。

最近では農業への株式会社参入も認める議論が進んでおり、将来的には労働集約から資本集約型農業への脱皮が見込まれている。すでに建設業や食品加工業が農業に乗り出しており、一部ではプラント化も進んでいる。

近年は産業界からの強い圧力で、自由貿易協定を外国と結ぶ動きが盛んだが、関税が撤廃され安い農作物が輸入されるようになるとして農業界には反発が起きている。ちなみに日本のカロリーベースでの食料自給率は 45%であり、長期的に低下する傾向にある。地産地消や安全保障を重視する立場の人は農業界の擁護に回っている。事態打開のために日本政府は、農業界に助成金投入や株式会社参入と言う形で競争力を得ようと考えている。一方、産直で消費者と生産者の直接的なつながりも模索されている。

第二節　林業

かつては日本の主力産業の一つであったが、第二次世界大戦後の燃料革命で薪炭利用が激減。戦後復興により需要が拡大した住宅用建材向けの生産が活発になるが、1970 年以降の外材の輸入自由化により競争力を喪失して長期低迷。2000 年頃には、木を植えてから伐採するまでの利回り計算がマイナスとなり、林道沿いなどの条件が良い場所や秋田杉などのブランド産地の木材でない限り採算が取れることはなくなり、山村や山林は荒廃しつつある。しかし、京都議定書(森林の循環利用は二酸化炭素削減要素の一つ)に代表される地球温暖化問題がらみ、諸外国の森林伐採規制の強化方向、中国の木材消費量増加に伴う需給状況の逼迫といった不確定要素があり、長期的には産業として復権する可能性も残されている。

第三節　漁業

日本近海は暖流と寒流が交わり、魚の餌となるプランクトンが発生しやすく、漁業資源に恵まれており、昔から漁業が盛んであった。しかし近年、排他的経済水域の設定による遠洋漁業の衰退、後継者不足、安い輸入魚などの影響で漁獲高は減少傾向にある。こうした傾向を補うものとして養殖技術の開発が盛んであり、技術上不可能とされたウナギやマグロを卵から育てることに成功するなど、世界的にも注目されている。かつては遠洋捕鯨が大規模に行われていたが、日本も加盟している IWC にて商業捕鯨の禁止が決議されたため、現在では沿岸小型捕鯨(イルカ漁)と調査捕鯨以外は行っていない。

第四節　鉱業

元々日本は火山活動が活発な地域であり、埋蔵されている鉱物資源の種類は豊富である。このため第二次世界大戦以前は鉱業は活発であった。しかし、戦後、鉱害などへの環境対策、労働者の安全対策に多額の生産コストを要するようになり衰退した。現在では、コストの安い露天掘りによる石英、石灰石、品位が高く国際競争力がある金、銀、石油、天然ガスなどが産出される程度となっている。

第五節　製造業

製造業は、教育や商社と並んで日本でも1、2を争う日本の根幹をなす産業部門であると言われている。諸外国と比較して、政府の関与が比較的少ないことが特徴である。一時期は、輸出部門であるが故に低賃金の傾向があり、若年労働者の確保に困難をきたした。また、最近では生産拠点の海外進出により、国内の雇用は減少し空洞化の懸念がある。

一　自動車産業

競争力の高い自動車産業は、1980年代にアメリカを生産量で追い抜いた。その後一進一退が続いたが、海外生産も含めた国内メーカーはアメリカなどでシェアを拡大している。組織の硬直化、円高や高級化による価格上昇、アメリカ車の品質向上による巻き返しなどがあり、一時期不振が言われた。最近では、石油価格の上昇が燃費に優れる日本車の追い風となり、デザインをアピールするブランド志向戦略を取り始めているなど、経営の改善が進んでいる。

国内の自動車売り上げは頭打ちであるが、トヨタ自動車が自動車販売の世界シェアを伸ばし、史上最高の売り上げとなっているほか、多くの日本の自動車メーカーが海外生産を増加させ、輸出を伸ばしている。もともと日本車は、優秀な燃費、故障率の低さ(2002年TIME社調査ではトヨタが世界一)には定評があり、さらに環境に良いというイメージと、デザインが加わった事でシェアを取り戻しつつある。その一方で、三菱自動車のルコール隠しに見られるようなモラルの低下や、トヨタ自動車の大量リコールにみられるような品質管理の危機を挙げる声もある。

二　電気・電子産業

電気・電子機器の開発生産は世界トップレベルである。特に軍用・産業用技術の民生品への応用や、省電力化、小型軽量化には定評がある。従来はデザイン性や基礎技術の開発に難点があったが、最近では各社の努力により改善されつつある。

しかし利益率は 1960 年代の 7～8%台から近年の 3%前後へと長期的傾向的に低下してきている。その要因の一つとして IT 経済の成熟化、製品ライフサイクルの短期化、新興国との競争などがあげられている。

第六節　機械工業

造船は韓国の設備増強などによりシェアを落としているが、依然として 40%の世界シェアを有し世界第二位の造船大国である。造船のような労働集約的産業でほぼ 100%の国内生産を維持しつつこのような高いシェアを維持していることは注目に値する。なお、諸外国で実施されているような造船補助金は存在しない。逆に造船設備の総量規制が実施されていたが、これは最近撤廃されることに決まった。

繊維産業は、昭和前半までは製造業の中心であり、その陰には女工哀史などの状況もあったが、日本の経済を支えた。戦後は、高度経済成長による工業の重工業化や、中国等新興国の安い繊維製品の輸入増加で製造業での地位は低下している。こうした状況の中で、今まで培ってきた技術を発展させた合成繊維や炭素繊維などによって新たな成長を見いだそうとする企業もある。

製紙産業は安い海外製品の流通増加や原油高騰の影響で再

編の動きが強まっており、2006 年の王子製紙による北越製紙買収の動き(ただし失敗)、大手製紙メーカーの提携などの動きが起きている。

ナノテクノロジー関連分野は、非常に発達している。京都をはじめとする全国 13 地域で産学官連携による研究が推進されており、地域間の交流組織として「ナノ イニシアティブズ」がある。

欧米に比べてバイオ産業は遅れている。その背後にはバイオ研究にオペレーション・リサーチを導入したアメリカの先進性があるとされる。日本は職人芸的な手作業に固執し、また牛乳瓶をビーカーがわりに使うという劣悪な研究環境も後塵を拝した理由と言われている。

食料関係のバイオ研究は進んでいる。稲に関しては世界で最も進んだバイオ技術を持っている。ウシなどでクローン研究が独自に行われ、人の胚のクローン生成を医療福祉目的に研究する事を政府の科学会議で条件付きで承認した。

第七節　建設業

建設業は、戦後復興の中で建設ブームや各種プラントの建設、大規模インフラの整備などをうけて成長。資本蓄積に大きな役割を果たした。財政政策、地方への所得移転として公共事業が盛んに行なわれたため、1970 年代以降は次第に官業色を強めた。バブル景気において、民間投資の興隆と保有不動産の含み益から規模拡大したが、1990 年代においては再び公共事業への依存を強めると共に保有不動産の含み損に苦しみ、不動産・小売とともに構造不況と呼ばれた。この時点において、建設業が経済に占める割合は諸外国と比較して高く、過剰供給体制であった。

2000 年代に入ってから継続的な公共事業削減が続いたため業容は縮小。民間建設が盛んな大都市、特に東京への一極集中が進んでいる。

第八節　金融業

バブル崩壊や旧大蔵省の不祥事なども関係し、官民両方のセクターで整理統合と合併が進展。業界には合従連衡と改革が連続して起き、競争力を回復したメガバンクが形成される一方で、りそなホールディングスの国有化や地方銀行大手の足利銀行の破綻も起こった。2005 年、三菱 UFJ・みずほ・三井住友の三大グループに業界は再編されたが、さらにりそな買収の動きなど、未だ流動的である。

銀行の不良債権処理は景気回復と処理積み立てにより大きく前進し、銀行の体質は改善されている。直接金融に傾きつつある大企業の代わりに、中小企業や個人向けの融資(リテール)に力が入れられ始めている。このセクションは日本の間接金融において次第に収益源とみなされるようになっており、銀行はここに活路を見出そうとしている。

消費者金融などの債権管理能力は高く、リテールに力を入れる銀行との融合が進んでいる。ただグレーゾーン金利の見直しで収益は悪化しており、消費者金融会社各社は店舗の統廃合やリストラを進めている。

証券業界は、手数料自由化の競争の中で著しく手数料の低下が進行。収益源は信用取引からの利子収入が主軸になりつつある。大手証券会社は、仲介業務から脱し投資銀行への転換を目指している。

保険業界は、国内市場では外資系の保険会社との競争や高齢化による支払い額の増加などにより収益拡大が厳しくなってきており、欧米やアジアの新興国を中心に海外市場への進出を図っている。

第九節　不動産業

高度経済成長による住宅需要の増大や経済発展により不動産会社は盛んに住宅団地やビルなどを建設し収益を伸ばした。バブル景気には不動産の転売による含み益やリゾート施設等の開発をもとに収益を伸ばし、さらには三菱地所がアメリカのロックフェラーセンターを買収するなど海外での事業も拡大していった。しかし、バブル崩壊で地価の急落がおこると多額の融資をもとに含み益経営をしていた不動産会社は経営が悪化した。しかし､近年ではディベロッパーを中心に売上を伸ばしている。

第十節　観光業

美しい自然に恵まれ、独特の文化をもち、法隆寺などの古い建物にも恵まれているななどの要素に加え、近年の日本ブームも加わって外国人の観光客が増加している。また、テーマパーク等の娯楽施設も充実しているため、こういった施設を目的にやってくる外国人もいる。2003 年より、政府は外国人観光客の増加を進める施策を実施中。外国人が滞在しやすい環境をつくるべく、ビザの要件の緩和などを進めている。景観を観光資源としてとらえ直し、よく批判される雑然とした景観を改善しようという動きもある。

欧米の観光客は頭打ちになっていることから、東アジア地区からの観光客にターゲットが置かれている。欧米人が好む京都・奈良などの日本情緒は、同じような文化をもつ東アジア人には受けず、逆に東京ディズニーランドやユニバーサルスタジオジャパンなどが、アメリカまで行かずに済む為に格好の遊び場として人気がある。また温泉なども、旅館などの独特のサービスが好感をもたれている。特に北海道は、韓国や、オーストラリアからの観光客が多く、華南地方では降雪が乏しいことから、北海道や信越地方のスキーツアーも人気がある。最近では、円安の影響で、外国人にとっては日本で売られている高級品やブランド品が安く買える状況になっている事から、東京の銀座や新宿にショッピング目当てで来た東アジアや欧米の観光客が増加している。

第十一節　卸売業

総合商社は日本特有の業態であり、業界第一位の三菱商事をはじめ三井物産、住友商事、伊藤忠商事など商品取扱い高として世界トップクラスの売上を誇る企業が複数存在する。従来は仲介や輸出入に関わる手数料ビジネスが主体であったが、企業の垂直統合や「中抜き」に見られる商習慣の変化に直面し、現在では資源開発への直接投資や企業投資を経由したマーケットの開拓など世界中で多くの事業を行っている。

専門商社は、工業製品の卸売·輸出入などの事業を行っている。また大手専門商社には、製造会社や総合商社の子会社・関連会社が多い。

問屋は、日用雑貨や食料品などの流通を製造業と小売業の間で支えている。1970年頃から小売量販店の広域・大規模化が起こり、また冷凍・チルド物流の広がりとともに設備投資に耐えられない中小卸問屋の廃業や統合が進んだ。1990 年頃からは、コスト削減のため大手小売店が問屋を通さずに製造業者から商品を直接大量に仕入れてる中抜きが一般化したため、一部の業界では合併や共同配送の動きが進んだ。

第十二節　小売業

百貨店は、高度経済成長やバブル景気などに全国に進出した。しかし、バブル崩壊による消費の低迷や郊外への大型 SC 進出で全国各地で次々と閉店した。しかし最近では、大都市での進出・増床等も相次いでいる。また郊外の大型 SC に出店したりして売上を伸ばしている百貨店もある。ただ少子化で市場の低下は確実で大手百貨店の統合が進んでいる。

大型スーパーは、郊外への SC 進出で売上を伸ばしたが、他社との競争激化や少子高齢化による市場低迷が確実なため百貨店やコンビニエンスストア、専門店などの他種類の小売店や同じ大型スーパーチェーンを傘下におさめたり、金融業などに参入するなどしている。

コンビニエンスストアは、1980、1990 年代ごろから急速に売上を伸ばしたが、コンビニエンスストアの客の大きな割合を占める若者の数が減少しているため売上が伸び悩んだり、成長が鈍化している。そのため大手コンビニエンスストアは、野菜などの販売を行ったり、100 円ショップを展開するなど客層の拡大に努めている。

第十三節　運輸業

一　旅客

航空運輸では近年はスカイマークなど新規参入や新幹線・高速道路の整備により大都市間の航空路線では航空会社が次々と料金を値下げ、サービス向上などを行った。その一方で航空会社は、石油高騰の影響をうけており各社は路線再編や機体の軽量化・小型化を進めて影響を抑えようとしている。

鉄道運輸では国鉄民営化後に地方の不採算路線が次々と姿を消したり、一部は第三セクター鉄道に転換した。しかし第三セクター鉄道に転換した路線も一部を除けば赤字状態で廃止も相次いでいる。大都市の私鉄は、百貨店などの商業施設を建設・改装し収益を拡大しようとしているが、道路交通の発達や少子高齢化の影響を受け鉄道利用客が減少しているところもあり、阪神電鉄の阪急 HD による買収に代表されるように再編が進むと思われる。路面電車は全国で運行されていたがモータリゼーションの進行とともに廃止が相次いだ。しかし過度のモータリゼーションによるスプロール化や交通弱者の問題から見直され、新たに設置を検討したり計画している地方自治体がある。

バス運輸は全国各地に路線があり、通勤・通学、身近な用事などで利用されている。特に自動車を持たないお年寄りにとっては重要な交通手段となっているところもある。しかし、その一方で利用者が少なく赤字である路線も多く、そういった路線は地方公共団体の補助金・支援を受けたりしている。また地方都市と大都市間には多数の高速バス路線が開設されている。鉄道や航空より低額なことなどから人気がある。

フェリー運輸は昔、本州や北海道や四国、九州を結ぶ路線が多く存在した。しかし青函トンネル、関門トンネル・関門橋、本州四国連絡橋が整備されたことで、これらの航路は減少した。しかしトンネルや橋の通行料が高いために利用料の安いフェリー運輸を利用する人も多く今でも多くの航路がある。

二　貨物

海運は、加工貿易を行う日本にとって重要であり資源の輸入、自動車・鉄鋼など輸出にはほとんどの場合は海運が利用され、貿易において重要な役割を担っている。

航空運輸は、費用が高い・重厚のものは運べないというデメリットがあり貨物運輸で大きな地位があるとは言えないが、半導体など軽量・小型で商品価値が高い工業製品や魚介類など新鮮さが求められる商品の輸送には航空輸送が重宝されている。

トラック運輸は、高速道路の全国的な整備とともに成長した。トラック輸送のおかげで日本の生産技術としてよく知られるジャストインタイム生産システムが構築された反面、交通事故の増加や二酸化炭素の排出量増加などを招いた。そのため、運送の一部をトラック輸送から鉄道・船舶による輸送に切り替える企業も現れている。

鉄道運輸は、かっては大きな割合を占めていたがトラック輸送の発達とともに減少しつつある。しかし、鉄道輸送がトラック輸送と比べ環境に負担がかからないことから見直されており、JR貨物では、貨物輸送の高速化・効率化を進めている。

第十四節　サービス業

教育サービスは、小中学生ではゆとり教育による学力低下の懸念から学習塾に通ったり通信教育を受けたり、家庭教師を雇うなど学校以外で何か勉強をしている小中学生が増えている。

大人では就職や転職に有利なことから資格や検定等を取得するための通信教育を受講する人も増えている。ただ今後の少子化の進行で学習塾や予備校などは競争が激化することが予想され、統合や提携が相次いでいる。

郵便サービスは、特定信書便では郵便事業株式会社以外の企業がある程度参入しているが一般信書便は日本郵政公社が独占している状態である。

外食サービスは、今ではファミリーレストランやハンバーガーショップ、外国料理店などさまざまタイプのお店があり、手軽さや女性の社会進出などの影響もあり現在ではおよそ 25 兆円の市場規模となっている。

福祉サービスは、高齢化社会の進行から老人向けのサービスが成長すると思われる。ただ重労働・低賃金で人材確保に苦戦しており、施設を建てたのにのに職員が不足している福祉施設も多い。

人材派遣・業務請負サービスは、規制緩和の影響や企業がコスト削減のために非正規社員を積極的に採用したために成長した。しかし違法な偽装請負などの問題が発生している。

一　情報産業

2000 年頃、ブロードバンド接続環境の普及が韓国に出遅れたことからインフラ整備が叫ばれ、IT バブル崩壊後、一時的に停滞したが、その後すぐに回復基調に乗った。

2006 年時点では、世界で最も安く性能の良い情報通信インフラが整備されている。特に DSL 技術や FTTH は日本が世界で最も進んでいる。また携帯電話網と情報通信網のネットワークが進んでいる。

コンピューター、とくにパーソナルコンピュータが普及している。コンピュータでは、世界的に高速なスーパーコンピュータとして知られる地球シミュレータが建造されるなど、技術的に高い水準を持つ。また、元来、日本企業が家電製品を得意とするため、情報家電と呼ばれる付加機能の付いた家電製品の分野が開けた。

ユビキタスコンピューティングは、日本が世界で最もユビキタス社会が進んでいると言われている。発達した携帯電話を中心とする携帯機器と、インターネットでつながったパソコンのほか、遍在する情報機器、RFID(電子タグ)などのインフラを連動させることで、すでに日常の生活に深く浸透している。

二 コンテンツ産業

コンテンツ産業は、メディア産業とも呼ばれる。日本のコンテンツ産業の市場規模は 12 兆 5246 億円である。(2000 年、経済産業省資料) 規模の大きな領域として、テレビ番組、新聞、雑誌、カラオケなどがある。映画、ビデオなどの映像関連は比較的規模が小さく、今後の産業育成が期待される。

国産映画(邦画)は、銀幕と呼ばれる一大コンテンツ産業(メディア産業)であったが、1995 年代のテレビ普及とともに凋落傾向がつづき、現在でも一部の監督作品および分野を除いては世界的な普及には至っていない。テレビ番組は、高度な技術、豊富な資金およびアイデアを背景にアジアを中心に受け入れられたが、近年は陳腐化が進んだとされる。

アニメ、漫画、映画などの輸出が増え、コンテンツ輸出総額だけで 1 兆円を超える産業に育っている。アニメのコンテンツ輸出が活発で、その流れで漫画の輸出額も増えている。

アニメは、世界のアニメーション産業の 6 割のシェアを占めているほか、ストーリー、技術共に他国のそれを格段に凌いでいることから、世界から注目を浴びている。アニメ産業は、低賃金・長時間労働・高リスクという構造的な問題から、下請け先を海外に見いだすなど、空洞化が懸念されている。

第4章 産業別就業者構成

第１次産業 － 5.0%
第２次産業 － 29.5%
第３次産業 － 64.3%

第一節　第一次産業

第一次産業には、自然界に働きかけて直接に富を取得する産業が分類される。クラークによれば農業、林業、漁業、鉱業がこれに該当する。水産加工のように天然資源を元に加工して食品を製造する業種は製造業に分類され、第一次産業には含まれない。

クラークは、経済発展につれて第一次産業から第二次産業、第三次産業へと産業がシフトしていくことを提示したが、クラークによる分類では産業内部で生じている構造変化をとらえきれないという弱点がある。例えば、現代では同じ農業をとってみても、開発途上国でみられるような昔ながらの農業もあれば、先進国でみられるような、バイオテクノロジーを駆使しブランドのマネジメントも行うといった第二次産業的、第三次産業的な農業(アグリビジネス)もあり、同じ農業であっても多様化が著しい。

第一次産業の日本における分類は慣例として、日本標準産業分類における下記の3業種を第一次産業に含めることが多い。例えば、2005年厚生調査抽出速報集計結果の概要では、鉱業を含めない点でクラークによる定義と異なる。

大分類A 農業

大分類B 林業

大分類C 漁業

第二節　第二次産業

第二次産業には、第一次産業が採取・生産した原材料を加工して富を作り出す産業が分類される。クラークによれば製造業、建設業、電気・ガス業がこれに該当する。

現代においては製造業も多様化しており、古典的な第二次産業の枠内に収まりきれない業態も出現している。例えば、アパレル等ファッション関連では、消費者の嗜好の移り変わりが早いので変化を迅速に生産に反映させるために、製造から小売までを一貫して行う業態(製造小売業)なお、産業分類上では、製造小売業は小売に分類されることもある。が主流となっている。逆に電器産業ではOEMやファウンダリーへの発注などにより、商社化が進んでいる場合もある。また、研究開発などの情報や知識を生産する機能を第四次産業として位置づける考え方も提唱されている。

第二次産業の日本における分類は、慣例として、日本標準産業分類における下記の3業種を第二次産業に含めることが多い。例えば、2005年厚生調査抽出速報集計結果の概要。

大分類D 鉱業

大分類E 建設業

大分類F 製造業

クラークによる分類では鉱業は第一次産業、電気・ガス業は第二次産業に属するが、日本における慣例は鉱業が第二次産業に、電気・ガス業が第三次産業に分類される点で異なっている。

なお、出版業は、過去には製造業の一部として第二次産業に分類されていたが、2002 年の分類改訂により、以降は放送業や情報サービス業と合わせて情報通信業として区分されている。

第三節　第三次産業

第三次産業には、第一次産業にも第二次産業にも分類されない産業が分類される。クラークによれば小売業やサービス業などの無形財がこれに該当する。これらの産業は商品やサービスを分配することで富を創造することに特色がある。

クラークは、経済発展につれて第一次産業から第二次産業、第三次産業へと産業がシフトしていくことを提示したが、クラークのいう第三次産業には単純労働も含まれており、後進的な産業が先進的な産業と同じ扱いになっているという批判がある。また、第三次産業は、公益事業のような資本集約的な産業も、飲食業のような労働集約的な産業も、教育のような知識集約的な産業も含むという雑多な産業の集合体であり、雑多な産業を単一のくくりで単純化することについても批判がある。この点に関しては、情報通信業などの情報や知識を取り扱う産業を第四次産業あるいは第五次産業として捉えなおす考え方も提唱されている。

第三次産業の日本における分類は、慣例として、日本標準産業分類における下記の産業を第三次産業に含めることが多い。例えば、2005年厚生調査抽出速報集計結果の概要では、これは電気・ガス業を第二次産業ではなく第三次産業に分類している点でクラークによる定義とは異なる。

大分類G 電気・ガス・熱供給・水道業
大分類H 情報通信業
大分類I 運輸業
大分類J 卸売・小売業
大分類K 金融・保険業
大分類L 不動産業
大分類M 飲食店、宿泊業
大分類N 医療、福祉
大分類O 教育、学習支援業
大分類P 複合サービス事業
大分類Q サービス業(他に分類されないもの)
大分類R 公務(他に分類されないもの)
大分類S 分類不能の産業

第5章　現在抱える問題と展望

第一節　産業空洞化

1980年代以降、円高を契機に人件費の抑制などを目的として生産拠点を国内から海外に移転する「空洞化」が深刻化している。加工組立型から技術・知識集約産業への転換など、産業構造改革が必要と考えられている。近年、開発セクション（日本国内）と生産拠点の連携を密にしたり、技術流出を防ぎ競争力を保持する目的から海外から国内に生産拠点を戻す動きも見られる。

第二節　金融機能の低下

バブル期における過剰融資とバブル崩壊による担保価値の減少で、銀行は多額の不良債権を抱えるに至ったが、度重なる多額の処理積み立てと景気回復により、都市銀行についてはほぼ解消されつつある。一方、地方銀行、信用金庫などは不安を抱えている。

第三節　起業

日本は欧米に比べて起業が少ない。原因として、日本では資金の調達先が金融機関に限られやすいことが挙げられる。起業経験のない人が金融機関から資金調達するのは難しく、起業して失敗すると多額の借金を抱えやすいからである。2004年政府は対策として法改正を行い、1円から起業可能にするとともに経営のサポート体制も構築したが、効果は未知数である。

第四節　国際競争力低下の危険性

近年、非正規雇用が急速に拡大し所得格差を招いているが、企業にとってはコスト面で一定の効果がある。しかし、外部の人間である派遣社員や・短期就労が大半のパート・期間従業員に品質意識まで要求することは非常に困難であり、非正規雇用の急激すぎる拡大が、品質向上に追いついていないとの指摘が出されている。

特に、日本が国際競争力を維持しているのは、他国で生産できないような高品質な製品を多数生産しているからであって、コスト面での優位性は新興国の台頭により、かなり失われてきている。そのため品質が低下または停滞することは、そのまま国際競争力を失うことを意味し、非常に深刻な問題となる可能性がある。

また、非正規雇用者の急拡大に伴い、団塊世代の大量退職と将来の少子高齢化によって、各分野での深刻な人材不足が確実視されており、国際競争力維持の観点から、非正規雇用層を戦力に転換していく制度の早急な整備が必要とされている。現在でも高度な技術を要求される分野は人材不足が顕著となっている。

第五節　所得格差

近年では核家族化や経済の停滞や小泉内閣の構造改革などの様々な要因により、貯蓄を一切持たない世帯が増加しており、「一億総中流」の社会は崩壊して少数の富裕層と大多数の貧困層に分かれた階層社会へ移行しつつあり、格差は拡大している。政府は、格差拡大に対して努力により上層へチャレンジすることができる社会を掲げているが、親の収入に基づく教育格差の拡大や企業の新卒限定採用により、階層が世代を超えて固定化されることが懸念されている。

所得分配の格差問題はバブル景気の頃に一度問題となり「マル金」「マル貧（ビ）」（金魂巻）などの流行語を生み出した。バブル経済の崩壊と長期にわたる経済の低迷によりこうした流行語は消滅したが、経済の自由化や派遣労働など雇用の流動化を背景に、所得格差・資産格差の階層化は固定化の傾向にあり、近年では高所得・資産のグループを「勝ち組」、低所得・資産のグループを「負け組」と呼ぶ風潮が流行している。

第六節　首都の過密と地方の過疎

戦後高度経済成長期にかけて、太平洋ベルトを中心とした都市部への人口集中が続いた。高度経済成長以降は、首都・東京への一極集中が加速し、地方の農業や地場産業の衰退に伴って、「過疎と過密」の国土が形成された。そして、「平成不況」が到来すると、より一層、東京一極集中が加速している。

高度経済成長期の地方には、支店や営業所が立ちならぶ「支店経済都市」と、特定企業の工場が立ち列ぶ「企業城下町」が増加した。

列島改造論以降、道路整備を中心に行われた公共投資は、モータリゼーションを深化させ、地方都市において中心市街地の衰退を招いたが、自然破壊や地元への維持費の負担など弊害が多く目立ち、景気対策としても思うような効果を招かなかったという批判が高まり、公共投資は圧縮されるようになった。公共事業という主要産業を失った地方では、建設業が農業や福祉産業に転じるなどの動きが見られる。

東京一極集中は、バブル経済崩壊後の不景気を経て加速しており、特に山手線内とその沿線では、オフィスビルや高層マンションの建設など、民間建設投資が活発に行われるようになった(都心回帰)。これに伴って、東京都心から離れた地域では、住民の高齢化と人口減少に悩む都市が現れている(小田原、春日部、土浦など)。

一方で、小沢一郎が著書「日本改造計画」にて提言し、小泉純一郎首相・竹中平蔵蔵相・奥田碩経団連会長が推進する市町村合併や地方交付税の削減により、全国各地の中小都市や村落は、役場の雇用や自治権の喪失などによって、衰退に拍車が掛かっている。

更には、江戸時代までは首都圏として、文化・経済の各面で日本をリードして来た京阪神までもが、相次ぐ本社の東京への移転により、弱体化に悩まされている。そして、東京以外でも、中央省庁の出先機関が集中する都市(札幌、仙台、名古屋、広島、福岡)は、中央省庁の出先機関に引きつられて企業の支店が密集し、「ミニ東京」と化して一極集中が加速している。

第七節　経済成長率

国内総生産の成長率は、輸出に依存している。個人消費は、労働力減少による国内総所得の減少により、低下している。

潜在成長率は、団塊世代の大量退職や総人口減少により、次第に低下していくとの見方がある。一方で生産性の向上や、高齢者、主婦などの非労働力人口を労働力化することによって、成長が確保できるという意見もある。

第八節　国民一人当たり GDP の下落

日本は1993年に国民一人当たり(名目GDP)が世界一であったが、徐々に下落を続け IMF 発表で、2008 年推計は 22 位まで低下した。首位ルクセンブルクの 3 分の 1 以下であり、高齢化社会到来と共に日本衰退の兆しであるとする意見がある。しかし近年ユーロ高が続き、それが GDP 統計に反映され欧州各国の順位が高めになっている面もある。さらに日本は近年、輸出産業のために円安政策をとっているため、これがドルで計算される GDP を低くしているとの指摘がある。

アジアの中では日本は長年 1 位を保持してきたが、IMF の発表では 2007 年度はシンガポールに抜かれると推測され、アジアでも 2 位に転落する見通しである。また IMF 発表の 2008 年推計ではブルネイを僅かに上回り、ブルネイとも僅差となっている。しかしブルネイは所得税がなく、教育費、医療費も無料のため、実際の生活水準では日本より上で、世界最高水準にあると見られる。

また労働時間の面からも、OECD の 2006 年統計では日本の平均労働時間は 1775 時間であり、国際水準と比較し長いため、労働時間当たりの GDP はさらに低い計算となる。

国民 1 人当たり GDP は金融センターや貿易センターを抱える都市国家型の経済と領域国家型の経済を単純比較するのには限界があり、また近年のユーロ高や円安政策など様々な要因があるが、世界経済に占める 2006 年度の名目 GDP 総額割合は 9.1% と前年比で 1.1 ポイント低下、1994 年(17.9%)の約半分と、1990 年代と比較し、国際社会での日本経済の購買力低下は鮮明となっている。

第九節　家計貯蓄率の急速な低下

内閣府が発表した 2006 年度の国民経済計算の家計貯蓄率は 3.2% と 1949 年以来の低さとなった。家計貯蓄率が急速に下落した背景には、所得の減少、雇用の非正規化、無職世帯の急増などが挙げられる。家計貯蓄率は 1997 年度の 11.4% から 3 分の 1 以下に急低下した。総じて日本の家計は貯蓄する傾向があると言われたのは過去のことになりつつある。とくに 1999 年に 5% 近く急激に低下した以降 5% から 4% を下回る長期低落傾向にあり、1999 年 12 月 1 日の労働者派遣法改正や 2000 年 4 月 1 日から施行された介護保険制度の実施とほぼ時期を同じくしており、急速な高齢化、賃金停滞にともなう労働市場からの退出(勤労世代の無業化)、ワーキングプア層の急拡大などが背景にあるものと考えられる。もっとも、勤労者世帯の黒字率は 26.8% であり日本人の貯蓄に対する性向やライフスタイルが極端に変化したと見るのは早計で、世帯構成のうち勤労者世帯比が 53.1% であるのに対して、全体の 30.1% を占める無職世帯の黒字率が 31.4% と著しいマイナスになっていることが大きい。

第十節　公的債務の増大

日本の公的債務は、とくに 1990 年代に入って増加の一途をたどっている。これについては、1990 年代以降の不況による税収の低迷、不況対策のための財政政策(公共事業などの財政出動と減税)の発動、高齢化などによる社会保障給付の増大が主な理由とされる。累積債務が膨大であるため、現在低水準である長期金利が今後上昇すれば利払いで財政が窮地に陥る可能性が示唆されている。一方、国債の多くが銀行や郵便貯金の預金運用に充当され、あるいは証券会社の MRF や中期国債ファンドなどに利用されるなど、国内での需要が高く、国債発行にともなう金利の急騰(クラウディングアウト)なども引き起こしていないことなどから、過剰に問題視する必要はないという見方もある。

第十一節　雇用・労働環境

戦後の雇用環境は、年功序列を基本とした「頑張れば報われる」制度となっていた。経済のグローバル化に伴い、1980 年代以後半から労働者を非正規社員として雇用する企業が増加している。正社員の雇用については、バブル崩壊以降は、企業は終身雇用となることが多いため慎重となる。後の 2007 年前後になると、団塊世代の退職に伴い正社員を雇用する企業が増えている。

外国人労働者については、増加している。低賃金で働かせることができるため、日経連等は移民の受け入れを提言している。外国人労働者は数が増えるに従って、問題も発生している。工業(貿易財）の強さが目立つ一方では、日本のサービス（非貿易財）産業は労働生産性が低く、課題となっている。1990 年代にはアルバイト・派遣・契約社員などの非正規雇用化が進展した。なお「ホワイトカラー・エグゼンプション」の導入が検討されている。

高度経済成長期以降は仕事中心のライフスタイルが広がり、我が身を犠牲にして会社につくす従業員は企業戦士と呼ばれた。現在も企業規模の大小を問わず劣悪な労働条件がひろく見られ、不払い残業が当然視されるなど、労働法制に違反する行為が横行しており、労働者が相次いで過労死すると言う現象は先進国において日本特有のものだと言われる。経団連と厚生労働省が推し進める「ホワイトカラーエグゼンプション」によって、今後はこうしたサービス残業が合法化する可能性も囁かれる。

また、バブル崩壊以降の失業率の上昇によりフリーターやニートが増加しているという意見が注目を浴び、社会問題として取り上げられるようになる。フリーターだけでなく、偽装請負の問題や社員の契約・派遣への転換（非正規化）も深刻化している。

第五部

社会·生活

第五部 社会·生活

第1章 日本と日本人

第一節　日本という国名

国号(正式名称)には通常日本国が用いられる。但し法文で規定されたものではない。日本の国号が成立する以前は対外的には倭国または「倭」と書かれ国内的には「やまと」と訓まれた。さらに古くは実に多様な名があったらしく、大和、葦原中国または豊葦原千五百秋瑞穂国、中国、豊葦原中津国、豊秋津島、大八洲、磯輪上秀真国、細矛千足国、玉垣内津国、等さらに多くの別名があった。漢文由来の異称も、中国大陸の扶桑蓬莱伝説に準えた扶桑、蓬莱という呼び方をはじめとして、東海姫氏国、阿母郷、日下、そのほか多様である。対外的にもっとも一般的な通称だった「倭国」は7世紀頃に「日本」と改名されたと考える説が有力である(異説もある)が、当時は国内での読み方は倭の字も日本の字も「やまと」であり、国内的には表記の変更にすぎなかったと考えられる(「日本」という名詞は、正式国名として採用される以前には扶桑、蓬莱、東海姫氏国、阿母郷、日下、などと同様の語だった)。「ひのもと」という読み方は後に起こった。

国名の読み方には「にっぽん」と「にほん」の2通りの読み方がある。訓読みで「ひのもと」とも読む。日本語の発音の子音にh音が登場したのは江戸時代になってからという日本語音韻学上の定説からすれば「にほん」より「にっぽん」が古いことは自明であり、その過程で「にふぉん」とも発音されていた時期があることも、『日葡辞書』などの記録に明らかである。近代の発音に於いても「日本」という文字の並びを素直に読むなら「じつほん」「にちほん」、或はそれが促音便した「じっぽん」「にっぽん」であろうし、そもそも「日」に本来「に」の読みはない。「にほん」というのは促音や拗音た撥音の表記法が確立されていなかった時代に「日記」が「にき」、「源氏」が「けむし」と表記されたように、「にっぽん」が「にほん」と書かれたものが、その後誤って促音が元々なかったと判断されて読まれるようになったものと推測される。最古の仮名書き表記は鎌倉期の「にっほん」である。日本政府は正式な読み方を明確に定めていない。しかし日本の紙幣、切手、スポーツの国際試合のユニフォームなどには「NIPPON」と描かれているように、公的な機関においては「にっぽん」と読ませる場合が多い。これは一説によると、フランス語圏ではH音が発音されないため「ニオン」と呼ばれてしまうからという理由であるという。これには英語の語感が「nipon」に通じ甚だ印象が悪いことから「NIHON」にすべしとの意見もある。いずれにせよ、外国語の事情にあわせて自称を変更することには賛否両論があろう。スポーツの応援など元気をだす時、威勢をあげる時は「にっぽん」、詩的でやさしく穏やかな文脈では「にほん」というように語感に応じて適切に使い分けられるのが生産的·有意義であろう。

第二節　日本人

一　遺伝的観点からの日本人のルーツ

日本における人類の、確実な最も古い人骨の年代は、2 万年前から 3 万年前の氷河期の時代にさかのぼる。この人々の末裔は、縄文時代の人々に直接連なると考えられているが、縄文時代の間も日本列島外部からの人類の渡来があった。

近年注目されるミトコンドリア DNA によると、縄文人や弥生人と同じ DNA が北東アジア(中国、シベリア、ブリアート、朝鮮半島)を中心に分布していることが明らかにされ、従来定説化されてきた縄文人を南方系、弥生人を北方系とする埴原和郎の「二重構造説」は否定されてることになり、日本人は北東アジアから流れてきた人々が中心であるという説が有力視されている篠田謙一、尾本恵市は原日本人(アイヌ・沖縄人含) は東北アジアが起源であり、研究の結果「二重構造説」は有り得ないとしている。また日本人(アイヌ、沖縄人含む) のすべては、遺伝学的には大差はなく比較的均一性も高いと言われている根井正利は、日本人(アイヌ・沖縄人含) は約 3 万年前から北東アジアから渡来し、弥生時代以降の渡来人は現代日本人の遺伝子プールにはほんのわずかな影響しか与えていない、という研究結果を出している。現代日本人(沖縄人・アイヌ含) は均質性があり、朝鮮半島の人々や中国人とは異質性がある。日本人は北方系であり南方系との混血率はせいぜい 7-8%程度である(松本秀雄)。

氷河期の時代には北の海は氷で覆われ、樺太、北海道、本州はそれぞれつながっていたために、移動が可能だったということも明らかになっている。それに加え、中国の長江下流域から照葉樹林文化を携えて渡来した集団などをはじめ幾派もの移住が重層して形成されたと考えられている。

二　日本人の民族としての形成

4～3 万年前に最初に日本列島に移住してきた原住民(縄文人・モンゴロイド、移住経路については諸説あり)は、最も長期にわたって日本列島で生活してきた(主として狩猟・採集を営んだ)人々であるが、彼らは統一的集団は形成していなかった。縄文末期からも大陸からの移住があった(いわゆる弥生人)。歴史資料が乏しいためはっきりしたことは言えないが、原住民である縄文人と縄文末期から渡来した弥生人は、混血・同化した(混血度はわずか)とも考えられる。NHK スペシャル『日本人はるかな旅』(2001)では「DNA の鑑定の結果、日本人はバイカル湖畔のブリヤート人との共通点が非常に多く、朝鮮人、南の中国人、などと共通する特徴を持ったのが各 1 体だったのに対して、ブリヤート人とは 30 人近くが共通していた」とし日本人の約 90% がバイカル湖畔起源ではないかと伝えている。

具体的には、縄文時代末期・弥生時代より大陸から人々(渡来弥生人)が日本列島に移住し、日本のネイティブ(縄文人)と交わっていった。この中国の史書等で倭人と言われた者たちは、西日本から拡大していき、大和王権など大和民族中心社会が台頭するとともに、他の住民たちは大和に征服されていった。後年、白村江の戦いにおける大和の同盟国百済からの亡命してきた百済人や仏教の僧侶なども大陸(ユーラシア大陸)や朝鮮半島から海を渡ってきたが、それぞれ少数であったために大和民族に統合・同化されていった

このように縄文人も弥生人もそのルーツはユーラシア大陸や南方から移住・渡来した人々にあり、それぞれがハイブリッドとしての日本の民族集団を形成する一部となっていった。大和民族が朝廷権力とともに勢力を拡大した後に「日本」という枠組みの原型がつくられ、その後、文化的・政治的意味での日本民族が徐々に形作られていくとされる。もっとも少数民族は常

に存在したし、「日本民族」というような認識(アイデンティティ)が多数者に浸透していくのは明治時代ともいわれる。

旧琉球王国地域については、大和民族の一支族とする主張が伊波普猷などによって起され沖縄学として発展した。文化・歴史の違いなどを抽出して、琉球民族とする論などもあり、議論が分かれている。

三　日本は単一民族国家であるか

日本は見た目には言語に大差のない人々が多いため、単一民族国家と捉える人がいるが、国内には少数民族も存在するため正確ではない。これは、民族と国籍を混同することにより生じる。とはいえ日本における登録上の外国人居住者の比率が 2%以下であり 2006 年発表の外国人居住者数約 200 万人、日本人が98%を越えることや、大和民族とされる人々が 95%以上を占めるという主張などは、航空機をはじめとする高度な移動手段が発達した現代日本における均質性を考えるとき、考慮する必要はある。

四　身体的特徴

日本人の標準体型(国民健康・栄養調査報告　2003 年度)によると、20 代男性は身長 171.0cm、体重 64.7kg、20 代女性は身長158.2cm、体重 51.8kg で、成人全体では、男性が 166.2cm、64.7kg、女性が 153.0cm、52.8kg であるという。

第三節　日本神話

現在日本神話と呼ばれる伝承は、そのほとんどが『古事記』『日本書紀』及び地方各国の「風土記時」に見られる記述を元にしている。即ち高天原の神々を中心とする神話がその大半を占め、一方ではその出典となる文献は決して多くはない。

本来日本各地にはそれぞれの形で何らかの信仰や伝承があったと思われる。また、後世までヤマト王権などの日本の中央権力の支配を受けなかったアイヌや琉球には、それぞれ独自色の強い神話が存在する。

中世に入ると、いわゆる中世神話が発達した。中世神話の中では本地垂迹説に基づいて記紀の神々が仏教の尊格と同一視されたり、あるいは対等に渡り合っている。記紀には見られない神格やアイテムが登場したり、地方神話、民間伝承や芸能から取り込まれた要素が神話の中に混ざりこんでいることもある。記紀神話とは異なり最後まで正統的な文献が存在しなかったため、豊富なバリエーションが多く残されている。中世神話は、現在では主に国文学方面で研究が行なわれており、神話学などではあまり扱われていない。

近世になると、伊勢国出身の本居宣長が、古事記に対して本格的解明を目指し名著『古事記伝』を書き上げ、『日本書紀』優位の神話が一変して、『古事記』優位の神話が主体となり、現在にいたっている。

また、少数派ではあるものの、キリシタンや幕末の新興宗教の教説にも日本独自の神話がみられる。

なお、「高天原神話」に登場する主な神々はヤマト王権ひいては現在の天皇家の祖先に当たると記述されている。これは、ヤマト王権の拡大に伴い、各地方土着の神に対する崇敬を天皇に対するものに転化させ、初穂献上としての租税の徴収を容易にするためと推察されているが、そのため、時代により当時の権力者に都合の良い解釈が為されたり改変が加えられたりした経緯がある。

記紀神話の大筋は、まず、イザナギ·イザナミという男女二神の結婚による「国生み」、すなわち日本の国土の生成に始まり、最後に火の神を生んだために死んだイザナミを黄泉国まで訪ねて行ったイザナギがそこから逃げ帰り、みそぎをした際に、天照大神・月読命・素戔命の三神が生まれる。天照大神が天上である高天原の支配者と定められ、やがてその孫に当たるニニギの命が、天上から日向（宮崎県）の高千穂の峰に降下（天孫降臨）して、その子孫が日本の君主である天皇となる、というものである。この物語の構成が、天皇の地位の由来を、神々の世界に結びつけることにより、いわば神聖化しようとする意図に基づいていることは明らかであるが、しかしまた、そのすべてが作り事であるとも言いきれない。或いは作り事であるにしても、何らかの素材はあったであろう。

第四節　日本人の自然観

日本人にとって古来、自然はあくまで恵みを与えるもの、親しむものであり、決して人間と対立する厳しくむごいものではなかった。これは日本が温帯の湿潤な地域にあって自然環境が温和なものであったのに加えて、縄文時代以来の採集・漁労社会、それに次ぐ稲作を中心とした農耕社会にとって、自然は生育をもたらし、実りをもたらすものであったことによる。また定着的な農耕社会である日本では、父祖代々がその自然と共に生き、やがて自然に帰っていき、自分自身もまたその道をたどる。それゆえ自然と自分を一体化し、自然の心をわが心として生きる感情が、日本人の哲学・思想・宗教などすべての精神活動の根本に流れている。

西洋絵画では 17 世紀にはじめて独立した主題となった風景画も日本では山水画と呼ばれて鎌倉時代以来、常に主要なテーマであった。文学においても自然はいつも重要なテーマであり、特に和歌や俳句が花鳥風月を詠い、俳句に季語を読み込むのもその小世界に自然を取り入れようとする姿勢の表れである。

日本人の自然観は仏教の無常観によって増幅されたものだが、特に禅宗の思想と結びついてからは幽玄·わび·さびの世界を生み出し、茶道や庭園·華道などにおいて人工の極致として、ありのままの飾らない自然を再現するようになった。このような考え方は芸術ばかりでなく、武道でも行われ、後にスポーツ化した剣道·柔道·空手などでもその技量の奥義は自然体、つまり自然と一体となって、あるがままの力を発揮することであるとしている。

第五節　日本人の勤労意識

一　よく働く日本人

日本人は非常によく働くという評価は、日本の経済発展と共に今では国際的にも定着している。ただ、そうした評価の裏に日本に対する羨望と嫉妬が潜んでいることは、例えば日本の経済活動に対して「エコノミック·アニマル」と称していることでも分かる。しかし日本人からすると、欧米の評価にはどこか認識の誤りがあるようだ。

日本人にとって働くということは、必ずしも利益を求めることが第一義的な目的ではなく、働くという行為そのものに価値を見出しているという説がある。評論家の山本七平氏によれば、日本人の勤労というのはすなわち仏教でいう成仏するための修業であり、経済的利益は宗教的に動機付けられた、つまり私欲のない勤労の結果とされる。このような結果としての利潤は是認されると考えているというのである。現在の企業活動においても、この勤労に対する精神は生き続けており、それは日本人が非常によく働くことの解答でもある。従って、経済報酬は勤労(時間)に対する対価でもあるという欧米的な勤労意識とはその精神においてだいぶ異なることになる。この違いが、一方では契約社会に基づく企業経営を創出し、一方では独特のいわゆる日本的経営を生み出したという。

二　変わりつつある勤労観

しかし、最近は仕事に対する考え方もだいぶ変化している。基本的に勤労に対する価値を依然認めているものの、意欲の点になると、かなり減少してきている。その背景として一つに勤労の目的の喪失がある。低成長時代になり、いくら働いても収入は増えない。高齢化により、ポスト不足で出世も期待できない状況で、具体的な目標が立てにくい。

また一方、経済的に一応豊かになると共に、価値観の多様化が進み、特に若い世代に働くこと以外の価値を認める傾向が強くなりつつある。そして、OA(office automation)化やロボット化が進むにつれ、熟練技術が単純労働にとって代わられたり、労働時間の短縮、余暇の増大などにより、従来の勤労そのものの条件も変わってくる。このことは次第に労働観の変化をもたらすだろうし、それにつれて勤労意識というものも変わると思われる。少なくとも、今までのような企業中心的な勤労意欲というのは確実に減退していくであろう。

第六節　日本人の娯楽観

一　働き蜂の暇つぶし

「ウサギ小屋に住む働き蜂」と西欧人に評されたように、日本人は元来、仕事第一で、遊ぶという観念に乏しい国民だった。いい仕事をすることこそが人生の生きがいであり、従って仕事以外の自由な時間ももっぱら仕事の疲れをいやし、ストレスを解消するために使われた。例を挙げれば、テレビを見てごろ寝をするとか、盛り場で一杯飲むとか、同僚とマージャンをするなどである。中でも日本独特の大衆娯楽パチンコは、いつでも一人で遊べて、運がよければ景品稼ぎもできる点が受けて、最も人気のある暇つぶし法だった。スポーツではゴルフがあるが、これもあくまで仕事絡みであった。

二 娯楽観の変化

しかしこうした娯楽観が支配的だったのは高度経済成長時代の1965年代までで、最近の日本人のレジャーに対する考え方はだいぶ変わってきている。余暇を仕事の余り時間とするのではなく、もっと積極的な意味で考えるようになった。

その一つが、低成長時代に入った1975年代前半に典型的だった生活向上型、或いは自己投資型とでも呼ぶ余暇利用法である。余暇をただ漠然と過ごすのではなく、生活の資源として有効に使おうというもので、日曜大工のようなDIY(do-it-yourself)活動や自分の教養を高めるための読書や学習、スポーツでも健康作りのためのジョギング、水泳などが盛んに行われるようになった。そして安定成長時代に入った昭和年代後半からは若い世代を中心に、余暇そのものにより高度な楽しみを求める傾向が強くなってきている。高級レストランで豪華な食事を楽しんだり、国内旅行を節約しても海外旅行に出かける。テニス、ゴルフも道具に凝って、時には仲間と海外へ繰り出す——というような具合に、これといった楽しみには投資を惜しまないというのが、最も新しい日本人のレジャーに対する考え方であり、レジャーは今や、所得や自由時間のゆとりの現われとなっている。

なお、こうした娯楽観の変化とは関係がないが、ここ数年、老若問わず圧倒的人気があるのが、音楽だけ入ったカセットテープに合わせて歌うカラオケである。もともとは盛り場のバー、スナックだけにあったカラオケセットが今では家庭にまで普及し、歌う順番をめぐって争いが起きたり、騒音公害が問題になるほどはやっている。

第七節　日本人の美意識

日本人の美意識の底には常に自然との一体感と、仏教の諸行無常の考え方が流れている。しかし、時代の雰囲気によって表現される美意識は異なる。

一　「もののあわれ」

日本人が中国文化の影響を消化し、独自の文化精神を作り上げたのは平安時代とされているが、この時代に支配的だった美意識が「もののあわれ」である。あらゆる物事の中に、はかなさを見て、心に感動を生じる様子を言い、『源氏物語』をはじめとする文学の世界にもそれは色濃く反映されていた。

二　「わび」と「さび」

戦国の世が終わり、心の落ち着きを取り戻した時代に力を得た町人が持った美意識である。「わび」は茶道の中で生まれた美意識で、おごらず質素な中に豊かさと静かな心を秘めたものである。千利休をはじめとする茶道の宗匠たちは一輪の野の花や日常雑器の中に美を見出した。「さび」は松尾芭蕉を中心とした俳句の世界で言われた美意識で、静かな孤高の心境を言う。「わび」も「さび」も禅の悟りの境地をバックボーンに持っている。

三　「いき」

江戸時代に町人が作り上げた美意識で、気がきいてセンスのよいことを言う。「いき」には「張り・あだ・あか抜け」の３条件があるとされ、張りとは自分の考えを貫く心、あだは下品にならないコケトリー、あか抜けは人生の表裏に通じた軽妙さと言える。

四　幕の内弁当の美意識

こうした伝統的な美意識を近代文明と調和させ、現代に花咲かせたものを「幕の内弁当の美意識」と言ったのが栄久庵憲司である。幕の内弁当にはご飯と煮物･焼き物･漬物など様々なおかずが少しずつ彩りよく入っている。一つ一つの素材はごくありふれたものであるが、これらが全体としては調和のとれた美として、狭い弁当箱の中にぎっちり納まっている。「わび」「さび」そして「いき」の精神に立ち、見た目の美しさ、味という機能でも優れている。この幕の内弁当の美意識は世界の市場で、人気のあるコンパクトにパッケージされ、デザインも優れた家庭電気製品･オートバイ･自動車などの製品に生かされ、さらには日本が世界をリードしている大規模集積回路の極微小の世界の根底にも存在していると言ってよい。

第八節　日本人の死生観

一　武士道

1．武士道の起源

武士道は封建時代に「武士が守るべきものとして要求され、あるいは教育を受ける道徳的徳目の作法である」。その起源は「仏教」「神道」「儒教」が根底にある。つまり武士道とは多神教国家である日本であるからこそ、成立しえた思想ではないだろうか。

武士道は、日本の封建社会の武士階級いわゆる侍者から生まれた。当時の支配階級は、政権を強固にするため摂関家や院を守る武士達を雇い、彼等に中国の仏教や儒家文化からその一部を引用したいわゆる「忠、義、仁、礼」の思想を植え付け、極めて忠誠心の強い性格を作り上げげた。また、日本神道の影響も加味され次第に主人に対する絶対的忠誠、自分に対する絶対的自己犠牲という異質な精神構造が出来上がった。この精神構造は長い間歴史の中で絶えず称揚され補強され、日本民族全体の精神と性格が形作られるに至った。今日でも私達は日本人の仕事や生活のあらゆる場面で、その精神の一端を見ることが出来る。

日本は島国で歴史と文化はそんなに長くはない。日本文化といわれるものも実際は、外来文化の変種といったものだ。日本は外国文化と科学技術を吸収することには優れたところがある。しかし日本民族は、自分の文化が他国からの文化に基づいているというのを恥ずかしくて認めようとしない性格でもある。謙虚な気持で学んでいないから、他国文化が日本へ伝わるとすっかり変ったものになり、それを日本人が更に自分で加工してしまうので、日本文化と言われるものに、ちょっと違和感を感じてしまうのだ。これが私達が日本文化を見て奇妙に感ずる原因だ。

日本はよくこの大和文化を、東洋文明の中で一番緻密で優れていると自慢している。自分ばかりよいと思っていても、他国の人がそれをどう受け止めているかわかっていない。日本は明らかに小国であるのに、何かというと「大和民族」「大日本」などと言う。だから世界の人に傲慢な感じを与えている。このおかしなうぬぼれ意識は日本文化の発展と共にあった。

武士道にも同様なことがある。武士道は中国の儒家と仏教の影響を受けている。武士道が守るべき道義、信念のその大半は儒家と仏教の思想からのものだ。武士道は中国の儒家と仏教思想を引き入れ、国家神道の教えも受けながら、一種異様な精神構造に転化し、不誠実、頑固、傲岸不遜、残忍非道、自己陶酔といった日本精神が作られた。

日本人は武士道を純粋な大和民族の精神的産物と思い、大和民族だけが武士道精神をこのように緻密で繊細で豊かで調和がとれたものとした。たとえ相手を殺したり、自分が死ぬことがあったとしても武士道には「名誉」とか「大義」とかあるといって自己陶酔し、自慢気に語っている。これら武士の行動は、本来の儒家や仏教から見れば間違いなく堕落した連中である。

2. 武士道の柱

武士道の柱となっているものは、「義」、「勇」、「仁」、「礼」、「誠」、「名誉」である。そして、その最も大きな支柱となっているものを私は、「名誉」のなかにある「廉恥」、つまり、恥を知るということである。恥への恐怖は、上に上げた武士道のなかに常に存在したのである。

「義」は、「道理。条理。物事の理にかなったこと。人間の行うべきすじみち。」ということを意味する。それは「義理」として、教えを守らせるために働いた。仏教の六方、親子の道、師弟の道、夫婦の道、友人の道、主従の道、教えを信じるものとしての道、これらを守らせるためには、何らかの権威が必要であった。親孝行をなぜしなければならないか、に対して、それは人間の行うべき筋道なのだから、ということで慣習づけられ、納得させられたのであった。しかし「義理」が現れてから、それはしばしば詭弁に陥った。例えば、なぜ母親は長子を救うために、必要とあらば他のすべての子供を犠牲にしなければならないか。

「勇」は、武士の職業柄なくてはならぬものであった。そこには、「大義の勇」と「匹夫の勇」との区別があった。それは、人が恐れるべきことと、恐れるべきでないことの区別がなければならない、ということである。武士はどんな事態にあっても平静さを装うことで勇気を示し、戦場の昂揚の中でも冷静で、破滅的な事態のさなかでも心の平静さを保っていた。例えば、迫り来る危難を前にして詩歌を作ったり、死に直面して詩を吟ずる人こそ立派な人として尊敬した。文づかいや声音に何の乱れもみせないこのような心の広さは、その人の大きさの何よりの証拠であった。

「仁」は、相手を慈しみ、思いやる心である。「武士の情け」という言葉がある。武士は、自分より弱いもの、劣るものに対しては、「仁」をもって接した。たとえ敗者に対しても、相手の立場に立って判断し、相手の名誉を傷つけないようにした。

「礼」は、社会の秩序を保つための生活規範の総称であり、儀式・礼法・制度・文物などを含んでいる。「礼」は、相手を思いやるという気持ちを態度で表すものであり、それは作法となったのであった。そして、他のあらゆるものに適用され、礼儀作法が出来ているかどうかで人物の評価にもなった。

「誠」は、「偽り飾らぬ情。人に対して親切にして欺かぬこと」である。「武士に二言はない」という言葉がある。武士は神や祖先の霊に対して、しばしば誓いを立てた。そして、誓いを立てたならば、それに背くことは死をもって償わなければならないほど己の名誉を傷つけるものであった。

「名誉」は、「武士階級の義務と特権を重んずるように、幼少のころから教え込まれる侍の特色をなすもの」であった。そのうらには、「廉恥心」という感性がある。「人に笑われるぞ」「体面を汚すなよ」「恥ずかしくはないのか」などという言葉は、過ちを犯した少年の振舞いを正す最後の切り札であった。そのため、いままであげた武士道の柱をなしているものには、すべて、「恥」の意識が働いているのである。「名誉」すなわち「廉恥心」は、武士道の基盤をなしているのである。

3. 武士道の崩壊

武士道が崩壊したのは、第二時世界大戦で日本が敗れ、天皇が自ら人間であることを示したときからであろう。それから、日本は民主主義へと向かい、武士道は徐々に姿を消していったのである。武士道には、多分に「禁欲的な」自己規制の徳がみられた。それまで日本は、長い間鎖国していたために経済の発達が遅れ、国民は貧しく、戦争や災害、伝染病の危険にさらされていた。そのため、日本人は子供のころから厳しく育てられ、弱さを見せるのは恥ずかしいこととしつけられたのである。

4．武士道の象徴

武士道精神を最も表すものとして三つのものがある。桜、刀、切腹。新渡戸稲造は言う。「武士道を象徴するものはサクラである」我国固有の産物である。また、「武士の魂——刀」について、「刀は武士道の象徴で、その力と武勇を表している」。桜と刀、一方は美しさと気品があり優雅であるが、もう一方は、氷の如き刀身、殺気がただよう！しかし武士の目から見るとこの二つは非常に調和が取れている。特に「これらが日本固有の産物」であることが日本人にとっては大事なのだ。本当の「日本固有の産物」は少ないからだ。

桜は日本の国花であり、武士道の象徴であった。桜の花の清澄爽快な感覚と命を輝かせたまま散って行く潔さは、見る人に感動を与えるが、これこそ武士道の神髄として讃えられたのであろう。

武士道精神の日本人は、刀で人を殺したり、腹を切ったりする一方、酒を飲んだり歌を詠み花を愛で女を愛していた。武士道はこういった変態行為を崇高な精神の境地と見ている。

切腹は武士道精神の独特な表現である。切腹を日本人は名誉とし、幅広く称賛を得ている。武士道精神で薫陶を受けた日本人は表面的には礼儀正しく謙虚に見えるが、その内心は狂気じみ傲慢で、行動は極めて残忍であり下品この上ない。

武士道の象徴は日本人の思考から解釈すると、桜は美しさと団結、刀は勇気と力、切腹は克己と名誉となる。しかし事実上、桜は美しさと団結以外に、もろさと短さを象徴しているし、刀は勇気と力のほかに、血なまぐささと残忍さを表している。そして切腹は、全世界の人の目から野蛮と愚かさとしか見えない。

5．切腹

切腹は、みずからの腹部を短刀で切り裂いて死ぬ自殺の一方法で、主に武士が行った、日本独特の習俗である。近世からは、自死のほかに、処刑の方法としても採用された。

切腹は、平安時代末期の武士である源為朝が最初に行ったとされている。一般的に、鎌倉時代に武士の習慣と武士道が広まるに従って定着し、中世から近世を通じて行われたと思われている。ただし、平家一門が壇ノ浦の戦いで入水自殺したように、武士の自決が全て切腹であったわけではない。

近世以前の事例を見ると、一部の例外を除いて、切腹は敵に捕縛され、斬首されることを避けるための自決に限られている。戦に敗れたから即自決と言うわけではなく、地下に潜伏し、再起を図ろうとする武士も大勢いた。また、壮絶な切腹は畏敬の念を持たれることもあるが、切腹自体は自決のひとつに過ぎず、特に名誉と見られることもなかった。武士の処刑も全て斬首刑で、身分ある武士と言えども敵に捕縛されれば斬首刑か、監禁後の謀殺であった。

しかし、豊臣秀吉が天下を統一するころから徐々に切腹に対する意識が変わったと思われ、豊臣秀次、千利休らは刑罰として切腹を命じられた。それに対し、関ヶ原の戦い、大坂の役での敗軍武将への処刑は全て斬首刑であるが、古田織部、細川興秋など、豊臣方与力と看做された者は切腹させられている。その後も、改易された大名が切腹させられた例は浅野内匠頭など極めて例外的であることは注目に値する。

明治に入り制度としての切腹はなくなったが、切腹を武人らしい名誉ある自決とする思想は残った。このため、軍人や右翼も自決方法として、しばしば切腹が用いられる。

明治以降に切腹を行った有名人としては、明治天皇に殉じた乃木希典陸軍大将、特攻の父こと大西瀧治郎海軍中将、鈴木貫太郎内閣の陸軍大臣であった阿南惟幾陸軍大将、1945年8月25日に、東京都内の旧・代々木練兵場(現・代々木公園)で、「大東塾十四士」が古式に則り集団割腹自殺をした事件や、1970年11

月 25 日に、作家の三島由紀夫が、陸上自衛隊市ヶ谷駐屯地内で、演説を行ったのち割腹自殺した事件(三島事件) などがある。なお、日本以外では、ドイツの地政学者カール・ハウスホーファーが、切腹自殺を遂げている。

二 心中

心中は、相愛の二人が一緒に自殺することである。転じて 2 人以上で一緒に自殺することにも用いる。正確に意訳できる英単語はなく、日本独自の死生観と言われる。

心中とは他人に対して義理立てをする意味で用いられていたが、江戸時代には、刺青や切指等の行為と同様に男女の相愛を意味するようになる。情死を賛美する風潮も現れ、遊郭で遊女と心中する等の心中事件が増加して社会問題となる。

幕府は心中は漢字の「忠」に通じるとしてこの言葉の使用を禁止し、相対死と呼んだ。心中した者を不義密通の罪人扱いとし、死んだ場合は「遺骸取捨」として葬式、埋葬を禁止し、一方が死に、一方が死ななかった場合は生き残ったほうを死罪とし、また両者とも死ねなかった場合は非人身分に落とした。

情死を主題とする物語を「心中物」という。近松門左衛門の『曽根崎心中』、浮世草子『心中大鑑』等が知られる。

心中の種類として情死、一家心中、無理心中、ネット心中などが挙げられる。

三 自殺

1. 自殺率

自殺率(人口 10 万人あたりの自殺者数)では日本が先進国 G7 諸国中で 1 位、OECD 加盟国では 2 位(1 位はハンガリー)となっている。

国別の自殺率上位 10 か国中、日本以外はすべて東欧・旧ソ連の旧社会主義国であり、旧西側諸国の間では日本が 1 位である。日本以外はすべて旧東側諸国である。

2. 日本における最近の情報

(1)急増した自殺者

1998年から自殺者数が3万人以上に増加した(一年)。それまで約2〜2.5万人程度であった年間の自殺者数は、1998年を境に急増して3万人を超え、それ以降3万人超となっている。自殺者の70%以上が男性であり、1998年以降、自殺者数が急増した要因も男性、特に中高年男性の自殺増加によるものであった。2003年には、年間自殺者数が3万4千人に達し、統計のある1897年以降で最大となった。自殺率も27.0と過去最大となった。

自殺者数の動向については、過去にも1958年と1983年に一時的に増加する動きがあったが、1998年以降の自殺者数の増加については、過去のものとは動向が違い、経済・社会的な要因が影響している可能性があることが指摘されている。

自殺者が多い曜日は月曜日である。これはブルーマンデー症候群の影響があると見られる。逆に少ない曜日は土曜日で、男女ともに同じ傾向である。また月別では5月が一番多い。

(2)自殺の原因

若年層の学生については、イメージとしては入学試験や単位認定といった学業、就職活動や資格取得などの進路や、ちょうどこの時期に思春期を迎えるために失恋などが一般的に言われる。実際には、文部科学省の「生徒指導上の諸問題の現状について」によれば、2004年度については一番の原因は「厭世」で、以下「父母等の叱責」「精神障害」「進路問題」「学業問題」「恋愛」の順となっている。

中高年男性については、疾病等健康問題、経済的困難が多い。リストラ、無理な住宅ローン返済などが影響しているとの見方が強く、不況になるとリストラが増えることから指標として取り上げられることがある。他には、いわゆるサラ金からの過酷な債権回収が遠因とされるものも数多くあると考えられている。

(3)地域差

地域的には、秋田県の自殺率が 1990 年代半ばから毎年全国ワースト・ワンを記録し、注目を集めた。21 世紀に入って秋田県では自殺予防のための様々な取組みが行われ、2003 年の自殺者数は 3 年前に比べて 27%減少したとされるが、依然ワースト・ワンの地位を保っている（といってもリトアニアやロシア、ウズベキスタン程ではないが)。

秋田県のほか、同じ東北北部の青森県・岩手県や、日本海側の新潟県、富山県、島根県などで自殺率が高く、これらの地域に共通の県民性が背景にあると考えられる。これらの地域の県民性は一般的に「生真面目で我慢(辛抱)強い」とされるが、これが裏目に出て、事業の失敗や対人トラブルなどを深刻に捉えやすく、なおかつ悩み事を家族や友人に打ち明けずに一人で抱え込み、そのうえに地方特有の連帯感や閉鎖的な社会、人間関係、コミュニケーションの希薄さなどが重なり合い、その結果うつ病になりやすいのではないかと考えられる。

特に日本海側では曇天と降雪が続く冬に自殺が多発するとも言われる。こうした気候は上記の県民性を形成する要因となったと考えられるが、一方でその気候が人間心理に否定的な影響(季節性感情障害または冬期性うつ病)を与え、これらの症状が稀にではあっても強く出る人、悩みを抱える人を死へ走らせる要因になっているとも考えられる。

第九節　日本人の名字

一　日本人の名字の種類とルーツ

日本には十数万もの種類の名字があるが、大きくわけて、古来からの姓をそのまま使用しているものと、平安以降に生まれた名字を名乗っているものにわけるとができる。

1. 姓をそのまま名乗っているもの

日本には数多くの名字が存在しているが、これらが古代からすべてあったわけではない。その大部分は、平安後期から室町地代にかけて爆発的に増えた「名字」で、それ以前は韓国や中国同様、「姓」の種類は限られたものだった。明治以降、多くの家は「名字」を戸籍として登録したが、「姓」を登録した家も少なからずある。

こうした姓には大きく次のような種類がある。

(1)賜姓皇族——天皇家には名字がない。従って、天皇家から分家して一家を興す際には、天皇から新しい名字を賜って独立した。これを賜姓皇族という。「源」「平」「橘」などが有名であるが、他にも「清原」「在原」など、いくつかある。

江戸時代以前は、家を継がない皇族は分家せずに僧籍に入るのが一般的であった。しかし、明治以降は宮家の分家は新しく家を興すことになった。こうして戦前に新たに12家が新名字で創立された。さらに、戦後にはGHQの指令で、今度は11家の宮家そのものが皇族をはなれ、新しい名字をつくっている。この時できた名字が最後の賜姓皇族で、「久邇」「東久邇」「北白川」などがある。

(2)古代豪族——古代においては天皇(大王)家も有力豪族の中で最大の勢力を誇る一族にすぎず、他にも有力な氏族は多数存在していた。日本を統一した大王家は、こうした豪族達に姓を与えることで、その地位や役職を明らかにしたのである。豪族の多くは、系図も書き換えて、天皇家とつながるようにしている。「蘇我」「物部」「大伴」などの大和地方の有力一族の他に、岡山県の「吉備」や、群馬県の「毛野」など、地方にも多くの豪族がいた。また、藤原氏も古代豪族中臣氏の末裔である。

(3)渡来人——4世紀以降、日本よりも文明の進んでいた中国や朝鮮半島から、政権争いに敗れた一族など、多くの氏族が移り住んできた。彼らは進んだ技術を持っていたため、中には大和朝廷で重要なポストを占める一族も現れている。当時の大和朝廷は開かれた国家で、出自が外国であることによる差別はなかったようである。例えば、漢の弓月君の子孫と称する秦氏は、今の京都市太秦に住み、全国に広がっている。土佐の戦国大名・長宗我部氏も秦氏の末裔である。また、江戸時代の一関藩主の田村家や、室町時代の大名大内家なども、系図上では渡来人の末裔ということになっている。

なお、かつては「帰化人」という名称を使っていたが、戸籍のない時代に「帰化」という言葉はそぐわないため、現在では「渡来人」という呼び方が一般的である。

(4)神官——古代においては、神社は大きな役割をしめていた。全国の有力神社には、それぞれその神事を司る一族があり、独自の発展をしていた。宇佐神宮(大分県)の宇佐氏、阿蘇神社(熊本県)の阿蘇氏、出雲大社(島根県)の出雲氏などがそうで、彼らの中には、鎌倉時代以降は武士化したものもある。長野県の諏訪氏はこうした神官から出て、戦国大名となり、江戸時代には高島藩の藩主となっている。また、詩人・千家尊麿は出雲氏の末裔である。

2. 名字をなのっているもの

現在、多くの人は、「姓」ではなく、「名字」を使用している。この名字には多く分けて、以下のような種類がある。

(1)地名に由来する名字

日本人の名字で、最も種類が多いのが地名を起源とするものである。これにはいくつかのパターンがあるが、最も多いのは、都から地方に降った人が、住み着いた地名を名字にしたのものである。さらに、分家した次男や三男も新しい土地に移り住むと、そこの地名を名字としたため、有力な一族ほど、本家の周囲の地名を名字とした分家が多くある。武田家や佐竹家といった鎌倉時代からの名家の系図をみると、本家近くの地名を名乗った人がたくさん出てくる。また、都からの移住者でなくても、ある土地の支配者は、自らがその土地の領主であることを明確に示すために、地名を名字として名乗った。

地名に由来する名字は、特定の地名を発祥地としているため、比較的そのルーツを探りやすいのであるが、同じ地名が他にもある、という点に注意が必要である。例えば、「石川」という地名は各地にあるので、いろいろなところから「石川」という名字が生まれている。

また、基本的に、地名を名字にできるのはその土地の有力者のみであることが多く、ルーツとなる地名のところに行っても、その名字が極端に多いというわけではない。

地名由来の名字にはもう一つの顔がある。それは、ある土地の出身者が別の土地に行って成功した場合、出身地の地名を名字とすることがよくあった。よその土地とは言っても、江戸時代以前にそんなに遠くに行くことはなく、多くはルーツとなった土地から少し離れている、という程度のことが多いようである。そのため、地名由来の名字の場合は、発祥地となる地名から少しだけ離れた所にその名字が固まっていることがよくある。

(2)地形や風景に由来する名字

地名由来についで多いのが、地形や土地の様子、自然の風景などを名字にしたものである。ある土地に住んでいる人が、皆地名を名字とすると、集落中すべて同じ名字になってしまう。これでは、他家と自家を区別するため、という名字の本来の意味が失われてしまう。そこで、自分の家の場所の特徴を名字とした。

日本は山と川が多く、平地は可能な限り開墾して田畑にしたため、「山」「川」「田」などのつく名字は、数が非常に多くなっている。この他では、「池」「林」「森」「原」「浜」なども地形由来の名字でよく使われる漢字である。こうした名字は、同じような地形があればどこでも同じ名字が発生するわけで、ルーツを探るのは困難である。また、地名のルーツも多くは地形であるから、地名由来の名字と地形由来の名字はかなり重なっている。

(3)方位や位置関係に由来する名字

文字通り「東西南北」などの方位を表わす名字である。基本的には地形由来の名字と同じで、同じ土地の中での家の位置関係を示したものである。

「東西南北」の他にも、「前後奥」「上中下」「右左」などもこの中に含まれる。また複合した名字として「西の方の村」で「西村」や、南東を意味する「巽」などもあり、種類はそれほど多くないが、名乗っている人は非常に多いのが特徴である。これらも通常は発祥地の特定は難しい。

沖縄では、新しい分家ができた際、本家との位置関係で、「前」「後」「西」「東」などを名字の頭につけた。そのため、沖縄では、こういった漢字で始まる名字がたくさんある。

(4)職業に由来する名字

現代と違って、江戸時代以前は職業は基本的には世襲であった。そのため、自分の職業を名字としたものが多数ある。

古代では、犬や鳥を飼っていた「犬養」「鳥飼」、朝廷の大蔵を管理した「大蔵」、荘園の管理をした「荘司」など、公的な職業を名字としたものが主流であった。室町時代以降、貨幣経済が発展してからは、自らの商売を名字としたものが登場した。「○屋」とつく名字がそうで、これには、扱っている商品をつけたもの(鍋屋とか)と、自分の出身地をつけたもの(越後屋とか)がある。

明治時代になって名字を届ける際、そのまま「～屋」で届けた家もあるが、「屋」を「谷」に変えたり(加賀谷など)、「屋」を完全に取ったりしたことも結構多く、これらは一見職業姓とは気づかないこともある。商人の町として栄えた、富山県射水市の旧新湊地区では、ほとんどの家が「屋」をとって名字とした。そのため、この地区には「花」「米」など、ものの名前がそのまま名字となったものがたくさんある。また、秋田市や大阪府の岸和田市などでは「屋」を「谷」に変えて登録した。このため、この地方の電話帳をみると、いろいろな種類の「〜谷」さんが大量に並んでいる。

(5)藤のつく名字

日本で最も多い名字である佐藤をはじめ、安藤・伊藤・江藤・加藤・工藤・後藤・近藤・斎藤など、下に「藤」のつく名字がいくつかある。いずれも大変ポピュラーなものであるが、その大部分が、藤原氏から生まれたものである。

平安時代は藤原氏が朝廷を完全に支配していた。そのため、公家をはじめ、下級官僚なども藤原氏ばかりで区別がつかなくなり、名字(家号)を使用して区別するようになった。しかし、名門「藤原」の名を消し去らないよう、「藤」の漢字を残して、地名や職業と組み合わせた。例えば、伊勢に所領のある藤原氏は、伊勢の「伊」と藤原の「藤」で「伊藤」、斎宮頭をつとめる藤原氏は「斎藤」という具合である。その後、中央でうだつのあがらない官僚は地方に行って住み着き、全国に「○藤」姓が広がっていったのである。

(6)僧侶の名字

江戸時代以前、僧籍に入ると俗世間を離れるために、公式に名字を捨てた。現在では武士以外も名字があったというのは定説であるが、僧侶は正式に名字のない人達であった。しかし、明治維新後は、彼らも名字を持つことが義務づけられた。僧侶は武士や庄屋階級の出身者が多く、本来の名字もあったのだろうが、あえて仏教用語や経典にある言葉を名字として採用していることが多いようである。そのため、僧侶の名字には、仏教関係の難しい漢字や読み方のものが多くみられる。

プロ野球・広島カープで活躍する梵(そよぎ)選手の名字もこうした名字の一つである。

(7)主君から賜った名字など、独特の由来を持つものこれ以外にも、独特の由来を持つ名字がある。

戦で功績をあげた時などに、主君から褒美として名字を賜ることがあった。例えば、織田信長が美濃の伊木山城を攻めた際、功をあげた２人の家臣に伊木という名字を与えている。１家はのちに岡山藩の家老となっている。

江戸時代になると、借金を引き受けてくれた町人に名字を与える、ということもあった。江戸時代の譜代大名の大河内家や滝脇家のように、将軍家から松平の名字をもらったため、やむを得ず「松平」と名乗っていたが、幕府の崩壊とともに本来の名字に戻したというケースなどもある。

この他にも、徳川家康に粥を振るまったことからもらったという静岡県の「小粥」家や、源義経から授かったという岩手県の「風呂」家など、各地にある。また、戦で負けた際、二十里逃げたところで無事敵から逃れることができたため、そのまま住み着いて「二十里」を名字にしたなど、名字には色々な由来がある。

こうした名字の場合、由来はその家だけに代々伝わるものなので、どこかで伝達がもれてしまえば、由来は誰にも解らなくなってしまう。

現在の日本人の名字で多いものは「佐藤」「鈴木」「高橋」「田中」「渡辺」「伊藤」「山本」「中村」「小林」「加藤」などである。

名字には東西差がある。一般に東日本は種類が少なく、大部分の人が少数の名字で占められる。東北などには一集落すべて同じ名字というところもある。名字を与える時に、本家が佐藤だと、その遠い親戚も佐藤と名乗ったという事情もあるようだ。

これに対して西日本は多様で、様々の名字が見られる。都会の名字の多様性と似ている。名字は原則として男系を通じて伝わるから、男の地域的移動の大きさを示すという見方もある。西日本では人口移動が盛んだったのだろう。

二　珍しい名字の数々

珍しい名字の方は、自分の名字をいやがる方も多いようである。しかし、珍しい名字には必ずいわれがある。いわれがなければ、他の人と違う珍しい名字にはならないから。つまり、珍しい名字の人はそれだけ由緒正しい、とも言える。例えば、

小鳥遊　たかなし　（鷹がいないので小鳥がよく遊ぶ）
月見里　やまなし　（山がないので月がよく見える里）
丶　しるす　しるし　とどむ
栗花落　つゆ　ついり　つゆり

1. 数字を用いた珍しい名前

一二三四	ひふみかつじ	一	にのまえ
一二三四五六	ひふみしごろく	二	わかる
五五五	ごごもり	三	かずえ
七五三	しめ	九	いちじく
九十九	つくも	十	もげき
二千六百年	ふじむね	〇	まる
四月一日	わたぬき	〇	まどか
四月朔日	わたぬき	百万	ひゃくまん
八月一日	ほずみ	百百	とど

2. 漢字一文字の珍しい名前

雪	すすぎ	止	すすむ
雄	おんどり	个	すすむ
目	さっか	丨	すすむ
乙	きのと	集	あつまり
井	いい　わかし	榛	はしばみ
栄	はなぶさ	楪	ゆずりは

3. 読み方の難しい名前

薬袋	みない	日鼻	くさはな
大器	おおしな	百足	ももた
栗冠	さっか	朔晦	だちごもり
圭室	たまむろ	天勝	ちよし
街風	つむじ	穂木	はぜのき
陽木	はるき	魚梁	やな
苔沢	からむしざわ	鮑子	あびこ
螺沢	かいざわ	小生	おの
掛足	かけたり	平等	ひらとう
古来	ふるまい	北向	とき
行方	なめがた	生天目	なまため
王身代	おうしんだい	奈流芳	なるか
梅千野	ほやの	水火土	みかど
珍男子	うずひこ	十八女	わかいろ

第2章 生活·風習

第一節　衣

一般に、着物は特別な儀式やパーティーなどの際に着ることが多く、日常的にはほとんど洋服を着る。着物は日本の代表的な民族衣装である。着物の歴史を遡ると、縄文時代の貫頭衣にまで辿り着く。

現在一般的に「きもの」と呼ばれているものは、和服の中の「長着」にあたる。長着の仕立てには裏の付いた袷仕立てと裏の付いてない単仕立てに大別され、季節やTPOによって着分ける。

日本の民族衣装である着物であるが、洋服の一般化によって着用する機会が減少していた。しかし最近ではアンティーク着物や和柄の流行により、若い世代にも人気である。これからの新たなきもの文化に昔ながらの伝統的な作法を織り交ぜ、今後も日本の美しいきもの文化は発展していく事だろう。

着物の種類は「織り」と「染め」の2種類に分けられる。織りの着物とは初めに糸を染めておき、後から織り上げた着物のことをいう。染めの着物とは、白い生地を織り上げ、後から布地に模様を手描きしたり、色で染めたりする着物のことをいう。絣や紬などは織りの着物に分類され、振袖や訪問着などは染めの着物に分けられる。織りの着物は、表と裏地が同じ繊維なので、表の色が薄れてきても、裏返しにするとまた新しい着物のように着ることができる。染めの着物の場合も、再び染め直すことで、また新しい着物として生まれ変わる。古くなってもすぐには捨てず、また新しく生まれ変わらせる。着物からは日本人の物を大切にする心が伝わってくる。

一　着物の歴史

1. 古墳時代

古墳時代の着物

古墳時代、男性の正装(左)は衣褌と言われるもので、女性の正装(右)は、衣裳と言われるものであった。

これらは、中国北方の騎馬民族の服で、盤領というつめえりに筒袖で左前、男性はズボン状の褌、女性はスカート状の裳をはいていた。この時代は、着物というより、現代の洋服にとても近い形の衣を着ている。しかし、湿度の高い日本の気候には合わず、徐々に体から離れた形になっていく。

2. 飛鳥・奈良時代

飛鳥・奈良時代、男性の正装は袍袴と言われるもので、女性の正装は、衣裙と言われるものであった。

飛鳥奈良時代の着物

漢字は、褌から袴へ、裳から裙へ変わったが、男性はズボン状、女性はスカート状という形は、大きくは変わっていない。古墳時代と比べると、少しずつ体から離れた形になってきている。

3．平安時代

平安時代、女性の正装は唐衣裳、いわゆる十二単と言われるものであった。絹と麻が中心で貴族社会は絹が中心で庶民は麻が主で，絹は許されなかった。この時代から日本の風土に適したように作られたきものになった。

平安時代の着物

平安時代の初期には、唐の影響を強く受けていたが、遣唐使の廃止により錦が輸入できなくなったことで、無地の衣を何枚も重ねるようになり、着物独特の美的感覚である「雅」が確立されていった。

男の人は束帯直衣狩衣という服装を身に付けていた。

4．鎌倉時代

この時代になると武家が力を持ち始め、公家の衣も簡易になっていく。質素でかつ、活動的な服装であった。

女の人は衣袴衣被姿や壷装束。これは、衣の裾を壷折りにして市女笠を被った姿であった。

鎌倉時代の着物

男の人は武士は直垂、狩衣、襟は垂領で左右の襟に開きを防ぐ胸紐がついており、袖には露といって、たもとの先の紐飾り、ほおは衣と共裂の長袴をはいていた。

5．室町時代

この時代が現在のきものの基礎となった。オランダやポルトガル人が多く日本を訪れたことにより、更紗、ビロード、繻子などをきるようになった。

女の人は小袖が表着となり、小袖袴や小袖湯巻を腰に巻いていた。

男の人は武士は直垂が武士の礼服であり、裾を長くした長袴となり、家紋の習慣がでた。

室町時代の着物

6．桃山時代

この時代で現在のきものが確立された。肥前の国（佐賀県）、名護屋に朝鮮から組み紐の技術が伝わって、唐糸で組んだ名護屋帯が出来た。

桃山時代の着物

それを腰に幾重にもまわして結び、主に遊女、湯女が使っていた。

女の人は小袖ときものと帯男の人は武士は直垂が武士の礼服であり、平服には裃を着ていた。

7．江戸時代

この時代は小袖で模様のない、地無し小袖が流行し、帯はだんだんと巾が広くなり、帯び結びも変化に富み、いろいろな帯の結び方が考えだされた。

武家の女の人はきちんと着ていたが、町方は襟元や衣紋をくつろげなまめかしく着ていた。

男の人は武士の礼服には裃になり、羽織を礼服に着るようになった。

江戸時代の着物

8．明治時代

明治時代に入ると、富国強兵を進めるための政策の一環として、礼装を洋服とする衣服令が出される。1871 年の「散髪・脱

国民服

刀令」に始まり、1872年には束帯・衣冠・直垂・狩衣・裃が廃止され、1873年には、御黛、御鉄漿が廃止される。

また庶民に対しては、「紋付」が礼装と定められた。この結果、仕事などで礼装を着る機会の多かった男性から順に、洋服化が進んでいった。

この頃の洋服というと鹿鳴館が有名であるが、庶民の中では着物が根強く残っていた。その結果、紋付の羽織袴に帽子をかぶって靴をはき、こうもり傘を持つ、というような服装が多く見られた。

また女学生は、着物でも動きやすいように袴をはくようになり、えび茶の袴に黒の編み上げ靴をはき、頭には大きなリボンをつけるという、服装が定着した。

9. 大正時代

大正時代になると、働くようになった女性や、外交官婦人などから洋服が広まっていった。

その他には、裾模様の訪問着や、更紗・エジプト文様なども流行した。

10. 昭和時代

第二次世界大戦が勃発すると国民服が制定され、女性はもんぺでないと非国民とされた。そのため、庶民の着物はほとんどなくなり、各地の織物などの生産も停止した。

また、戦時中には華美な訪問着が禁止されたため、その代用として附下が出来た。

戦後は、洋服化が急激に進み、着物はほとんど見られなくなる。生産が停止された各地の織物の一部は、1955～75年にかけて、

明治時代の着物

民族学者や地元の人達によって復刻されたが、現在では手に入らないものも多くある。

二　振袖

振袖とは袖の長い着物のことを言い、未婚女性が着用する最も格式高い着物である。袖は最も大きいものでおよそ3尺(114cm)、踝までも袖がある。華やかで若々しい柄のものが多く、成人式・結婚式(花嫁、出席)などの晴れの舞台に着用される。

振袖

振袖には手描友禅の技法で四季の草花や鳥獣、風景などが描かれている。さらに、金箔や刺繍を施したりと、品格を重んじた華美な柄付けになっている。

振袖が今のように未婚女性の着物となった事の1つに、江戸初期(約400年前)の踊り子の風俗が上げられる。これは、袖を振ると愛情を示す、袖に縋ると哀れみを請う、などといったもので、それを未婚の娘達が真似をして大流行したため、振袖は未婚女性の着物という習慣が出来上がったと言われる。また、袖を振るという仕草から、厄払い・清めの儀式に通じるとも考えられていた。結婚式や成人の日などに振袖を着用するのは、人生の門出に身を清めるという意味を持つようである。

このように昔から振袖は人との縁・魂を呼び寄せ、厄払い・お清めに通じると考えられていた。

振袖の特徴である大きく脇があいた袖は、元々大人に比べて体温が高く、動き回ることで熱気を発し易い16、7歳以下の男女・子供の体温を一定に保つために作られたものだった。当時はこれを「脇明け」と呼び、袖丈を短くすること(留袖)はなかったようである。このように、装飾的な意図を重視したものではなく、あくまでも実用面に重点がおかれていた。しかし時代の流れとともに実用面よりも装飾的な面を重視するようになり、振袖は女性が愛情表現をするために使用されるなどユニークな一面を持ち始めた。そして、江戸時代後期には振袖は子供や未婚の女性が着用するものとして定着した。

袖丈の長さにより大振袖·中振袖·小振袖の3種類に分けられる。

大振袖：紋を5つ付け(五ツ紋)で全面に柄をあしらった(絵羽模様)物が正式とされているが、現在では紋は省略されている事が多いようである。結婚式で花嫁が着用することが主だったが、近年では成人式にも大振袖が多く用いられるようになった。

中振袖：結婚式の出席や成人式などの正式な儀式の場に着用する。特に結婚式などは、黒っぽい服を着ている人が多いので、華やかさを足す意味でも好まれる。大振袖に次ぐ礼装で、袖丈の長さは2尺(76cm)前後である。昔は成人式などの儀式には中振袖が一般的だったが、現在は女性の身長が昔と比べ格段に伸びた事などから市販されている振袖のほとんどが大振袖だと言われる。

小振袖：パーティーなど、気軽に礼装を楽しみたい場合に着用する。あまり堅苦しくなく振袖を楽しめる。小振袖は一般に市販されておらず、袖丈の寸法を指定して仕立ててもらう。袖丈が短いので、可愛らしいイメージになる。観劇やお茶会など、気軽なお出かけ·パーティーに用いられる。

三　留袖

既婚女性の着用する中では、最も格式の高い着物で、振袖の袖を落としたものを留袖とよぶ。全体が黒のものを黒留袖、色で染めてあるものを色留袖と言い、身内の結婚式に出席する際などに着用する。黒留袖は既婚者のみの着用になるが、色留袖は未婚者でも着用できる。

留袖の特徴は左右の裾の部分（褄）にのみ模様を配していること、袖の振りが小さいことである。この2つが、振袖とは大きく異なる点である。未婚女性の場合は好きな相手がいると振袖を着て愛情表現をしたが、結婚するとその必要がなくなるので袖を留める。留袖をする、ということは娘が女性へ、女性が妻へと成長した事を表す面白い風習である。袖を落とす際に切るという言葉を使うと「縁を切る」という意味に繋がるため、「袖を留める」「留袖」と言う。

留袖

黒留袖には背中、前の左右、袖の左右の5つに家紋が入っている（五ツ紋）。この紋が5つ入った留袖は主に、身内の結婚式やお宮参りなどに着用される。着用する場面に応じて紋の数や着物と下襲（上衣の下に着る着物）の組み合わせ方が変化する。

江戸時代から、女性が 18 歳になった時や結婚した時には、女性がそれまで着ていた振袖の袖を切って短くしたと言われ、この風習が「留袖」と言われている。このように、留袖は単なる風習として、既婚女性が普段着用する着物のことを指した。しかし19世紀の初め頃から、黒染めに5つの紋を入れ、裾のみに模様を配した着物を既婚女性の式服（結婚式や謝恩会などの正式な場に着用する着物）とする習慣が民間に広まり、以来この着物を主に留袖と呼ぶようになり、留袖は普段着から最も格の高い着物へと変化した。

黒留袖と色留袖の着用法は以下のように分けられる。

黒留袖：黒留袖は格式が高いので結婚式や披露宴の時のみに着用する。結婚式でも仲人の奥さん・新郎新婦の親姉妹などの近親者に限られる。紋を5つ入れ、衿・裾が2枚に見える（比翼仕立て）ようにして着用する。

色留袖：色留袖は黒留袖ほど決まった形ではなく、未婚・既婚を問わず着用できる。着用の場によって紋の数や、比翼仕立てにするかしないかなどが変わる。色留袖は留袖よりは気楽といえども格式が高く、場に合わせて着る事が難しいという印象を受ける。しかし、現在は余り堅苦しくならずに、家族や近親者へのまっすぐなお祝いの気持ちさえあればどのような場でも色留袖を着用することが可能になりつつあるようである。

この他に、女性が留袖にするために切り落とした振袖の袖は、保存しておき、第1子が産まれた際に産着として着用させるという風習もあった。

四　色無地

色無地は白生地を黒以外の色で染めた模様の無い着物のことを言う。色無地は幅広い場面で着用できる着物で、普段着からお洒落着まで紋の付け方1つで大きく変化する。

色無地

色無地は無地であるにも関わらず、品格と華やかさを兼ね備えた便利な着物である。色無地が1枚あれば、子供の入卒式や七五三、茶席や友人・知人の披露宴・結婚式にまで幅広く着用できる。そのため、嫁入りの着物としてまず色無地を選ぶ人が多いようである。色無地は元となる生地の選び方を間違えなければ数回染め直して着用できるので、1 枚の着物で数枚分の色合わせが楽しめる。

色無地の着物は白無地の着物を好きな色に染めたものが基本である。結婚式のような慶事の場合は明るく華やかな色を、慶弔両用には赤系以外の色を選ぶ。帯締めなどの小物を白で統一し、帯は礼装用のものを合わせると留袖と同じ格式になる。色無地を選ぶには幾つかポイントがあり、最初の色無地は少し渋めの中間色や淡色を選ぶと以後様々なシーンに活用できる。

紋付けは染めるときに紋の部分を白く残しておく(抜き一ツ紋)方法が基本であるが、最近では後から縫い付ける(縫い一ツ紋)ようにした方が、着用の幅が広がるとされている。

五　訪問着

訪問着

訪問着は色留袖の次に格式高い着物である。様々な模様があり、洋服のビジティングドレスのような位置づけにあたる。

未婚・既婚を問わず冠婚祭・社交着として着用できる。

洋装の Visiting dress(ビジティングドレス)(昼間の礼装、社交着)と同じという意識から、訪問着という呼び名が付いた。鶴、亀、鳳凰など縁起の良い模様(古典模様)を多くあしらったものから、モダンな柄などその種類は実に様々である。

訪問着は気軽に格式あるお洒落が楽しめる着物なので、長く着られて飽きない1枚を一番初めに購入することが大切である。

以前は訪問着には柔らかい生地が使用されることが一般的だった。しかし、最近では日本各地の様々な素材を使った訪問着が増え、柄もまさに多種多様となった。訪問着は、着用の場が幅広い着物である。様々な素材、模様の中から自分に合ったものを見つけることが着物を楽しむという事につながる。

訪問着が誕生したのは最近のことである。大正時代まで、着物といえば総柄模様(全体に模様を配したもの)か、裾模様(両方の裾に模様が配してあるもの)の派手すぎるか地味すぎるかの2 種類に分かれた。しかし次第に、気軽にパーティーや観劇などに着物を着て行きたいという女性の声が高まり、日本橋にある三越デパートが初めて「訪問服」という名の着物を発売した。

これが今の訪問着の原点と言われている。このような振袖程派手でもなく、普段着程地味でもない着物が発売され、瞬く間に訪問着は流行となり、他のデパートもこぞって訪問着を発売した。その頃、訪問着の名称は特に決まっていなかったので、「社交服」「プロムナード(散歩服)」などの名称で販売されていた。

古典模様の訪問着に 1 つだけ紋を付け、飾りものの衿(伊達衿)を重ねるなどすれば、結婚式のゲストなどのあらたまった装いとなる。また、モダンな柄や紬の訪問着はパーティーや観劇など少し格式ばらずにおしゃれをしたい時に便利である。

訪問着には様々な柄があり、初めて選ぶ際にはどうしても迷ってしまい地味すぎたり派手すぎたりとなりがちである。訪問着を選ぶ際には自分の好みの色だけに偏らず、必ず顔に当てて着物との映り具合を確かめよう。

六　付け下げ

付け下げは訪問着とよく似た形である。しかし模様は訪問着のように全体が繋がった大きな絵柄(絵羽模様)ではなく、小じんまりとしたものが多く、縫い目に柄が被さらないように描かれている。パーティー、小さな集まり、観劇など、訪問着を着て行くには少し大げさな場面で着用する。しかし付け下げは元々訪問着の代用品のようなものなので、着て行く場にあまり違いはない。

付け下げ

訪問着のように着物の形に仕立てた後で全体に模様を描くのではなく、反物の状態で模様が描かれ、着物を仕立てたときに全ての模様が上を向くように作られているものが付け下げである。これは、訪問着に代わり着ることができる社交用の着物で、結婚式、表彰式、パーティー、観劇、他小さな集まりなど幅広い場面で着用できる。

また、付け下げの控え目な模様は、茶席の着物に向いており、茶人の着物として重宝されている。

付け下げが生まれたのは第二次世界大戦下においてである。当時華やかな着物である訪問着が禁止されていた。そんな中で派手な模様の代わりに、訪問着に比べてやや地味な付け下げが考案された。訪問着と比べて地味とはいえ、肩·胸·袖などの要所に柄が付けられたので、訪問着に代わり着用できる社交用の着物として流行した。

現在では訪問着のような高級感のある付け下げや、付け下げのような簡素な訪問着などが生産されており、専門家でも訪問着と付け下げの違いが見分けにくくなってきた。一番手っ取り早く付け下げと訪問着を見分ける方法は、売られている状態を見ることである。仕立てられた状態で販売されているものが、訪問着、反物の状態で販売されているものが付け下げである。

付け下げはおしゃれ着の中でもややカジュアル感のある着物なので、現在は紋を付ける必要はあまりない。付けるならば、1つだけ(染め抜1ツ紋·1ツ紋日向紋·1ツ紋縫い紋)である。訪問着や付け下げのような礼装の場合、昔は下着といって薄手の着物のようなものを作り、二枚、三枚と重ね着にした。現在では簡略化されることが多いが、これらの色は、着物と同色か薄色だと上品に、濃色や柄物は華やかになる。改まった場所には白、パーティなどには色物に刺繍や箔入りの華やかなものを合わせるとよいとされる。

七　羽織

1. 女性用

羽織とは着物の上に着るもので、洋服で言うカーディガンやジャケットのようなものである。女性用羽織には本羽織の他に中羽織や茶羽織といった種類があり、普段着から正式な場で着用するものまで様々である。

羽織

男物の礼装が紋付羽織袴なのに対し、女物の礼装である振袖、留袖、訪問着、などは羽織を着ない帯付き姿である。女物の紋付羽織は、男物のようにそのまま礼装として着るのではなく、小紋の着物などの上に着ることで、それらを準礼装という位置づけまで格を高めるという意味を持つ。羽織には本羽織と呼ばれるものの他、中羽織や茶羽織などがある。本羽織が、格を高めるという意味合いを持つのに対し、中羽織や茶羽織は防寒やチリ除けといった実用的な面を持っている。

羽織はコートと違い、室内でも脱ぐ必要がないため、内外問わずに着用できる。室内での寒暖の調節に便利な上、装いに変化が付けられるため、コートの代わりにも着られる。

羽織は次のような種類に分けられる。

中羽織・茶羽織：一般的に「羽織」というと中羽織の事を指す。中羽織の丈は膝上までで短く、袖の部分にマチが縫い付けてある(褄)。黒紋付、絵羽模様のように大層な柄付けではなく、着物の模様を潰さないような落ち着いた風合いである。

紋付羽織：いわゆる紋付羽織袴の正式な礼装時に用いる、家紋の付いた羽織である。また、黒以外でも羽織・袴で紋が付いていれば、略礼装の格付けになる。黒地に白の五つ紋が付いた付の羽織が、最も正式なものである。

また、中羽織と同じ外観で、マチが無いものが茶羽織である。茶羽織は家庭内で防寒を目的として着用するため、落ち着いた地味な色合いに作られている。最近では、旅館で貸し出される以外で茶羽織はあまり見かけなくなった。

本羽織(長羽織)：黒一色で染めたもの(黒紋付)、色一色で染めたもの(色無地紋付)、華やかな柄を全面にほどこしたもの(絵羽模様)などを本羽織または長羽織という。既婚女性のみが着用でき、着物の格を上げるために着用する。絵羽模様の羽織は正月や会食、観劇などに着用し、黒紋付や色無地紋付は結婚式などの格調高い場で着用する。

本羽織の丈は、元々お尻の隠れる長さが一般的だった。しかし、現在は着物のおよそ 7/10 で、膝が隠れる程度の丈が主流となっている。また、最近は長い羽織が流行しているため、丈の長い中羽織を「本羽織(長羽織)」と呼ぶこともある。

十徳：茶道で用いられる羽織である。室町時代には旅行服として貴賤を問わず着られていたが、江戸時代には僧、医師、儒者などの礼服になり、一般の庶民には用いられなくなった。

2. 男性用

織豊時代から戦国武将に戦場での防寒着として鎧の上から陣羽織が着用されるようになり、便利であったためかすぐに日常でも着用されるようになった。この頃は「羽織」と言う名称ではなく「胴服」と言われていた。

羽織

服装の順位としては将軍へのお目見えの時に使う直垂・大紋・素襖、士分の制服とも言える裃より下にランクされる物で、普段着の扱いであった。一方、士分以外では紋付羽織袴は裃に次ぐ正装であった。

現在一般人が裃を着用することは祭りやコスプレでもない限り滅多になくなったが、紋付羽織袴が男性の正装という習慣は現代でも続いている。

八 小紋

小紋

繰り返しの小さな模様を型染めしたもの、または手書きで描かれた着物を小紋(の着物)と言う。小紋の着物は訪問着や付下げと違い、不規則な模様が描かれているため、反物の状態では上下の区別がつかない。

江戸小紋柄は、武士の裃がルーツの「裃小

紋」と町人文化から生まれた「いわれ小紋」に大きく分けられる。江戸小紋は主に型紙を使って染めるが、細かい柄になるほど型を彫るにも染めるにも高い技術が必要になる。その高度な技術を用いて作られた細かい柄こそ江戸小紋の大きな特徴である。柄があまりに細かいため、布地から2、3歩離れると無地のように見える。

小紋の着物は、その華やかさから、訪問·観劇·パーティーなどに幅広く手軽に着られる着物である。着用する帯などは特に定まっておらず、自由に楽しみながら着物を着ることができる。すっきりと大人っぽい江戸小紋、色とりどりでみやびな友禅小紋（京小紋）、エキゾチックな柄を型押しした紅型など一口に小紋と言っても様々な種類があるため、目的に合わせた着こなしができる。

九 浴衣

浴衣は夏に着る最もラフな着物で、元々は湯上りに着る室内着だった。しかし最近は浴衣の柄や素材の変化により、夏になるとお祭りや花火大会など内外問わず浴衣を見かけるようになった。また、普通の着物より簡単に着付けでき、価格も手頃なことから特に若い世代や外国人に人気の夏の定番着物である。

浴衣

浴衣は安価で着付けも簡単なため日本人に最も受け入れられており、子供からお年寄りまで幅広い人気である。浴衣は元々湯上りに着用していた着物なので、涼し気に見えるよう、白地や藍地、紺地に秋の草花を染めた柄が一般的である。しかし現在では和服ブームに伴い10代から20代対象の洋服ブランドもこぞって浴衣を製作·販売し始め、原色ベースのカラフルなプリントを施したものも多く出回っている。昔からある白地や紺地に古典模様の浴衣は「古典的」、今風の鮮やかな彩りの浴衣は「ブランド浴衣」と言われる。

普通の着物で付けるような長襦袢などは基本的につけない。しかし、麻の浴衣など透けやすい素材で作られている浴衣はつけた方が良い。また、染め方により格のある浴衣も存在する。そのような浴衣で外出する際は、着物と同じように下着や衿元を重ねた装いにする必要がある。

浴衣には暑い日本の夏を快適に過ごす工夫が凝らされている。例えば、古典的な浴衣には、紺地と白地が多く見られる。白地の浴衣は昼用で、家の中で着ると真夏でも涼しく過ごせる。紺地の浴衣の場合、紺色に染めるために使われている「藍」の香りを虫が嫌うことから、虫の多く出る夕方から夜にかけて着用するのが良いとされている。浴衣には暑い夏を快適に過ごすための日本人の生活の知恵が染み込んでいる。

十　白無垢

白無垢

白い掛下に白い打掛を羽織り、帯や小物に至るまですべてを白一色で統一した装いのことである。現在、もっともポピュラーな和の花嫁衣裳だと言える。清純無垢を表す「白」は「これからどんな色にも染まります」という花嫁の思いのあらわれである。もともと神に仕えるときの衣裳が白だったことから、結婚を神に報告する婚礼の儀式でも用いれるようになったともいわれている。髪は文金高島田に結い上げ、挙式では綿帽子または角隠しで覆う。胸元には懐刀(刀)と箱迫または懐紙入れを、手には金または銀の扇子を持つのが正式な装いである。これらの小物はすべて白である。ぞうりも白い布製のものや、銀の布製のものを用いる。

昔から日本では、白＝太陽の光の色⇒神聖な色と考えられていたことなどから、白い衣装というのも、神にお仕えするときの衣装とされていて、そういったことから、結婚することを神様にご報告する、婚礼の儀式でも白無垢が用いれるようになったといわれ、儀式で白無垢を着ることで、「悪い邪気を払い、神聖な儀式に挑む」ということを表現しているといわれている。また、昔の日本では、武家、侍の家に嫁ぐ花嫁衣装とされ、その始まりは、平安朝以来といわれている。

十一　丹前

丹前

寒い季節になると温泉で貸し出される布地の厚い浴衣のような着物が丹前である。浴衣の上から羽織り、丹前の上から帯を締めるのが普通である。寒い冬をゆったりと暖かく過ごす工夫が成されている。

丹前は寒い時期に着る防寒用の着物である。寒い時でも暖かく過ごせるように布地の中に綿が詰めてある。また、浴衣の上に羽織るため、羽織った後も窮屈に感じないように仕立てられている。現在は男女共用のように使われているが、元々は男性の着物だった。

浴衣をパジャマに例えると丹前はガウンのようなものだろうか。丹前は厚手のウール地で作られており、浴衣の上に羽織って帯を締めて着用する。寒い季節になると温泉で貸し出されることが多く、丹前の上に更に茶羽織を羽織る場合もある。

一二　甚兵衛

甚兵衛は夏の室内着で、女性の浴衣と同じく湯上りに着る和服である。上衣と下衣に分かれており、上衣は帯を締めず左右の紐でとめる仕立てになっているので、誰でも簡単に着ることができる。男性用の簡易着物と言える。

甚兵衛

甚兵衛は浴衣のような扱いのため、夏に涼しく快適に過ごせるような工夫が施されている。浴衣のように、夏の湯上り着・室内着とされているので、布地は薄いものを使用している。また、甚兵衛と似た形の作務衣は長袖・長裾であるのに対し、甚兵衛は半袖で膝上丈である。袖や裾の絞りは一切ない。

甚兵衛は家の中で着るものとして作られているため、普通外出の際には着用しない。家でくつろぐための衣服(いわばパジャマのような和服)である。しかし、現在では夏になるとお祭りや街中で甚兵衛を着た若い男性をよく見かけるようになった。甚兵衛自体様々な柄が作られるようになり、徐々に外出着としての機能を備えてきている。

十三　袴

袴には主に2種類あり、スカートのように間に仕切りのない筒状の袴を「行灯袴」、ズボンのように2つに分かれている形の袴を「馬乗袴」と言う。既婚・未婚・慶弔など状態や環境に関わらず着用でき、紋付羽織と合わせると正装・礼装に位置する。

袴

袴は日本の男性には欠かすことの出来ない着物である。組み合わせや仕立てにより、正装から運動着まで大きく変化してしまうことが最大の特徴である。袴には次のような種類があり、それぞれ特徴がある。

馬乗袴：中が二股に分かれており、裾が広く作られているため動き易く感じる。

行灯袴：股の間に仕切りのないスカートのような形状の袴で、馬乗袴に比べると動き易さは劣る。馬乗袴と行灯袴はどちらも冠婚葬祭や参拝などの正式な場で着用されることが多く、どちらを選ぶかは個人の好みに左右される。

野袴：裾が細く作られており、大変動きやすい袴である。正式な場よりは日常生活で着用することのほうが多いようである。

また、女性も入学・卒業式などの場で袴を着用している。これは、明治時代に女性が学校で袴を履いていた名残だと考えられる。明治時代、女性が学問をすることが認められ、着物で学校に通う女性が現れた。しかし学校は畳ではなく机と椅子の生活だったため、教師・生徒共に女性は裾の乱れを気にするようになった。このため文部省は女学校設立の際に、それまで男性の着物であった袴を女教師・女生徒が着用することを認めた。現在は普段学校に袴を履いていく女性はなかなか見かけないが、学校行事での正式な場では袴を履くという習慣は今でも女性に根付いているようである。

袴を紋付羽織と合わせたスタイルは男性の正装であるため、子供時代の七五三に始まり、成人式・結婚式やお葬式などの冠婚葬祭、更にお茶会、観劇にまで幅広く着用することができる。また、野袴という種類の袴はもんぺのように裾の詰まった形をしており大変動き易く作られているため、活発な運動が可能である。洋服のズボンと比べ重く動きづらいイメージのある袴であるが、実際は軽く多目的に着用できることが特徴である。

第二節　食

日本の食文化は、米を主食にして、豆・魚・海草・野菜などを、たっぷり取り入れた食事が特徴で、究極の長寿食として世界中の人々に注目されている。

日本の食文化は古来より大陸から伝わった食文化に、日本の気候風土を取り入れた先人達の智恵によって作られたものである。また日本の四季と料理にも深い関係がある。とりわけその季節だけに採れる食材を「旬」のものとして調理する技術が発達し、季節ごとの料理を楽しむ事ができる。そして日本料理は味だけではなく、見た目の美しさも大切にしている。それはそれぞれに意味を成した盛り付け、それを引き立てる食器など、それぞれの「職人」によって作られた技術の集大成という事ができる。

日本人の好きな料理ランキング

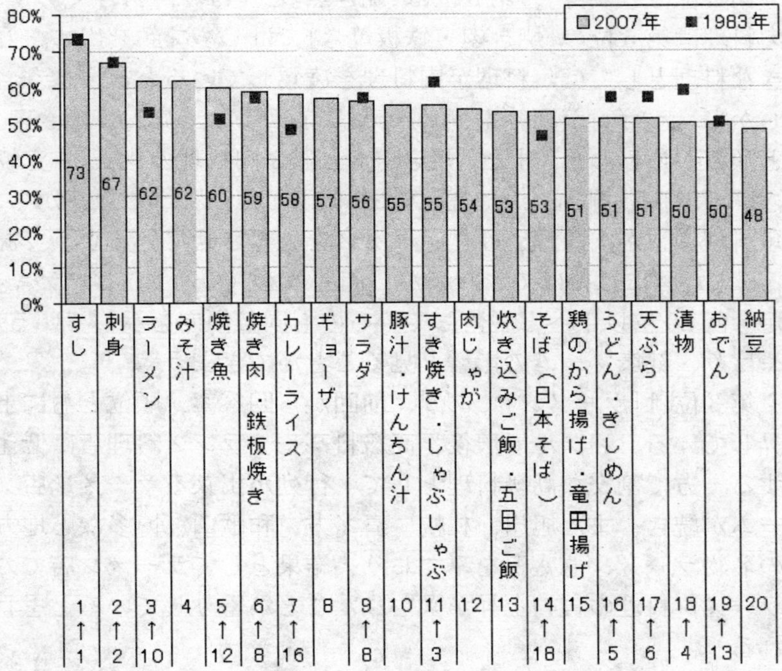

(注)60の料理選択に対する複数回答結果(2007年)。1983年の順位記載がない料理は当時選択肢になかったか(例:みそ汁)、あるいは20位以下だったもの。

(資料)NHK放送文化研究所世論調査部「日本人の好きなもの」2008年

NHK の放送文化研究所では 2007 年に全国 300 地点、16 歳以上の国民 3,600 人を対象に今の日本人が好きだと感じているものの調査を行っている（有効回答率 66.5%)。

ここでは、日本人の好きな料理についてランキングをかかげ、また前回 1983 年調査の結果と比較した。

好きな料理トップは「すし」である。日本人の 73%が「好き」と回答している。前回調査以降、回転寿司や持帰り寿司・宅配寿司のチェーン店が発達し、すしの内容も高級品から身近なイメージに変わっていると考えられるが第 1 位である点は変わらない。

第 2 位は「刺身」、第 5 位は「焼き魚」とやはり魚料理であり、肉料理は第 6 位の「焼き肉・鉄板焼き」ではじめて顔を出す。好きな料理としては魚料理が肉料理を凌駕していると言えよう。しかも「焼き魚」が回答率、順位ともに前回より上昇し、「焼き肉」と順位が逆転した。また「焼き肉」と並ぶ肉料理の代表「すき焼き」は回答率、順位ともに前回より低下した。こうした点から、魚料理の方が肉料理よりステータスを上昇させているようである（また図には掲げていないが、前回 17 位であった「ビフテキ」が今回 20 位以下へと脱落しているのも同じ傾向を示している)。やはり、健康ブームの影響と見ることができよう。

第 3 位は「ラーメン」であり、前回から回答率、順位ともに上昇している。バブル崩壊後、高級料亭やフランス料理店は低迷する一方で割安な高級料理として、行列が出来るラーメン店ブームが続き、また旭川、札幌、喜多方、和歌山、博多など地方の名物ラーメンも盛況をみており、結果としてラーメン店でのラーメン料理の質の上昇が図られたことが寄与していると思われる。

第 7 位の「カレーライス」も回答率、順位とも上昇しているが、カレー好きの子供の成長、カレー・ルウ、レトルト・カレーの発達やスパイス流通の普及、また各地でインド人経営の本格インド料理が手軽に利用できるようになった点などによるものと考えられる。

前回は第4位～6位と日本人が大変好む料理であった「漬物」「うどん」「天ぷら」などは、この間、料理としての質や販売法等に大きな変化はなく、食生活の変化の中で順位を上昇させてきた料理に押されて、回答率、順位を下げた格好になっている。ＮＨＫ放送文化研究所世論調査部「日本人の好きなもの」(2008年)によれば、これらの料理は前回調査の段階で高齢者に特に好まれていた料理であり、そのため、その後の世代交代の中で地位を低下させたと理解されている。

一 餅

日本に古来から伝わる食べ物で、もち米を蒸して臼で粘り気が出るまでついて、適度な大きさに形を整えた食品である。独特の粘りと伸びがある食感が特徴で、焼くと膨らみ、煮るととろける。古くから正月や節句、季節の行事や祝い事のようなめでたい日に食べる物として現在まで伝えられてきた。今でもその習慣は日本各地に残っている。

餅はもともと正月や祝い事などの「ハレの日」のための特別な食べ物だった。また節分や桃の節句、端午の節句などの節句ごとに餅が作られ供えられたり、七夕やお盆、お彼岸などの季節の区切りにも食べられる。このように餅は日本人の生活・行事に欠かせない存在として現在まで伝えられている。最近では季節や行事に関係なく日常的に餅を食べる事ができる。また保存の利く袋詰め商品が簡単に入手できることから災害時の非常食として常備する家庭も多くある。

餅つきは昔から正月を迎える大切な段取りの一つとして、年の暮れの数日間に行われる。ただし、12 月 29 日は「苦」に通じる、26 日は「ろくなことがない」と言われ、その二日間だけは餅をついたり購入するのを避ける風習がある。

二　うどん

うどんとは、小麦粉に少量の塩水を加え、こねたものを麺状にした日本有数の麺食品である。茹でてつゆにひたして食べたり(つけ麺)、カツオだしと醤油で味付けしたかけ汁(かけ麺)で食べる。香川県の讃岐うどんが全国的に有名である。

あっさりとしただし汁にコシのある麺が特徴のうどんは、誰でも手軽に調理できる食事として日本中で食されている。その中でも讃岐(香川県)うどんはコシの強さと味わい深さが有名である。讃岐地方の小麦粉は、気候が温暖で雨が少ない瀬戸内地方独特の自然環境のなかで育まれてきた日本でも最良質の小麦粉である。そして讃岐は地下水脈が地表近くに流れているのでミネラル分の多い良質の水を得る事ができる。さらに讃岐を初めとする瀬戸内地方では、昔から雨の少ないという気候を利用して塩作りが盛んに行われてきた。この小麦粉・水・塩の三要素が讃岐のうどんをおいしくさせ有名にした理由である。それゆえに、本場の讃岐うどんを求めて全国から香川県へ出向く人々もいる程である。うどんは非常に消化の良い食品なので、体調を崩した時や食欲のない時などに温かいうどんを食べると体調がよくなると昔から言われている。

うどんのかけ汁は各地域によって好まれる味は大きく異なる。特に関西と関東で味付けは大きく異なる。

関西：うどんのかけ汁をお吸い物のようにだしの味まで楽しむという事から薄口醤油が使われている。具の材料に瀬戸内海で取れた白身の魚や新鮮な野菜が年間を通して使えたことから、素材の風味を消さないで味付けするためであると考えられている。

関東：濃口醤油で味付けするので黒っぽい濃い色をしている。関東では具の材料に脂肪分の多い魚や保存した野菜などが使われていたために、醤油の味で誤魔化して食べる必要があったと考えられている。

このように日常生活の違いによってうどんのかけ汁にも違いが見られる。

三　蕎麦

そばとは「そば切り」の略で、蕎麦粉で作られた麺食品の事である。そばにつゆをかけたり、浸したりして食べる。この他にもそばの実は焼酎やお茶などにも用いられている。

そばにはわんこそば(岩手県)、信州そば(長野県)、にしんそば(京都府)など様々な種類があり、それぞれ各地の特色を生かした郷土料理として食されている。そばは米・小麦など穀類と比べると非常に栄養価の高い食べ物である。人間が生きていくのに欠かせないエネルギー源であるタンパク質を多く含み、イライラや食欲不振の解消に効果を発揮するビタミンB群を多く含んでいる。従ってそばはバランスよく栄養を含んだ優れた食品であると言える。

現在では機械で製麺したそばが多く流通しているが、そばの醍醐味はなんといっても「手打ちそば」である。手打ち特有のコシや味の深み(コク)は多くの人々の味覚を魅了している。有名な手打ちそば店ではご飯時になるといつも行列ができる程、人々の人気を集めている。

昔は、「そばを食べている人は脚気にならない」と言われ、そばはうどんを凌ぐ勢いであっという間に町民達の人気を集めるようになった。今でもその当時の名残で、関東ではうどん屋よりもそば屋の方が多く存在している。

日本では大晦日や引越し時にそばを食べる風習がある。

大晦日にそばを食べる風習は、江戸時代中期頃に始まった。「そばのように細く長く生きて寿命を全うし、家運が末永く続くように」「切れやすいそばのようにさっぱりと一年の苦労や災いと縁を切ろう」との願いを込めて、一年の最後の日である大晦日にそばを食べる風習である。

引越の後、家主やご近所に挨拶のためにそばを配る風習は、江戸時代末期頃に始まった。

そば(近く)に越してきたことに引っ掛けて、「おそばに末長くお付き合いをよろしく」という願いを込めた風習である。

四　納豆

日本古来の食品で、煮た大豆に納豆菌を加え発酵させて作る。独特の臭いと、ネバネバした糸を引くのが特徴である。納豆には「塩納豆」「糸引き納豆」があるが、日本人が一般に納豆と呼んでいるものは「糸引き納豆」の事である。その栄養価は非常に高く、大豆発酵健康食品として世界的に認められている。

独特の臭い、ネバネバした糸が特徴の納豆は、日本食の中でも好き嫌いが最も激しく分かれる食べ物と言えるだろう。しかしその栄養価は非常に優れていおり、「納豆どきの医者知らず」という格言があるほどである。昔は秋から冬にかけて納豆を食べる習慣があり、その時期になると毎日のように納豆が食卓に並ぶため、体力が充実し、病気に対する抵抗力も強くなるので医者にかかる人も少なくなってしまう、という意味である。納豆に含まれる成分は、胃ガンの予防・抑制、O-157などの雑菌に対する抗菌作用など様々な働きをする。また、納豆にしか含まれていない「ナットーキナーゼ」という酵素は、血栓を溶かす働きがあり、脳卒中や動脈硬化にも良いとされている。この他にもまだまだ全てが解明されていない食品なので、神秘の食べ物とも言われている。

庶民の食べ物として親しまれるようになったのは江戸時代に入ってからで、「ご飯、味噌汁、お新香、納豆」という、日本人の朝食定番パターンができあがった。その後も、専門家によって発酵技術などの研究が進められ現在のように全国的に浸透し、かつ世界からも注目される健康食品として認知される存在になった。

代表的な薬味：葱、たまご、しょうが、しそ、のり、ごま etc.

その他にも色々な納豆料理がある。寿司屋などでよく出てくる納豆巻き、家庭でも作れる納豆チャーハンなど、調理法も様々である。

五　漬物

漬物は塩や酢、味噌などに野菜を漬け込んだものである。昔から日本の食卓に登場している定番の食品で、自宅でも漬ける事ができ、生の野菜以上に野菜の栄養を摂る事ができる。日本全国で製造されており、各地のお土産としても人気がある。

漬物は手軽に野菜の栄養分を摂れるご飯のお供として、日本の食卓には欠かせない食べ物である。芋類を除くほとんどの野菜は漬物にする事ができる。漬物にする事によって野菜の「アク」や「苦味」が抜け美味しく野菜を食べられる。また、野菜の中で特に栄養のある「皮」や「へた」の部分も丸ごと食べる事ができるので、健康面で非常に効果的である。漬物は、生の野菜と変わらない、もしくはそれ以上の栄養分を含む最高の加工法と言えることができる。日本の漬物で有名なものに、たくあん・福神漬・らっきょう漬けなどがある。

六　梅干

梅干とは梅の果実を塩漬けにした後に乾燥させ、シソの葉と一緒に梅酢に漬け込んだものである。色は赤色をしており、柔らかい大粒のものからカリカリとした小粒ものまで種類は様々である。味は酸っぱく、ご飯のお供として日本の食卓に多く登場する。特に紀州（和歌山県）の梅干は全国的に有名である。

独特の酸っぱさが特徴の梅干は、おにぎりの具としてよくお弁当に入れられる。梅干には殺菌作用がある為、長時間持ち歩くお弁当に入れることによって食中毒を防ぐ効果があるからである。そして梅干には天然のクエン酸が多量に含まれているため、毎日食べる事によって疲労回復や老化防止など健康面でも非常に効果的である。また、お酒を飲みすぎたときには梅干入りの番茶をたっぷり飲むとよく効くと言われている。

七　味噌

味噌とは大豆や米、麦などを蒸したものに食塩と麹をまぜて発酵させた調味料の事である。日本食の定番料理である「味噌汁」は、味噌を使った最もポピュラーな料理で、日本の食卓には欠かせない存在である。日本各地で様々な種類の味噌が製造されていて、その地方の郷土料理などにも多く使われている。

江戸時代のことわざに、「医者に金を払うよりも、みそ屋に払え」というものがある。味噌は昔から朝夕食に用い、1日も欠かしてはならないとされてきた。味噌は、老化防止や胃腸病の防止、がん予防など様々な効果があると言われている。その塩辛い味から塩分の高い食品と誤解されがちであるが、現代人が食べている食品の中では塩分の比較的少ない健康食品と言う事ができる。全国的に製造されている味噌であるが、各地方ごとに色々な特徴がある。関西では甘口の白味噌、関東では辛口の赤味噌が主流で、お正月に食べるお雑煮の色や味に違いがあるのもこの味噌の種類の違いによる。

味噌には様々な種類がある。

原料から、「米味噌」「麦味噌」「豆味噌」の3種類と、これらを混合した調合みそに分けることができる。「米味噌」と「麦味噌」はそれぞれ、大豆に米麹、麦麹を加えて造ったものである。「豆味噌」は大豆のみから麹を造る。「米味噌」は本州各地で、「麦味噌」は九州地方で、「豆味噌」は東海地方が産地である。

甘口、辛口というように、みそは味によっても分けられる。辛さの加減は麹歩合と食塩の量により決まる。麹歩合とは大豆に対する米麹、麦麹の割合で、この数字が高いほど甘口となる。

味噌はできあがりの色によって、「赤味噌」「淡色味噌」「白味噌」に分けられる。原材料や工程にもよるが、色の違いの一番の原因は熟成の時間である。熟成が短ければ、原料に近い色となり、熟成が長いとより褐色になる。

八　山葵

わさびは日本原産の植物である。色は緑色で、さわやかな香り・辛味が特徴である。主に根茎をすりおろしたものを寿司や刺身、お茶漬けやそばの薬味として使用する。渓流やきれいな湧き水を利用して栽培する「沢わさび」と、湿気の多い畑やビニールハウスを利用して栽培する「畑わさび」がある。産地は静岡県・長野県・島根県などで、一年中収穫されている。

わさびはチューブ入りのものや、粉末状のものなど様々な形で市場に出回っている。主に寿司や刺身、そばの薬味などとして日本の食文化には欠かせない存在である。また茎や葉の部分を加工し「ワサビ漬け」としても食されている。

わさびの特徴は独特の辛味にある。この辛味成分には殺菌効果があり、10 種類以上の香り成分が含まれている。この成分は生臭さを消し、素材の風味を引き立てる働きをするため生ものに合わせて食べると効果的である。この他にも、わさびに含まれている「ペルオキシダーゼ」という酵素が体に入り込んだ異物の解毒を促進する働きをするので、ガンなどの生活習慣病の予防に良いとされている。

このようにわさびは健康食品としても大変注目されている。

九　寿司

寿司には、酢飯の上に具材をのせて握ったにぎり寿司の他に、ちらし寿司や押し寿司、巻き寿司など色々な種類がある。昔は祝いの席などのおめでたい時に食べる高級な食べ物だったが、最近では値段が手頃な回転寿司店の出現により、日常的に寿司を食べる事ができるようになった。近年、寿司は日本の代表的な料理として全世界に知られている。

すしの語源は元々「酢」をまぜた飯「酢飯」からきている。この酢飯の「め」がいつの間にか無くなり「すし」と呼ばれるようになった。すしを表すのに、「鮨」「鮓」「寿司」というように様々な漢字が用いられるが、これらはどれも当て字だったようである。「鮨」は魚が旨いという意味で作られた漢字で、「鮓」は「乍」という字がモノを薄くはぐの意味をもち、魚を薄くはぐという意味で創られた漢字である。現在一般的に使用されている「寿司」という漢字は、「寿を司る」という意味で、縁起がいいもの·祝いの席で食べるものという意味をもっている。

寿司は日本の代表的な料理として、またヘルシーな健康食として全世界に知られている。1980 年代アメリカ全土にスシ·バーが登場したのをきっかけに全世界へ広まった。現在では、生魚を食べるのに抵抗がある人向けにアボガドやカニなどを巻いたカリフォルニアロールなど欧米人の味覚に合う寿司も作られるようになり、世界中の人々に食されている。

お寿司には様々な専門用語が用いられる。

シャリ(すし飯):白く細かいすし飯が仏舎利(お釈迦様の遺骨)に似ているためそう呼ばれるようになった。

ガリ(甘酢漬けの生姜):噛むときや削るときにガリガリというので「ガリ」と呼ばれるようになった。生姜は細菌の繁殖を抑える効果があった。

アガリ(お茶):口に残る味をさっと洗い流すため最後(アガリ)に出すお茶のことを指して「アガリ」と呼ばれるようになった。

ムラサキ(醤油):醤油の色合いから「ムラサキ」と呼ばれるようになった。

ナミダ(わさび):わさびは効きすぎると辛く涙が出るので「ナミダ」と呼ばれるようになった。

十　刺身

刺身は、新鮮な魚の切り身を生で食べるシンプルな料理である。一般的に関東地方では「お刺身」関西地方では「お作り」と言われ、関東地方ではマグロなどの赤身の魚が好まれ、関西地方では鯛などの白身の魚が好まれる傾向がある。四方を海に囲まれた島国の日本だからこそ、新鮮な魚が手に入りやすく、刺身の文化が発達したと考えられる。鳥や牛・馬などの新鮮な肉を刺身として食する場合もある。

刺身は昔から日本料理の中心的な存在だった。伝統的な割烹料理の献立は、まず何を刺身にするのかを決め、それに合わせ煮物や焼き物が決められていた。つまり刺身によって献立全体が左右される。

刺身という言葉は、もともと赤身白身問わず様々な種類の魚の切り身を皿に盛り付ける際に、魚の種類を区別しやすくするため、その魚のヒレを切り身に刺して出した事から由来している。次第に本来のヒレを刺す風習がなくなり「刺身」という名前だけが今に残ったと言われている。

また「刺身」の事を「切り身」といわないのは、武家時代に「切る」という言葉が人を「切る」に繋がるという事で忌み嫌われていた事に由来している。更に「刺身」という名前も「身を刺す」に通じ縁起が悪いとされ、関西地方では「お作り」と呼ばれるようになった。

刺身の盛り付け方は、もともと「一器一種」という決まりごとがあった。これは一つ器に数種の魚を盛り付けると、魚の匂いが移り素材そのものの味を美味しく味わう事ができなくなるので、一つの器に一種類の魚しか盛らないという決まりごとである。しかし現在では数種の魚を一つの器に盛り付ける「盛り合わせ」が一般的となっている。盛り合せは元々、江戸時代末期、大衆に刺身文化が広まった頃、庶民が魚屋にお皿を持って行き、適当に盛り合わせてもらったのが始まりであると言われている。

また、刺身の盛り付けには「つま」が欠かせない。「つま」とは刺身に添える大根や大葉、海藻などの事をいい、盛り付けを美しく見せるために使われる。また「つま」には、盛り付けの他に、毒消し（口の中を洗う）という意味がある。刺身を口に運ぶ前に大根のつまを醤油を付けずに食べると、口中に残っている他の料理の味を消し、刺身の味を一層引き立たすという役割をする。

現在では代表的な日本料理として世界中に知られている。

十一　天ぷら

もともと関東地方では東京湾でとれた新鮮な魚を天ぷらに、一方関西地方（特に京都）では新鮮な魚が入手しにくかったので野菜や山菜を天ぷらにして食べていた。食材の旨みをサクサクとした衣で包み込んだ天ぷらは、世界中の人々に好まれている日本料理の一つである。

天ぷらにも関東風と関西風がある。関東風の天ぷらは、卵を入れた衣を胡麻油で揚げたもので、こんがりキツネ色に仕上がるのが特徴である。一方関西風の天ぷらは卵を入れない衣をサラダ油で揚げたもので、白い天ぷらが特徴である。もともと関東では江戸前でとれた魚を天ぷらにしていたので、魚の臭みをとるために胡麻油で揚げるようになったと言われている。一方関西では野菜中心であったため、自然の味を生かすため天つゆではなく食塩をつけて食べるようになったと言われている。

「天ぷら」はポルトガル語で「四季の斎日」を意味する「テンポラ」が語源という説がある。四季の斎日とは季節のはじめの三日間に祈りと節食をする習慣である。この期間中信者は肉を食べる事が禁じられるため、魚などに小麦粉の衣を付けた料理を食べていた。この料理が日本に伝わり「天ぷら」になったと言われている。この他にもポルトガル語で調味料・料理を意味する「テンペロ」や、「あ・ぶ・ら」の当て字で「天・ぷ・ら」など、語源に関しては様々な説があり、どの説が正しいのかはっきりした事はわかっていない。

一二　すき焼き

すき焼きは肉に砂糖と醤油の甘辛の味がバランスよく調和した日本独特の肉料理である。一般的にネギや豆腐・白滝などの具が用いられ溶き卵をつけて食べる。関西地方と関東地方で若干調理法が異なる事が特徴である。寿司や天ぷらと並んで代表的な日本料理として世界中に知られている。

すき焼きの語源は、もともと江戸時代に農夫達が仕事中に腹が減ると、農具の鋤の金属部分を鉄板の代わりにして魚や豆腐を焼いて食べたことから「鋤焼」と呼ばれるようになった。この他にも、薄く切った肉を意味する「剥身」から「剥き焼き」となったとする説もある。「すき焼き」とはもともと関西地方での呼び名で関東地方では「牛鍋」と呼ばれていたが、現在では一般的に「すき焼き」として親しまれている。

関西人と関東人の夫婦が「すき焼き」の作り方でもめると言われている程、すき焼きは関東と関西で調理法が異なる。

関東風：みりん・醤油・酒・砂糖などを調合して作ったタレ(割りした)を使って肉と野菜を同時に煮る調理法である。

関西風：まず肉を焼き、砂糖と醤油で好みの味に調え、その後野菜を入れていく。「割りした」を使わず、煮詰まったら酒や水をさして味を調整する。

溶き卵をつけて食べる事は共通している。

十三　味噌汁

みそ汁はご飯とともに日本の食卓に欠かせない料理である。だし汁に野菜・豆腐・海藻・貝など季節の旬の食材やその地方の特産物を入れて煮、その中に味噌を溶かした汁物がみそ汁である。特に寒い朝は、温かいみそ汁をすすると気持ちがなごみ、体の芯から活力が沸いてくるような気がする。「おみおつけ」と呼ぶこともある。

日本人は長い間みそ汁を食べてきた。日本がまだ貧しかった頃、質素な食事でありながら人々が健康でいられたのは、ご飯とみそ汁のおかげだと言われている。味噌そのものに栄養があり、具を煮た煮汁ごと食べるため、その具の栄養も一緒に摂れるすぐれた健康食である。

もともとみそ汁は戦場での食べ物として重宝されていた。戦乱の時代、人々は戦場でサトイモの茎を味噌で煮込んで乾燥させたものを紐として利用していた。サトイモの茎には多くの繊維が通っているために丈夫で、かつ物を縛り付けやすい特徴がある。なぜ味噌で煮込むかと言うと、紐を丈夫にするためではなく、荷物として持ってきた食料が尽きた時にそのサトイモの茎で出来た紐を刻んでお湯の中に入れて食べるためである。つまり、ろくな調理器具もない戦場でも簡単にサトイモの茎入りみそ汁が完成するという「元祖・インスタントみそ汁」だったのである。

みそ汁の事を「おみおつけ」とも言うこともあるが、厳密には別物である。おみおつけは漢字で「御実御汁食」と書いて、「汁の上に実があり、それを食べる」という意味がある。つまり、汁の上にはみ出すほどたくさん具が入っている物を示している。一方みそ汁は、おみおつけほど具の入っていない質素な物を指すようである。

みそ汁のうま味は、味噌、だし、具のそれぞれが持つうま味が一体となって生まれる。美味しいみそ汁を作るにはだしをしっかりとる事、味噌の種類、具の組み合わせ方が決め手となる。

白みそのみそ汁：すっきりした甘味が特徴なので、具には甘味を損なわないようなクセのない淡白な食品が合う。例えば里芋、エノキダケやシイタケなどである。

淡色辛口みそのみそ汁：塩味とうま味が調和した味わいが特

徴なので、具には塩味を調和させるような食品が合う。例えば甘味のある玉ネギ、長ネギやジャガ芋などである。

赤色辛口みそのみそ汁：深い香りと塩味が特徴なので、みその味わいをまろやかにする食品と薬味を組み合わせたものが合う。例えば豆腐とアサツキ、魚介類と万能ネギなどである。

味噌を使用しているので塩分が多く思われがちなみそ汁であるが、他の食品と比較すると塩分は意外に少ない事がわかっている。更にカリウムを含む食品と合わせて食べることにより、余分な塩分を体外に排出することができるので、カリウムを多く含む蜆のみそ汁や豆腐のみそ汁は栄養学的にも理にかなった食事と言うことができる。また、消化の良い「豆腐」と胃腸に良い「ネギ」を組み合すことによって胃腸を強くする効果がある。

このように相性のいい具同士で味噌汁を作るのも、味噌汁をおいしく作る方法の一つである。

一四　おにぎり

おにぎりは日本でとてもポピュラーな食べ物である。「おむすび」や「握り飯」とも呼ばれ、お弁当などによく用いられる。炊き立ての熱いご飯の中に好みの具を入れ、中はふんわり、外はしっかりと握って作る。形や大きさは様々である。おにぎりは冷たくなってからもおいしく食べられるが、具には腐らないように塩気の多いものを使う。

日本を含むアジア圏はほとんどの地域が米の食文化を持っている。しかしアジア一帯でおにぎりが食べられているのかと言えばそうではないようである。お米はおにぎりに適している粘りのあるジャポニカ米とぱらぱらのインディカ米(タイ米)の2 種類に分類され、ジャポニカ米を食べているのは日本だけである。さらに他のアジアの国々では冷やご飯を食べる習慣はない。従ってお米を両手でにぎり携帯して食べるおにぎりは、日本固有の食べ物であると言う事ができる。

「おにぎり」「おむすび」「握り飯」と様々な呼び方があるが、手で握ったものを「おにぎり」「握り飯」、笹の葉などでくるんで紐で結んだものを「おむすび」と呼ぶようである。また、地方によって呼び名が違い、東日本では「おむすび」、西日本では「おにぎり」と呼ぶことが多いようである。

おいしいおにぎりを作るためには必ず炊きたてのごはんで握る必要がある。炊きたてのごはんにはお米のうま味成分である「保水膜」がたくさん含まれている。その保水膜が沢山あるうちにおにぎりにすることで、おいしさが持続する。茶碗などに一度とりわけて揺すり、おおまかな形をつくってから握ると握りやすくなる。

また握る時の力の入れ具合もおいしさに関係してくる。力強く握りすぎてしまうとご飯の密度が高くなり粒が潰れてしまう。少ない回数で均等に柔らかく握ることが大切になってくる。また手に水分をつけすぎてしまうとおにぎりの形が崩れやすくなってしまうので注意が必要である。

十五　懐石

懐石料理とは茶席でお茶を出す前に出される簡単な食事の事をいう。茶道の創始者である千利休が安土・桃山時代に茶道を確立していく中で、茶を美味しくいただくために創った。懐石料理の作法は、茶道の各流派によって厳しく決められている。

懐石料理とは、日本古来の一汁三菜という食法を基本にした料理で、通常は茶の湯の席でお茶をいただく前に出されるものである。茶会の席上で空腹のまま刺激の強い茶を飲むことを避け、茶をおいしく味わう上で差し支えのない程度の和食コース料理を指している。また、料亭や割烹などの日本食を扱う料理店で懐石料理を提供するところが増え、茶事における懐石を特に茶懐石と表わして区別することもある。懐石料理には、「旬の食材を使う」「素材の持ち味を活かす」「親切心や心配りをもって調理する」という三つの大原則がある。この原則にも千利休の侘びの思想が色濃く反映している。

懐石料理の起源は文字通り「懐に石を抱く」事からきている。もともと修行中の禅僧の食事は、午前中に一度だけと決められていた。そのため当然夜になるとお腹が空き、体温が下がってくる。そこで温めた石を懐に抱いて飢えや寒さをしのいでいたのである。ここから懐石という言葉は、「わずかながら空腹を満たし、身体を温める質素な食べ物」を意味するようになった。その後の安土桃山時代に茶道と禅宗が結びつき茶道が確立していった。その中で茶道の創始者である千利休が禅料理の精神をさらに追求し茶道に取り入れ、狭い茶室でも簡単に食べることができる懐石料理を完成させた。

懐石料理には亭主(おもてなしをする人)と客人(おもてなしを受ける人)どちらにも作法が決められている。

十六　お雑煮

お雑煮は一年の無事を祈りお正月に食べる伝統的な日本料理である。沖縄を除く日本各地でお雑煮を食べる風習がある。餅の形やだし、具の種類にいたるまで、地方や家庭ごとに千差万別である。

お雑煮には餅がつきものである。餅は昔から日本人にとってお祝い事や特別の日に食べる「ハレ」の食べ物だった。そのため新年を迎えるにあたり、餅をついて他の産物とともに歳神様にお供えをした。そして元日にそのお供えをお下がりとして頂くのがお雑煮である。お雑煮を食べる際には旧年の収穫や無事に感謝し、新年の豊作や家内安全を祈る。正月三が日の祝い膳には欠くことのできない料理である。

「雑煮」の語源は「煮雑」で、いろいろな具材を煮合わせたことからきている。

日本全国、お雑煮の形は様々である。

餅について

関西地方では丸餅、寒冷地や東京(江戸)周辺は角餅を使う傾向がある。江戸時代、江戸には人口が集中していた。そのため一つずつ手で丸める丸餅より、手っ取り早く数多く作れる角餅が使われたと考えられている。

一方関西では昔から「円満」の意味を持つ縁起ものの丸餅が使われていた。関ヶ原の合戦の影響で、岐阜県関ヶ原を境に西日本が丸餅で東日本が角餅に分れたという説もある。

汁の味付けについて

関西地方のお雑煮は白味噌仕立てである。東日本と近畿を除く西日本では圧倒的にすまし汁仕立てである。出雲地方や能登半島の一部などでは小豆汁のお雑煮を食す地域もある。

具について

具はその土地の産物が入る。ダイコン、ニンジン、ネギなどの野菜に加えて、例えば東北なら山菜やキノコ、新潟ならサケやイクラ、千葉なら海苔、島根ならハマグリ、広島なら牡蠣などである。山村なら山の幸、漁村なら海の幸が盛り込まれるが、逆に山間部などでは普段手に入りにくい塩ブリなどをお正月ならではのごちそうとしてお雑煮に入れることも多いようである。

一七　おせち

おせち料理とは、正月に食べるお祝いの料理である。「おせち」とは本来、暦上の節句のことを指す。その際に食べる料理をおせち料理と呼んだため、現在では節句の一番目にあたる正月の料理を表す言葉として使われている。おせち料理は「めでたさを重ねる」という意味で縁起をかつぎ、重箱に詰めて出され、地方や家庭ごとにお重の中身は様々である。

おせちとはお節供の略で、年の始めにその年の豊作を祈って食べる料理や武家の祝い膳、新年を祝う庶民の料理などが混ざり合って出来たものである。さらに正月三が日は主婦を家事から解放するという意味を含め、保存の効く食材が中心のものになったといわれている。またお正月に火を使うことをできるだけ避ける、という物忌みの意味も含んでいる。

最近ではデパートやスーパーをはじめインターネットの通信販売などでも購入できる。しかしその反面、昔からの風習を大切にし手作りにこだわる家庭も多く、今もなおおせち料理は日本の文化に根付いた伝統的な食文化として受け継がれている。

おせち料理はめでたいことを重ねるという願いを込めて重箱に詰める。基本は四段重ねで、上から順に、一の重、二の重、三の重、与の重、と呼ぶ。四段目のお重を「四の重」と言わないのは「四」が「死」を連想させ縁起が悪いとされているからである。詰め方や料理の組み合わせは地域や家庭、しきたりなどによって様々であるが、最も代表的な詰め方として、

一の重…黒豆、数の子、ごまめ(田作り)などの祝い肴

二の重…伊達巻やきんとんのような甘いもの中心

三の重…魚や海老の焼き物など海の幸

与の重…野菜類の煮物などの山の幸

おせち料理に詰められる料理にはそれぞれちゃんと意味が込められている。

黒豆：一年中「まめ(まじめ)」に働き「まめ(健康的)」に暮らせるようにとの願いが込められている。

数の子：たくさんの卵があるというところから、子孫繁栄の願いが込められている。

田作り：稲の豊作を願う気持ち、五穀豊穣の願いが込められている。

海老：腰が曲がるまで丈夫という長寿の願いが込められ、海老の赤色は魔よけの色とも言われている。

昆布巻き：「よろこぶ」の語呂合わせから祝いの儀には欠かせない食材である。

きんとん：「金団」と書き、その色から財産、富を得る縁起物とされている。

紅白なます：紅白のおめでたい色は水引を表し、紅白の組み合わせは平和を願う縁起物である。

一八　日本酒

酒とは、白米を蒸して麹と水を加えて発酵･熟成させて作る飲み物の事で、料理の調味料としても用いられる。また酒は百薬の長と言われ、適量飲酒を心がけていれば非常に健康に良いとも言われている。日本全国で様々な種類の酒が製造されており、各地の地酒として特色のある商品が流通している。

昔から酒は人生の慶事や祝い事になくてはならないもので、もともとは御神酒と言って神様に奉る神聖な飲み物だった。現在でも結婚式で行われる三々九度や家を新築する時に行われる儀式、お正月に飲むお屠蘇などにその名残があった。また適量飲酒を心がけていれば健康面にも非常に効果的である。酒にはたくさんの酵素が含まれていて、それらの酵素が、ガンや生活習慣病の予防をする働きをする。また酒には体を温めたり、保湿の働きをする成分も含まれているので、美肌・保湿効果など女性にとって嬉しい効果もある。あくまでも適量飲酒を前提としているので、飲みすぎは逆効果になる。日本人が1日に摂取する適量は、日本酒1合～2合程度で、食事をしながら飲むのが良いとされている。これは、空腹時に飲酒すると肝臓へ負担をかけすぎてしまう為である。また、料理の素材の味や香りを引き立てるとして、様々な料理の調味料としても日常的に用いられている。

日本酒は、香りと味わいの要素から4タイプに分類される。

薫酒：吟醸酒と言われるタイプのもので、果実や花のような華やかな香りが高く、爽やかな味わいが特徴である。

爽酒：生酒などで、香りは全体的に控えめで、新鮮で清涼感のあるみずみずしい味わいが特徴である。冷酒として飲むのが適していると言われている。

醇酒：純米酒などで、米のふくよかな香りと、旨味を感じさせるコクのある味わいが特徴である。熱燗として飲むのが適している。

熟酒：長期熟成酒や古酒などで、とろりとした甘味や深い酸味、旨味が合わさった力強い味わいが特徴である。

十九　お屠蘇

屠蘇は中国から伝来した正月の儀式である。1600年前の三国時代に中国で流行した悪疫を、名医であった華陀がこの処方によって死者でさえ蘇らせたところから来たとか、いろいろな言い伝えがあるが、中国では既に廃れて、伝わった日本だけ残っている。

この屠蘇を飲む風習は、日本では平安時代から宮中で行われたのが始まりと言われている。『公事根源』には「52代嵯峨天皇の弘仁年中(1810～1824年)に始められた。1人がこれを飲むと、一家に病気するものがなく、一家でこれを飲むと、一部落に病気するものがいなくなるという、大変めでたい効能があるものだから、年の初めにこれを飲む」と書いてある。なお、屠蘇は年の若い者が先で、順に年を取ったものが飲むが、これは子供が新年を喜び、老人は年を取るのを悲しむからである。

屠蘇に使う酒は清酒が普通だが、みりんを用いるところもあり、熊本では特産の赤酒が作られる。屠蘇袋は漢方薬店などで、白布の三角袋に薬を入れて売っている。

第三節　住

日本の住宅は、平安時代は寝殿造り、室町時代からは書院造り、桃山・江戸時代は数寄屋造りというように時代とともに様式を変えてきた。もちろんその間に、建具・建材も日本で独自に作られたものや、海外から流入し日本で独自に発展したものなど様々なものが作り出された。

戦後、住宅の洋風化が進み、これらの建具·建材もその影響を受けたが、現在でも和風住宅はもちろん洋風住宅に組み込まれ使用されている。それは先人の知恵によって作り出されたこれらの道具が日本の気候に非常に適していたり、自然素材ということで健康を害さないなど多くのメリットをもつからである。

一　襖

襖は、和風住宅の仕切りとして、長い間使用されてきた。必要なときに開け閉めや取り外しが簡単にできる、とても柔軟な建具である。

襖

芸術分野でも役割は大きく、鎌倉時代から江戸時代に寺院や城に襖に描かれた絵(襖絵)は重要な文化財として現存している。

襖は、和風住宅の部屋同士を仕切る建具である。もともと寝殿造りの住宅で一つの大きな空間を仕切るために作られたもので、その後の建築様式にも部屋同士の間仕切りとして使われた。壁ではなく、取り外しができる襖を部屋の間仕切りとして使うことで、自由に部屋の大きさを変えられる。このように空間の形を柔軟に変化させることは、日本の住宅の特徴の一つとなっている。

また襖には保温機能や調湿機能、室内の有害物質を吸収する機能がある。これにより、寒さを防いだり、湿気が多いときには水分を吸収し、乾燥時には水分を放出してくれる。だから、間仕切りだけでなく押入れに襖を使うことは湿気対策としてとても有効である。湿気が多い気候に適していることは、襖が日本の住宅で長く使われている大きな理由の一つだろう。

部屋同士を仕切ること以外にも、襖には襖絵が描かれているため、室内装飾としての役割がある。襖絵の存在は和室の雰囲気をぐっと引き立ててくれる。

現在の襖には、大きく分けて和襖と量産襖がある。これらは内部構造から違い、和襖は周囲の枠と木材で組んだ中子(内部の部材)からできているが、量産襖はダンボール、発泡プラスチックを使用している。この違いは、襖紙の貼り方に影響する。

和襖は周囲だけに糊を塗り、ウケ紙と呼ばれる下地の紙を貼り釘で留める。この時中央部は浮いた状態になり(浮かし貼り)、その上に襖紙を貼るので、内部に空気層ができ、保温性、調湿性につながる。また張替えも可能である。しかし量産襖は、糊で一面をべた塗りにするので、和襖のような機能はなく、張替えもできない。

襖紙の材料には、現在は鳥の子紙という上質の和紙、もしくは織物が使用されている。量産襖には、ビニールのクロスも用いられる。

襖の素材：杉　桧　和紙

二　障子

障子は、平安時代から現在まで和風住宅に欠かせない建具として使われている。吸湿性や断熱性が高いだけでなく、日光を柔らかく拡散させることで、自然な明るさを作りだして人に心地よさを与えてくれることは障子が好まれる大きな理由だろう。

障子

障子は、木製の枠に薄い和紙を貼った、部屋同士や屋内と屋外を仕切る建具である。襖と供に、平安時代から現在まで日本の住宅に使われている。

発明当時の平安時代にまだガラスは流通していないから、外部からの視線を遮ったまま採光ができる障子の発明はとても画期的なことだった。それは障子紙(和紙)に、直射日光を遮りつつ光を拡散させる働きがあるからである。この他にも、障子紙には吸湿性や換気能力がある。これらの機能は、湿度が高い日本の気候に適していた。加えて断熱性も高く、ガラス戸と併用することで冷暖房効果を高めてくれる。

この多機能·高機能な建具は、明治時代に洋風住宅の普及が始まっても建具として組み込まれ、カーテンの普及を遅らせた。カーテンが主流となった現在でも、縦横のグリッドでデザインされた障子は、他の家具との調和性の高さ、自然素材の建具ということから、畳や襖とともに良さが見直されている。

障子紙は、水を含ませた雑巾で糊の付いた部分を湿らしてからしばらく置くと、破らなくても簡単に剥がせる。紙を貼る時は桟に糊を塗り、伸ばしながら貼る。乾いてもシワが残る場合は、霧吹きをかけると紙がピンと張る。

現在使用されている主な障子には、以下のものがある。

荒組障子：組子の間隔が大きく荒いもの。

横繁障子：横方向の組子が縦方向より多いもの。

竪繁障子：縦方向の組子が横方向より多いもの。

腰付障子：傷みやすい下部を、板や襖で貼ったもの。

雪見障子：下部にガラスをはめ、上下するように障子を入れたもの。

障子の素材：障子紙　杉　桧

三　畳

畳は、奈良時代には権威を表すものとして使用され、江戸時代以降に民衆に普及し、住宅の重要な床材として使用されてきた。それは畳が日本の気候に適しているからである。住宅の洋風化に伴い、和室の数が大きく減少してしまっ

畳

たが、最近、空気清浄効果などの効果も発見され、自然素材の床材として注目されている。

畳は、和室に敷かれる床材である。湿気が多く、夏暑く冬寒い日本の気候の下では、古くから住宅に不可欠の存在だった。それは、畳に調湿·断熱効果があるからである。他にも、畳には防音効果や、空気清浄効果もある。

第二次世界大戦以降、和室を持つ住宅が減少したが、畳の持つ暖かさ、日本伝統のインテリア要素、自然素材の使用による安全性に注目が集まっている。例えば、正方形の琉球畳や縁のない縁無畳を上手く取り入れた住宅などがあげられる。このように、畳は再び床材として見直す動きが出てきている。

畳の大きさは地方によって違いがあり、3尺×6尺(910㎜×1820㎜)のものが基本となるが、部屋の寸法に合わせて注文生産される場合が一般的なのでサイズは一定していない。一般的な規格としては、

1. 京間、本間、本間間

3尺1寸5分×6尺3寸(955㎜×1910㎜)のサイズ。主に関西・中国・四国・九州で使用されている。

2. 中京間、三六間

3尺×6尺(910㎜×1820㎜)のサイズ。主に愛知・岐阜・三重県の中京地方や福島・山形・岩手の東北地方の一部、および北陸地方の一部と沖縄、奄美大島で使用されている。

3. 江戸間、関東間、五八間

2尺9寸×5尺8寸(880㎜×1760㎜)のサイズ。関東、東北、北海道など東日本の大部分の地域で使用されており、現在では全国的な標準規格になりつつある。

4. 団地間、公団サイズ、五六間

2尺8寸×5尺6寸(850㎜×1700㎜)のサイズ。公団住宅、

アパート、マンション等、共同住宅や高層住宅のほとんどで使用されている。

敷き方には､部屋の大きさなどによって様々な決まりがある。もっとも基本的な事には、床の間の前と入り口の畳はこれらと平行に敷く事、畳の部屋が続く場合には隣の部屋との境目は目がT字になるように、などが挙げられる。

春と夏の年二回庭などに干し、表が傷むと裏返して使うことにより、20年以上も使い続ける事ができる。現在は畳干しを行うことはあまりない。干す場所や時間が無いことが主な理由である。これは畳が衰退した原因の一つだろう。

畳の材料：畳床—稲ワラ　畳表—イ草　畳縁—織布

作り方：稲ワラを圧縮して作った畳床に、イ草で編んだ畳表を張り、最後に畳縁を縫い付けて作る。

四　座布団

座布団

座布団は現在でも和室での作法の1つとして、古くからの伝統が残っている。現在の住宅で日常的に使われる座布団には、中身とカバーが別物として存在し、和室であれ洋室であれ、部屋の雰囲気に合わせた外観のものが使い分けられている。

座布団は、クッションとしての役割はもちろん、和室での作法の1つとして重要な役割を果たしている。

もともと位の高い貴族が使用していたことから、座布団は、相手を敬いもてなすという意味を持つ。あらかじめ来客用に相手に座布団を敷いておく場合にも、向きや、裏表を間違えると失礼に当たる。また座布団を出されたときの作法も重要で、相手の好意を踏みにじらないように行う必要がある。

座布団は畳に由来する。元々、畳の上に茵を敷いていた。茵とは、薄畳に布の縁をつけた正方形の敷物で、位の高い貴族が使用していた。これと、社寺などで使われていた円座(ワラやイ草をうずまき状に編んだ敷物)が合わさって、現在の座布団へと発展した。中に綿を入れる布製になったのは江戸時代中期以降で、一般に普及したのは大正時代に入ってからのことである。

座布団は、四方の内、一方だけ縫い目の無い向きが正面である。また中綴じの所で、糸の房が出ているほうが表になる。

訪問先で、和室に通された場合は、座布団に勝手に座ってはいけない。畳に座って待つか、案内人に進められた席の座布団に座る。このとき、足の裏ではなく、膝から乗って正座をする。

座布団の材料：中綿—麻、真綿、木綿　生地—綿、麻

五　行灯

江戸時代は、照明に油を使用した行灯を使用していた。価格が安い石油ランプが普及するまでは、住宅の照明として最も一般的なものだった。現在では、同じ構造で油の代わりに電球を使用して行灯を使っている。

行灯

行灯は、燃料に菜種油を使った江戸時代を代表する住宅用照明器具である。照明効果は非常に小さく、明るさは 60 ワット電球の 50 分の 1 だったから、寺社などの大きな建物になると、建物内の様々な場所に置かれていた。

庶民の生活では、菜種油よりも安い魚(イワシなど)の油を主に使い、夜になると行灯で手元だけを照らし、裁縫などを行った。基本的に日が暮れると早く寝るという生活サイクルだったから、特に問題は無かったようである。

江戸時代以前にも、油に火をともして照明として使用することはあったが、火が消えないように紙を貼ったのは江戸時代からである。

油を多く含んだ菜種油からの搾油のための搾め木が発明されたことにより、荏胡麻油に変わって菜種油が主な灯火用の油となり、行灯は普及した。これにより、持ち運びなど用の手提げ行灯など、様々な形の行灯が作られる。当時は蝋燭も製造されていたが、菜種油よりも高価のものだった。明治時代に入る直前に、燃料の石油が菜種油よりも安い石油ランプがアメリカから輸入された。ここから照明道具の主流は石油ランプに移行し、行灯はほとんど使われなくなる。

行灯は、火が消えないように紙を貼った木や竹、銅線の枠の中に火皿(小さな陶器の皿)を置いたものである。火皿に油(荏胡麻油、菜種油、イワシの油など)を入れ、油から少し灯芯(古い麻布を細かく裂いた物)を出し、火をつけて使用する。

行灯の種類には、置き行灯、手提げ行灯、掛行灯、釣行灯などがある。

六　簾

簾

簾は、日差しを避けつつ風を通すという、一石二鳥の便利な道具である。現在でも和風の住宅では主に窓の外に外掛け用として使われている。歴史のある住宅や、川に面した住宅に簾がかかっているのを見ると、とても風流に感じるものである。近年のアジアンブームや、癒しブームにより、本来の目的ではないがインテリアとしても人気がある。

簾は、窓の外に垂らして日光や外部からの目線を遮るとともに、竹の隙間からの風により、涼を取ることも可能である。

以前の日本の住宅は軒が深く、軒先にすだれをかけることによって広範囲の日陰を作ることができた。現在の日本の住宅は、軒が短いので窓のすぐ外に垂らして使われている。10cm ほど離して垂らすことで、窓との間に空気層を作り、熱を遮る効果が生まれる。

住宅の洋式化により、ブラインドやスクリーンが普及したが、簾は現在でも多く使われている。

簾は主に竹で作られている。作り方は、竹を細かく割き、太さをそろえ、綿糸で一本ずつ編んでいく。竹製のものは高級品とされ、室外向けの使用には、葦製のものを多用する。現在は、ビニール製のすだれもある。

七　炬燵

炬燵

炬燵は、室内全体用の暖房器具が発達し、普及した現在でも、それらと併用される形で、1 人暮らしの人から 5 ～6 人の家族まで幅広く使われている。それには、炬燵の電気代がエアコンや床暖房よりも安く収まることや、直接的な温もりの心地よさというものが要因として挙げられるだろう。

伝統的な日本の住宅では、機密性の低さから、部屋全体を暖めることより、住人の身体のみを暖める方法が発達した。中でも炬燵は、布団を使用するので、その中は機密性が高く、足や下半身、時には全身を暖めるのには有効だった。

近年の日本の住宅では、エアコンやファンヒータ、電気カーペット、床暖房など、技術の進歩による暖房用の電化製品やガス器具が多く登場したが、炬燵は依然として根強い人気を持っている。また、ダイニング炬燵と呼ばれる、洋式の机と椅子に炬燵を合体させたものもある。

木で作った机状のものに、布団をかけるというスタイルは当初から現在まで変化していない。最も変化したのは熱源で、炭から電気へと移行した点である。

炬燵の種類には、置き炬燵と、掘り炬燵(腰掛炬燵)があり、現在でも混在している。置き炬燵は、移動ができる、片付けが楽といった長所が、掘り炬燵は椅子に腰掛けるようにして座るので足が楽という長所がある。

第四節　通過儀礼

日本には産湯や七五三、結婚の習俗、長寿の祝いなど、古来から続く通過儀礼がある。しかし人々の意識、社会構造などの変化と共に、その多くが廃れつつあるのも事実である。そんな中、今でも根強く残る儀礼もいくつか存在する。お宮参りや七五三で晴れ着に身を包み、神社へお参りに行くのは今でも一般的であるし、厄年のお祓いに行く人も途絶える気配はない。

これらの通過儀礼の核の部分には「子供が無事に育ち、長生きできるように」のような人々の想い、願いがある。日本人の身近にころがっている儀礼の意義を知れば、数々ある日本のしきたりをわずらわしいものと思わなくなるかもしれない。

一　帯祝い

帯祝いとは、「着帯祝い」ともいわれ、妊娠５ヶ月目の頃の戌の日に安産を祈って岩田帯を巻く儀礼である。

帯祝いは、胎児の無事な成長と妊婦の安産を祈る儀礼である。

岩田帯と言われるさらし木綿か白い綿ネルを、七五三にちなんで七尺五寸三分(約 2.3m)に断ち、端に紅で寿の字を書いて半分に折り、折り目を下にして妊娠の下腹に巻く。そしてこの日は慎重に選ばれ、その年の恵方に向かって帯を巻くとよいと言われている。

地方によって、帯祝いに行われる行事は様々である。例えば、「安産祈願」とは、無事な出産を神さまに祈る儀礼で、この祈願を着帯の祝いの日に合わせて行うことが多く、祈願の際には、一般的に各地の産土神社に参拝するようである。

また、紅白餅を食べる習慣があるところもあり、これは「帯祝い餅」、「帯掛け餅」、「はらいた餅」とも呼ばれている。そして、紅白餅の中央に小さな小豆が一粒入っており、お餅を包丁で開く時に、この小豆が切れると「女の子」、切れないと「男の子」が生まれると言われている。

二　出産

分娩は病院や助産院で行われるのが一般的である。胎児は妊婦の体内で成長し、10ヶ月程度で誕生する。産前の妊娠期間には帯祝い、産後には産飯、産湯など、昔から行われている慣習が存在する。

子供の誕生後、米の飯が炊かれる。これを産飯という。炊かれた飯は、茶碗に高く盛られ、出産する部屋にあるたんすの上におき、産神に供える。これは産婦や新生児を悪霊から守るための呪術的な儀礼である。「一生食べるのに困らないように」と、一升の米を炊く地域が多いようである。産飯は生まれた子の枕元にも置き、産婦や産婆、近隣の女性や子供など多くの人(産の忌みにより、男性は参加しない)に食べてもらう。

生まれた子は産湯で体を洗われる。産湯は生後すぐに身を洗う湯と思われがちであるが、実際には3日目に入浴させる湯のことをいう。あの世から持ちこんだ穢れを洗い流し、この世で丈夫に育つことを願う呪術的な慣習である。産湯の中に酒や塩を入れると風邪を引きにくくなり、漆椀を入れると漆にかぶれなくなると言われている。新生児を洗った湯は穢れたものとされ、床下やトイレなど日光の当たらない場所に捨てられる。

妊娠中に火事を見ると生まれる子にあざができると言われたり、タコや油揚げ等は妊婦の体に有害なので食べるとお産がうまくいかないとされた。またお産時に出血することから、妊婦は生と死、つまりこの世とあの世の境目をさまよっているものと考えられていた。そのため出産後の母親の体は、子供と同様あの世の穢れが残っているとされ、神棚や寺社に近づくことはご法度で、また周囲の人々からも一定期間隔離された。

現在では出産は家族の問題になったが、これは地域の人間関係の変化や、出産の場所の自宅から医療機関への変化、出生率の高まりの結果なのかもしれない。

三 お七夜

お七夜とは「お七夜の祝い」「名づけ祝い」「命名式」とも言われ、誕生後7日目（生まれた日も入れて）に赤ちゃんに名前をつけ、白紙に書いて神棚や仏壇などに貼ってお祝いをすることである。

お七夜は、生後 7 日目の赤ちゃんに名前をつけて、「人間として存在していますよ」ということをその地域に住む人や、その土地の産神様に報告をする日である。現在の民法では、出生後十四日以内に出生地、本籍地、届出人の現住所のいずれかの役所へ出生届を出すことになっている。そのため、名前をつけるのは十四日以内という考え方が一般的である。

お七夜の起源や由来は詳しくは分っていないが、この日に赤ちゃんが初めて社会の一員として認てもらうため、家の神や産神に報告をする行事が平安時代頃から行われていたそうである。

昔は、親しい間柄の長寿の方などが赤ちゃんの名付け親となり、助産婦や仲介夫妻、親戚などを招いて祝ったようである。また戦前までは、お産は穢れたものとされていたので、産婦は出産後も別の小屋などで忌籠もる習慣があった。そしてお七夜にあたる出産後 7 日目にようやく産婦の「床上げ（寝床をかたづけること）」を行い、父親の「産の忌み」が明けたようである。

産婦が完全に「忌み明け（篭る期間が終わること）」をするのは、お宮参り（産後 30 日目頃）の後である。

現在、名前に使用する文字は、戸籍法で決められていて、常用漢字や人名漢字、ひらがな、カタカナの中から選ぶ。そして、相応しい名前が決まったら、神様に報告をするために奉書紙や半紙などの白い紙に名前を書き、神棚にお供えしたり床の間に貼ったりするようである。

また、天皇家では、命名までの赤ちゃんの呼び名は「新宮」だそうである。

四　お宮参り

お宮参りとは、子供が生まれて初めて産土神に参詣し、その土地の一員になったことを認めてもらい、子供の健康と長寿を祈る行事である。初宮参りとも呼ばれている。

お宮参りは、生まれた子供の長寿と健康を祈る行事で、男子は31日目、女子は33日目にその土地の守り神である産土神に参詣し、わが子の幸せを祈る儀式を行う。

しかし現在では、30日目くらいが参詣の日として選ばれ、地元の神社ではなく有名神社に参詣する人も多いようである。

お宮参りは、子供に祝い着を着せ、生まれた子供を夫の母(姑)が抱くことが習慣になっている。これは古来、産後しばらくの間は「産の忌み」などと言われ、「穢れた」体をしているからだとか、産後の女性に無理をさせないためとかいわれている。

またこの時の正式な祝着(産着)は、男児が黒地の紋付きで、女児は友禅の晴れ着である。昔は、祝い着を妻の実家が調達していたが、最近ではそういった古い慣習にこだわらない人が多いようである。

五　食い初め

食い初めとは、生後100日目か200日目(地方によっては110日目)に子供に初めてご飯を食べさせる祝いの行事である。

食い初めとは、「箸初め」「箸揃え」「真名初め」「百日」などといい、生後初めて赤ちゃんにご飯を食べさせる祝いの行事である。歯が生えるほどに成長したことを喜び、子供が一生食べるものに不自由しないように祈り、健やかな成長を願う儀式である。

この頃、子供にも歯が生え始めることから、それを祝い、新しい茶碗・汁椀や皿などを用意する。そして歯が石のように丈夫で堅くなるようにとの願いから料理に小石がそえられることもある。

また、そのとき用意されるものは「食い染め椀」という鶴亀や松竹梅などのおめでたい蒔絵模様の描かれたお椀などで、料理には赤飯や御頭つきの魚を用意したりするが、実際には食べる真似をさせるだけのようである。

六　初節句

初節句とは、誕生後初めての節句(季節の変わり目を祝う日)のことで、男の子は5月5日の端午の節句、女の子は3月3日の上巳の節句のことを指している。ただし、誕生後21日以内に節句が来る場合は、翌年から行うようである。

雛人形

初節句は赤ちゃんの無事な成長を祝い、今後の健やかな成長と厄除けを願う行事である。

そして女の子は3月3日の上巳の節句、男の子は5月5日の端午の節句に雛人形や武者人形などが祖父母から贈られどちらも盛大なお祝いをする。またお雛さまや兜などは赤ちゃんに降りかかろうとする災厄を、代わりに引き受けてくれる災厄除けの守り神のようなものとされている。

節句は、「節日の供御」と言われ 季節の変わり目に行う祝いの日に、神さまへのお供え物をすることをいう。 そのため、節句には神さまへお供え物を捧げ、それをお下げして人々が共に食事をしたという習慣があった。

武者人形

初節句は、長女・長男の時と次男・三男、次女・三女の時ではお祝いの仕方が違うのだろうか。これは一般に同じようにお祝いをすると言われているが、女の子の場合、雛人形を増やしていくとよいという説もあり、揃っていない人形や飾りを贈ることもあるようである。また最近では、次女から市松人形を贈る習慣もある。

男の子の場合、長男の持っていない兜や武者人形などを贈る。五月人形の場合は雛人形のように増やさないのが普通である。

また、雛人形は母方の祖父母が、兜は父方の祖父母が贈るというのが一般的である。

七　七五三

三歳の男女、五歳の男子、七歳の女子が 11 月 15 日にお宮参りをし、子供の成長を祝う行事である。子供たちは晴れ着に身を包み、千歳飴を持って家族に連れられ、各地の神社にお参りし、記念撮影するのが一般的である。

七五三

七五三は子供の成長を祝い、子供自身にもその自覚を与えるためのものである。子供に持たせる千歳飴には、子供が元気によく成長するよう、また長生きするように、という願いがこめられている。

古来の七五三の形は「髪置き」「袴着」「紐落し」「帯解き」と呼ばれ、各地各様に男女とも行われていた。髪置きは 2～3 歳の間に行われ、その日を境にそれまで剃って短いままだった子供の髪を伸ばし始める儀式だった。袴着は3～7歳の子供が、初めて袴をつける儀式だった。紐落しは5～9歳の間に、それまで着物を留めるのに使っていた紐を帯に変える儀式で、帯解きとも呼ばれた。江戸中期、呉服屋がこの3つの行事を商業政策として取り入れ、1つにまとめ、江戸の町で宣伝した。これが今日の七五三の原型だと言われている。そして武家や有力商人などの間で流行したものが、明治以降庶民に普及した。

昔は医療・衛生的に未発達で乳幼児の死亡率が高く、成長する子供は幸運とされていた。そのため「七つ前は神のうち」といわれ、7歳未満の子はまだ神に属するものとされ、神がその運命を決めると考えられていた。そこで人々は数々の儀礼を行うことで、子供の無事な成長を祈りました。そして7歳の祝いはその不安定な時期を乗り越えた節目の儀礼であったため、特に7歳の祝いを重視する地方は多かったようである。

神社で祝詞をあげ、お祓いを受ける場合と、ただ参拝してお賽銭をあげて子供の成長を祈願する場合とがあるが、現在は後者が多いようである。またお参りする日も11月15日にこだわらずその前後に都合に合わせて行く人も多いようである。北の地方では1ヶ月繰り上げて10月15日にお祝いする慣習もある。

正式な服装は、3歳の女子は肩揚げをした着物に、帯を結ばず「被布」という朱赤のベストのようなものを羽織る。3歳、5歳の男子は紋つき羽織に仙台平の袴、7歳の女子は揚げをした本裁ちの着物にかかえ帯である。ただ現在では子供が晴れ晴れとした気分でいられるよう、疲れない服装、無理のないスケジュールで祝うことが多くの本で推奨されている。

昔は数え年(生まれた年の12月までを1歳とし、年が明けると2歳となる年齢の数え方)で七五三を祝っていたが、現在では満年齢(生まれたときは0歳で、それ以降1年経つごとに1歳加齢する数え方)でもしばしば祝われる。

八　結婚

血縁関係のない男女が、永続的に社会的、経済的、人間的、また生活的結びつきを持つことである。結婚の意志を固めた男女は結婚式·披露宴をあげ、婚姻届を役所に提出する。

結婚すると上記のような様々な結びつきをもつ。男女が恋愛を通して結婚にいたる恋愛婚と、世話人(仲人)が見知らぬ者同士を引き合わせるお見合い婚とがあり、近年では前者が主流である。

婚礼は、夫婦生活という人生の新しい段階に入ったことを確認し、それを家族や親戚、友人、会社の上司、同僚など両人がお世話になった人たちに披露するために催される。初めて結婚する人の平均年齢は1970年には男性26.9歳、女性24.2だったのが、2003年には男性29.4歳、女性27.6歳と、晩婚化が進んでいるようである。

日本の結婚の歴史は民俗学的には婿入婚から嫁入婚への移り変わりからみることができる。

明治以降に神前、仏前の婚礼が始まり、戦後は特に神前が普及、さらに新婚旅行も広まった。

結婚式·披露宴では、新郎はモーニングを着用し、純白のウエディングドレスや白無垢の花嫁衣裳に憧れる女性が多いからか、現代の婚礼はキリスト教式約6割、神前式約3割と、多くを占めている。花嫁衣装として豪華な小袖の上に華麗な金銀の縫い取りの打ち掛け、頭は高島田に角隠し。最近ではこの装いで神前の誓いを済ませて、披露宴にのぞみ、色直しにはウェディング·ドレスといった花嫁姿が多くなった。披露宴の途中、新婦は中座して衣装を替える。これを「お色直し」と言い、いろいろな衣装を見せて美しさを強調するためであろう。披露宴ではホテルや結婚式場、レストランで着席ディナーや立食パーティーが行われるのが一般的である。新婚旅行では行き先は海外、日程は1週間程度が多いようである。

婚礼までに準備することは多く、結納を経て、だいたい6ヶ月前から式場や披露宴会場の予約、新婚旅行や新居のプラン立てなどをする。さらに3ヶ月前から婚礼衣装の予約、新婚旅行の予約などをする。そして2ヶ月前から司会、受付など世話人を依頼し、1ヶ月前には招待状発送、新居と家具等の購入、婚姻届など各種届の準備などをする。

九　厄年

災厄に遭いやすく、忌み慎まなければならないと言われる年のことである。厄年は数え年で数え、一般的に男は25、41、42、43、61歳、女は19、32、33、34、37歳である。陰陽道の説に由来し、近世に入り定着したと言われている。

男42歳は「しに」、女33歳は「さんざん」という語呂合わせから多くの地方で大厄とされ、その前後の年も前厄、後厄と言い厄年になっている。この年になった人々は厄払いに神社仏閣へ行くのが一般的である。

厄年は迷信とも言われるが、男性42歳は働き盛りで体力的に無理をしやすい時期、女性33歳も出産、子育てと苦労が多く体調を崩しやすい時期で、男女とも生理的な節目にあたる。そのため、古来からの様々な習俗、俗信が廃れつつある今日においても、気にする人は多いようである。

厄の捉え方は地方により様々だったが、女性の大厄での結婚や、両親のどちらかが厄年の出産を避ける風習は各地に広く定着していた。一方で、厄年は人生の1つの社会的節目であったと考ることもできる。

女性は33歳の大厄のころになると、嫁入り後から続いていた実家からの贈答品が打ち切られ、姑から一家を切り盛りする主婦の座を譲り受けた。また、男性は42歳になると村落内の神社経営や祭事執行に関わることが許され、もしくは村落の重役になる地方も多くあった。

正月を迎えた後、節分などにもう一度正月の祝いをして厄を跳び越そうとしたり、また櫛や小銭、節分の豆などを年齢の数だけ神社の境内に落として厄を落とそうとするなど、地方によって様々な厄払いが行われている。

男性は 40 歳前半になると初めての人間ドックに行く人も多いようである。厄年だからといって憂鬱な気分になるよりも、厄年はむしろ自分の健康状態をチェックし、ライフスタイルや食生活を見直す好機かもしれない。

十　葬儀

死者をほうむる儀礼である。一般的な葬儀の方法は、臨終の後、納棺し、通夜を行う。その後葬儀·告別式、出棺、火葬を行い、遅くとも一年以内に墓へ納骨する。

死者の信仰していた宗教のしきたりにのっとり、各種各様のスタイルで葬儀が執り行われる。仏教、神道、キリスト教では、かなり葬儀の形式が異なる。参列者たちは、仏式では焼香、神式では玉串奉奠、キリスト教式では献花を行う。

仏教の葬儀は、多くの場合、喪家でお経が読まれる等した後、寺院で故人に仏としての悟りを開かせる儀式を行う。

一方、神道では死を穢れとする観念があるため、神社で葬儀が行われることはない。神葬祭では死者が神の世界に還っていくことを神に報告したり、遺体から分離した霊を位牌のようなものに移し、その後故人と訣別する儀式を行う。

人が死ぬと、その家では玄関にすだれを裏にしてかけ、「忌中」の札を張る。医師から死亡診断書を受け取り、それから葬儀社に葬儀の依頼をしたり寺院に死亡を伝えて仏名をつけてもらう。

死亡の翌日がお通夜で、死者を葬る前に家族·親戚·友人などゆかりの深い人々が夜通し棺の前で守る。参列者が焼香し、軽い酒食を取りながら故人をしのぶのがしきたりになっている。

葬儀と告別式は引き続き行われるのが普通だが、場合によって遺族や近親者だけで葬儀を行い、一般会葬者は告別式にだけ参列するなどもある。告別式の後、火葬場に行き、遺骨を自宅に持ち帰り、翌日、埋葬(納骨)をする。墓地が正式に決まらない場合、寺院の納骨堂にいったん遺骨を預け、後日埋葬することもある。

故人の死後、冥福を祈って読経する法要という行事がある。死後7日目初七日、同様に四十九日、百か日。命日に行う一周忌、三回忌、七回忌などの年忌法要もある。盆や、春秋の彼岸にも墓参りをして、死者をしのび、供養する。

古来より日本では4種類の葬法が行われてきた。第一に火で遺体を焼き、骨を墓に収める火葬、第二に遺体を焼かずにそのまま土中に埋める土葬、第三に川や海に遺体を流す水葬(舟にのせて流す場合もあり)、第四に山や林の中に遺体を棄てる風葬があった。

多くの地域では、昔から葬儀は村落内で組織する葬式組によって行われた。しかし1955年代以降、各地で専門の業者が葬具の賃貸や販売を行うようになった。その後業者は業務拡大し、葬式組の役割をそのまま受けつぐこととなった。

喪服は黒というのが常識になっているが、遺族は亡くなった直後はすぐに正式な喪服を着る必要はないが、なるべく地味な服装に着替え、結婚指輪以外の装身具を全部はずす。喪主と成人の遺族は原則として正式の喪服を用意する。

遺族の和服喪服の場合、男性の喪服は黒羽二重の五つ紋が正式。女性の喪服は昭和までは白むくに白帯が正式とされていたが、昭和から黒羽二重の紋付がマナーになった。

遺族の洋服喪服の場合、男性の喪服は黒のモーニングコートが正式。ブラックスを着るのは略式喪服ということになる。女性の洋装の場合、黒一色のアフタヌーンドレスが正式である。

略式喪服として黒のフォーマルなワンピースかスーツでブラウスも黒を用意する。

会葬者の喪服の場合、男女共に、会葬者の服装は遺族の洋装略式喪服に準ずるのが一般的だが、遺族の印である喪章と黒リボンの喪章は、会葬者はつけてはいけないので、注意する。また急な不幸を聞いて駆けつけるのであるから、通夜にきちんとした喪服で出向くのは不幸を予期していたようで、かえって失礼だとする考え方もある。礼法としては弔問の際に喪服を着るのが原則である。

学生・子供の場合、学生は男女共に制服があればそれが喪服となる。ない場合は黒またはできるだけ地味な服装で、遺族の場合は喪章もしくは黒いリボンをつける。子供は白いワイシャツか、ブラウスに黒のズボン、スカートといった服装にする。

日本の伝統的な葬送習俗に、「末期の水」「魂呼ばい」「枕飯」がある。

「末期の水」は臨終を告げられた後、近親者がその人の口に含ませる水で、あの世で飢えや渇きに苦しまないようにするものである。「魂呼ばい」は死者の枕元や屋根に上り、故人の名を呼び、その体から抜けた魂を呼び戻そうとするものである。「枕飯」は故人の使っていた茶碗に米の飯を高く盛り、中央に箸を立て、枕元に供えるものである。魂は体を抜けた後、葬儀の前に一度善光寺(長野古元善町にある寺)へ行くという俗信があり、枕飯はその際食べる弁当だとされている。

第五節　慣習

お辞儀や「おはよう」などのあいさつ言葉、またお中元、お歳暮、お土産などの贈答習慣は日本人には欠かせないものである。

海外でも似たような習慣を持つ国々はたくさんあるが、その方法はやはり各々のお国柄が表れるようである。日本の慣習には中国の儒教の影響を受けるもの、仏教の影響を受けるもの、国内で独自に発達したものなど様々あるが、その内の多くは人間関係の潤滑油のような役割を果たす重要な習慣である。

また一方で、風呂のような人間関係には直接関係ないが、日本人にとって欠かせない慣習もある。湯船にたっぷり入れたアツアツの湯に、「じゃぶり」と浸かる風呂は一日の疲れを癒す重要な日課である。

一　挨拶

あいさつは世界共通の行動であるが、その方法は国によって千差万別のようである。日本ではお辞儀が一般的であるが、タイではお辞儀の代わりに合掌を、ポリネシアでは鼻を使ってあいさつをする。

また、今日の「おはよう」は「お早くから、ご苦労様でございます」などの略で、朝から働く人に対するねぎらいや気遣いの言葉だった。

あいさつは世界共通の行動であるようである。ただ、属する社会やその文化の違い、挨拶する場面によって変化する。日本で代表的な挨拶といえばお辞儀である。場面や気持ちの深さによって腰を折る角度が変わる。一方西洋の方ではお辞儀の代わりに握手をする。男性同士では互いの手が地面に垂直になる定番の握り方であるが、異性間では男性が女性の手を親指以外の４本の指を握る形になる。

昔から日本人は道行く人々には誰にでも、たとえ見知らぬ人でも声をかけてきた。挨拶が出来ない者は恥とされ、一人前とは見なされなかった。今でもビジネスの世界、親戚や近所関係など各コミュニティの中ではそういった傾向が見られる。「おはよう」などの挨拶語やお辞儀などは、最も基本的な日本の慣習として今後も残っていくだろう。

人の交際は挨拶に始まり、挨拶に終わる。従っていろいろな挨拶がある。

朝起きた時には「おはようございます」という。これは家族・親族・友人・知人などで少し変わる。原則としては年上の人や上司には敬語を使うが、年下や同僚には「おはよう」と言う。だが、夜商売や芸能界では夕刻でも「おはようございます」という。

昼間は「今日は」というが、この場合は上下関係がない。同僚に対する挨拶としては使わないが(「今晩は」も同じである)、人に会った時の挨拶として「おはようございます」は誰にでもどんな間柄の人に対してでも使える。もちろん家族の間で使わない。

夕方から夜には「こんばんは」というが、「おやすみなさい」と付け加えることもある。この場合は年下には「お休み」と言うこともある。

食事の場合には食前に「いただきます」といい、食後に「ごちそうさま」と言うのが一般的な常識である。

食事を勧める時、客などには「どうぞおあがりください」という。「たくさん(十分に)おあがりください」などと言うのもよかろう。母親が子供などに「おあがりなさい」という。「いただきます」「頂戴します」といって、箸を取る。

別れの挨拶は「それじゃ」「それならば」「さようなら」「ではまた」「またあした」などある。

「さようなら」は送る者も送られる者も使うが、見送る者は「お大事に」「お静かに」「どうぞお気をつけなさって」などとも言う。長い別れなどであると、「お元気で」と言ったり万歳を唱えたりする。

勤めや学校へ出かける時には普通「行って来ます」「行って参ります」、送り出す方は「いっていらっしゃい」「早くお帰りなさい」「気をつけて」などと言う。

親などが子供に留守をさせて出る時には「気をつけてね」「お

となしくしてるんですよ」、留守番には「頼みます」「お願いします」などと言う。

外から帰った時は「ただ今帰りました」(略して、「ただいま」)が普通である。これに対して、迎える者は「お帰りなさい」「お帰り」という。

他人の家や会社などを訪問する場合には、入る時に「お邪魔します」、帰る時に「失礼しました」と言うが、逆に入る時「失礼します」、帰る時「お邪魔しました」と言うときもある。

いずれにしても挨拶は軽い会釈をし、笑顔でするのが日本人特有のしぐさだと言えよう。

寝る時は「おやすみなさい」という。年下には「お休み」でもいい。または「お先に」とも言う。

下宿していて、先にお風呂に入る時や先に寝る時は「お先に失礼します」というのが礼儀だろう。

二　お辞儀と握手

両者とも挨拶として行われる一方、お辞儀は相手への敬意を表し、握手は親睦・和解の表現として行われるという微妙な違いがある。

日本の挨拶の代表格であるお辞儀は主に東アジアで見られるものであるが、西洋でも行われる。西洋の挨拶は握手がメインであるが、女性が男性に、または女性同士の場合には握手をせずに軽くおじぎをすることが多いようである。

お辞儀には「立礼」、「座礼」の2種類があり、また礼の深さで分類すると「最敬礼」「敬礼」「会釈」の3種類がある。「礼三息」という言葉があり、息を吸いながら腰から上を前に倒し、止まったところで息を吐き、そして再び息を吸いながら元の姿勢にもどる。これをすると大変丁寧な印象を与え、また自分自身の精神状態を落ち着かせる効果もあるようである。

また握手は、一般的に右手で立って行うのが一般的である。

日本人の中には座りながら握手をする人がいるかもしれないが、これは本場西洋では行われないようである。

お辞儀は自分の首を差し出して、相手に対して敵意がないことを表現したことに由来するといわれる。飛鳥～奈良時代、中国の礼法を取り入れ、身分に応じたお辞儀の形が制定されたのがお辞儀の始まりといわれている。

日本での丁寧な挨拶はお辞儀が一般的だったが、近年では西欧文化の浸透により、握手も一般化してきているようである。握手の由来は諸説あるが、手に武器を持っていないことを証明することから始まったと広くいわれる。それによると武器を持つであろう利き手は右手の人が多いため、握手をする手は右手になったのだそうである。

頭を下げるだけのお辞儀はあまり良くないという。これだとお辞儀をし足りなかったと思い、何回も頭を下げてしまうこともあるだろう。そうなると敬意や奥床しさ(深い心づかい)、丁寧さなど、本来お辞儀で伝えられるべきものが伝わらない。立礼の場合、「最敬礼」は直立の姿勢から腰を基点に45度以上体を曲げる。「敬礼」は30～45度、「会釈」は15度程度である。「最敬礼」は日常ではあまり見られないが、謝罪する時や本当に心から感謝の意を表したい時、また神前や仏前など儀式的な場面で用いられる。

握手は背筋を伸ばし、必ず相手の顔(目)を見て行う。強すぎず、緩すぎないように握る。強すぎては相手に不快感を与え、また緩すぎても好意を表せない。アメリカでは弱い握手は「Dead-fish handshake」と呼ばれ、死んだ魚を握るようで気持ちが悪いと言われているようである。お辞儀をしながら握手をするのは卑屈に見えるので、あまりしない方がいいだろう。

三　正座

膝をおりまげ、膝下から足の甲を床につけ、尻を足の裏の上

正座

にのせる座り方である。現代の日本人の生活スタイルが洋式化していることもあり、この座り方をする機会は減りつつある。

正座は一般的な生活のシーンでは行儀をよくするために用いられるが、芸道·武道の分野では作法の祖形、身体訓練の出発点である。この座り方は同一姿勢を維持することで腹筋と背筋を鍛え、また肩の力を抜いてゆっくり呼吸すれば、精神を統一し、心に平静さを与えてくれる。

正座は、古来から日本国民の正しい座り方として普及していたものではなかった。かつて日本人は時代や身分、着ている物、座る床によって胡坐、立てひざ、横座りなど様々な座り方をしていて、各々正しい座り方として普及していた。

正座は、長時間続けると疲れるものだと思っている方が多いようであるが、足の親指を少し重ね、かかとに尻をのせず外側に向け足裏を自然に寝かせる感じにすることで、しびれが多少回避できる。

弓術·馬術などの一派で、その礼儀作法が明治初期の学校教育にも採用された小笠原流では正座の正しい座り方を提唱している。それによると正座をすることで、体全体の筋肉が緊張し、脳に刺激を与えて頭の回転がよくなるそうである。

四　上座と下座

部屋の中で目上の人や客人が座る席を上座、目下の人やもてなす側が座る席を下座という。特にビジネスの世界ではこの席次が重んじられる。「かみざ」「しもざ」又は「じょうざ」「げざ」とも呼ばれる。

一般に、和室では床の間や床脇棚に近い席が上座、部屋の出入り口に近い席が下座となる。床の間がない部屋では出入り口から遠い席が上座、近い席が下座となる。また洋室では、暖炉や暖炉の飾り棚があれば、そちらに近い席が上座となる。出入り口から遠い位置にソファーがある場合もそれが上座である。

ソファーが上座になるのは、「2人分のスペースがある広いソファーに1人で座ってもらい、よりくつろいでもらいたい」という大切な客人や年配者などへの配慮が込められている。また出入り口に近い方が下座なのは、出入りが頻繁にあると落ち着かない気分になるため、大事な人を座らせるわけにはいかないからである。

なぜ床の間の近くが上座になったのだろうか。それは床の間の歴史をみるとわかる。床の間は書院造りの特徴である。書院造りは室町時代にそれまでの寝殿造りにとって代わり普及した。寺の僧侶が経典などを勉強する部屋を原型とし、それが武士の家に取り入れられた。床の間は床より一段高くされ、そこには三具足(仏前に供える香炉・花瓶・燭台)を置き、仏画を掛けた。

床の間は仏画をかける神聖な場所であったため、部屋の一番奥の出入り口から遠い落ち着いた場所に造られた。その神聖で落ち着く場所に身分の高い大事な人に座ってもらうのは、自然な流れだといえるかもしれない。

上座であっても冷暖房の風が直接当たる、また直射日光が当たる、逆光で目上の人が心地よく過ごせない等の場合がある。上座がそのような悪環境におかれている場合には、無理に上座に座ってもらう必要はない。また外の景色がよく眺められる席が上座以外の席にあれば、そちらを勧めると良いだろう。

出入り口の位置や光の具合、眺めの良い場所などその時々の状況に合わせて席を勧めるのが、本当に相手を気遣ったおもてなしといえる。

五　お中元とお歳暮

日頃お世話になっている人に物を贈る行為、またはその品物を指す。期間はお中元が7月初旬～中旬の間、お歳暮は12月中旬～下旬の間である。二つまとめて盆歳暮などとも呼ばれる。

一年の盆と暮れに、日頃の感謝の気持ちや健康を気遣う気持ちなどを物に託して伝える。贈る人の割合が 20 代以上で 9 割を越える、かなり定着している慣習である。毎年この時期の一ヶ月ほど前になると、あちらこちらでデパートや大規模なスーパーの宣伝が目に付くようになる。

贈る相手は親や親戚、上司、取引先、仲人だけでなく、お稽古事の先生などに贈ることも多いようである。ただ取引先や顧客に一律に送るというような、儀礼的な贈り物を禁止している会社もあるようである。また学校の先生なども受け取ることを辞退する場合が少なくない。評価を上げてもらうなどの目的を持った品を受け取っても、さして嬉しくはない。贈り物は心のこもった思いやりの表現であるからこそ価値があると言える。

お歳暮は、一年の締めくくりであるため、お中元よりも重視される傾向にあるようで、どちらか一方贈る場合はお歳暮にしたり、両方とも贈る場合はお中元よりもお歳暮の方が品物の値段をやや高めにすることが一般的である。

本来、「中元」とは 7 月 15 日のことで、古く中国では上元(1 月 15 日)、下元(10 月 15 日)と共に重要な祭日だった。これは道教の思想に由来する。この 3 つの元はそれぞれ 3 人の天神様の誕生日で、人々はお祝いにお供え物をした。

一方日本には仏教の「盂蘭盆会」、つまり先祖供養の行事「盆」がある。この盆には、迎え火や盆踊り、送り火などの様々な儀式があり、その内の 1 つに「盆礼」がある。これは親や親戚、近所の人々の間で霊前に供える品物をやりとりする習慣だった。盆礼は一部の地域では生御霊とも呼ばれ、死者を供養すると共に、生きた魂も供養する考え方の下、物品を取り交わしたようである。

これが中国の中元の供え物と結びつき、現在のように盆の時期に贈り物のやりとりをするようになった。この慣習は室町時代の公家の間で広まり、江戸時代になると庶民の間でも定着した。

歳暮は元来新年に年神へ供える物品を、年の暮れに本家や家元に持っていく行事だった。今でも新巻き鮭や数の子などを贈るのは、年神様に供えるお神酒の酒肴に由来するといわれている。これもお中元同様、江戸期に庶民層に普及したようである。

贈る品物は、食料品が多いようである。その内訳は、お中元ではビールが多く、お歳暮では「海産物」「食肉加工品」「日本酒」などが多いようである。食料品は、趣味嗜好が少なく、無難で、無駄になりにくい点が受けているのかもしれない。頂きたいものとしては商品券なども人気があるようであるが、贈る側としては、「気持ちが伝わらない」「贈り主の個性が表れない」と思う人が多く、あまり浸透していないようである。また、目上の人に商品券を贈ったり、年配の方に肌着などを贈るのは失礼ととられる場合があるので、注意が必要である。

直接お届けに訪問しない場合、デパート等からの直送便に挨拶状を同封するか、荷物が届くころに合わせて別に書状を出す。送った品物や日時などをその書状に書いておくと、贈られた側が後で誰に何を頂いたか思い出したり、万一何らかの事情で届かなかった場合に有用である。包装には赤・金で蝶結びの水引と熨斗紙をつける。そして表書きは水引の上側に「御中元」「御歳暮」と書き、中央下にその文字よりは少し小さめに名前を書く。

当方・先方のどちらが喪中であっても、贈ることができる。しかし、ごく最近に不幸があって先方が気落ちしているなどの場合は時期を遅らせ、「暑中見舞」「寒中見舞」として贈る方が心遣いが伝わる。お返しは礼状のみで良い。ただ、感謝の表現というより親交を深める意味で友人などから贈られた場合は、同額くらいの物を贈ってお返しとしても良いだろう。

六　年賀状と暑中見舞い

年始やお盆の挨拶回りなどの節目の行事が、明治維新後、郵便制度の発達と共に書状という形をとって定着していったものである。普段会うことも、連絡を取ることがなくても、過去にお世話になった人、親しかった人などと自然に心通じる機会を与えてくれるのが、この年賀状と暑中見舞いである。

日本郵政公社が 2005 年用に発行する年賀ハガキは、約 43 億 5 千万枚だそうで、いかに年賀状を送る習慣が日本人に定着しているかが伺える。暑中見舞いや残暑見舞いは年賀状と比べ普及率こそ高くないものの、猛暑期に先方の健康を気遣い、お互いの近況を報告しあうことができる良い機会である。うちわ等の涼しげで夏らしい品々も切手を貼れば送ることができるので、その風流さで相手を喜ばせることができるかもしれない。

昔、人々は 1 年を 2 期に分けて考えており、その始まりが正月と盆だった。人々は期の始まりに、贈答品を持って「今期もよろしく」と挨拶回りに走り、もしくは挨拶の集いに参加した。江戸時代では、武家仲間から親戚関係、ご近所などの家をなんと元旦から 1 月末まで毎日回り続ける人もいたそうだ。身分の高い人は訪問を受け、低い人は訪問回りする役だった。しかしさすがに遠方のお宅には訪問することができないので、江戸時代の身分のある人々は飛脚便などを使って書状や贈り物を届けた。

近年は家庭でのパソコンやプリンタ、デジカメなどの普及率も上がり、予め印刷された絵ハガキを使わずオリジナルの年賀状や暑中見舞いを作って送る人が増えたようである。また、全て印刷ではなく一言手書きのメッセージを添えてあるのをよく見かける。やはり送る人全て同じものを送ったのでは、心が伝わらないのだろう。

年賀状を出す期間は、12 月 15 日～25 日頃である。また年賀状を私製ハガキに切手を貼って出す場合は、朱書きをする。出していない人から年賀状が届いた場合は、すぐに返事を書くが、投函が1日以降になる場合は、「元旦」という文字を入れずに投函日を書く。年賀は1月7日までのことを指すので、それ以降に出す場合は「寒中見舞い」、立春を過ぎたら「余寒見舞い」として出す。また文面には、新年明けて晴れ晴れした相手のことを考え、弔事や法事、離婚、廃業などの不祝儀ごとは書かない方が良いだろう。

一方、暑中見舞いは小暑から立秋までに出す。それ以降は残暑見舞いとして出すが、これも8月末までに出すのがマナーである。また、残暑見舞いは秋の暦に入るので、「盛夏」ではなく「晩夏」「立秋」などを用いる。暑中見舞いは喪中と関係なく出せるので、その分年賀状よりも気軽に送ることができる。

七　熨斗と水引

熨斗

熨斗と水引は贈り物につけられる飾りである。熨斗は祝儀の贈り物の右上に添えられている、いくつかの紙片を折り合わせたオーナメントで、水引は包み紙を結ぶ紙製の紐である。

熨斗には紅白などの色紙に黄色の細長い紙が挟まれている。これは元来干した鮑だったものが簡略化されたものである。熨斗は結婚式や快気祝い、出産祝い、中元・歳暮などに用いられる。これはお祝い事の時に生臭物（魚や肉など）を食べる古代の習慣に由来するそうである。

水引

水引には1色のものもあるが、2色組み合わさったものが基本となる。慶事には紅白や金銀など、弔事には黒白、銀白などに使い分けられる。結び方には蝶結びや結び切りがあり、蝶結びは婚礼以外の祝儀全般に用いられる。何度もほどいたり結んだりできる結び方のため、「こんな喜ばしいことは何度あってもいい」という意味で祝儀用に利用される。

結び切りは水引を細結び(真結び)にし、二度とほどけないくらいかたく結びる。そのため、「二度と繰り返してほしくない」という意味をこめて、婚礼と弔事全般に用いられる。結び切りには輪を形どった「輪結び」(婚礼用)、目じりの小皺を表現した「老いの波」(結納用)などがある。これらは基本的な結び切りから変形した美しい装飾結びで、年老いるまで末永く幸せになってほしいという意味がこめられている。

熨斗とは本来「のし鮑」のことで、当時は貴重な保存食品だったのし鮑を四角形の色紙に包み、贈り物をする際に包み紙と水引の間に挟むのが元々の習慣だった。のし鮑は塩漬けにした鮑を薄く伸ばし、細長く切り取って乾燥させたもので、神への供え物に用いられた。また鎌倉期以降は武家の出陣や帰還の際の祝儀にも用いられ、江戸時代には長寿の薬としても重宝された。鮑の匂いは邪気を祓うとされ、のし鮑のついている贈り物は新鮮で汚れがないものと考えられていた。

一方、水引は元々紙を縒ったものではなく、麻布だった。飛鳥時代、遣隋使の小野妹子が帰国の際に持ち帰った隋からの贈り物に紅白の麻紐が用いられており、それが水引の起源といわれている。以後これが宮中に広まり、室町時代には麻紐から紙になったようである。

熨斗に様々な色、形、折り方のものがあるが、用途によって厳密に使い分けられているわけではないようだ。現在では水引と共に熨斗紙や祝儀袋に印刷されているものも多く見られる。

水引は細長く切った和紙をねじって細くし、こよりにしたものを5～10本程度並べて糊を引く。これを乾燥させて水引の紐が出来上がる。どんな種類の贈り物にも用いる事ができるが、結婚祝いや見舞い、葬儀など場合によって色や結び方が変わる。水引は贈答品の装飾だけでなく、それ単体でもお正月飾りや結納品、結婚式の会場インテリアなどに用いられる。

八　餞別とお土産

日本人の贈答習慣のうち、もっとも頻繁に行われるものは旅行土産だそうである。餞別は、引越しや転勤などの際に贈られるが、かつて餞別と土産はセットで旅の習俗として欠かせない習慣だった。

日本の慣習の中でもことさら重要なのが贈答である。その中でも土産は現代でも馴染み深いものだろう。国内であれ、海外であれ、どこへ行っても土産を買って回る日本人の姿は有名である。これを一部の研究者は、お土産強迫症などと呼び、土産を買わなくてはいてもたってもいられない日本人の習性を指摘している。日本人は近所や職場の人にも土産を買うが、外国人は家族・友人にのみ買っていくそうである。

また、餞別は引越しや転校、転勤、長期旅行などの際に、「新しい環境になっても今まで通りお元気で」「これからもよろしく」などの意味を込めて、転居先で役立つような物品や金銭を贈る。欧米では餞別という習慣はあっても、餞別に金銭を贈ることはないようである。

友人やお世話になっていた人が引越しをする場合、今までの感謝の意をこめて現金や物品の餞別をすると喜ばれるものである。品物の場合、スリッパやテーブルクロス、エプロンなどの実用品が選ばれるようである。引越しの際に邪魔にならないよう、あまり場所を取らないものが好まれるようである。きちんと包む際は、紅白の結び切りの水引のついた熨斗紙に「餞別」「はなむけ」などと表書きする。目上の人には「餞別」と書くと失礼にあたるので、その場合は「御礼」と書く。餞別をもらったら、新しい土地や職場に無事移ったという報告を添えて礼状を出す。

基本的に餞別のお返しは必要ない。

日本人が国内で買う土産は、20 年前では陶器·人形などが人気だったようだが、今では安く、軽くてかさばらないものが好まれているようだ。一方で、日本に来た外国人が故郷の人々に買っていく土産は、陶器・人形などが多いようだ。日本的なイメージにぴったりだからとか。

九　お年玉

正月に子供に与える現金、たまは品物をいう。

年始先の家庭に子供がいれば、お年玉を贈る習慣がある。お年玉は子供に限らず、お手伝いさんやお年寄りにあげても失礼にならない。現金を贈る場合は、子供の年齢を考え、相手が負担にならない程度にする。また手渡す際は「お年玉」と印刷された専用の袋を使うことが多いようである。なお、お年玉は現金とは限らず、文具やおもちゃ、絵本なども使われる。お年玉は子供にとって、正月の楽しみの一つである。

もともとお年玉というのは、親類や内輪だけのもので、目上の人から目下の人へ贈られる物であったようだ。また昔はお年玉に、餅が使われていた。そしてこれは神が下さったものだと考える。これを正月にめいめいで食べるのであるが、このような風習は各地に残っている。

年の初めに贈り物をし合う習慣は古くからあったようで、既に室町時代では盛んに行われていた。筆、硯、酒、紙、餅、刀などの品物が使われ、これらを「年玉」と呼んでいた。現在も一般家庭では子供達にお年玉を贈るが、商店では得意先にタオルやカレンダーなどを配る風習が残っている。

十　名刺

日本で江戸時代から使われ始めた名刺は、現在ではビジネスマン必携物の一つである。当時は今のような使い方ではなく、訪問先が不在の際に来訪を知らせる意味で戸口の隙間に挟んで帰るという使い方をしていた。

初対面のビジネスマンはしばしば名刺を交換し合い、お互いの名前、会社名、連絡先などを伝える。自社の宣伝の意味をかねて「○○ならお任せください」と渡す場合も多々あるが、本来は将来の親交を考え、「今後よろしくお付き合いください」という意味合いで交換するものである。名刺はその人の身分証明書であり、名刺を丁寧に扱うことで名刺をくれた人に敬意を払っていることを表現する。ただ、海外では日本ほど名刺を丁重に扱うことはせず、先方の目の前でメモ書きしたり、即座にポケットにしまうこともよくあるようである。

ビジネスマンの必携物である名刺であるが、最近では医師が患者に渡して、コミュニケーションの促進に役立てようとする病院もあるようである。

名刺のサイズは91×55mmが標準サイズである。海外では企業によってまちまちなことも多いが、整理のしやすさ等の利点を考慮してか、日本で見かけるのはほとんどこのサイズである。掲載事項は名前や会社名、肩書き、連絡先などが一般的である。より多くの情報を載せる場合は、二つ折り形式のものも作られる。他に四つ角を丸く加工してあるものや、切り絵加工、型押し加工がしてあるものなど、多くの種類がある。ビジネス用ではなくプライベート用で作られる名刺は、凝ったデザインのものが多いようである。顔を覚えてもらうという意味で顔写真や似顔絵を入れる名刺もあるようである。最近では携帯電話でメールアドレスや電話番号、URLなどを読み取るQRコードを入れる企業もあるようである。

名刺交換はまず先に目下の人が目上の人に渡す。ただ、先方への訪問の際は、「お邪魔します」という意味を込めて訪問者が先に出す。また訪問者の方が明らかに目上である場合は、訪問を受けた側が先に出す。弔事で渡す場合は、右上に「弔」や「謹弔」

と書き、左下の角を表側に折っておく。慶事の場合、右上に「御祝」「御年賀」などと書き、左下角は折らない。

日本は世界で最も名刺交換をする国の一つと言われる。日本では比較的新しい習慣ではあるが、これも立派な日本文化の一つと言えるだろう。ただ、最近ではカード端末から体表面に微弱な電気信号を伝わせ、握手するだけで名刺(に載せている情報等の)交換ができる技術まで開発されてきているようである。とても興味深い話題であるが、将来名刺文化が廃れていくことになるとしたら、なんだか寂しい気もするね。

十一　風呂

心身を清めたり、治療に用いたり、娯楽·社交の場として親しむなど、昔から日本人は風呂を愛用してきた。戦後、住宅不足の中で重宝され、街中に数多くあった銭湯も今では減りつつあるが、温泉人気は衰えを見せない。また、最近では石風呂や五右衛門風呂などの風呂が人気を呼んでおり、やはり日本人の風呂好きは変わらないようである。

風呂は日本人の日課であり、一日の疲れを癒すのに欠かせない。海外ではシャワーのみで、浴槽内で体を洗う国が多いようであるが、日本人は湯につかるのが習慣である。そのため海外のホテルに日本人の団体旅行客が泊まりに来た際、湯の供給が追いつかなくなったという話も聞くほどである。反対に日本を訪れた外国人が一般家庭の風呂では家族皆同じ湯を使う習慣を知らず、入浴後風呂の栓を抜いてしまうことも多いようである。

また風呂は娯楽でもある。全国に数千余りある温泉やヒノキ風呂や打たせ湯、石風呂など様々な種類の風呂を集めた施設は人気がある。人々は風呂に浸かりながら親しい友人や家族と談笑し、時には酒を飲み、良い気分になる。

人生の最初の沐浴は産湯であり、死後は湯灌によって清められる。この他、平安以降の公家などは、引越しや婚儀、病気が回復したり新年を迎えた際などに決まって入浴した。宗教的、文化的通過儀礼としても湯を浴びることは、日本人にとって重要視されてきたようである。

このように日本人は様々な面で風呂好きといえるが、海外でも風呂好きな人々はいる。

家庭用風呂は関東では「鉄砲風呂」、関西では「五右衛門風呂」が主流だった。両者とも大きな桶の下部にかまどを据えつけたものだったが、温め方に違いがある。鉄砲風呂は炎が通る鉄管によってお湯を沸かし、人がやけどしないよう板で仕切った。一方五右衛門風呂は底から熱する方式である。水面に板が浮いており、これを足で沈めて入浴する。

底板を沈めて入る五右衛門風呂は、大盗賊の石川五右衛門が、彼の子供と共に京都で釜ゆでの刑に処せられたという説話にちなんで名付けられた。十返舍一九の「東海道中膝栗毛」の主人公、弥次良兵衛と喜多八は底板を単なる「ふた」だと勘違いして取り出し、風呂釜に下駄を履いて入浴するうち、お風呂を壊した話は有名である。

地方の昔ながらの住宅では一昔前まで五右衛門風呂があったところもあるようである。最近ではアウトドア五右衛門風呂なるものが登場し、その風情から人気が出てきているようである。

十二　テーブルマナー

1. 宴席のマナー

宴席は料理よりも酒のやりとりによる交歓が主となる。酒の余り飲めない人も、乾杯だけは受けて、形だけでも口をつけるのが礼儀である。後は勧められても、「ぶちょうほうですもので」と断ることは構わない。無理にさせられた場合は飲むまねをして、吸物のふたなどにそっと開ける。杯を伏せてしまうのは相手に嫌な感じを与えるものであるからやめる。

たとえ飲めなくても、雰囲気を盛り上げる気持ちを忘れてはならない。

2. 日本料理のマナー

西洋料理にいろいろなマナーがあるように、日本料理にも守らなくてはいけない礼儀作法がある。まず、着席する場合には必ず主客より先についていることである。主客を待たせては失礼になる。これが西洋料理とまったく違うところである。手荷物はできるだけ持たないで席につくようにする。ただ日本料理には西洋料理のナプキンにあたるものがつかないので、ハンカチと懐紙は用意しておくことである。

次に、日本料理は器や料理の美しさを尊ぶものである。そうした美しさには、料理人の心が細かく配られている。できるだけ残さないようにいただくことが大切である。残す場合は懐紙で覆ったりする配慮が必要である。

3. 食卓のタブー

食事中にしてはいけないことを挙げると、次の通りである。

にらみ食い——食べながら茶碗越しにじろじろ見渡すこと。

大食い——うつむいたまま食べること。

はさみ箸——一つのものを二人で箸から箸へ移すこと。

移り箸——おかずからおかずへと箸を移すこと。

もぎばし——箸についた飯粒を唇でもぐこと。

なめりばし——箸についたものを口でなめること。

迷いばし——どのおかずから食べようかと、箸の先が料理の上をあちこちはしること。

なみだばし——刺身のつけ醤油や酢の物の汁を卓上に点々と落とすこと。

さぐりばし——おかずを箸の先でかき分け、底の方から好みの物を取り出すこと。

こみばし——箸の先で食べ物を口の中にどんどん押し込むこと。

せせりばし——箸を楊枝代わりに使うこと。

わたしばし——茶碗の上に箸を渡すこと。

まわしばし——汁物の中を箸でかきまわすこと。

よせばし——茶碗や皿を箸の先で動かすこと。

仏ばし——茶碗に盛った飯の真ん中に箸をまっすぐつきたてること。仏前に供える飯と同じなるからである。

十三　病気見舞いのマナー

まず面会の都合を聞くことである。病院などでは面会時間がきちんと決まっている。見舞いの人数は多くても3人くらいにとどめるのがいい。余りたくさんで押しかけては見舞いの意味がなくなってしまう。また身内の者を見舞うのでない限り、子供連れで行くのはやめたい。

病室ではあくまでも病人の気持ちを乱さないように振舞うことが大切である。病気について根掘り葉掘り尋ねたり、素人判断で話をしたりするのはやめよう。

長居することも避けたことの一つになる。病人の容体によっては、一言見舞いの言葉を伝えるだけで帰るくらいにすることがある。

病気見舞いのお見舞い品に花を選ぶ場合、強烈な原色や香りの強い花は病人をかえって疲れさせるので避けたほうが賢明である。また、鉢物は「寝(根)つく」といって嫌われ、シクラメンは語呂的に「死苦」に通じ、椿は花がストント落ちたりするので、禁物である。

消化器系統の病気の人や、食事制限されていることが考えられる場合は、食料品などのお見舞い品は避けよう。

一四　冠婚葬祭のマナー

1. 結婚式

招待状が届いたら、出欠にかかわらず早急に返事を出すのが礼儀である。この場合「御出席」「御住所」の「御」と「御芳名」の「御芳」を消し忘れないようにしよう。

お祝いの品は招待状を受け取ってから遅くとも挙式の1週間前までに贈る。二人の新生活の環境などを考え、実用品を中心に品選びをしたいものである。

お祝い品はできるだけ先方に持参するほうが良いだろう。なるべく午前中を選び、長居は禁物である。現金にする場合も挙式の1週間前までに持参する方がタブーとされているが、普通の間柄であれば挙式当日に持参するという略式が一般的になっている。

会費制の披露宴の場合は会費だけを祝儀袋にも入れず、そのまま受付に出せば良いだろう。しかし、会費だけは少ないと思われる時は別に一人もしくは何人か一緒に、品物を事前に贈るか、現金を祝儀袋に包むのもいいだろう。

服装は男性の場合、昼ならモーニング、夜はタキシードをダークスーツ(黒か濃紺)に白いワイシャツをお祝用の銀色か白のネクタイ。靴と靴下は黒が良いだろう。

女性の場合、ミスなら振袖か訪問着、ミセスなら留袖、訪問着、付け下げなどが良いだろう。洋服なら昼はアクタヌーンドレス、夜はイブニングドレスが正式である。アクセサリーなどもきらびやかな物は避け、帽子や手袋は不要、パンプスは白、黒、シルバー、ゴールドが基本色である。

スピーチを頼まれた場合は事前に引き受ける旨を連絡しておき、当日は度を越した暴露的な話題は避け、心温まるエピソードや、新郎新婦の人となりを紹介するよう心がける。時間は2、3分くらいが適当であるが、400字詰め原稿用紙2枚程度をゆっくり読むと考えればよいだろう。注意したいのは言葉遣いである。「去る」「出る」「終わる」「切る」「戻る」などといった言葉はタブーである。

宴の途中で席をはずすのは好ましくないが、やむをえない場合は目立たないようにし、中座する時はナプキンを椅子の上に、退席する場合はテーブルの上に置くのがマナーである。

2. 弔事

弔事への出席は他のあらゆる行事や予定に優先する。

臨終の知らせを受けても、親しさの程度で異なるが、すぐには駆けつけないのが礼儀である。臨終直後は悲しみのさなかでもあり、何かと忙しいものである。

通夜の弔問の服装は平服で構わないが、派手なものは避けるのが普通である。女性の場合はアクセサリーなどは控えめにする。

告別式の服装は正式には喪服を着用する。略式ではダークスーツ(黒か濃紺)にネクタイ、靴、靴下はすべて黒で統一する。女性なら、準喪服或は略式喪服の袖のついた襟元の詰まった余り肌を出さない黒っぽいワンピースかスーツが良いだろう。

不幸を知って駆けつけると、とりあえずの弔問に香典を持参するのはタブー、通夜か告別式の時に持参するのが普通である。

焼香は祭壇の前に進み、遺族に軽く一礼し、右手で軽く香をつまみ、額のところまで上げ、故人の冥福を祈り、香炉に落とす。回数は仏教宗派によって異なるが、厳しくは決められていない。1度か3度までが良いだろう。

やむを得ない事情から通夜、葬式に出席できない場合はとりあえず弔電を打ち、時機を失わないように弔問の手紙を書き、遺族を慰め、哀悼の意を表す。時候の挨拶などは不用であるが、「御死亡」「後死去」などと直接的表現は避け、「御訃報」「御逝去」「御永眠」などの言葉を使う。

第六節　仕事

日本には独自の文化の中で生まれた様々な職業がある。

その種類・内容は多岐に及んでいる。長い歴史の中で、途絶えてしまった職業もあるが、現在でも受け継がれている仕事もたくさんある。それらは昔からの伝統やしきたりを重んじ、厳しい修行を経て一人前になるといったものがほとんどである。現在のように文明が発展していなかった時代から受け継がれている仕事は、現代技術をもってしても及ばない「先人の知恵」がふんだんに活かされている。

一方、近年ではこれら伝統的な職業に従事している職人の高齢化が進み、職人の道を志す若者が減少している事が問題視されている。日本文化の西洋化に伴い、職人の活躍する場が少なくなっている事が理由の一つと考えられている。

一　舞妓·芸妓

舞妓·芸妓とは、唄や踊り、三味線などの芸で宴席に興を添えることを仕事とする女性の事をいう。舞妓とは芸妓になる前の未成年(15歳から20歳くらいまで)の少女のことである。舞妓として約5年間修行した後、芸妓になる。舞妓·芸妓は京都の祇園をはじめとする花街の置屋に所属していて、そこから各お茶屋へ送り出される。

舞妓·芸妓

舞妓·芸妓の世界には非常に厳しい独特のしきたりや伝統がある。舞妓になる前の段階を「仕込み」という。15才頃から、置屋で先輩(姉さん)達と共同生活をしながら、舞や行儀作法、着物の着付けなどの修業を経て、約1年後に舞妓としてデビューする事ができる。舞妓としての約5年間は芸妓になるための修練期間で、一通りの舞や三味線、お囃子、そして大切な「お座敷」でのお客の接待を姉さん芸妓から学ぶ。また舞妓になると、お座敷には荒れた手はそぐわないとして水仕事や掃除、洗濯をしてはいけない。舞妓としての修行期間が終わると、「衿かえ」という儀式を経て芸妓になる。芸妓は、文字どおり「芸」で身を立てる妓(女性)を意味する。従って、舞や唄といった芸事はもちろんの事、お客への接し方、話題の豊富さ、女性としての魅力も益々磨きをかけなくてはならない。

舞妓・芸妓の様装

「だらりの帯」：舞妓の一番の特徴は「だらりの帯」である。この帯は足首のあたりまで垂れ下がり、歩くとゆらゆら揺れる帯のことである。京都の舞妓さん特有の帯で長さは5m以上もあり、かなりの重さである。この帯を絞めるには大変な力を必要とする為、昔から男衆といわれる男性が着付けを担当する。

裾引き

「舞妓・芸妓の髪型」：髪形は舞妓の場合、自毛で京風の髷結い上げる。舞妓の場合、昔から経験年数に応じて結い上げる髪型が決まっている。また祇園祭りなど、舞妓にとって大切な行事の時には特別な髪型で結い上げる。芸妓の場合は自毛ではなくかつらを被る。どんなに幼さの残る舞妓でもかつらを被ることによって芸妓に必要な女性の洗練された気品を出すことができる。また、お座敷で舞を踊る場合、役柄によって髪型を変えなければならず、かつらの方が合理的であるという理由もある。

「かんざし」：かんざしは、二月は「梅」、四月は「桜」、十月は「菊」というように四季折々の花をあしらっている。ちなみに、めずらしいかんざしとして「稲穂」のかんざしがあるが、これは、年初めや「花街の始業式」など特別な時につける。

「着物」：舞妓や若い芸妓は「裾引き」という、お引きずりの着物を着てお座敷に上がる。帯から下の裾までの部分を棲と呼び、外を歩いたりするときには必ず左手で持って歩く。左手で棲を持つことで着物の合わせ目から男性の手が入りにくくなり、「芸は売っても体は売りません」という事を暗示している。

だらりの帯

二　忍者

忍者

忍者とは、忍術を駆使し、敵地に潜入して密偵やかく乱といった諜報(スパイ)活動をしていた人達である。特に主に戦国時代に活躍した伊賀・甲賀の忍者組織が有名である。しかし忍者という存在は、影に忍び、闇の実行部隊として活躍していたため、その実態はあまり知られていない。忍者は戦乱の世に欠くことのできない存在だった。忍者は敵と戦う事が目的ではなく、スパイとして身を隠し敵地に侵入し、場合に応じて敵を暗殺する事を主な役割としていた。そのため忍術と呼ばれる特殊な技術を習得していた。例えば、水に潜った際に中をくりぬいた竹を水面に出し、それで息をしながら長時間水中に潜む技や、火薬玉を使って爆煙を出してその隙に逃げる技など、忍術は敵に見つからないように身を潜め、得た情報を無事に持ち帰るための術だったようである。また、忍者は医学知識などの特殊な知識にも優れている必要があった。彼らの医学知識は、時に毒を調合し、痕跡なく敵を暗殺することに役立った。忍者の中には女性の忍者も存在しており「くのいち」と呼ばれていた。彼女たちは、ときには体を武器にして諜報活動を行っていたようである。

忍者のはじまりには諸説ある。聖徳太子が「志能便」と呼ばれる諜報集団を操ったという説や、独自の呪術を持つ山伏が忍者になったという説などいろいろあるようであるが、その真相は明らかではない。忍者が最も活躍したのは戦乱の世であった16世紀頃の戦国時代である。「武田家」や「上杉家」といった名の知れた大きな大名家では独自に忍者集団を抱えていた。しかし特殊な技術と能力を兼ね備えた忍者を養成し維持するのには莫大なお金がかかる。そのため大抵の戦国武将達は、必要なときに忍者を雇い入れて敵地への諜報活動を行わせていたようである。その後、江戸時代に入り、国内の戦乱が終息すると、忍者は活躍の場を失った。そのため、得意の火術をいかして花火師になったり、薬の知識を活かして製薬業を営む者など、忍者は転進を余儀なくされ、次第に減少していった。

戦国時代の忍者軍団(忍軍)の中でも、最大規模の勢力を誇ったのが伊賀忍軍と甲賀忍軍だった。「伊賀」も「甲賀」も共に、戦国三傑と呼ばれる織田信長・豊臣秀吉・徳川家康をはじめ多くの武将を輩出した「尾張・三河」と都である「京都」との中間地点に位置し、戦略的に重要な拠点であった事と、険しい山々に囲まれているので中央の支配力が行き渡っていなかった事が、この地域に忍軍の勢力を大きくしたと考えられている。

映画や小説では伊賀、甲賀の忍軍が対立しあっていたと書かれていることが多いのであるが、実際は両者の仲は良かったと考えられている。本能寺の変の時に、明智勢に包囲された徳川家康が大阪・堺から三河まで、命からがら逃げ延びることができたのは、伊賀と甲賀の忍軍の協力があってこそだったと言われている。その後、徳川家康は忍者の存在を高く評価し、服部半蔵を筆頭に多くの伊賀忍者を家来にし、自身の警護や護衛に就かせたと言われている。

三　侍

侍

侍とは、刀を持ち、武芸に長け、大名などに仕えた日本の武士を指す。戦国時代から江戸時代にかけて戦乱の時代に翻弄され、数奇な運命を送った。

「侍」という言葉は、「さぶらう(候ふ・侍ふ)」という言葉から来ている。元々は「人に仕える」という意味の言葉であり。つまり、「侍＝お役人」だった。
侍には武芸や軍学は必須のものであり、武士道と呼ばれる理念に基づき、主に絶対服従し、主の為に命をも惜しまない思想を持っていた。

戦国時代に入ると人に仕えているいないに関わらず,「武士＝侍」という呼び方になっていった。雇われ兵士である「傭兵」や、特定の主を持たない「野武士」なども「侍」と呼ぶことが多かったようである。

侍の歴史は、平安時代頃に身分の高い人々にお仕えしてその身辺警護をする人達を「侍」と呼ぶようになった事から始まった。この時代に侍と呼ばれていた人達は武士の中でも比較的身分が高い位の人達だった。室町時代になると侍の定義は多少変化し、足利一門に従う者が「侍」と呼ばれていたようである。やがて足利家の滅亡と共に室町幕府が滅び、各地で大小様々な争いのあった戦国時代に突入する。この時代になると、戦で戦う者の事を侍と呼ぶようになった。すなわち腕っぷしの強い兵士が常に求められていたため、どんな身分の者でも戦場での働きによって侍になることが出来た。中でも有名なのは、油売りから戦国大名になった「斉藤道三」や、農民の子から戦国武将となり、天下を統一した「豊臣秀吉」である。江戸時代になると、幕府のもとで、旗本以上の武士階級をさして「侍」と言っていた。ただし士農工商の身分制度が確立した以降は「武士」全体を指して「侍」と呼ぶようになった。やがて明治維新で江戸幕府は崩壊し、西南戦争で敗れた西郷隆盛を最後に侍は歴史から姿を消した。

日本の侍(武士)達は「武士道」と呼ばれる独自の「理念」「思想」を持っていた。武士道の礼儀や心得などは「武家」によって色々と解釈が異なるが、一般的に「自らの行動や責任に命をかける」、「一命を賭して殿に仕える」、「失敗をした際には自分の命を捨てる覚悟を持つ」などというものだった。これらの「命をかける」という思想から日本の侍には「切腹」という文化が生まれた。失敗した際には自らの腹を斬り、命を捨て、けじめを付けるというものである。西洋において武士道に似た「騎士道」というものがあるが、自らの命を絶って責任をとるという概念はなかった。「切腹」によって自らの命を捨ててまで責任を取ろうとする「武士道」は世界的にもかなり異質なものであったと言える。

第3章 家庭生活

第一節　暮らし

一　都市の暮らしと農村の暮らし

日本の都市にはニューヨークやロンドンなどの世界の大都市に劣らないほどのあらゆる物やスービスがあふれている。都市生活者はホテルのレストランで気軽に世界の料理を楽しみ、数多いデパートで世界の一流品を買うことができる。その都市の暮らしで最も頭の痛いのが住宅問題である。東京の住宅地の平均価格は1㎡当たり293,400円(2005年)で、マイホームを持つのは大変難しくなっている。

情報機関の発達で、物やサービスについては農村と都会との較差は次第に小さくなっている。農村生活者の悩みは若者の都会への人口流出で、後継ぎ不足·嫁不足といった現象が出てきていることである。年寄夫婦だけで田畑を守る家も増え、社会問題化している。

二　起床と就寝時間

睡眠時間の国民平均は約8時間で10年来ほとんど変わってい

ないが、起床·就寝についてみると、日本人は宵っ張りの朝寝坊になってきている。10年前には午前6時までに起床している人が44%だったのが38%に、午後10時までに寝ていた人が44%だったのが、37%にそれぞれ減っている。これは恐らく農林漁業従事者が減り、都市で働くサラリーマン生活者が増えたためだろう。

三　食事の時間

日本人の食事時間は朝昼晩3食合わせても約1時間半と短く、食事の取り方も欧米とは大部違っているようだ。朝食は午前7時から8時の間に取るのが普通だが、最近は朝食抜きの人も増えている。昼食は正午から1時間に集中しているのも極めて日本的な特徴だ。日本ではサラリーマンが自宅へ帰って昼食を取るという習慣がないだけでなく、ほとんどの会社で昼食時間は正午から1時間までと決まっているため、ほとんどの人が会社の社員食堂や近くのレストランなどで手早く住ませる。オフィス街などにあるレストランでは順番待ちの行列ができるほどこの時間は混雑する。

四　通勤と通学時間

「高·遠·狭」という住宅事情を反映して、通勤·通学などの移動時間もバカにならず、首都圏では往復で平均1時間余りもかかる。日本のラッシュアワーは有名だが、通勤時間が朝7時から9時までに集中しているために、この間各交通機関は超満員になる。

全体的には勤労者の仕事時間や主婦の家事時間は次第に減る傾向にあり、その分、レジャーや読書などの余暇的行動の時間が増えてきている。週休二日制の定着や家事の簡素化によって自由時間を楽しむようになってきた現れと言える。

五　生活時間の配分の各国比較

生活時間配分の各国比較(2001年、総平均時間、週全体)　　単位／時間: 分

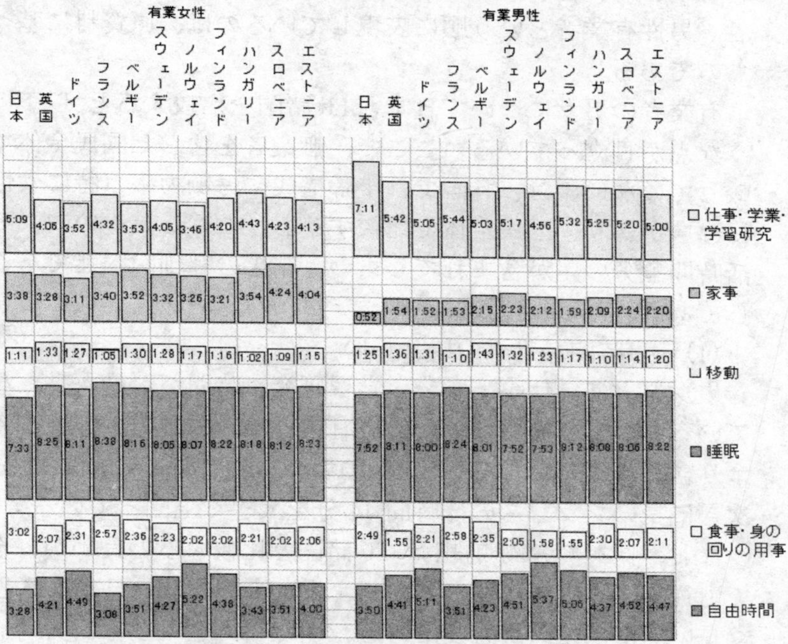

(注)四捨五入の関係で各項目の合計が必ずしも丁度 24 時間とならない。日本は総務省統計局「2001 年社会生活基本調査」の特別集計結果による EU 比較用組み替え数値。他の国は 1998～2002 年 EU 調査(Eurostar(2004) “How Europeans their time-Every life of women and men”)の数字(資料)太田美音(総務省統計局『統計』2006 年 7 月号)

生活時間の国際比較は、従来何度か行われているが、行動区分の統一が難しく、なかなか使いものにならなかった。EU の統一生活時間調査の結果が 2003 年以降インターネット等を通じて提供されていると言うが、これと比較できるよう、総務省統計局で行った社会生活基本調査（2001 年）の組み替え集計結果が、この程、公表された。これを用い、日本と EU 諸国の生活時間の配分を比較したものを図録化した。

対象国は、日本の他、EU 諸国としては、英国、ドイツ、フランス、ベルギー、スウェーデン、ノルウェイ、フィンランド、ハンガリー、スロベニア、エストニアである。なお、女性有業者、男性有業者という順に表現しているのは、原資料に基づくものである。

有業者の男女について日本と EU 諸国を比較すると、以下のような点が目立っている。ここで、無業者を含んだ国民全体で比較していないのは、各国で、年齢構成や労働力率（特に女性）に違いがあり、国民全体で比較すると、こうした違いによる生活時間配分の差が含まれてしまい、結果の評価が困難であるからである。

(1) 仕事時間が日本の場合長い。

男女ともに「仕事・学業・学習研究」時間が、最も長くなっているのが日本の特徴である（有業者なので学業・学習研究は余り含まれない）。特に、男性の場合、週平均で 7 時間 11 分と次ぎに長いフランスの 5 時間 44 分を大きく上回っている。

なお、日本の労働時間は、EU 諸国と比較すると長いが、それでも従来よりは短くなっており、また米国などは日本より恐らく長い点には留意が必要である。

(2) 日本の男女、特に女性は「睡眠」時間が最も短い。

この図だけ見ると、仕事時間が長いために睡眠時間が短くなっているように見えるが、むしろ、「身の回りの用事」の長さによって短くなっているというのが、生活時間の時系列分析の結果である。

(3) 日本の女性は「食事・身の回りの用事」の時間が最も長い。

日本の女性は、「食事・身の回りの用事」の時間が最も長くなっているのが、大きな特徴であるが、これは、時系列的に大きく伸びた身の回りの用事の時間、特におしゃれや身体ケアにかける時間の長さによるものと考えられる。

(4) 日本の男性は「家事」時間が 52 分と EU 諸国の最低（ドイ

ツの1時間52分)を大きく下回っている。

これは、よく指摘される日本人男性は家事を手伝わないという点の端的なあらわれだと考えられる。

第二節　家庭

欧米先進諸国の例に漏れず、日本でも核家族化は時代の趨勢である。夫婦だけか夫婦或いは片親と未婚の子だけの核家族世帯は全世帯の6割にも達し、1940年までは5人台だった平均世帯人数も年々減少して、1980年以降は3.2人前後を推移している。夫婦に子供が一人か二人というのが、日本の一般的な家族構成と言えよう。

一　戦前·戦中の家庭

親·子·孫と三世代が同居し、一家の主である夫が家父長として絶対的権威を持っていたのが、戦前の日本の平均的な家族だった。妻を日本では「家内」とも言うように、一家の主婦は家にいて、夫や夫の両親である舅·姑に仕え、家事·育児一切を切り盛りした。戦中の食糧難時代には、兵隊に出た夫の留守を守って食料の確保に奔走するなど、家のことでは夫に心配させないというのが日本的家政学だった。

二　戦後□現在の家庭

こうして家庭のイメージも戦後の核家族化に伴って、だいぶ変わってきている。かつては家風についても子供の教育·結婚についても主導権を握っていた「強い夫」像は後退し、現在では妻や子供の言い分にも耳を傾ける物分りのいい夫が増えている。一方、妻の地位は「戦後、強くなったのは女性と靴下」という言葉が一時はやったほど向上した。夫と同等の立場で自分の意見を言い、特に子供の教育については夫よりも強い決定権を持っているのが現代の日本の妻たちである。妻の地位が向上した結果、顕在化してきたのが嫁·姑戦争である。嫁が自己主張をするようになったため、姑との摩擦が多くなり、夫は母親と妻の板挟みになって苦労している。

電気製品の普及で家事に時間がかからなくなり、子供が少なく、育児に手のかかる期間も短くなった結果、家の中の仕事より生きがいを外に求めて働きに出る主婦も多く、今では主婦の二人に一人は働くに至っている。

しかし、戦後の主婦の地位を最も象徴的に物語っているのは主婦が一家の財布を握ったということだろう。欧米では一家の家計を預かるのは夫で、妻は必要な生活費だけを夫からもらうというのが一般的なようだが、戦後は妻が一家の大蔵大臣として夫の給料を管理し、生活のやりとりから貯蓄·財産運用·マイホーム建設資金作りまで采配するという家庭が増えている。

第三節　家族の風景

今日、新生児の75%が70歳まで生きられる大衆長寿の時代が到来し、他方、女性が一生の間に産む子供の数が1.5人という、人口維持に必要なレベルをはるかに下回る少子社会となった。こうして、高齢化が欧米諸国に例のない速さで進行し、少子化のゆくえに懸念の声が高まっている。

確かに若い人ほど希望子供数はもっと少ない。それでも大多数が2～3人を希望している。しかし、実際に生む予定の子供数はもっと少ない。なぜ希望どおりに2～3人の子を予定しないかというと、子供の養育の負担が大きいことと、子育ての環境が満足できるものでないためである。

第二次大戦後の半世紀の間に、家の意識がすたれ、家族は夫婦一代限りという考え方が定着した。仕事や住まいの都合がこれに加わって、親と既婚子との別居が一般化し、いわゆる核家族が支配的となった。先に述べたように、子供の数が少なくなったため、あわせて小家族化が進行している。

しかし、核家族単位の生活を理想とみる人々は少なく、圧倒的多数はむしろ親・子・孫の日常的交流のためには同居か近居が必要だが、高齢者はどちらかというと同居をよしとし、若い世代は断然近居を選ぶという世代差が認められる。孤立的核家族ではなく、近居による拡大家族こそ、欧米諸国でも早くから理想とされてきたところである。

かつて家族は何よりも衣食住の生活を充足する拠点であった。今日では家事・育児などの実用的な事柄よりも、「心のやすらぎ」といった人間性の最も深い欲求を満たすことが家族に求められている。家族は揺れ動いているが、競争に疲れた現代人の深い情緒的な欲求に応ずるものとして、人々の生活基地であり続けている。

第四節　高齢化社会における「老い」と家族

5～6 人の子供を育てた人生 50 年の戦前段階では、末っ子を一人前にするかしないかで、父親の一生は終わった。今日では、2 人の子供を成人させた後、約 20 年に及ぶ夫婦 2 人の歳月が待っている。かつて子夫婦・孫と同居するのが大多数の老夫婦の姿であったが、今日ではそれが約 4 割に減少しており、代わって夫婦だけや高齢者の一人住まいが増えている。別居でも子や孫が近くに住んでいるのなら、高齢の親はそれなりの情緒的な満足を得ることができるだろう。近くに住む子・孫もなく、独居する高齢者の場合、これを支えるものは地域の総合組織と、高齢者自身の一人で老いる智恵と覚悟であろう。

今日、高齢者の多くは年金や蓄えで普段の生活をやりくりすることができ、親が日常の経済生活で子供に依存しなければならないというのは、過去の話となっている。子供の養育を果たした上に長期にわたって教育費をかけても、その見返りを老後に期待する人が少数派であるのは、このような高齢者の側の備えに支えられているが、あわせて、子供には頼めないという親側の覚悟のほども見えている。

経済生活は自分でやりとりできるとしても、問題は病気になった時の介護であって、これには親族の援助が不可欠である。従来、男性には妻が、女性には子供の妻(嫁)が主な介護者となった。若い世代の妻もまた子自身も老親の介護に当たることを容易にする介護休業制度が脚光を浴びており、一つの対策には違いないが、特に痴呆性老人や寝たきり老人の場合、問題は深刻である。この点に対する福祉政策の本格的な取り組みが期待される。

第五節　家計

一家の財布を握っている日本の主婦は生活のやりとりを上手にするために、まめに家計簿をつけている。こうした各家庭の家計簿を基にして総理府統計局が毎年発表している「家計調査報告」によると、1992 年の勤労者世代 1 か月の平均実収入は 56 万 3,855 円(うち勤め先収入 52 万 9,490 円)で、可処分所得から貯金などを差し引いて、実際の消費に回された消費支出金額は

35 万 2,820 円である。主だった費目の支出額は、食料に 8 万 3,445 円、住居に 22 万 191 円、光熱水道に 1 万 8,094 円、被服に 2 万 4,033 円、教育関係費に 2 万 9,983 円、教養娯楽に 3 万 9,186 円、交際費に 3 万 690 円となっている。

かつては生活費の中で飲食費の占める割合を示すエンゲル係数か、衣食住などの基本的支出の割合が消費生活を推し測るものさしだったが、飽食の時代にある現在の日本ではこのものさしだけでは消費生活を十分に反映できなくなっている。具体的には 1970 年に 32.2%だった勤労者世帯の 1 か月の飲食費は、1975 年 30.0%、1980 年 27.8%、1986 年 25.5%と減少の一途、衣食住などの基本的支出の割合の方も同じく、56.0%、53.2%、49.5%、47.1%と既に 50%を切っている。逆に増えているのが教養娯楽·教育·交際費などの選択的支出である。

一　増える教育費

とりわけ高学歴社会を反映して教育費のウエートが年々拡大しているのが最近の日本の家計の大きな特徴である。1975 年から 1984 までの家計支出と教育費支出の年平均伸び率を比較した試算によると、家計支出が 8%の伸びに対して教育費支出は 18%と倍以上の伸び率だった。

教育費は子供がいる世帯も、いない世帯も一緒にして全世帯数で割った金額である。子供がいる世帯だけの平均教育費は 1991 年東京都の調査で消費支出の 23.6%で、一世帯 1 か月平均 9 万 7,380 円である。世帯主 50 歳～60 歳代の世帯では月額約 12 万円となっている。大学生で 1 か月 8 万 7,166 円、短大生で 8 万 4,245 円、高等専門学校で 5 万 6,561 円、専修学校で 6 万 6,378 円、高校で 5 万 4,338 円、幼稚園で 2 万 9,873 円、予備校で 7 万 2,407 円である。文部省調査によると 1992 年の 1 年間の大学生の生活費は平均 164 万 3,300 円で、うち学費は 86 万円である。

二　高い貯蓄率

日本人が貯蓄熱心な国民であることは、よく知られている。1984年1世帯平均貯蓄現在高は649万円。可処分所得に占める貯蓄の割合を示す家計貯蓄率は1984年17.3%で、イタリアが20.3%、カナダが15.5%、フランスが11.5%、イギリスが7.0%、アメリカが 5.2%であるから、欧米先進諸国の中でも高い方である。日本人が貯蓄に熱心なのは豊かさの表れというより、老人福祉がまだ十分でないことへの不安や、なかなかマイホームを持てない住宅事情のためと言えよう。

第4章 社会生活

第一節　消費生活

一　耐久消費財

経済的繁栄を象徴するように日本の家庭には電気製品があふれている。1955～64年の家庭電化ブームのはしりに目標とされた洗濯機・冷蔵庫・掃除機などは経済企画庁の1984年の調べによると、それぞれ98.4%、98.7%、96.7%の普及率でほぼ全戸に1台ずつ行き渡っている。その後の目標となったのが「3C」、すなわちカラーテレビ・クーラー・車などの高級品だが、これらも1986年同調査では98.9%、54.6%、67.4%と日本の家庭では決して贅沢品ではなくなっていることを示している。全般に、同じ品物でもより機能性の高いものや普及途上にある高級品などで普及率の伸びが高くなっているのが特徴で、現在、欧米でも人気を呼んでいるビデオは1981年に5.1%だった普及率が1986年に33.5%で、3軒に1台の割になるなど、急速に広まっている状況である。日本人は欧米並みかそれ以上の近代的な暮らし方をしていると言えよう。

二　消費の仕方

アメリカの主婦は、食料や日用雑貨などは1週間に1度ぐらい車でスーパーなどに出かけて、まとめ買いするのが一般的なようだが、日本では買物は主婦の大事な日課である。たいがい毎日夕方4時、5時ごろに近所のスーパーや肉屋、魚屋、八百屋に出かけて、その夕食分と翌日分ぐらいをこまめに買う。日本では魚、野菜類を多く取る食生活が長かったため、鮮度をとても大切にしてきた。そうした習慣から多少面倒でも、なるべく新鮮なものを求めて毎日買物をするのである。

その代わり、衣類や日用品など鮮度に関係の無い物については、日本の主婦もまとめ買いをする。それも安い時を見計らって買う。デパートやスーパーのバーゲンセール会場の光景は恐らく日本独特のものだろう。安売りがあると、日本の主婦は開店前から店の入口に行列を作っている。店が開くと我先にと売り場に殺到し、少しでも安くていいものを買おうとして会場のあちこちで小競り合いを演じる。その熱気たるや、とても世の亭主族の及ぶところではない。一家の財布を預かる日本の主婦にとっては、普段着とか雑貨などはなるべく安く上げるのが、やりくりの腕の見せ所なのである。

全額の張るものや耐久消費財などを買う時、ローンが利用される。アメリカには及ばないものの、日本も今「クレジット時代」と言われ、若い女性がローンを利用して毛皮のコートを買ったり気軽に海外旅行へ出かけたりしている。

三　消費傾向の変化

かつて衣食住が消費の中心だったが、今では衣食住以外のいわゆる選択的支出が消費の過半数を占めるに至っており、このような傾向は今後ますます強まるだろうことが予測されている。経済企画庁では2000年の消費生活がどうのようになるかを展望している。それによると高齢化社会の到来、自由時間の増大、女性社会進出、消費者自身の価値観の多様化などの社会経済的な変化によって、医療サービス・個人年金・老人ホームなどの分野や教育・文化・健康産業・託児所・家事代行業などが、それぞれ消費拡大するだろうとされている。物もサービスもますます多様化し、それとあいまって、各人の消費生活自体もより個性化していくと言えそうだ。

第二節　貨幣

一　現行の貨幣

日本では、通貨として紙幣と硬貨の 2 種類がある。紙幣は、10,000 円・5,000 円・2,000 円・1,000 円の 4 種類、硬貨としては500 円・100 円・50 円・10 円・5 円・1 円の 6 種ある。硬貨の中では、材質として 1 円はアルミで、5 円は黄銅で、10 円は銅で、50 円、100 円、500 円は白銅である。

現行の硬貨

現行の紙幣として、2006 年現在、2004 年発行の E 券が使われている。但し、発行された間もない弐千円券のみ、D 券のまま継続して流通されることとなった。

E 千円券（76×150㎜） 表面と透かしが野口英世（科学者）、裏は富士山と桜

D 弐千円券（76×154㎜）表面と透かしが守礼門（沖縄の首里城の第 2 坊門）、裏は紫式部

E 五千円券（76×156㎜） 表面と透かしが樋口一葉（作家）、裏は燕子花図（尾形光琳）

E 壱万円券（76×160㎜）表面と透かしが福澤諭吉（慶應義塾大学を設立した思想家）、裏は鳳凰像（平等院）

現行の紙幣

二　紙幣の切り換え

2004 年の同時改刷に伴い、紙幣が変更され現行の E 券となった。不景気の最中の変更だったが、政府による変更理由は、新紙幣発行の目的はあくまでも偽造防止のためであり景気刺激を目指したものではないとしている。

三　紙幣の変遷

現行の日本の通貨制度は、1946年に行なわれた「新円切替え」によるものである。

A券は1946〜48年にかけて、次の6種類が発行された。

A五銭券（1948年）　　A五円券（1946年）

A拾銭券（1947年）　　A十円券（1946年）

A壱円券（1946年）　　A百円券（1946年）

この時、A千円券も製造はされたものの、高額紙幣発行によりインフレが進行することを恐れたGHQが発行を認めなかったため、遂に発行されなかった（1946年当時、葉書一通15銭、封書30銭、1948年当時は葉書2円、封書5円）。

B券は1950〜53年にかけて、次の4種類が発行された。

B五拾円券（1951年）　　B五百円券（1951年）

B百円券（1953年）　　B千円券（1950年）

C券は1957〜69年にかけて、次の4種類が発行された。

C五千円券（1957年）　　C千円券（1963年）

C壱万円券（1958年）　　C五百円券（1969年）

1976年、C千円券の記番号が一巡したため、黒色から青色へ変更された。従ってC千円券の記番号は二色ある。

D券は1984年に千、五千、壱万の3券種が同時発行された。五百円券は廃止され、硬貨となった。

また、弐千円券は2000年に事実上の記念紙幣として発行されたものである。

D千円券（76×150mm）表面と透かしが夏目漱石（小説家）、裏は丹頂鶴（天然記念物）

D弐千円券（76×154mm）表面と透かしが守礼門（沖縄の首里城の第2坊門）、裏は紫式部

D五千円券（76×155mm）表面と透かしが新渡戸稲造（教育者で

あり政治家)、裏は本栖湖から眺めた富士山

D壱万円券(76×160mm) 表面と透かしが福澤諭吉(慶應義塾大学を設立した思想家)、裏は雉(日本の国鳥)

1990年にD千円券の記番号が一巡したため黒色から青色へ変更された。

1993年に、偽造防止強化のため、3券種全てで凹版マイクロ文字、特殊発光インクによる印章を採用し、記番号を褐色に変更した。

2000年にD千円券の記番号が一巡したため、褐色から暗緑色へ変更された。またこの年にD弐千円券が発行されている。

従ってD千円券の記番号は四色、D五千円券とD壱万円券は二色ある。

第三節　社会保障

日本の社会保障は公的扶助(生活保護)、社会福祉(障害者·老人·児童福祉など)、社会保険(年金·雇用保険·労働災害補償など)公衆衛生及び医療(伝染病予防·保険など)の四つからなっている。社会保障制度が確立されたのは第二次世界大戦以後で、当初は公的扶助や公衆衛生の比重が高かったが、1950年代後半以降の高度成長期には社会福祉に、そして高齢社会を迎えた現代は社会保険、特に年金制度と医療保険に力が注がれている。

健康保険は業務外の傷病、死亡、出産に対して必要な療養の給付もしくは療養費の支給や手当金を給付するものである。国民すべてが何らかの健康保険に加入しており、よく発達している。その現れとして、1973年には70歳以上の老人医療無料制度ができたが、財政負担が大きく、1982年一部患者負担(軽微)

となった。

老齢年金(60 歳以上)には被用者の厚生年金と国の国民年金がある。厚生年金保険は老後の生活保障のため長期期間の年金給付を目的とするものである。20 年以上被保険者期間があって、60 歳以上になると支給される。標準的な勤労者の場合、給付額は月額 15.1 万円になる。保険料は報酬につき、本人·会社とも 6.2%である。

国民年金は、自営の商工業者や農漁業者及びその家族を対象とした公的年金制度で拠出制と無拠出制とがある。拠出制のは年に 7,100 円(1986 年)の保険料を納めればもらえるもので、25 年納めた場合、1986 年度ならば年金月額 4.4767 円である。無拠出制には老齢福祉年金などがあり、一定の所得以下であるなどの用件を必要とする。これは国が負担するもので、1986 年の老齢福祉年金は月額 272 万円である。

雇用保険は労働者が失業した場合に生活安定をはかるため必要な給付を行うものである。失業前の給与の 60%~80%を 3 か月乃至 10 か月間給付する。保険料は本人 0.55%、会社 0.96%である。

労働者災害補償保険は業務上の災害による死亡、疾病、負傷に対して補償するものである。例えば、死亡すると、遺族は給与の 35%~67%の年金を支給される。保険料は事業の種類により、定められた率により、会社が負担する。

このほか公的扶助としては生活困窮者に対する生活保護がある。憲法に保障された、健康で文化的な生活水準を保つのに必要な最低生活費を国家が負担するものである。

第四節　治安

一　治安優良大国日本

日本のように治安がよく安心して市民生活の営める国は外にないのではないだろうか。海外に出たことのある日本人なら誰でもそう思うようだ。アメリカの都会のようにドアにいくつもの鍵をつけなくてもいいし、本物のピストルにお目にかかることも子供の誘拐を心配することもまずない。そして何より日本の町は女性が夜でも一人歩きできる。これは日本の治安の良さを示す一番のバロメーターだ。ニューヨークの地下鉄に深夜女性が乗ることなど考えられないが、日本の地下鉄では深夜1人でも不安を感じることはない。

しかし、ここ数年来、特に1994年の1年間発砲事件が相次いで起こっていた。そのほとんどはどこから来たことの分からないピストルによるものであったそうである。また日本人にとって最も恐ろしいことは1995年東京都内の地下鉄で起こったサリン事件であった。そのため、一部分の日本人は日本の治安に不安を感じるようになった。

二　低い犯罪発生率と高い検挙率

最近、犯罪の多発に悩んでいるアメリカなど諸外国の警察は日本の警察の研究をしている。どうしたら日本の警察のように良い状態を維持できるのだろうか。実際犯罪の認知件数では、アメリカが最も多く、1982年では1,286万件、方や日本はその1／8だった。また10万人当たりの犯罪発生率は同年アメリカ・イギリス・ドイツ連邦共和国・フランス共に6,000件前後だったのに対し、日本はその1／5である。また、犯罪増加率(10年間)も他の先進国が1.5～2倍なのに日本は1.2倍程度。さらに日本の犯罪の検挙率は全体で60%で、この成績の良さはアメリカの3倍である。犯罪の中でも、殺人・強盗・婦女暴行という凶犯罪はアメリカの1／100ほどだし、それらの検挙率は殺人97.3%、強盗77.6%、婦女暴行88.7%で、アメリカの1.5～4倍の好成績である。

三　派出所・駐在所制度

こうした数字が日本の治安の良さを物語っているが、この秘密は日本独特の「派出所・駐在所制度」にあるのではないかと最近アメリカやアジアの警察でまねをするところが出てきている。

「派出所・駐在所」は「署」と違い、町の角々に設けられ、そこを中心に警官が受け持ち、区域を常にパトロールして回るシステムで、そこには住民の調査票があり、常に不審な動きを牽制している。また万が一事件がおきた時も、すぐに現場に駆けつけられるし、警戒網を瞬時に敷くこともできる。事件発生からの初動捜査の強みは全国津々浦々に散在している派出所・駐在所はなくては考えられない。ちなみに派出所・駐在所は「交番」と呼ばれる。日本の交番は江戸時代から続いている日本の犯罪防止の知恵である。

第五節　公害問題

日本でも近代化と共に公害問題が発生し、1887年に栃木県足尾銅山の鉱毒問題などが世論を沸かせたが、各地で本格的問題となったのは戦後 1960 年代の日本経済成長期になってからである。しかし、市民運動・新聞のキャンペーン・公害防止法の制定などにより、公害問題は改善されつつある。かつて死亡者を出した水質汚染・大気汚染などのような急性の公害は消えたが、じわじわと河川・湖沼の水質汚染が進むというような慢性で緩い環境破壊が現在問題とされている。

一　公害惨禍と反対運動

1960 年代の公害で代表的なものに海に垂れ流しになった工場廃水中の有機水銀が海の魚を汚染し、魚を食べた人に中毒患者が発生した熊本県・水俣の有機水銀中毒事件（水俣病）がある。マスコミにも大きく取り上げられ、世間の注目を浴び、裁判にも持ちこまれて会社は敗訴した。このほか、富山県のイタイタイ病・四日市喘息などが相次ぎ、いずれも裁判に持ちこまれて被害者が勝利した。

反公害キャンペーンでは新聞社の果たした役割が多いが、アメリカの 1960 年代平和反戦運動の中から出てきた環境運動・反公害運動の影響も大きく、日本の革新政治団体が大きな役割を果たした。神奈川県・東京都などの公害問題が大きかった地域で革新政権が誕生したり、この頃から強力な消費者運動が始まったのも、そうした影響による。

二　公害の教訓

厳しい体験に学んだ企業は公害防止設備に投資するなど自己規制を強めた。産業界の公害防止投資額は毎年巨額にのぼり、1970 年度以降 1981 年度までに累積約 6 兆円強の額に達している。また大気汚染・水質汚濁など代表的 7 公害について公害対策基本法が制定され、守るべき排出基準が定められたため、公害は急速に減少した。車の排気ガス問題も化学スモッグの原因として大問題だったが、無鉛ガソリンの使用などで急速に改善され、家庭用洗剤による河川・湖沼の汚染問題も無リン洗剤の普及などで改善されつつある。

現在、環境問題として浮上しているのは家庭雑水による湖沼の富栄養化、都市生活の中の騒音公害、ゴミやし尿の処理問題など市民の責任によるものである。一方、住宅や観光開発による自然破壊も大きな問題となっている。

しかし、問題の重要性·緊急性を認識した官民が一体となって、公害撲滅に努めた結果、急速な改善がはかられ、現在では公害対策先進国と称されるまでになった。

第5章 公共施設

第一節 自動販売機

自動販売機とは、商品又は金券の授受と、その代金支払いおよび釣り銭の受け取りにおいて、対面販売でなく機械を相手とし、顧客自身が機械に対して決済し、直接商品を受け取るために使用される機械のことである。自販機(とも略される。乗車券や食券などの券の販売機の場合は(自動)券売機とも言われる。

日本全国の自動販売機台数は、2002 年末現在で 552 万台(うち 214 万台が清涼飲料販売用である。(とくに屋外の)設置数の多さや販売商品の多様さで世界的に群を抜いており、海外の関係者からも注目を集めている。

日本で最も多く、各地の田舎へ行っても必ず設置されているのが飲み物の自動販売機である。自動販売機は代金を機械に投入することによって商品やサービスを購入できる自動機械である。

一般には、冷やしたり暖めたりした缶・ビン・ペットボトル・紙パッケージ・カップ入り飲料、カップめん・菓子パン・菓子類・タバコ・雑誌・新聞など保存の簡単なものが多い。また特殊なところでは、豆から挽くコーヒーや冷凍食品を内蔵電子レンジなどで温めて提供するものもあり、非常に多様化している。

交通機関の乗車券や特急券、遊園地やテーマパークなどの入場券、各種プリペイドカードなど、券の形をした商品を販売するものは特に自動券売機ともいう。

ジュークボックス、アーケードゲーム機、公衆電話など、物ではなくサービスを提供する機械は自動販売機とは呼ばないが、証明写真やプリクラのようにサービスとも商品とも取れるものもあり、線引きは曖昧である。

最近では、コンビニエンスストアなどに設置されている端末(マルチメディアステーション)から楽曲や画像データを MD やメモリーカードなどにダウンロードできるようになるなど、この傾向は更に強くなっている。

なお商品によっては自動販売機に制限が設けられている場合がある。日本において2004年現在で多いものは、タバコ、ビールなどアルコール飲料類、アダルトビデオやポルノ雑誌の自動販売機の販売時間や設置場所の制限である。タバコやアルコール飲料の販売機は、国税庁の認可や免許が必要なほか、行政指導で午後11時から翌朝5時まで停止されており、アダルトビデオやポルノ雑誌は市町村や都道府県レベルの自治体による条例などで設置場所や販売時間に制限が課されていることが多い。

ちなみに、アルコール飲料の自動販売機の場合、深夜から翌朝の間の販売停止については罰則があるが、タバコの自動販売機の場合は自主規制であり、深夜から翌朝にかけて販売出来る状態にしていても罰則は無い。なお、販売停止されている場合は押しボタンがすべて「売切」の点灯状態になっている。

第二節　交通機関

日本の交通は貿易·観光、特に産業の発展につれて目覚しい発展を遂げ、輸送量は年々増加している。

海に囲まれた島国であるから、海上交通は古くから盛んであった。現在では日本の輸入輸出を支えるのが海運業である。輸入する石油·鉱石·石炭·木材などはタンカー·鉱石専用船·バルクキャリアなどにより運ばれた。輸出する鋼材や消費材などは一般貨物船やコンテナ船によって運ばれる。

日本の船舶保有量は3,848万tで世界の9.6%を占めている(1986年)。

主な港は神戸·横浜·千葉·名古屋·大阪·北九州である。

空では国内·国外の航空機が毎日離着している。その主な航空会社は全日本空輸·日本航空インターナショナル·日本アジア航空などである。国際航空路は東京国際空港(成田)や関西国際空港(関空)から世界各国の主な都市に伸びている。中国の北京や上海との間に定期便が開かれている。

陸上交通には電車·列車·地下鉄·バス·タクシー·自動車などさまざまなものがある。現在全国の自動車の登録台数は4,699万台である。これは人口当たりにすれば、アメリカ·オーストリア·カナダなどのほうが多いが、面積当たりでは世界で最も多く、そのため交通事故や排気ガス、騒音などが社会的な問題になっている。

その国鉄の花型は新幹線で、現在営業中の路線は次の通りである。日本一は山陽新幹線の最高時速300 kmである。

名称	始点	終点	路線長	営業キロ	運営会社
東海道新幹線	東京駅	新大阪駅	515.4km	552.6km	JR 東海
山陽新幹線	新大阪駅	博多駅	553.7km	644.0km	JR 西日本
東北新幹線	東京駅	八戸駅	593.1km	631.9km	JR 東日本
上越新幹線	大宮駅	新潟駅	269.5km	303.6km	
北陸新幹線	高崎駅	長野駅	117.4km	117.4km	
九州新幹線鹿児島ルート	新八代駅	鹿児島中央駅	126.8km	137.6km	JR 九州

地下鉄は東京・大阪・名古屋・神戸・横浜・札幌・京都・福岡・埼玉・仙台・広島の 11 大都市に発達している。

第三節　郵便局

日本には普通郵便局(月曜日から金曜日まで営業)と本局(土曜日・日曜日も営業)との 2 種類の郵便局がある。

郵便局やポストは赤い「〒」マークで見つけることができる。切手やはがきは郵便局のほか、町の「〒」マークを掲げた店やたばこ屋などでも買うことができる。市内にあるポストは投函口が二つあり、左側は国内当ての定型の手紙・はがき、右側は海外あての速達・定型外郵便などその他のものすべてである。

郵便局の主な仕事は郵便物の集配である。封書(手紙)・はがき・小包などを受け取り、宛先に送り届ける。

国内の料金としては手紙の最低料金が 80 円で、重さによって料金が変わる。通常はがきは普通、郵便局などで売っている 1 枚 50 円の「官制はがき」を使用するが、絵葉書などの「私製はがき」を使用する時は切手を貼る必要がある。小包は重さによって料金が決められる。ただし書籍は割安である。

また特殊取扱郵便物として速達・書留・現金書留・レタックスなどがある。速達料金は最低 270 円からであるが、重さによって異なるので、郵便局で重さを計ってから出したほうが確実である。重要な郵便物は書留にすると、万一郵便物が失われたりした場合、損害賠償が受けられる。料金は420円で、安い簡易書留もある。日本では現金を郵送する場合、現金書留としなければならない。専用「現金封筒」(1枚20円)を郵便局で買い、所定の事項をそれに記入して窓に出す。料金は420円からである。レタックスは郵便とファクシミリを併せたスピーディな電子郵便である。郵便局に申し込んだ当日または当日の午前中に配達される。使える紙の大きさはB4判までで、料金は1枚目が580円、2枚目からは1枚につき200円となっている。

国際郵便も通常及び小包郵便物と特殊取扱郵便物に分かれるが、通常及び小包郵便物はまた通常郵便物・印刷物・小包郵便物・SAL 小包などを含む。特殊取扱郵便物は速達・書留・保険付などがある。船便と航空便の2種類があり、船便は料金は安いが、1〜2か月はかかる。また航空便は送る国によって異なるが、1〜2週間で届く。なお、国際エクスプレスメール (EMS) で送れば、料金は高いが、3〜4日で届く。

さらに郵便貯金や各種の保険(養老保険・年金保険・学資保険など)など幅広い業務を行っている。

第四節　電話·FAX

日本では全国のほとんどの世帯に電話が普及しているし、町のあちこちに公衆電話が設置されている。国内であれば、どの家からどの家にも即座に通話することができるが、距離や時間によって通話料は異なる。

普通の電話機の場合、ダイヤル式とプッシュホーン式の2種類がある。また電話機によっては留守番電話·キャッチホン·FAX

などのさまざまな機能を備えたものもある。さらにコレクトコールもできるし、テレホンカードでも現金でも電話がかけられる。

日本の公衆電話には緑·赤·黄·ピンク·青のものがあり、ほとんどは 10 円硬貨と 100 円硬貨の両方が使える(10 円硬貨の場合、おつりは出ない)。緑の電話はテレホンカードも使えるようになっている。受話器をはずし、硬貨またはテレホンカードを入れ、発信音がしたら、ダイヤルする。通話中にピーという音がした際、また通話を続けたい時には硬貨またテレホンカードを追加して入れれば通話を続けることができる。硬貨も使える緑電話には国際通話ができるものもある。

国際電話は主に KDD(国際電信電話株式会社)が取扱っている。国際電話をかけたい時はKDDのオペレーターに申し込む方法(国際オペレーター通話)と直接ダイヤル通話する方法(国際ダイヤル通話)がある。

国際オペレーター通話の申し込みは局番なしの 0051 番である。オペレーターに希望の通話の種類を告げる。通話の種類は指名通話·番号通話·コレクトコール·クレジットカードコールなどある。国際ダイヤル通話をする場合あらかじめ、KDD へ利用登録が必要な場合もある(無料)。登録には申し込みから2週間くらいかかる。通話の際は001に続けて、国番号、地域番号、相手の電話番号の順にダイヤルする。

公衆電話からの国際通話の場合、左肩に「国際通話兼用カード公衆電話」の表示がある。緑の公衆電話から国際電話がかけられる。利用できる通話の種類は国際ダイヤル通話·コレクトコール、クレジットカードコールである。

また、直接外国のオペレーターを呼び出す母国語直通電話もかけられる。母国語でコレクトコール、クレジットカードができる。0039の後に各地のコードをプッシュすることにより通話できる。ただし、通話できる地域は限られる。

FAX は文字や図形を電話回線などを通じて遠隔地に伝送し、再生する通信装置である書類や伝票などをすぐに届けられる。事務の効率化が図れる上、正確な情報伝達ができる。メーセッジ蓄積機能を利用して多く相手に同時に送信できる。ファクシミリ通信網も整備されつつある。

FAX は電話機に内蔵しているものと FAX 専用機とがある。それによって電話番号と FAX 番号が同一の場合と異なる場合がある。

第五節　金融機関

日本では金融機関を大きく分けると銀行と信用金庫などの 2 種類になる。また銀行は都市銀行と地方銀行に分けられる。日本を代表する都市銀行(全国に支店などあり)としては第一勧業(勧銀)・さくら・三井・三菱・大和・三和銀行などがある。

銀行や金融機関の全体を総括しているのが日本銀行(日銀)である。その日銀は日本の紙幣を発行している唯一の機関であるし、政府や銀行に資金を提供したり国債を引き受けたりする。

銀行や信用金庫などの機関では預金・貸付・為替(送金)などの仕事をしている。預金には普通・定期・当座預金がある。その中で普通預金はいつでも出し入れができるので利用者が最も多いが、利子(金利)は低い。普通預金の通帳は必要書類に記入し、印鑑を押せば誰でも作られる。

郵便局でも銀行でもいいから、通帳とキャッシュカードを作っておくと便利である。現金は余り持ち歩かないほうが安全であるし、キャッシュカードを持っていれば、金融機関が業務をしない時でも利用できる。解約の時、必要書類に記入し、印鑑(通帳)と同じ印鑑を押せば、すぐに解約できる。

第六節　宿泊施設

日本の宿には日本式と西洋式がある。昔から旅館·民宿·湯治宿·山小屋などの日本式の宿は利用されている。近年では、欧米風のホテル·ビジネスホテル·ユースホステル·ペンションなどの宿泊施設が建設された。西洋式のものは設備、サービス、食事、会計など欧米の場合と大体同様である。

日本式のものの各部屋は日本家屋と同様に畳敷であり、鍵はついていないこともある。便所は部屋ごとについている場合もあるが、普通は便所·浴室共に共同の場所に設けられている。特に温泉地では浴室が売り物なので広く豪華である。

料金は通常、夕食、宿泊と翌日の朝食代が含まれている。食事は日本料理であるが、客が選択するのではなく、宿側が用意したものが出される。また食事は各部屋に運ばれてくるが、最近では人手不足と労務費の節約から食堂式に簡略化されている場合もある。食事を取らない時はもちろん料金を割り引いてもらうことは可能であるが、日本式の宿では食事の内容も含めて客をもてなすという考え方があるため、食事込みでない客は余り歓迎されない。

西洋式·日本式を問わず、所定料金·税金のほかに、所定料金の 10～15%くらいのサービス料を出発時の会計で一括請求される。従って、特別に世話になった時以外は従業員に心付けを渡す必要はない。

観光シーズンには観光地の宿は大変混雑するので、早めに予約しておく必要がある。シーズン外れでも予約しておいたほうが良いが、もし予約なしで旅行するような場合は下車駅や空港の交通会社や旅行案内所に安心して泊まれる宿を斡旋してもらうとよい。

第七節　医療機関·健康

日本の各地にはさまざまな医療機関があるが、地方の人口の少ない地域では、今でも余り充実していない。

日本には国立·公立·私立(法人·個人)などの医療機関がある。各県に国立·公立の病院や医療研究所などがあるし、保健所も各地にある。

ただし病院や医院としては、圧倒的に多いのは私立である。私立でも医療法人の総合病院もあるし、国立·公立と比べて診療費が高いとは限らない。最も多いのは個人立である。この施設は診療科目が少なく、規模が小さく、一般に○○医院と呼ばれている施設である。しかし、住んでいる家の近くにあったり自分の病歴をよく知っていて、頼りになったり専門分野で優れたりする場合は心強いと思われる。

日本人は原則として何らかの健康保険制度に加入しているので、病院や医院で治療してもらっても自己負担は少なく、1 割～3割で済む。ただし健康保険制度に加入していないとアメリカと同じように莫大な治療費を払わなければならないので、病気も怪我もできない。

日本人は1日に10,465.125J(2,500カロリー)摂取するが、そのうち50.3%は米などの殿ぷん質の食料で摂取する。この数字は中国よりは高く、韓国よりは低い数字である。

1950年ごろまで日本人に結核で死ぬ人が多かったが、新薬の発見などによって、それ以後の結核による死亡率は激減した。そのほかの伝染病も日本では非常に少なくなっている。

第八節　税金のしくみ

政府や地方公共団体が仕事をするために国民から取り立てたお金が税金である。税金には、国に納める国税と県や市町村に納める地方税とがある。地方税は、さらに県税と市町村税とにわけられる。

一　直接税と間接税

「直接税」とは、納税者(税金を納める人)と担税者(税金を負担する人)とが同じである税金である。たとえば、サラリーマンが給料をもらい、その所得額に応じて納める所得税や住民税などがこれに当たる。

これに対して、納税者と担税者が別の人である税金を「間接税」という。たとえば、酒税のように納税者はお酒を造る業者であるが、税金はお酒の値段の中に含まれているので、担税者は、お酒を買った人になるわけである。

二　普通税と目的税

普通税とは、その使いみちが特に定められておらず、国や地方公共団体の一般経費にあてられる税金で、大部分の税金がこれにあたる。

目的税とは、その使いみちが、特に定められている税金で、たとえば、自動車取得税や軽油引取税は、道路に関する費用にあてなければならない。

税金の取り方には次のような方法がある。

源泉徴収　給料を払う雇い主や会社からその給料にかかる税金に当たる金額を取る制度である。普通給料や配当・利子・原稿料などはこの方法で税金が取られる。

申告納税　納税者がまず自分で１年間の所得とそれにかかる

税金の額を計算して自分から税金を納める方法である。これは主に農家や商店などの自営業者が事業所得の税金を払う方法である。

第九節　文化施設

日本では人口の集中している都市に比べると、地方の市町村には余り文化施設がない。もちろん、どんな地方でも公民館・図書館をはじめ、その地方独特の文化・史跡・芸能などを持っている。

しかし東京・大阪・神戸などの大都市には各種の文化的施設がほぼ整っている。首都東京を例に、代表的な施設を挙げてみよう。

日本の政治・経済・文化の中心として、東京には各種の機関や施設が集中している。西部が台地になっていて、山の手と呼ばれ、東部の低地部は下町と呼ばれている。

中心部に皇居があり、松の深い緑と大きな石垣を堀の水に映している。その近くに東京駅がある。霞ヶ関、永田町及びその近辺は官庁街で、その一角に国会議事堂・最高裁判所などもある。丸の内、大手町一帯はビジネス街で、新日鉄の本社はこの中にある。

明治神宮は明治天皇を祭るお宮で、大きな森に囲まれている。その外苑を神宮外苑と言い、そこには東京オリンピックの主競技場となった国立競技場・体育館・屋内プール・野球場などがあって、一大スポーツセンターとなっている。

上野公園には国立博物館、西洋美術館、動物園などがあり、桜の名所でもある。そのほか日比谷公園、芝公園などの公園や後楽園、新宿御苑などの公開された庭園がある。芝公園の中には高さ 333m の東京タワーがそびえ、名所の一つとなっている。

NHK 放送センター・国立劇場・歌舞伎座・国立図書館など文化的施設も数多くある。

買物を楽しむには銀座、新宿などの繁華街がある。また外国人や若者がよく集まるしゃれた町として六本木・青山・原宿などがある。

下町の浅草は浅草寺を中心にたくさんの出店や興業街があり、庶民の町として独特な雰囲気を持っている。

今、地方分権が叫ばれている。その地方の自治・産業・文化を高める努力が必要な時代になってきた。それは都市に集中する人口を抑え、過疎化する地方を活性化させることにもなる。どの地方にも豊富で魅力的な文化施設をつくるべきだと思われる。

第6章 行事・祭事

第一節　年中行事

一　正月

正月とは本来、その年の豊穣を司る歳神様をお迎えする行事であり、1月の別名である。現在は1月1日から1月3日までを三が日、1月7日までを松の内、或は松七日と呼び、この期間を「正月」と言っている。地方によっては1月20日までを正月とする（二十日正月・骨正月）こともある。

正月は家に歳神様をお迎えし、祝う行事である。歳神とは1年の初めにやってきて、その年の作物が豊かに実るように、また、家族みんなが元気で暮らせる約束をしてくれる神様である。正月に門松やしめ飾り、鏡餅を飾ったりするのは、すべて歳神様を心から歓迎するための準備である。

門松

正月は、日本の行事の中で最も古くか

ら存在するものだと言われている。

また、最近では余り見かけなくなったが、正月は家の門先に門松を立てる習慣がある。これは門松に年神が降臨するという信仰から来ている。松は 12 月 13 日に山から伐ってくるが、これを松迎え、正月様迎えという。その松に注連縄を張って聖なる場所であることを示すのである。しかし、もともとは神が降臨する木は松でなくても、常緑樹なら何でも良かったと言われている。現在のようなお正月の行事が浸透したのは、江戸時代に入り庶民にも手軽に物品が手に入るようになってからのようである。

1 年の始めである正月は春の始まり、すなわち「立春」とも考えられており、人々は春の訪れがもたらす生命の誕生を心から喜んだ。「めでたい(芽出度い)」という言葉は「新しい春を迎え芽が出る」という意味がある。また新年に言う「明けましておめでとうございます」という言葉は、実は年が明け歳神様を迎える際の祝福の言葉だった。つまり、神様への感謝の言葉を人々の間で交わすことにより、心から歳神様を迎えたことを喜びあったということである。

二　鏡開き

鏡餅

1 月 11 日は鏡開きの日である。鏡開きの日には今年 1 年の一家円満を願いながら、神様に供えた鏡餅をお下がりとして頂く。鏡餅は、大小の丸い餅を重ねて出来ており、橙、譲葉、昆布、裏白の葉などで飾られる。古来から、お餅は歳神様のご神体であると考えられていた。また、餅は「望月(満月)」に通じ、その丸い形から家庭円満を象徴するとも考えられており、縁起物としてお正月に飾られるようになった。

この鏡開きの日には、飾っておいて硬くなったお餅をかなづちなどで叩き開く。鏡餅には歳神様が宿っているので、神様とも縁を切らないように「割る」や「砕く」とは言わず「開く」と、縁起のよい表現を使う。また、鏡餅を食すことを「歯固め」という。これは、固いものを食べて歯を丈夫にし、歳神様に長寿を願うことからと言われている。

鏡餅が現在のような華やかな形で供えられるようになったのは、家に床の間が作られるようになった室町時代以降のことである。神聖なものである鏡餅には、人々の様々な願いが込められるようになり、譲葉・熨斗鮑・海老・昆布・橙などの華やかな飾りを載せた現在のような具足餅(武家餅)になったそうである。

今日では、三方に半紙を敷きその上に裏白の葉を載せ、大小2つの餅を重ね、その上に串柿・干しするめ・橙・昆布を飾る、という形式が一般的である。

三　バレンタインデー

2月14日は日本では「女性が男性にチョコレートを渡す日」とされている。欧米では、バレンタインデーには男女間だけでなく家族や友人にカードやプレゼントを贈る。しかし日本では女性から男性へ愛の告白をする日、チョコレートを贈る日として定着している。

聖バレンタインデーの始まりは古代ローマ時代にさかのぼる。日本でチョコレートが贈られるようになったのは、1958年にメリーチョコレートが東京の伊勢丹で販売促進を目的としたキャンペーンを展開した事がきっかけである。初めはあまり反響がなかったが、その後女性誌に取り上げられ現在のようなブームになったそうである。

日本でも男女間だけでなく、家族や友人にチョコレートを贈る人も多いようである。しかしやはり「女性が男性に愛の告白をする」日という認識が強いように思われる。そこで、欧米ではバレンタインカードの決まり文句とされている「あなたのバレンタインより」という言葉をカードに添えて見るのも面白い。また「わたしのバレンタインになって」と書いたりすることもある。これは、殉教者バレンティウスが恋人におくった愛の言葉だといわれている。

四　雛祭り

3 月 3 日は「上巳」「桃の節句」等と言われ、厄を人形に移して祓った「流し雛」の風習があった。それらが発展し、雛人形を飾り女の子の健やかな成長と幸せを願う現在の「雛祭り」となった。

女の子が産まれて始めての節句を「初節句」といい、嫁方の親が子供の身代わりとなって災いが降りかからない様に、という思いが込められた雛人形を贈る。雛人形には、厄除けとなる「桃の花」、体から邪気を祓う為の「お白酒」、よもぎの香気が邪気を祓うといわれる「草もち」、人の心臓をかたどり子供の健康を祈る親の気持ちの現れの「ひし餅」、自分のかたわれでなければ絶対に合わないことから、女性の貞節を教えた「蛤」などが供えられる。

また、ひし餅や雛あられに見られる白・青・桃の 3 色はそれぞれ、雪の大地（白）・木々の芽吹き（青）・生命（桃）を表しており、この 3 色のお菓子を食すことで自然のエネルギーを授かり、健やかに成長できるという意味がある。

雛人形は立春（2 月 4 日）頃から 2 月中旬までに飾る。飾る前日には桃酒やひし餅などの飾物をお供えする。そして前日の晩もしくは当日に、両家の両親や友人を招き縁起の良いご馳走でもてなす。雛人形は遅くとも 3 月中旬までに片付けた方が良いと言われている。「仕舞い遅れるとお嫁に行き遅れる」と言い、これは「片づけの出来ない娘はいいお嫁さんになれないよ」という意味で、年長者からの戒めの気持ちがこめられている。

五　ホワイトデー

3月14日はホワイトデーで「バレンタインデーに貰ったプレゼントのお返しを贈る日」である。これは「贈り物を貰った場合お返しをする」という習慣のある日本でのみ行われている行事である。

バレンタインデーにチョコレートをもらった人がそのお返しにキャンディやマシュマロを贈る。ホワイトデーは、結婚祝い・出産祝い・お見舞いなどの際にお金を包み、そのお返しとして物を贈るなど日本人独特の習慣を代表した行事である。

では、何故お返しを贈るのだろうか。日本人は、共同体におけるお互いに助け合う気持ち（相互扶助）が強いと言われている。また一方で、日本人はその相互扶助が実は嫌いで、他人に「借り」を作りたくないためにお返しを贈り、借りを無くしたいのではないか、とも言われている。

元々バレンタインデーの発祥の地ヨーロッパでは、3月14日のホワイトデーの習慣はなかった。日本にホワイトデーが生まれたのは、1978年である。バレンタインデーの「お返し」の風潮が若い世代の間で生まれ、これを受けた「全国飴菓子工業協同組合」が3月14日を「ホワイトデーはキャンデー贈る日」と命名し、バレンタインデーのアンサーデーを考案した。他にも、1977年に福岡のお菓子屋さん「石村萬盛堂」が白いマシュマロを販売し、この日（3月14日）を「マシュマロデー」と呼んだことがきっかけになったという説もある。ホワイトデーは「贈り物には必ずお返しをする」という日本人らしい強い義理人情を表した風習ではないだろうか。

一般に男性が女性にバレンタインデーのお返しを渡し、女性からの愛の告白の返事をする日とされている。一方「2倍返し」「3倍返し」といわれるようにバレンタインに贈られたチョコレートの値段の2倍・3倍の価値の「お返し」が贈られることを暗に期待している女性は多いようである。しかし愛の告白で受け取ったチョコレートならまだしも、義理チョコ(社交辞令で贈られたチョコレート)の場合男性はどのような価値基準でお返しをしたら良いか悩んでいるようである。義理チョコでも「男なら三倍返し」をモットーに頑張ろう!

六 ゴールデンウィーク

ゴールデンウィーク(大型連休)とは、4月末から5月初めにかけて多くの祝日が重なった大型連休期間のことである。1948年に祝日法が施行されたことにより、4月29日から5月5日までの1週間に祝日が集った。GWと略式に表記されることもある。

ゴールデン・ウィークには「昭和の日(4/29)」「憲法記念日(5/3)」「みどりの日(5/4)」「こどもの日(5/5)」が含まれる。これらの祝日と土日が上手く繋がることにより、1週間~10日間ほどの大型連休が発生する。ちなみに、私たちは「ゴールデンウィーク」と当たり前のように言っているが、NHK(日本放送協会)ではこの名称を認めておらず「大型連休」と呼んでいる。

ゴールデンウィークは5月の連休を表わす言葉として日本で定着している。その由来は2つある。1つは日本映画界の造語であるという説。もう1つはラジオの「ゴールデンタイム」からきたという説である。「日本映画界造語」説は、1951年に現在のゴールデンウィークにあたる期間に上映された映画「自由学校」が、正月やお盆時期よりヒットしたのを期に、より多くの人に映画を見てもらおうということで作られた造語だったということである。もう1つの「ゴールデンタイム」説は、大型連休の期間が最もラジオの聴取率の高い時間帯だったため「黄金週間」といわれていたが、インパクトに欠けることから「ゴールデンウィーク」になったという説である。

日本では、ゴールデンウィーク・お盆・お正月以外に「まとめて休む」ということが難しい社会である。ヨーロッパ諸国やオーストラリアの休日は年間で約10日程度しかないが、有給休暇が日本の約2～3倍もあり、それらを個人のタイミングでとるため、休暇だからと言って交通渋滞などは起こりにくいそうである。

七 盆

お盆は旧暦の7月15日を中心に行われる先祖供養の儀式で、先祖の霊があの世から現世に戻ってきて、再びあの世に帰っていくという日本古来の信仰と仏教が結びついてできた行事である。多くの地方で8月13日の「迎え盆」から16日の「送り盆」までの4日間をお盆としているが、地方によっては7月一杯をお盆とする地域や旧暦通り7月15日を中心に行う地域などがある。

「お盆」は「盂蘭盆会」を略した言葉である。盂蘭盆会とはサンスクリット語のウラバンナ(逆さ吊り)を漢字で音写したもので、転じて「逆さまに釣り下げられるような苦しみにあっている人を救う法要」という意味である。お盆は、先祖や亡くなった人たちの霊(精霊)が灯かりを頼りに帰ってくるといわれており、祖先の魂を迎えることを目的としている。

13日：迎え盆(お盆の入り)

夕方に仏壇や精霊棚の前に灯りを灯した盆提灯を置き、庭先や門口に皮をはぎ取った麻の茎(麻幹)を焚く。この灯りと炎を「迎え火」と言い、精霊に戻る家の場所を伝える。また、先祖の墓が家の近くにある場合には、お墓の前で盆提灯や盆灯籠を灯し、お墓から家まで精霊を案内する。このように、お盆は精霊を家に迎え入れる事から始まる。

14日·15日

精霊が家に留まっている期間である。仏壇にお供え物をして迎え入れた精霊の供養をする。

16日：送り盆(お盆の明け)

16日の夜に、精霊は再びあの世へ帰っていく。この時、迎え火と同じ位置に今度は「送り火」を焚き、再び帰り道を照らして霊を送り出す。

八　十五夜

旧暦の8月15日を「十五夜」「中秋の名月」という。「中秋の名月」とは「秋の真ん中に出る満月」の意味で、旧暦では1月～3月を春、4月～6月を夏、7月～9月を秋、10月～12月を冬としていたことから、8月は秋のちょうど真中であり、8月15日の夜に出る満月ということで、そう呼ばれるようになった。

現在用いられている新暦では1ヵ月程度のズレが生じるため、9月7日から10月8日の間に訪れる満月の日を十五夜·中秋の名月と呼んでいる。

「十五夜」は、中秋の名月を鑑賞する他、これから始まる収穫期を前にして、収穫を感謝する初穂祭としての意味あいがあった。9月頃に収穫される「芋」をお供えすることから「芋の名月」とも呼ばれている。

現在では、満月のように丸い月見団子と魔除けの力があるとされたススキを伴えるのが一般的な「十五夜スタイル」である。また、地方によってはこの日だけは、他人の畑の作物を無断で取っても良いとか、子どもがお月見のお供え物を盗んで良いとする風習もあるそうである。

九　クリスマス

クリスマスは、キリスト教徒の国では一般に「イエス·キリスト」の誕生をお祝いする日である。しかし12月25日に日本では、一般的にバレンタインデーやホワイトデーなどのような楽しいイベントの1つという意味合いが強い。

日本のクリスマスは、一般にラブイベントの特色が強いため家族·恋人向けに、様々な催し物が行われる。そのため11月末頃から、街はクリスマスカラーと呼ばれる赤·緑·白などの色とりどりの装飾品で飾り始められ、テーマソングである「ジングル・ベル」の曲が流れて、デパートや百貨店には、サンタクロース·トナカイ·もみの木などのオブジェや高級な「クリスマスの贈り物」が並ぶ。色気が出てきた街の景色を見て、「もう 12 月なんだ」と感じる方も多いのではないだろうか。

日本では、クリスマスは恋人や友達と過ごし、お正月は家族と過ごすことが多いのに対して、欧米では反対にクリスマスは家族で過ごし、お正月は友達や恋人と過ごすことが多いようである。そのため、この日欧米では店を休業して家族でミサへ行くが、日本では売上が見込める日なのでほとんどの店が開いている。また、欧米ではプレゼントを 2〜3 個貰うのが普通であるが、日本の場合はサンタさんから貰えるのは 1 個が定番である。それは一週間後に迫ったお正月に「お年玉」を子供たちにあげるという風習があるため、サンタさんの懐が痛いためではないかとも考えられる。

十　大晦日

1 年の最後の日を「大晦日」または「大晦」とも呼ぶ。「晦日」とは毎月の末日のことである。一方「晦」とは、「月が隠れる日」すなわち「月隠」が訛ったもので、どちらも毎月の末日を指す。「1 年の最後の特別な末日」を表すため、末日を表す 2 つの言葉のそれぞれ「大」を付けて「大晦日」「大晦」という。

12 月 31 日「大晦日」には 1 年の間に受けた罪や穢れを祓うために、大祓いが宮中や全国の神社で執り行われる。仏教色が強い夏のお盆に対して、正月の行事の 1 つである大晦日は新しい年の穀物に実りをもたらし、私たちに命(年)を与えてくださる歳神様を祀る意味を強く感じる。

昔、1 日は夜から始まり朝に続くと考えられていたため、大晦日は既に新しい年の始まりだった。そのため、この日に縁起物であるお頭付の魚を用いた正式な食事やお雑煮などを家族揃って食べる。これを「年越し」「年取り」という。年越しの夜は除夜ともいう。かつて、除夜は歳神様を迎えるため一晩中起きている習わしがあり、この夜に早く寝ると白髪になる、シワが寄るなどの俗信があった。

大晦日の風物詩である年越し蕎麦は江戸時代頃から食べられるようになった。金箔職人が飛び散った金箔を集めるのに蕎麦粉を使ったことから、年越し蕎麦を残すと翌年金運に恵まれないと言われている。

大晦日の夜ふけに、全国のお寺で鳴らされる108つの鐘を「除夜の鐘」という。除夜の鐘を108つくのは中国の仏教儀式で、宋時代から始まったという。ただつけばよいというわけではなく、交互に強く54点、弱く54点、そして107点までは旧年に、最後の1点を新年につく。

108の数は1年12か月と、立春などの24節気、それを三分した72候、の合計だというが、後に108の煩悩を一つずつ消すためと言われるようになった。108の煩悩とは、六根(眼、耳、鼻、舌、身、意)と六塵(色、声、香、味、触、法)におのおのの好、悪、平があるので、計36程の煩悩が生じ、それが過去、現在、未来あるので108となる。

また、江戸時代の町人は大晦日になると借金の返済に追われていた。これは、年内に借金を返済し、新しい気持ちで新年を迎えたいという人が多かったからである。現代でもそれにならってか、決算を3月ではなく12月にする企業が多いようである。

第二節　国民の祝日

祝日とは政府が定めた「日本国民の祝祭日」のことである。一方休日とは、業務·営業·授業などを休む日のことである。前者が一年の行事としてあらかじめ決められているのに対し、後者は個人が「お店を休む日」など自由に決めることができる。

1999 年には休日法の改正によって、ハッピーマンデー制度が制定された。これにより、土·日·月と休日を連続させるために、いくつかの祝日が月曜日に移行した。

2007 年現在、国民の祝日は計 15 日ある。

一　元日

古来より 1 年の最初の日である 1 月 1 日「元日」は、全てのものに命を与えてくれる「歳神様」をおまつりするための特別な行事が行われていた。1948 年に「年のはじめを祝う日」として法律で国民の祝日と制定された。

「元日」は 1 月 1 日のこと、そして「元旦」というのは 1 月 1 日の朝の事である。「元」という字には「一番初め」という意味があり「旦」という字には「あした(朝)」「夜明け」という意味がある。

古来から行われてきた元日の風習は、現在でも受け継がれている。今でも私達は歳神様をお迎えするために門松を門の前に飾ったり、鏡餅を備えたり、前日に準備したおせち料理を食べたりしている。また、子供は親や親戚からお年玉をもらう。

古来大晦日の夜は、歳神様を迎えるために寝ていては失礼だということで、人々は一晩中起きている事が多かったようである。そのため、翌日(元日)はほとんどの家庭が「寝正月」で過ごした。

江戸時代に入ると、正月休みの規定が領主ごとに設けられるようになった。庶民はそれまで正月(1月1日)・お盆・祭礼の日しか休みがなかったが、この頃から1月1日から3日までの3日間、休みが取れるようになった。これが今で言う「三が日」である。

現在も正月の風習は受け継がれているが、プラスチック製の門松や鏡餅を使用したり、おせちをデパートで購入するなど簡略化される傾向が強まってきている。

元日から2日にかけてみる夢のことを「初夢」という。最もよい夢は、「一富士二鷹三茄子」である、と駿河(現在の静岡県辺)の国のことわざにある。富士山は日本で一番高い山、鷹は足高山(愛鷹山)のことで、これは駿河で二番目に高い山である。また、茄子は正月になると驚くほどの高値で売られていた。これら3つに共通して言えるのは、全て「高い」という言葉が入っていることである。この言葉は縁起が良いとされていた。

その他にも、縁起の良い夢をみるためには「宝船」の絵を枕の下にいれて寝ると良いなどと言われている。

二　成人の日

成人の日は、1948年に「1月15日は、大人になったことを自覚し、自ら生き抜こうとする青年を祝い励ます日」と法律で定められた。現在は、2000年に制定されたハッピーマンデー法に基づき1月の第2月曜日に改正されている。

成人の日は、新成人達が両親や周りの大人達に保護されてきた子供時代を終え、自立し、大人の社会へ仲間入りすることを自覚するための儀式(成人式) を行う日である。

各地方自治体で成人の日に行われる成人式では、女性は振袖、男性はスーツや羽織り袴などの正装に身を包み、市長などから祝福の言葉を贈られる。しかし近年、成人式で一部の新成人が野次を飛ばす等トラブルを引き起こす場面が多く見られる。現在の法律では20歳という年齢をもって成人したものとみなし、飲酒、喫煙、投票などが許されるが、このような非常識な行為を見るにつれ、現在では成人式を迎えることよりも、社会人になることの方が一人前になる、大人になると意識される傾向が強く感じられる。

現在成人の日は1月の第2月曜と制定されている。全国で地域ごとに差はあるものの、毎年1月の上旬から中旬にかけて成人式が行われている。

しかしおめでたい事とはいえ、何故成人の日を祝日にしたのだろうか。一説によると、戦後物資も食料も足りない時代で一番乏しいとされていたのは「人材」だった。良い「国家」を作っていくためには、国民自身が成長していかなくてはならないと考えた当時の役人たちは、「子供から大人になった自覚を持ってほしい」と願ってこの日を祝日にしたそうである。このように成人の日に込められた先人の想いを知ることが、成人になる第一歩なのではないだろうか。

三　建国記念の日

2月11日は「建国をしのび、国を愛する心を養う日」として、1966年に「建国記念の日」に定められた。

神武天皇が即位した日を日本の建国された日として祝うこと(紀元節)は、戦後占領軍の意向で祝日ではなくなった。しかしその後、紀元節を復活させようという動きが高まり、反対する動きを抑え建国を記念するための祝日を設けることとなった。その際「紀元節」から「建国記念の日」に改正された。そして1966年に国民の祝日に認められ、翌年から適用された。

「建国記念の日」が「建国記念日」ではないのは、史実に基づく建国の日とは関係なく、建国されたという事実そのものを記念する日だからだという。

日本の起源を祝日にしようという動きは、明治時代、神武天皇(初代天皇)即位の初日を日本の紀元(歴史が始まる最初の日)としたことから始まる。この、日本の紀元の日を「紀元節」という。紀元節は全国の神社で「紀元節祭」と呼ばれ祭事が催されていたほか、庶民の間でも「建国祭」として祭典が行われていた。しかし戦後になり「紀元節を認めることにより、天皇を中心とする日本人の団結力が高まり、再び米国の脅威となるのではないか」という GHQ の意向で、紀元節は廃止された。しかしその後テレビ局が行ったアンケート調査により、全国民の 80%以上の人が「建国を記念する日」を望んでいるということがわかった。その結果、1966 年になり建国記念の日に関する提案が承認され、翌年 1967 年から適用されることとなった。建国記念の日が成立するまでには「日本の正確な起源などわかっていないのに建国記念など定められない」など専門家による多くの議論があったようである。

四　春分の日

3 月 21 日頃を春分の日と言い、「自然を称え、将来のために努力する日」と法律で定められた祝日である。その日付は、祝日法の上では「春分日」としており、その前年の 2 月 1 日に、国立天文台が作成する「暦象年表」という小冊子に基づいて閣議で決定され、官報で発表される。

春分は、昼と夜が同じ長さになる日である。昔の人は、自然に感謝し春を祝福する日だと感じていたようである。それは長い間冬眠をしていた動物たちが動き始め、人々もやる気に満ち溢れている時期である。また、この日の前後にご先祖様への感謝の気持ちを伝えるためにお墓参りに行く習慣もある。

五　昭和の日

4 月 29 日の「みどりの日」を「昭和の日」の祝日に変更し、2005 年 5 月 13 日に可決成立した。同 5 月 20 日官報で発表された。

2007年から施行する。

4月29日は「自然に親しむとともにその恩恵に感謝し、豊かな心を育む日」と法律で定められている。

元は、昭和天皇の「天皇誕生日」として戦前まで国民に親しまれていたが、天皇が崩御された1989年に国民の祝日の1つとして「みどりの日」に改名された。一方で、4月29日は、昭和天皇と昭和という時代を偲ぶための「昭和の日」にすべきだという意見が根強いようでる。

4月29日は戦前は「天長節」と呼ばれ、昭和天皇の誕生日を祝う祝日だった。これは、唐の玄宗皇帝が創定したものを光仁天皇(775年)が模して始めたものだといわれている。

この日から、GW が始まる。長期的休暇の幕開けの日として、心も弾む。ちなみに、2004年の公務員の休日は11日、会社勤務の方は約7日だったそうである。

六　憲法記念日

5月3日は1948年に「日本国憲法の施行を記念し、国の成長を期する日」と法律で定められた。国民の祝日の1つである。

日本国憲法は3つの柱を持っている。

・国を治める主権は国民にあるという「国民主権」

・人間が生まれながらにして持っている、人間らしく生きる権利を永久に保障する「基本的人権の尊重」

・世界の平和を永久に守るため、外国との争いが起きても戦争をしないで平和的に解決するという「平和主義」

現在は「平和主義」に基づく憲法9条の問題がしばしば討論の的になっているようである。

この日は、国民の祝日の1つで1948年に制定された。そして、新しい憲法が施行された日こそ「祝日」にふさわしいという思いが全国にあったようである。各新聞の社説にも「新しい日本の出発」と大きく記載されていた。正確に言えば、日本国憲法は

1946年11月3日に公布され、その半年後の1947年5月3日に試行された。

その憲法の内容は、「国民主権」「平和主義」「基本的人権の尊重」という3つの柱を持っており、特に憲法9条の「戦争放棄」は平和憲法として有名である。

1948年に生まれた子供には、「憲司」・「憲太郎」や「憲子」といったように、子どもの名前に「憲」の字を入れることが多かったそうである。なぜなら、新憲法に対する熱い思いが国民にあったからだそうである。

七　みどりの日

5月4日の「国民の休日」を「みどりの日」の祝日に変更し、2005年5月13日に可決成立したことは、同5月20日官報で発表された。2007年から施行するという。

1985年12月27日に祝日法が改正され、祝日に挟まれた平日を「国民の休日」とした。

働きすぎの現代人に休日を増やそうということで定められた「国民の休日」は、現在のところ5月4日しかない。祝日の場合は日曜日と重なった場合、その週の月曜日を休みにするという「振り替え休日」の制度が設けられている。しかし休日は祝日と区別して扱われるため、もし5月4日が日曜日と重なったとしても、振り替え休日は設けられないそうだ。

1985年12月27日に祝日法が改正され、即日施行された。これにより、第一号は5月3日の憲法記念日と5月5日のこどもの日の間の5月4日が休日となった。2003年以降、ハッピーマンデー法により「敬老の日」が9月の第3月曜日に変更されたことによって、9月第3(または第4)水曜日が「秋分の日」である年は、敬老の日と秋分の日にはさまれた火曜日が国民の休日の条件に当てはまるようである。この火曜日が国民の休日になれば、5月4日に続く第2の国民の休日ということになる。

また、2009年になると9月に第2号の国民の休日が発生する。2009年9月21日は第3月曜日で敬老の日（祝日）、その2日後の23日は秋分の日で祝日である。よって、その間にはさまれた22日は「国民の休日」の条件に当てはまる。そうすると、日曜と合わせて4連休という5月のゴールデンウィークのような大型連休期間が誕生することになる。

八　こどもの日

こどもの日とは、国民の祝日の1つで、「こどもの人格を重んじ子供の幸福をはかるとともに母に感謝する日」と1948年に定められた。

子供の日は、ゴールデンウイークの最終日にあたる5月5日に、子供の健全な発達を願う日である。

子供は、7歳までは神様の預かりものとされていたので、神仏への「お供え物」などの「そなえ」「供する」という意味の常用漢字の「供」を使用し、「子供」と表記されていた。しかし、一部の団体から「供」という漢字は「大人の手下」という感じがするという声が上がったためひらがな表記にしたそうである。また一説によれば、こどもにも読めるようにひらがなにしたとも言われている。

古来は、5月5日は「端午の節句」といって男の子の健全な成長を祝う日だったが、1948年に定められた国民の祝日法によって「こどもの日」として広く親しまれるようになった。

当初は、桃の節句3月3日や、学年が始まる4月1日という案が出ていたが、3月3日では北海道などではまだ寒すぎる、4月1日はエイプリルフールと重なってしまうと言う理由で却下されたようである。

戦後、5月5日はこどもの日として全国に広がっていき、各地でこどもの日のフェスティバルなどが行われる。

古来は「端午の節句」の日だったので、その色が濃く、現在でも男の子のいる家では「兜」「こいのぼり」「五月人形」を飾る。兄弟姉妹のいる家庭では、一緒にお祝いをするのが一般的になっており、更に女の子だけの家庭でも最近は「こいのぼり」を飾ったりするようである。行事の参加者は、男の子だけとは限らないようである。そのため、小学校でも男女が一緒になって画用紙で「兜」を折ったりする。

九 海の日

海の日は近年制定された休日である。1996 年に「海洋国家として広く国民に海への理解と関心を求める日」として休日に定められた。

7 月は祝日が無い月であるが、海をもっとも感じる季節である。そのような理由から、海の仕事に従事している関係者の間で「海の記念日」を祝日にしようという運動が起こった。現在 7 月の第 3 月曜日が「海の日」と制定されている。

1876 年に明治天皇が東北を巡られ、青森から横浜へ入港された。これにちなみ、1941 年に当時の逓信大臣である村田省蔵氏の提唱により 7 月 20 日が「海の記念日」とされた。

その後、海の仕事に従事している人の運動によって、1996 年に「海の恩恵に感謝し海洋国日本の繁栄を願う日」として「海の日」に指定された。

海の日は成立して間もないのでイベントもまだあまり行われていない。しかしそれだけに今後の活動に期待が寄せられる。特に、「日本海事報道協会」は海の日の祝日化に力を入れていたため、現在も様々な PR 活動を行っている。その代表的な PR の一環として、標語「みんなで海のことを考え、海に親しみ、海を大切にしましょう」がある。

十 敬老の日

敬老の日は、1965 年に「多年にわたり社会につくしてきた老人を敬愛し、長寿を祝う日」と法律で定められた。

敬老の日は、長い間社会の為に尽くしてきた高齢者を敬い、長寿を祝う日である。また、それとともに高齢者の福祉について関心を深め、高齢者の生活向上に努めるよう若い世代に促すという気持ちが込められている。

また「敬老の日」という名称に落ち着くまでには長い期間を要した。1951年に中央福祉協議会が「としよりの日」と定めたが、この名称に各地で議論がおこった。それを受け、1963年に老人福祉法の制定に伴って「老人の日」に改正されたが、この名称もまた、語呂が悪いなどの理由から、1965年に現在の「敬老の日」となった。

十一　秋分の日

毎年9月23日頃を秋分の日と言い「祖先を敬い、亡くなった人をしのぶ日」として1948年に法律で制定された。

また秋分の日は、祝日法の上で「秋分日」とされている。毎年2月1日に、国立天文台が作成する「暦象年表」という小冊子に基づき閣議で来年の(秋分の日の)日にちが決定される。

秋分の日は春分の日と同様に、昼と夜の長さが等しくなる日である。しかし、春分の日よりも昼の平均気温は10度程高く、まだ夏の気配が残る。

秋分の日を中心とした一週間を「秋彼岸」と言う。各家々では、家族そろってお墓参りに行ったり、祖先を供養する「法会」が行われたりする。

元々農村部では、春分の頃に豊作を祈り、秋分の頃に豊作を祝う自然信仰があり、山の神様である祖先の霊を春分以前に山から里に迎え、秋分以降に里から山へ送る儀式が行われていた。しかし、仏教の浸透とともに秋分は「秋の彼岸」として祖先を供養する意味を持ち始めた。

明治時代に秋分の中日を「秋季皇霊祭」と定め、宮中において祖先をまつる日となった事がきっかけで、一般市民の間でもそのように定着していった。

1948 年には、お寺参りの日·先祖供養の日など、宗教的慣例としてのまつりの日だけではなく、広い意味で「祖先を敬い、亡くなった人を忍ぶ日」として国民の祝日に制定された。

秋分(春分)の 3 日前の日を「彼岸の入り」といい、3 日後を「彼岸の明け」といい、その 7 日間を彼岸と言う。秋分·春分はその中間に位置するため「彼岸の中日」と呼ばれている。

また「彼岸」とは元々仏教用語で「煩悩に満ちた世界から解脱した悟りの世界」を指す。これは、簡単に言えば「亡くなった先祖達の霊が住む世界」のことである。その祖先の霊を供養するために、私たちはお彼岸になると「お墓参り」へ行く。

十二 体育の日

1964 年に開催されたオリンピック東京大会の輝かしい成果と感動を記念して「国民がスポーツに親しみ、健康な心身を培う日」として国民の祝日に制定された。

「スポーツに親しむ」とはスポーツを見たり聞いたり読んだりすることではなく、みんなでスポーツをしようという意味である。「健康な心身を培う」ために体を動かそうという目的がある。

さらに日本の観測史上、晴れる確率が最も高い日が「10 月 10 日」で、この特異はいまでも継続中だそうである。

1961 年に制定された「スポーツ振興法」では 10 月の第一土曜日を「スポーツの日」としていたが、この日は祝日ではなかった。その後、1964 年に日本で初めて五輪大会「東京オリンピック」の開会式が開催されたため、それを記念して 1966 年から東京オリンピックの開会式のあった 10 月 10 日を「体育の日」として祝日に定めた。2000 年からは「ハッピーマンデー法案」の制定により、10 月の第 2 月曜日が体育の日とされている。

体育の日の前後に運動会を開催する学校·団体は多いようである。しかし、日頃スポーツに親しむことの少ない現代人は、運動会ではりきりすぎて病院にお世話になる事が絶えないと言う。特に、運動会では「元陸上部」だったというパパが登場し、学生時代の自分の体と、現実の自分の体とのギャップがあることを忘れて走り、不完全燃焼を起こしてしまいがちである。完全燃焼された方も次の日に筋肉痛に襲われるなど、どちらにしても大変である。やはり運動会を楽しむためには、体育の日のみならず日頃からスポーツに親しむという努力が大切であろう。

一三　文化の日

1948 年に「自由と平和を愛し、文化をすすめる日」として国民の祝日に定められた。1946 年に、平和主義·国民主権·基本的人権を宣言した新憲法に基づき、この日を記念日にした。現在でも文化の日には文化を称える行事として、皇居で文化勲章の授与式が行われる。また文化の日を中心に、文化庁主催による芸術祭が開催されている。

文化の日には、日本において文化の発展に功労のあった人々に文化勲章が授与され、また文化功労者および各種褒章の受賞者の伝達式などが行われる。文化勲章は 1937 年に制定され、紀元節(2 月 11 日)、天長節(4 月 29 日)などに表彰式が行われてきたが、戦後の 1948 年以降、毎年 11 月 3 日の文化の日に贈られている。

11 月 3 日、皇居では文化勲章の授与式が行われる。授与式では「国家又は公共に対し功労のある方、社会の各分野における優れた行いのある方などを表彰するもの」として、勲章及び褒章がある。文化は永遠であるべきとの意向で作られた常緑樹の橘を模した勲章と、褒章として終身年金(350 万円)が贈られる。

文化勲章の受賞を目指して頑張る事も、美術館·劇場に足を運んだり、実際に何か創作してみたりする事も、人生を豊かに過ごすための手段の一つかもしれない。自由と平和を愛し、よりよい日本文化を形成していきたいものである。

十四　勤労感謝の日

11月23日は「勤労を尊び、生産を祝い、国民がたがいに感謝しあう日」と1948年に法律で定められた。

戦前11月23日は「新嘗祭」で農作物の恵みを感じる日だった。日々の労働に対して「農作物」という形のあるものが目に見えて返ってくることが少ない現代で、勤労の目的を再認識する日という意味がこめられているようである。

一方、勤労の意味とは「肉体的な労働によって物品等を生産するということにのみ終始するものではなくて、精神的な方面においても一日一日を真剣に考え、物事の本質へと深めてゆく研究態度にも勤労の大きい意味は存在し、創造し、生産していくことの貴重な意義ある生活が営まれていくことが出来る。物質的にも、精神的にも広い意味での文化財を建設してゆくことは、生産ということの正しい理解の仕方である」と戦後発行された衆議院文化委員受田新吉著の「日本の新しい祝日」には記載されていた。

勤労感謝の日が制定される以前は、「新嘗祭」が行われていた。新嘗祭は古くから国家の重要な行事であり「瑞穂の国」の祭祀を司る最高責任者である大王(天皇)が国民を代表して、農作物の恵みに感謝する式典だった。「新嘗」とはその年収穫された新しい穀物のことをいう。農業中心の時代、この行事はとても重要な儀式だった。

「勤労感謝の日」は1948年に定められたが、この日を制定するにあたては、元々の「新嘗祭」として祝いたいなど様々な意見があったようである。しかし「労働」とは本来「農業に従事して生産を行うもの」だけを言うのではなく、今日のサービス産業なども含めた幅広い意味を持つことから「新嘗祭の日」という考えは却下され、現在の「勤労感謝の日」が制定された。

一五　天皇誕生日

12 月 23 日は「天皇の誕生日を祝う日」として法律で定められた。第二次世界大戦終結までは、天長節と呼ばれていた。

旧暦の 9 月 22 日は明治天皇の誕生日（新暦の 11 月 3 日で、現在の「文化の日」）で、4 月 29 日は昭和天皇（現在の「昭和の日」）だったが、天皇の亡くなられた後に現在の名称に改名された。

戦前は天皇は神様として崇められており、その誕生日は「祝日」として扱われていた。しかし戦後、天皇は神様ではなく「日本国民統合の象徴」という新しい意味を持つようになった。その事を受け、天皇を神格化した行事ではなく天皇の誕生日を純粋にお祝いし、国民と天皇との距離を縮めることを目的とした日として「天皇誕生日」が設けられた。

天皇誕生日の前身というべき天長節は奈良時代、光仁天皇（775 年）の時に初めて行われた。1948 年からは、毎年宮中で祝賀の儀・宴会の儀・茶会の儀・一般参賀という催しが行われるようになった。その後、宮殿造営のため一時中断されたが、現在も皇居の二重橋の門が開放され、天皇は一般参賀者に答礼している。

現在のカレンダーには「天皇誕生日」と記載されているが、戦前までこの言葉（「天皇」）は神聖なものだから軽々しく使ってはいけないと禁止用語にしていたようである。「天皇」という言葉は「天帝」とも言い、「天の主宰者、造化の神」の意味をもつ。「皇」の字はオウともコウとも読むが、前者が「呉音」で後者の「漢音」より早い時期に入って来た読み方である。

第7章 娯楽

第一節 遊び

遊びとは、楽しむ、娯楽、休養、リラックス、ストレス解消などの目的で生物がする行動の総称とされる。どのような時代においても遊びは存在し、太古の昔から現代まで私達の心を楽しませてくれている。

また、日本独自の「隔世伝承遊び」などは遊びを通して礼法・作法などを代々受け継いでいく。このように日本人にとって遊びとは生活していく上で必要不可欠な存在と言える。

一 蹴鞠

蹴鞠は今から 1400 年程前に中国から伝わった遊びで、鞠庭と呼ばれる専用の庭で鞠を蹴る技術の高さを競う。相手に受け取りやすく、打ち返しやすい球を送る上手さを競う平和的な競技である。

元々中国から伝わった遊びである。勝敗のない平和的な遊び方という特徴から蹴鞠を行うことで天下泰平・五穀豊穣・心身の強健・一家の繁栄平和を祈る目的としても行われてきた。

鞠庭は神聖な場所とされ「鞠懸かり」と呼び、鞠庭に植えられる式木も「懸かりの木」と称えられる。

また、蹴鞠は技の美しさや礼儀正しさが重要視され、はっきりとした勝敗はない。鞠を蹴る動作は全て摺り足で行い、上半身は動かさずに水鳥が泳ぐように競技を行う。伝統的で日本的な非常に優雅な遊びである。

蹴鞠に使用される鞠は鹿の皮 2 枚を円形にして縫い合わせ、内部には大麦の穀粒を詰め込む。内側から張り膨らませて、形を整えた後に鉛白で化粧を施し、穀粒を抜いてから綴じふさいで完成となる。

また、鞠庭を作るには庭の四隅に式木(四季木)を植える。通常の式木とは別に、宗家·将軍家などに作られる鞠庭は 4 本とも松の木が植えられ、最上級の鞠庭とされる。

普通6～8 人で一座(1 試合)を行うとされる。鞠を蹴る人を「鞠足」と呼び、鞠足たちは鞠庭を 8 または 6 方位に分けた位置に立つ。これを八境と言って、南面の鞠庭で北西の位置を「一」の懸かりまたは「軒」といい、以下、南東を「二」、北東を「三」、南西を「四」と言い、この 4 人の鞠足が軸となって鞠を蹴る。「五」以下の者は「つめ」と言い、外れた鞠を蹴り戻す役目をする。初め「小鞠」といって足馴らしをした後「軒」(一)からあげ鞠を始め、最後は「二」から「軒」に渡して一座を終わる。一座に要する時間はその時の状況にもよるが、およそ 15 分から 20 分ぐらいでしばらく休息を取り、次の座(二座)に移る。興が進むと、三座、四座というように鞠足のメンバーを替えて蹴る。

二　お手玉

小豆などを入れた幾つかの小さな袋(お手玉)を、歌を歌いながら投げ上げ、受け取ったり拾ったりする遊びである。 各地の文化によって少しずつ遊びの形式が違う。

お手玉は遊びを通して裁縫や正座などの行儀作法を身に付

けることができ、昔から日本では女の子の遊びとして好まれてきた。日本では「隔世伝承遊び」の代表的なものとされ、祖母から孫娘へと代々受け継がれている。現在では手先の細やかな動きが老人の痴呆症予防に繋がるとして注目されている。

お手玉は四枚の布を縫い合わせ、表に返して形を整え、縫い残した部分から小豆や大豆、数珠玉などを入れて完成する。小豆や大豆の他に、はぶ茶・そば米・しじみの貝殻などを入れる事もある。

11個のお手玉をテーブルの上に置き、「おさらいおひと～つ」「おふた～つ」と言いながら、1つのお手玉を片手で投げる。そのお手玉が落ちてくるまでの間に、テーブルに置いてあったお手玉を1つ拾い、その手で投げ上げたお手玉も一緒にキャッチする。この動作が全部のお手玉でできたら、拾うお手玉の数を増やしていき、投げ上げたお手玉を受け取れなかった時点で他の人と交代する。

三　おはじき

指先を上手に使っておはじきをはじき、相手のおはじきを自分のものにする遊びである。男の子の行う「めんこ」などの攻撃的な遊びとは対照的に、室内で静かに遊ぶものなので、女の子に好まれている。

おはじきはガラス玉を潰したような平べったい形をしており、直径は12㎜程度である。指で弾いて遊ぶことから「おはじき」と呼ばれる。古くは小石を用いたようで、「石弾き」とも呼ばれていたそうである。おはじきを当てて取り、最終的に持っているおはじきの数で勝敗を決めるという事が目的で、男の子の行う遊びのように攻撃的ではなく、落ち着いて遊べる。遊び方の他、ガラス製おはじきの見た目の美しさを楽しめる遊びである。

各自が同じ数のおはじきを出し合い、1人がそのおはじきを全部手に取り、床に撒き散らす。当てるおはじきを決め、おはじきとの間を小指で切る。これは今からそのおはじきに当てるという合図で、この時おはじきに小指が触れてはいけない。また、はじいた後にもおはじきとおはじきの間を指で切る方法もある。小指で上手く切ることができたら、自分の持っているおはじきではじいて当てる。当てることができればそのおはじきは自分のものになる。交互におはじきを取っていき、最後の一個になると目を閉じて、人差し指と中指でおはじきのまわりを2回まわし、2本の指を開いておはじきに触れないように抜く。これを、おはじきがなくなるまで続け、最後におはじきを多く集めた人の勝ちである。

四　めんこ

めんこは長方形や丸型の厚紙でできている。基本的な遊び方はめんこを地面にうちつけ、風圧を利用して相手のめんこを裏返す、「起こし」という方法である。裏返っためんこは自分の物にすることができる。また、現在では現代版にリニューアルされためんこがスポーツとして子供から大人まで楽しまれている。

江戸時代にめんことして扱われていたものは、人の顔(面)が面型に抜かれた粘土を焼いて作られたものだった(泥面子)。それは、現在のように遊びのためというよりは魔除けのような役割で使われており、今の遊び方の主流である「起こし」とは違い、ビー玉やおはじきのようにめんこ同士をぶつけていたとされる。

その後主流となった紙·板のめんこには武者、相撲力士、野球選手、映画スター、漫画の主人公などが印刷されており、男の子の強者への憧れと時代背景をうかがい知ることができる。

遊びに使われるほか、現在ではめんこの製造量は減少しているため、大人のコレクターに収集されることも多いようである。

主流となっているめんこは厚紙や板で作られているが、強度を増すために個人個人でカスタマイズを行う事がある。例として、めんこを重くするためにロウを溶かして中に塗りこんだり、滑りを良くするためセロハンテープを貼り付けたりする、などがある。

めんこを地面にうちつけ、風圧で相手のめんこを裏返す。裏返しためんこは自分の物となり、最終的に持っているめんこの数で勝敗を競う。これが基本の遊び方で、「起こし」という。

他にも、地面に円を書き、「親めんこ」を使い、出し合っためんこを円外にはじきだして奪い合う「つっけん」などがある。これは親めんこが円外に出た場合は失格となり、親めんこが相手のものとなる。

五　はねつき

羽子板と呼ばれるラケットのような板ではねをやりとりする遊びで、主に新春の厄除けの遊びとして女の子に親しまれている。また、はねつきに使用される羽子板は押絵と呼ばれる伝統的な装飾法で飾られているものもあり、はねつきに使われる以外にも商売繁盛の縁起物として店内に飾られることがある。

元旦にはねを突き合う事で厄払い、魔よけの意味を持つ。江戸時代には厄除けとして年末になると羽子板を贈ったようである。今でも女児の出産のお祝いとして羽子板を贈る習慣が残っている。また、はねつきのはねはその飛ぶ姿がとんぼに似ており、とんぼは病気を運ぶ蚊を食べるという事から、子供が蚊に刺されないお守りとされている。

はねつきに使用される羽子板は観賞用の豪華なものと、実際に突き合う用の簡素なものとがある。観賞用のものは押絵羽子板と呼ばれ、役者の似顔絵や日本舞踊をかたどったものなど華やかな柄が多くある。

2人で対しあって行う方法(追羽子)と、1人で何回突けるかを競う方法(貸しっこ)の2通りがある。追羽子は互いにはねの飛距離程度離れて向かい合い、交互に突き合う。失敗してはねを地面に落としてしまったら墨を顔に塗らなければならない。

「貸しっこ」は、古くから唄に合わせて遊ぶ。「一子(1)に二子(2)、見(3)渡しゃ嫁子(4)、いつ(5)よりむ(6)さし、なーん(7)のや(8)くし、ここの(9)じゃ十(10)よ(以下20、30と数える)」などと地域により特徴のある歌詞をつけて歌われる。

六 かるた

かるたとは読み札と絵札に分れた2種類の札を使い遊ぶカードゲームである。一般的には百人一首を用いた「百人一首かるた」といろは歌を用いた「いろはかるた」に分けられる。百人一首かるたの全国大会なども頻繁に行われており、日本独自であり代表的なカードゲームである。

百人一首かるたやいろはかるたは、遊びの中に暗記力やことわざの中の教訓などが含まれている単に楽しむためだけのカードゲームではなく、遊びという形を使った古くからの教育、という風に考えることも可能である。

百人一首かるたは、藤原定家が選んだと言われる「小倉百人一首」を使ったもので、競技用に用いられるなど、大変一般に普及しており、かるたといえば百人一首かるたの事を指す。

いろはかるたは「犬も歩けば棒にあたる」などのことわざを用いたもので、百人一首かるたに比べて幼児にも理解しやすい内容になっている。

百人一首かるたといろはかるたはそれぞれに起源があり、歴史も違う。日本で初めに「かるた」として成立したのは百人一首かるたである。

戦後は一時遊ばれなくなったが、現在でも全国大会が開かれるなど日本では根強い人気を誇っている。

いろはかるたの歴史は百人一首かるたとは対照的に大変新しく、幕末・嘉永(1848-54)の頃に生まれたと考えられている。いろはかるたは関西で生まれ、後に江戸に伝わったもので、内容も東西で違いがある。

ちなみに、「カルタ」という名前はポルトガル語で「カード」を意味する「carta〔カルタ〕」がそのまま日本に伝えられたとされている。

かるたは3(1対1の場合、読み手が必要となるので最低でも3人必要)～複数名で遊ぶ。ここでは百人一首かるたといろはかるたに共通する一般的な家庭でのかるたの遊び方を説明する。

まず初めにかるたを混ぜた後、表向けにして並べ、読み手が呼んだ読み札と対になる絵札を探す。見つけたらその絵札に触れ、「はい」と返事をする。これを繰り返し、最終的に持ち札の多い人が勝ちになる。

七　双六

現在一般的に双六と呼ばれる絵双六は絵を描いた紙を使い、サイコロを振って出た目の数だけコマを進め、ゴールを目指すという単純な遊びである。現在は絵双六を中心に、日本各地で遊ばれている。

双六はゲーム開始から終了までが長く、運次第で誰でも勝者になれることや、勝敗が分かりやすいという特徴から、古くは賭博遊戯として遊ばれていた。現在賭博性は薄れ、子供から大人まで、誰もが楽しめる遊びへと変化した。

現在の双六の基本となった、双六盤を土台にして遊ぶ双六は「盤双六」という。現在は盤双六はほとんど姿を消し、双六といえば止まったマス目の絵や指示に従いゴールを目指す「絵双六」のことを指すようになった。

盤双六は2つのサイコロと双六盤を、絵双六は1つのサイコロと絵を書いた紙を使用して行う。双六盤は盤双六の土台となるもので、紙ではなく将棋盤や囲碁盤のような木製のものである。庶民の間では姿を消してしまったが、一部上流階級の間では嫁入り道具として明治期まで残っていたようである。また紙の絵盤を使った絵双六の絵は人気漫画のキャラクターや時代背景などを取り入れ、その時代時代を反映する大事な資料にもなっている。

盤双六は２名、絵双六は複数で遊ぶ。

双六盤を使った「盤双六（本双六）」は双六盤に白黒各 15 個の駒をそれぞれの位置に配置し、交互に２つのサイコロを振り駒を進め、自分の陣に先に全ての駒を入れた方が勝ちとなる。この基本的なルールに加え、様々な細かいルールがあるので、非常に複雑なゲームとされている。

絵双六も基本的にはサイコロを振って、出た目の数だけ進む。盤双六と決定的に異なる所は駒が１人１つしかないという事で、盤双六よりもルールは優しく、子供達でも簡単に遊べるように作られている。

八　福笑い

福笑いは、「おかめ」「おたふく」と呼ばれるお福面の、顔の輪郭だけを描いた紙の上に、目隠しをされた者が切り抜いた眉、目、鼻、口などを正しい位置（と自分が思う場所）に並べていく遊びである。目隠しをされている為、自分の勘だけで顔のパーツを置いていくので、最終的に位置のずれた可笑しい目鼻立ちになる。その結果出来上がった滑稽な表情を見て笑い、楽しむ。

福笑いは起源や詳細があまり明らかになっておらず、どのような目的で始まったのか分からない。しかし主にお正月に遊ぶことや、出来上がった顔の表情を見て皆で笑い合うことから、「笑う門には福来る」のことわざのように新年の福を祈願したのではないかと推測できる。

福笑いは顔の輪郭を描いた紙と、その輪郭に乗せる切り抜いた顔のパーツ（眉・目・鼻・口）を使って遊ぶ。福笑いの代表的なものは「おかめ」であるが、その他にも軍人や人気アニメのキャラクターなど様々な顔が製作されている。おたふくをはじめとしたキャラクターや人の輪郭を描いた紙の上に、布などで目隠しをされた者が切り抜いた眉、目、鼻、口などを正しい位置(と自分が思う場所)に並べていく。絶対的な勝ち負けなどは特になく、その時々で「正確な位置に置いた者の勝ち」「面白い顔を作った者の勝ち」などというように勝敗を決める。勝敗を決めずに皆で顔の出来上がりを見比べるだけでも十分楽しめる遊びである。

九　折り紙

折り紙は一枚の紙を折ることで様々な形を作りあげることを楽しむ遊びである。そのバリエーションは動物·植物など多種多様で、見る人の目を楽しませてくれる。毎年折紙コンテストも開催されるなど、昔から幅広い年齢層から人気を集めている。

折り紙は一枚の紙を使って形を作り、その出来栄えを楽しむことが目的とされる。折り紙に必要とされる細やかな手先の動きは、脳の発育にも大変役立つとされ、いまや折り紙は全世界から注目される遊びとなっている。更に折り紙作品を世界に発表することで、日本人の器用さは世界に認められた。

折り紙は日本独自の遊びである。

一般的に知られている折紙の他に、和紙で作られた折り紙(千代紙)など様々な紙を使って作る。折紙の形も様々で、普通は正方形の折紙を使用するが、完成予定の形に合わせて長方形の紙を使ったりもする。

紙を切ることなく、折るだけで形を作り、それを使って遊んだり飾ったりする。遊びに使うものには紙鉄砲、紙飛行機などがあり、紙一枚あるだけで幅広い遊びが生まれる。作り上げた折紙細工を繋ぎ合わせたり貼り付けたりして、観賞用の美しい折紙細工を作ることも可能である。また、折紙の代表的な折り方である「鶴」は千羽作って繋げると病気が回復すると言われており、その理由は定かではないが、入院中の人に贈られたりするまじない的要素も持っている。

十　ビー玉

ビー玉とは対戦者が地面に出し合って置いたビー玉(置きビー玉)に、それぞれのビー玉(親ビー玉)をあててはじき出し、置きビー玉を奪い合う遊びである。女の子が好む「おはじき」とは違い、ぶつける・投げるなどの攻撃的な遊び方が多いことが特徴である。

元々はその単純な遊び方から、賭博遊戯の一種として始まった。その頃は現在のビー玉のようにガラス製ではなく、銭(お金)を使って大人の間で遊ばれていた。

子供達の間に広まると、賭博の対象となる銭は使われなくなり、変わりに現在のようなガラス製のビー玉が使われるようになった。ガラス製のビー玉は子供が遊ぶためだけでなく、観賞用、収集品として幅広い年齢層にも好まれている。

地面に星形や円形などの図形を描き、その中に決められた数のビー玉を置く。図形によって「星ビー(星形)」「丸ビー・島だし(円形)」等の呼び方がある。3m ほど離れた場所から親ビー玉を投げ入れ、置きビー玉をはじき出す。地面の図形から出たビー玉は自分のものにできるが、親ビー玉が図形の中に残ると失格となる。他に、自分の目の高さからビー玉を落とし、置きビー玉に命中させる「目玉落とし」という遊び方もある。

十一　けん玉

けん玉は3つの皿と1つのけん先、そしてその本体に繋がった玉1セットとした玩具で、独特の形をしている。バランス良く球を皿の上に乗せたり、けん先に入れたりして遊ぶ。球を置く部分、回数などによって勝敗を競う。現在では全国規模の大会も行われている。

技の高度さを競い合うことで遊ぶものであるが、現在「日本けん玉協会」が全国大会を開催し、遊びという枠を超えてスポーツとしても楽しまれている。また、リハビリ専用のけん玉も開発されており、老人の痴呆症防止にも役立っている。

民芸品や玩具のけん玉はどこでも販売しているが、糸が皿胴部分の中心や下からたれていたりすることがあり、バランスがとれていない。正式な競技用のけん玉(日月ボール)は全てにおいてバランスがとれており、技を繰り出すのに最適とされている。競技用のけん玉には日本けん玉協会公認のマークがついている。

けん玉は難易度によって様々な遊び方があるが、一番優しいのは大皿部分に球を乗せる技を競う遊びである。球を乗せる位置が大皿→中皿→小皿→小皿→けん先と移っていくに従って、技の難易度も高くなる。球を乗せるそれぞれの位置の点数を決めて、得点を競い合うこともできる。

それぞれの技を組み合わせて、連続技として競い合うこともできる。

・小皿→大皿→けん先[日本一周]

・小皿→大皿→中皿→けん先[世界一周]

単独の技で一番難しいとされるのは、大皿のふちとけん先の間に球を乗せる「うぐいす」と呼ばれる技である。

十二　じゃんけん

グー(握り拳)、チョキ(ピースサイン)、パー(手を開いた状態)というそれぞれの手の形を石、ハサミ、紙などの物に見立て、どの形を出したかで勝敗を決める遊びである。偶然性を利用しており、誰でも簡単に参加できる。

公平で争いの起きない勝敗決定方法として昔から利用されてきた。遊びそのものというよりは遊びにおいての役割を決める際などで行う事が多いようである。「じゃんけん」では絶対的に強いものがなく、参加する人が公平な位置にいられることと、あいこが生じることに特徴がある。また、日本だけでなく世界中で様々な形で遊ばれている。

じゃんけんには昔から付属する唱え歌がある。「いっちぇー来なせぇ猪尾助さん、蛇の目の傘三階で、四ッちく鉄砲五ゥさいで、むねっぽうでジャン」などがその例である。また、1945 年代後半には「じゃんけんほかほかほっかいどう、あいこでアメリカ、ヨーロッパ」という文句が流行した。この事から、じゃんけんは本来単に勝敗を決めるためだけの遊びではなく、演技や歌の楽しみも含んだ遊びだった。

2 人以上で遊ぶ。現在広く使われているじゃんけんの形態は「石(グー)」「はさみ(チョキ)」「紙(パー)」という組み合わせであるが、地方によって他にも多種多様な形態がある。

互いに向かい合い、掛け声(多く使われているのは「じゃんけんぽん」)グー、チョキ、パーのいずれかの拳を出す。あいこ(拳が二手に分かれず、勝敗がつかない状態)になってしまった場合はもう一度やり直し、勝者が出るまで続ける。

一三　流行の遊び

「1947 年」

男子	①野球	②魚釣り	③かくれんぼ
	④キャッチボール		⑤鬼ごっこ
女子	①縄跳び	②まりつき	③かくれんぼ
	④鬼ごっこ		⑤ドッジボール

「1986 年」

男子	①ファミコン	②おしゃべり	③スポーツ
	④漫画本		⑤テレビ
女子	①おしゃべり	②スポーツ	③漫画本
	④買物		⑤室内ゲーム

「1994 年」

男子	①ファミコン	②サッカー	③バスケットボール
	④テレビ		⑤漫画本
女子	①ファミコン	②漫画本	③テレビ
	④絵をかく		⑤室内ゲーム

第二節 ギャンブル

日本では、地方自治体などによって主催される(いわゆる)公営ギャンブルおよびパチンコなどの各種遊技が行われている。それぞれに適用される法律が異なる。競艇・競輪・オートレースは 20 歳以上であっても学生・生徒は投票券を購入できないが、競馬は 20 歳以上、パチンコは 18 歳以上であれば学生・生徒でも遊技できる。(自主規制で、高校生は遊技できない店もある。)

一 公営ギャンブル

日本における公営ギャンブルは、大別して公営競技と公営くじの 2 つに分類できる。なお、「公営ギャンブル」といえば広義ではこの 2 つを指すが、狭義では公営競技のみを指す。これ以外にも財源難に苦しむ地方自治体を中心に、特別法の制定による公営カジノの設置を求める動きがみられる。

現在開催が許可されている公営競技は以下の 4 つに限られている。頭文字をとって三競オートと呼ばれる。

1. 競馬

日本では古代から神社の祭事或は宮廷の儀式としての競馬というものはあった。その姿を現在までとどめているのが京都・上賀茂神社の「加茂の競馬」と言われている。しかし、近代競馬は 19 世紀後半に横浜在住の外国人が始めたのが最初である。日本政府も近代競馬が日本馬の改良に役立つことに着目して認めるようになった。日本にはギャンブルを罪悪視する気風があったため非難もあって、レジャーとして人気を得るようになったのは戦後になってからである。欧米の競馬がイギリスの遺族・王室を中心に発達し、上流階級色の強いものであるのに対し、日本の競馬は庶民のギャンブルとなっている点が特徴である。

現在中央競馬と地方競馬に分かれて開催されている。2006 年中央競馬の売上は 2 兆 5,492 億円となっている。

2. 競艇

競艇は、競輪・競馬・オートレースと並ぶ公営競技の 1 つで、プロの選手達によって行われるモーターボート競技である。

水面(競走水面)に浮かぶ 2 つのブイ(ターンマーク)を目印として、反時計回りに 3 周する。旋回が反時計回りなのは、水上の交通ルールに従っているからである。

ターンマーク間の距離は 300m であるため、約 1,800m を航行することになる。

ボート・エンジンは競艇場に用意されており、開催初日の前日に抽選で選手に割り当てられる。開催期間中の選手はモーターの整備とプロペラのマッチングの調整に多くの時間を費やす。モーターの整備も整備士への相談はできるがすべて選手自身でやらなければならない。競走場への私物の持ち込み及び使用が許されているのはプラグ、プロペラ及びヘルメットのみで、そのほかのものは競走場で認められたものを購入する。特にエンジンの整備や私物の持込には細かな規定があり、違反した場合には重大なペナルティーが科される

3. 競輪

競輪とは、自転車競技法という特別法に基き指定された自治体が自転車競走を開催、この結果を賭けの対象としてパリミュチュエル方式により勝者投票券(車券)を販売する公営競技の一

つであり、日本を発祥の地とするギャンブルである。

戦後の日本経済の復興と自転車産業の振興をはかることを目的として行われた競輪は一時は公営ギャンブルの王座を占めたほどの人気があった。獲得賞金がプロスポーツ選手として初めて1億円を超えた中野浩一というスターを競輪は生み出している。

競輪がギャンブルの側面を持つ以上、高額配当というのは常に話題に上るものであるが、その最高配当は2006年9月21日に奈良競輪場で行われた第10競走(A級)で、三連勝単式における4,760,700円である。

4. オートレース

オートレースとは日本における公営競技の1つで、プロの選手達が競走車によって行うモータースポーツかつ順位を予想するギャンブルである。

オートレースの競走(レース)は通常8車で、1周500mのオーバルコースを規定の周回数走行することで行われる。一般レースは6周回(3,100m)であるが、グレードレースでは準決勝戦・決勝戦が8周回(4,100m)または10周回(5,100m)になる。技量差のある選手同士の競走は、実力のある選手が10m単位で番組編成委員によって決められたハンデによって、スタートラインより後方(最大110m)からスタートするハンデレースで行われる。技量差のない選手同士の競走は、全選手がスタートラインから横一列でスタートするオープンレースで行われる。なおレースは1日に通常12レース行われる。

他の公営競技同様グレード制の競走体系をとっており、年5回行われるスーパーグレード(SG)はその頂点にある。

過去年間最高賞金記録は、2004年の高橋貢(伊勢崎)による148,124,255円。

これらの公営競技では、投票券が販売されており、勝利する競走対象を予想した投票券を購入し、予想が的中すれば、配当金を受け取ることができる。投票券の売上から、凡そ 25%が胴元に取られ、残りの金額を的中者が山分けにする。

場外発売所があると、来場者の能力によっては、自所だけでの売上で払戻金を賄えないこともありえる。中央競馬における福島競馬場が現金を運び込む競馬場として知られている。

投票券はいずれも、未成年者・学生・生徒は購入並びに譲受が禁止されている。ただし競馬のみ 20 歳以上であれば、学生・生徒であっても勝馬投票券の購入並びに譲受が可能である。

公営競技は長年にわたり地方自治体の貴重な収入源となってきたが、近年では一般大衆の「ギャンブル離れ」の影響を強く受けて不採算化が著しいため、公営競技事業そのもの(特に地方競馬)を廃止する事例が出始めている。

二　公営くじ

公営くじは大別して宝くじとスポーツ振興くじの 2 つに分類できる。宝くじは当せん金付証票法を準拠法とし、都道府県知事又は指定都市によって行われる富くじの一種である。宝くじ(ナンバーズ、ミニロト、ロト 6 などの数字選択式全国自治宝くじを含む)は、他の公営ギャンブルとは違い、くじの購入・当せん金の受け取りに年齢制限は無い。日本国内で外国の宝くじを購入すると刑法によって罰せられる可能性がある。

また、2001 年より J リーグを対象としたスポーツ振興くじ(toto)も日本で行われ始めた。(地方自治体ではなく、独立行政法人「日本スポーツ振興センター」によって運営されている)スポーツ振興くじは 19 歳未満の購入ならびに譲受が禁止されている(ただし、学生生徒も 19 歳以上なら購入、譲渡可能)。

ギャンブルとは言えないが、大衆遊戯として定着している「パチンコ」は公営ギャンブルをおびやかす勢いである。「パチンコ台」は、多数の真鍮製の「釘」や鉄板製の小さい「風車」を数個打ち付けた板を概ね垂直に近い状態で設置し、釘の頭からわずかな間隙をのこして板ガラスで覆ったもの。パチンコ台の内部で「パチンコ球」と呼ばれる直径約11㎜、重量約5gの鋼球を機械仕掛けではじく。はじかれた球は釘や風車に当たりながら複雑な軌跡で下に落ちる。板の途中には「当たり穴」があり、その穴に玉が入ると規定数の玉が得られるというゲーム。当り穴に入らなかった球はハズレとなる。当り穴に入って得た球は繰り返しゲームに使用できるだけではなく、様々な景品と交換できるシステムとなっている。

第三節　マスメディア

マスメディアは、新聞社、出版社、放送局など、特定少数の発信者から不特定多数の受け手へ向けての情報伝達手段となる新聞、雑誌、ラジオ、テレビ等のメディア(媒体)を指す。マスメディアにより実現される情報の伝達をマスコミュニケーション(マスコミ)と言う。

主なマスメディアとして次のようなものがある。

電波系(放送)——テレビ・ラジオ

印刷系——新聞・雑誌(特に週刊誌)・フリーペーパー

オンライン——インターネット・電子掲示板・ブログ

一　テレビ

日本のテレビ放送は1953年2月NHKが、民放では同年8月NTVが本放送を開始し、以来50余年(2007年現在)でテレビの普及率は事実上100%に近づくまでになり、テレビ局、チャンネルの数、放送時間数などでアメリカや西欧に並ぶ世界有数のテレビ大国となった。しかし、テレビの社会的影響力が大きくなったのに伴い、テレビに対する批判も高まり、テレビは曲がり角を迎えた。

テレビ放送は地上放送·衛星放送·ケーブルテレビの三つの法式によって行われる。

2005 年度のフランス·カンヌで開催中のテレビ番組の国際見本市「MIPTV」で発表された統計によると、世界で最もテレビを見る時間が長いのは日本人で、1 日のテレビ視聴時間は平均 5 時間 1 分だった。2 位は米国で 4 時間 46 分。世界平均は米国より 90 分少ない。最下位は中国とスウェーデンの 2 時間 30 分だった。

日本のテレビと放送は、二本立ての放送制度で、NHK と民放があり、NHK は有料で全国に同じプログラムを流している。ほかはすべて受信料なしの民間テレビ局で、1 県に 2～5 局、全国では約 100 局の VHF 局がある。それらのほとんどがラジオ局をも併設している。

東京には、日本テレビ(読売新聞社系)、TBS テレビ(毎日新聞社系)、フジテレビ(サンケイ新聞社系)、テレビ朝日(朝日新聞社系)、それにテレビ東京(日本経済新聞社系)のキー局があり、全国の地方テレビと系列配信をしている。

二 ラジオ

ラジオは会話や音楽などの音声信号を、電波を使って不特定多数のために放送するしくみである。いくつかの方式があるが、最も歴史の長いのは振幅変調による中波放送で、基本的な方式は 100 年間も変わらず、現在でもラジオの主流である。この方式および受信機は一般に「AM 放送」「AM ラジオ」と呼ばれる。また周波数変調による超短波ラジオ放送も広く聴取され「FM 放送」「FM ラジオ」と呼ばれる。

全国放送としての NHK 内の放送局とは、放送番組の制作等を行う局内組織のことを指す。基本的には各府県に 1 箇所ずつ(北海道は 7 箇所、福岡県は 2 箇所)設置され、各地方の拠点となる地域拠点局(かつての中央放送局)が 8 組織ある。

NHK ワールドが短波のラジオによる国際放送を日本語及び各国語によって放送している。日本語を含む 22 の言語を使用して全世界に向けて実施されている。

三　新聞

新聞とは、国内外の事件、事故や、国内外の政治や経済などの動向などのニュースを報じるためのメディアの一種で、記事文章や写真、図面などが紙に印刷され、折りたたまれただけで、製本されていないものをいう。大きく分けて、広い分野を扱う一般紙と、スポーツや株式、産業など、特定の分野を重点に扱う専門紙に大別される。一般紙には、大手の全国紙と、一つの県単位で発行される、地域密着の地方紙、隣接する県も対象にしたブロック紙がある。

1. 日本の全国紙

日本では、読売新聞・朝日新聞・毎日新聞・日本経済新聞・産経新聞の五紙が全国紙と称される。それぞれが中央たる東京に総本社を置き、テレビ局のキー局と密接な資本関係若しくは提携関係を持つ。又、スポーツ新聞をグループ会社として経営する全国紙も多い。

狭義では読売新聞・朝日新聞・毎日新聞の三紙を指す事が多い。日本経済新聞は、全国規模ではあるが経済専門紙としての性格が強く、地方での読者はさほど多くはない。又産経新聞は、関東地方と近畿地方を主な販売領域としていて、それ以外での読者は多くない。各紙とも沖縄県では殆ど販売されていない。

2. 地方紙

地方紙は、特定の地方を領域とする新聞、もしくは（首都に対する）地方で発行される新聞を指す。特定の地方を領域とする新聞は、ローカル紙やローカル新聞ともいう。

エリアの単位は、一個の都道府県単位で発行される物、都道府県内の一部地域で発行される物、一個の市町村単位で発行される物など、多様である。又、複数の都道府県を領域とする地方紙はブロック紙、一個の県を対象とする地方紙は県紙と呼ばれる事もある。

北海道新聞(札幌)、河北新報(仙台)、東京新聞(東京)、中日新聞(名古屋)、中国新聞(広島)、西日本新聞(福岡)の六紙は、ブロック紙と呼ばれる。これは、一個の大括りの地方をエリアとする事に因んだ名称である。

3. 日本のブロック紙

全国紙以外の新聞において、発行部数の多さ、広域的な影響力、の2つの指標から「ブロック紙」と言われる新聞がいくつかある。

「ブロック紙」に、ブロック紙三社連合を構成する北海道新聞、中日新聞、西日本新聞の三紙がある。ただし、東京新聞を総本社の中日新聞から分離して四紙とする場合もある。これらは発行部数が多く、一般の購読者も広く分布している。

四 雑誌

雑誌は週刊、月刊、季刊、年刊などのように定期的に出版され、ニュース性のある記事やジャンル別の様々な事柄を集められた出版物。新聞と書籍の中間的な存在。大学、学会、特定の業界団体が刊行する研究年報、論文集、技術情報誌もこの中に含まれる。図書館ではこれらを「逐次刊行物」と呼ぶ。

内容による分類としては、総合誌、漫画雑誌、ゲーム誌、ファッション雑誌などがある。

雑誌として想定されていない付録が付いたり、不定期に発行されると、雑誌ではなくムックになったりすることも多い。特定の漫画が載っているものは、コミック(コミックス)や単行本と呼ばれる。

五　フリーペーパー

フリーペーパー(和製英語。英語:Freesheet)とは、広告収入を元に定期的に制作され、無料で特定の読者層に配布される印刷メディアのことである。

フリーペーパーは、行政区画ごとに配布エリアが決まっている新聞や大規模な広告しか行えないテレビに比べ、柔軟に特定の範囲、商圏や購買層に配布が可能であり広告効率が良いこと、地域に密着した情報を提供し双方向性を保つことができることなどから、第5のマスメディアとして急成長している。

六　インターネット

インターネット(internet)とは、複数のコンピュータ・ネットワークをインターネットワーキングと呼ばれる技術により相互接続したネットワークである。

通信プロトコル(インターネット・プロトコル)には、初期にはさまざまなプロトコルが使われていたが、後に、より可用性の高いIPが標準的なプロトコルとして採用され、全世界的にまた一般的にも普及するようになった。

1. 電子掲示板

電子掲示板(BBS、英語:Bulletin Board System)とは、コンピュータ・ネットワークを使用した環境で、記事を書き込んだり、閲覧したり、コメント(レス)を付けられるようにした仕組みのことである。単に「掲示板」と呼んだり、英語表記の略語で「BBS」と呼んだりする。

電子掲示板を利用すると、情報交換や会話・議論などを行うことができる。主にパソコン通信やインターネットのウェブなどの上で実装される。あたかも掲示板を電子的に実現したようなものであることから、「電子掲示板」と名付けられた。

個人がウェブサイトに開設するなど小規模なものから、2ちゃんねるのように、電子掲示板を集めて一つのウェブサイトとして発展させ、現実社会に影響を与える大規模なものまで、様々な電子掲示板が存在する。また、学校や企業内で特定のメンバーのみが利用するもの、不特定多数が利用するものなど、設定によっても利用方法は異なってくる。

世界最大の掲示板は、SNS を含めるなら利用者数 1 億 2,000 万人の MySpace が挙げられる。(月 600 万人規模で利用者を拡大している、世界最大のコミュニティである。)

日本語中心の大規模掲示板としては月間利用者数 1,100 万人(2006 年 10 月現在)の 2 ちゃんねるや 520 万人の(SNS)(2006 年 10 月現在)が挙げられる。

2. ブログ

ブログ(Blog)とは狭義にはウェブ上のウェブページの URL とともに覚え書きや論評などを加え記録(ログ)しているウェブサイトの一種である。「Web を Log する」という意味で Weblog(ウェブログ)と名付けられ、それが略されて Blog(ブログ)と呼ばれるようになった。

現在、より頻繁に用いられている広義には作者の個人的な体験や日記、特定のトピックに関する必ずしもウェブに限定されない話題などのような、時系列で比較的頻繁に記録される情報についてのウェブサイト全般を含む。このようなウェブサイトの作成機能を提供するソフトウェアやサービスなどを指して呼ぶ場合もある。又、SNS やブログや口コミメディアを総称して CGM と呼ぶこともある。

携帯電話などのモバイル端末を使用しメールを送信して更新するブログはモブログ(moblog)、写真画像を主体として更新されるブログはフォトログ(photolog、fotolog)、ビデオコンテンツを配布するビデオブログはブイログ(Vlog)、アダルトコンテンツを扱うブログはエログ(elog)、自分の持っている書籍の

ISBN コードを使って登録すると自動的に本棚にその本が置かれる本専用のブログをブグログ(一部、ブグログでは CD や DVD の ISBN コードを利用して登録し表示させることも可能)と呼び、通常、投稿にはテキストやイメージが添えられる。なお、一部でブログと書くユーザーもいるようだが、基本的に誤りである。

それぞれの項目にはタイトルがつけられ、時間軸やカテゴリで投稿を整理、分類する構造となっている。用途は広く、個人の日記的なものから、手軽な意見表明の場として、時事問題などについて論説するものもある。トラックバック機能などを通じて形成されるコミュニティを指してブログ界(Blogosphere)とも呼ばれる。ブログの更新者は有名人から一般市民まで様々であるが、彼らブログの更新者のことを一般にブロガー(blogger)と呼ぶ。

総合的に、今現在の状況としてブログは市民権を得ており、最近では人気タレントや政治家、その他著名人などによるブログも増加し、着実に普及しているようである。

総務省の発表によると、2006 年 3 月末現在の日本でのブログ利用者数は 868 万人に達するという。2006 年 7 月頃までブログブームといわれていたが(全世界で 1 秒に 1 つ新しいブログが立ち上げられていた)、それ以降新規ブログは減り始めており、ブログブームは終わりを迎えているという。とはいえ、日本はブログブーム真っ只中であり、利用者は 2005 年から 06 年にかけて 2 倍以上に増加し、その数は 2,000 万人を超えている(ITmedia 調査)。

また、現在中国ではインターネットの普及とともにブログも増え始めており、2007 年にはブログ利用者は 1 億人を越すものとみられている。

第四節　マンガ

一　マンガの歴史

近世以前の絵巻・版画などによる戯画・風刺画が、印刷技術やジャーナリズムの発展と結び付き、現代のマンガの源流といえるものになったのは19世紀後半以後。日本でも大正期から昭和戦前にかけて、一コマないし数コマの風刺・風俗マンガから、次第にストーリーを持つものや、長編マンガ、児童マンガなどが派生していった。戦後、手塚治虫の登場により、ストーリーマンガは日本独自の発展を遂げる。その主要読者であった団塊の世代の成長とともに、多様なジャンルが生まれ、1960年代以降、読者層は青年層から30～40代以上へと広がり続けている。現在では出版物の年間発行部数の約1／3をマンガが占め、文化・芸術の様々な分野にまでその影響は及んでいる。

二　マンガの種類

形式的には一コマ、二コマ、四コマなどコマ数の少ないコママンガと、数ページから数百ページにもわたるストーリーマンガとに分けられる。コママンガは風刺・滑稽を主体とした戦前からの伝統を引くもので、内容的には政治マンガ、風俗マンガ、ナンセンスマンガなどである。大人向けマンガの主流だったが専門誌「漫画読本」が休刊した1970年以降、ストーリーマンガに押され、新聞、一般週刊誌などに発表の場を狭めてゆく。ストーリーマンガは、物語性を主眼としたマンガの総称で、内容は幼年向けから、少年・少女向け、一般向けまで幅広く、ギャグで物語が進行してゆくギャグマンガ、表現そのものを追求する実験マンガ、ドキュメンタリーものや情報・実用マンガなど、多彩な展開を見せている。

三　少年マンガ

児童マンガは、戦後、少女向けストーリーマンガの定着により少年マンガと少女マンガに分化した。少年マンガは手塚治虫、横山光輝、福井英一らの活躍により、SF、探偵もの、時代劇など多彩なジャンルが生まれ、1959年には週刊マンガ誌「少年マガジン」「少年サンデー」が誕生、数々のヒット作を送り出した。80年代以降は「少年ジャンプ」が600万部を超える発行部数を誇り、アニメ、ゲームなど隣接ジャンルも巻き込んで、常にマンガ文化の中心であり続けてきた。だがその「ジャンプ」人気も95年頃から下降し始め、97年秋には407万部にまで落ち込んで、415万部を記録した「マガジン」に逆転を許すなど、構造的な変化を見せつつある。

四　少女マンガ

生活、ユーモアマンガが主流だった少女雑誌のマンガを変えたのは、手塚治虫『リボンの騎士』だった。少女マンガはそこからロマンと退廃の花を咲かせる。1960年代以降は戦後生まれの女性作家が続々と登場し、70年代には「24年組」と呼ばれる団塊世代の萩尾望都、大島弓子、竹宮恵子、山岸凉子らが活躍。次々と少女マンガのタブーを破り枠を広げていった。繊細な心理表現、複雑な内面描写は、少年マンガにはない独特の技法によるもの。その深みと美意識が高く評価される一方で、読者のマンガ離れをも招いた。以後は凋落傾向が続いているが、90年代に入って武内直子「美少女戦士セーラームーン」、さいとうちほ「少女革命ウテナ」など、アニメと連動した作品がヒット。同人誌を源流に持つ耽美・少年愛もの、ホラー、SFファンタジーなどへの読者の細分化も進んでいる。

五　幼年マンガ

少年·少女マンガの中で、幼児から小学校低学年の読者向けのもの。学年誌や「コロコロコミック」「コミックボンボン」などの雑誌に掲載され、読者の男女別が必ずしも明確でないのが特徴。近年は「ポケモン」や「ミニ四駆」などの玩具やゲーム、アニメと結び付いた作品に人気が集まり、エニックスの「コミックガンガン」などゲーム会社のマンガ誌進出も成功している。その半面、1996年に亡くなった藤子·F·不二雄の『ドラえもん』を継ぐようなオリジナル作品は生まれにくい状況だ。

六　青年マンガ

1960年代後半に貸本劇画の流行により顕在化した、ハイティーンから20歳前後の若者読者を対象とするマンガ。スケールの大きな歴史·政治ドラマや、青春の苦悩や人生の機微をつづった作品が生まれるようになり、「ガロ」や「COM」といった専門誌では、実験的な作品も多く掲載されて、マンガの表現領域を広げた。現在では、高校生から20代に向けたヤング誌と、40～50代までの読者を対象とする成年誌に大きく分かれ、娯楽作品だけでなく、文芸·教養的なものや社会問題を扱ったものなど、ジャーナリスティックな話題を提供する作品も多い。

七　女性マンガ

20代以上のＯＬ、主婦を対象とした最初の女性向けマンガ誌「BE LOVE」が創刊されたのは1980年。レディース·コミックの名称でたちまち乱立、急成長した。当初は一部の過激な性描写のみが話題となったが、90年代には性描写中心のものと、物語性重視のものに二極分化。社会問題を扱ったものや、出産·育児·介護などをテーマにした作品も生まれている。一方、かつての少女マンガに近い、内面描写を重視した作品や、青年誌など少女マンガ以外の場所から登場した岡崎京子らを起用したヤング・レディースと呼ばれる分野も活発となり、多様な女性マンガの流れが生まれつつある。

八　四コママンガ

マンガ表現の基本とされる、「起承転結」という定型を持ったマンガ形式。大正から昭和戦前にかけて定着し、主に新聞マンガを舞台に、横山隆一『フクちゃん』、長谷川町子『サザエさん』など多くの人気キャラクターを生んだ。戦後、ストーリーマンガが主流になるにつれ、古典的形式とみなされるようになったが、1979年から80年にかけて、いしいひさいち、いがらしみきお、高橋春男らが、定型にこだわらない新感覚の四コママンガでブームを呼び、四コマ専門誌が多数創刊されるなど、新時代を築いた。

第五節　アニメの歴史

一　アニメと社会背景

アニメはその時々の社会背景に深く影響を受けてもいる。

1960- 70 年代は、手塚治虫が、平和や、人間と動物やロボットとの共生をテーマにした作品を多く創るようになる。学生運動や平和運動が盛んだった時期とも重なる。後に登場した宮崎駿は、主として環境保護をテーマに据えた作品を発表し続けた。

1960 年代後半- 1970 代頃は、主に手塚治虫やディズニー等の作品に影響を受けたクリエーターが多く、アニメ開拓期であった事から、色々な人々が試行錯誤を繰り返した時代でもある。

1970 年代- 1980 年代は、アニメに宗教の終末観や、カタストロフィ、破壊衝動、哲学などを織り混ぜたものや、古今東西の古典文学を作品化する傾向が増えた。また太陽の牙ダグラムなど、少数ではあるが、反権力的、反権威的なアニメ作品も出てきた。だが、大方のアニメは日常や学園生活などをシンプルに描いたものだったといえよう。

1990 年代- 2000 年代前半は、上述の 2 つの世代らに影響を受けたクリエーターが登場する。アニメの国際化を意識する世代でもある。ただ、この世代はアニメを見てアニメを作った、という人が多い為、ストーリーテイラーとしての想像力の貧困化が指摘され、ひいてはアニメ産業の衰退が起きるのではと危惧されているのも事実だ。

2000 年代後半には、大学または大学院でコンテンツに関して専門的に学問を学んだ人々がアニメ産業に就職する時期である。それらの人々がどう活躍するかは分らないが、アニメ産業に新たな息吹を吹き込む事が強く期待されている。

二　アニメーション映画

1953 年にテレビ放送が開始されるまで、アニメ作品を鑑賞するには短編のアニメ映画が添え物として上映されるのを映画館で見るのが主流であり、アニメといえばアニメ映画以外に存在しなかった。1917 年に当時続々と輸入されていた日本国外の短編アニメが人気を呼んだのを受けて、日本で商業アニメが制作されるようになる。その後もディズニーなど輸入されたアニメとの競争にさらされながら、小規模なスタジオで制作されていた。大正末期から昭和初期にかけては人気漫画をアニメ化するなどしたが、映画がトーキー化すると制作費が高騰し、興行主は同じ値段なら見劣りがする日本産より質が高いアメリカのアニメを選ぶようになり、第二次世界大戦前の日本で人気を呼んだアニメはアメリカのアニメだった。

第二次世界大戦が始まるとこうした状況は一変し、アメリカ映画は輸入禁止となり、さらに軍に協力する形で資本が投入され、これまで大量に使えなかったセル画や大量の人材を投入したアニメ映画が制作されるようになる。こうして日本で初めて長編アニメが作られ始め、長編の戦意高揚アニメ、『物太郎の海鷲』(1942年)や、その姉妹編の『物太郎　海の神兵』(1945年)等がある。中でも、桃太郎海の神兵はディズニーの『ファンタジア』の影響もあり、戦前のアニメーション映画に於ける集大成と言われる程優れた技巧が見られる作品であった。

第二次大戦後も、細々とながら短編アニメ映画は製作され続けていた。この時代の代表作に『すて猫トラちゃん』(1947年)がある。

第二次世界大戦後の本格長編アニメ映画は前述した東映動画のカラー映画『白蛇伝』(1958年)に始まるが、1963年に『鉄腕アトム』がテレビ放映されるとその影響はすぐに現れ、長編アニメ映画を制作していた東映動画も同年に『狼少年ケン』でテレビアニメに進出。その後、ノウハウを積み重ねて、それまでフル・アニメーションでアニメ映画を作っていた東映動画がテレビアニメのノウハウを取り入れたB作と呼ばれる『サイボーグ009』を1966年に制作し、この後は、映画の世界でもリミテッドアニメは珍しくなくなった。1960年代は、アニメーション映画はほぼ東映動画と映画『鉄腕アトム』を創った虫プロダクションだけの時代が続いた。但し、東映動画の長編作品は年に1～2本程度、虫プロダクションの制作頻度はそれよりも遅く、当時、莫大な数の邦画が作られていた事から考えると、アニメーション映画は殆ど作られていなかったと言って良い。

1970年代に入ると、他社の参入によりアニメ映画の本数は増加するが、テレビアニメを単に再編集したものが多かった。しかしビデオデッキが全く普及していない時代であり、熱心な愛好者は、テレビの名場面が再び劇場の大スクリーンで見られるというだけで、喜んで劇場まで足を運んだ。比較的有名な再編集アニメ映画には、『宇宙船艦ヤマト』(1977年)がある。同作品と翌年公開された『さらば宇宙船艦ヤマト-愛の戦士たち-』は大成功を収め社会現象となった。この成功でアニメが一般社会に認められる事となり、この後に日本でアニメーション映画が多数作られる切っ掛けにもなった。

1980年代は再編集アニメに加え、『AKIRA』等、新作映画も多く作られた。この他、東映まんがまつりに代表される、テレビアニメでの人気作の新作を映画にし、数本立てで上映する形態が恒常化した。これ等の作品はアニメ愛好者よりは家族を狙った作品が多い。90年代から成功を続けている宮崎駿作品の『風の谷のナウシカ』や『天空の城ラピュタ』『となりのトロロ』等が登場したのもこの時代である。『ドラえもん』の劇場用長編も公開が始まっている。

1990年代のアニメーション映画は、本数は増加したが、高年齢層を狙った作品は少なく、児童·家族向けの作品が多かった。アニメ映画は観客の層が偏り、資本の回収が困難な事が多く、また、高年齢層のアニメ愛好者は劇場に足を運ぶよりは自宅でビデオで繰り返し見る方を好んだ為、製作側が自然とテレビアニメやOVAを重点に置き始めた為だと考えられる。また、テレビアニメの映画化が非常に多いのがこの時代の特徴である。因みに、1990年代はアニメーション映画はほぼ毎年日本映画の興行成績の上位に位置しており、1989年の『魔女の宅急便』を始めとして、1991年は『おもひでぽろぽろ』、1992年は『紅の豚』、1994年は『平成狸合戦ぽんぽこ』、1995年は『耳をすませば』、1997年は『もののけ姫』、1999年は『劇場版ポケットモンスター　幻のポケットモン　ルギア爆誕』と、以上がその年の日本映画興行成績の最上位を記録している。

2000年代になると、アニメ無しでは日本映画は成り立たないとまで言われる程、アニメ作品の比重が増加した。キネマ旬報に由ると、2002年度の日本映画の興行収入10位までの内6本がアニメで、1位と2位、4位、5位は全てアニメだった。但し、2003年度は、アニメの本数は5本に減り、1位はアニメではなかった。またこれ等のアニメ映画の殆どは『ポケットモンスター』に代表されるテレビアニメ番組の新作を映画にしたものである。

教育の現場では比較的アニメは多用される。比較的初期の作品に、『カチカチ山の消防隊』(1948年、日本漫画映画社、消防庁)がある。現在では、麻薬防止用の啓発ビデオ『ダメ。ゼッタイ博士のゼミナール』(1995年)や、税金・著作権・銀行等の啓発・広報ビデオ等、アニメの使用は広がっている。教育映画は実写でのドキュメンタリー作品が中心で、従来、アニメの比率は高くなかったが、近年、割合は増えつつあり、歴史教育映画・番組でも、アニメを使用したものは多い。嘗てアニメは幼児・低学年向けに限られていたが、近年では中学生向け程度まではアニメ作品が創られるようになっている。

三　海外輸出の歴史

日本アニメの主な輸出先は北米で、金額では過半数を占めるといわれる。しかし、日本のアニメは、北米だけではなく、フィリピン、韓国等の東アジア、南アジア地域、南米、当時社会主義国時代だった東欧諸国を含むヨーロッパ、オーストラリア、ロシア等、全世界で放映されており、それ等の国の映像文化・児童文化に与えた影響は非常に大きい。但し、放映状況に就いては明確な統計もなく、それぞれの製作プロダクションにもはっきりとした記録が残っていない場合が多い。本小項目内では、主に北米向けの輸出状況に就いて述べ、分かる範囲で他国の状況をも列挙する。

本格的なアニメの輸出は、1963年、アメリカ合衆国で『鉄腕アトム』が放映された事に始まる。『鉄腕アトム』は現在までに30箇国以上で放映された。これを皮切りに、1970年代までにかけて『ジャングル大帝』、『エイトマン』、『マッハ Go Go Go』、

『科学忍者隊ガッチャマン』、『宇宙戦艦ヤマト』等がアメリカ合衆国で放映された。また、アメリカ向け専用番組の下請け制作も広く行われた。

これ等日本のアニメの進出に対し、明確な拒否反応を示した国も幾つかあった。殆どの国での拒否的反応の理由は、古くから日本でも行われた批判と同じで、暴力的であり、性的な表現を含む、というものだった。国によってはそれ等には過敏に反応し、かなり大きな内容の変更が行われた場合もある。但し、いずれにしても、当時主な視聴者であった子供らからははっきりとした拒絶はされず、殆どの国では現在でも同じ様に日本製アニメが放映されている。

外国で放映されたテレビアニメは、日本製である事を隠す為、スタッフ名が削除されたり、現地風の名前に差し替えられて放映された作品もある。また、内容が現地に合わせて改変されるのは恒常的に行われた。例えば、前述の『科学者忍者ガッチャマン』では、アメリカ放映の際、戦闘場面が暴力的であるという理由で削除され、関係ないロボットを登場させたり、別ストーリーを構成したりして放映時間を調整した。

また、ある国で受け入れられた作品が他国でも人気になるとは限らなかった。例えば『超電磁気マシーンボルテス V』は、日本ではさほど成功しなかったが、フィリピンでは主題歌が軍歌に採用される程の大成功を収めた。日本風の生活風景の出るもの（『ドラえもん』）や、特定の国を扱った作品（『ベルサイユのばら』）は、国によって受容されるかどうかが明確に違う。

1980 年代になると、アメリカでは日本と同じ様に、玩具を売る為のアニメの製作が盛んになり、日本のスタジオも下請けの形でこれ等の作品製作に加わった。実際には殆どを日本で製作した作品が多い。但し、元となる玩具販売がアメリカ国内限定という事情もあり、これ等作品の殆どは日本では放映されていない。例外として『戦え！超ロボット生命体トランスフォーマー』は、アメリカ向けに製作された玩具販促アニメであるが、日本に逆輸入されて放映された。

この時代になると、アメリカの日本アニメの愛好者団体の活動(ファンサブ)が活発化してくる。最古参のファンに由ればこれらの団体は北米で家庭用ビデオデッキが販売されて直ぐ、1976 年に活動を始めた。起源に就いては、ロサンゼルスのアジア人向け UHF 局が流していたロボットアニメを鑑賞する会から始まったという説がある。当時から、日本製アニメに対して anime という語が使われていたという。

日本アニメの海外での評価と進出は、1989 年 12 月の『AKIRA』の北米公開を境に大きく変化する。当初ハリウッドではこの映画はあまり注目されず、北米での配給権を買ったのは中小の配給会社だった。しかし、各地の芸術系映画専門館で巡回的に公開する策が功を奏し、観客や批評家に日本のアニメは芸術的なものがあるという印象を与える事に成功した。AKIRA は、ヨーロッパでも同様の公開方式を採り、こちらでも同様の印象を与える事に成功した。

1992 年から 1993 年にかけ、『超神伝説うろつき童子』が、イギリス、アメリカで劇場公開された。この作品は成人アニメである。日本では特に評判の高い作品ではなかったが、そのようなアニメ作品に見慣れていなかったヨーロッパ人、アメリカ人には衝撃的な作品であり、おびただしい数の批判が寄せられた。また、一時期、anime はそのような成人アニメの代名詞ともなった。但し、海外でこの作品と同程度の印象を与えた成人アニメ作品は、この後は出ていない。

1995 年以降、日本のアニメシリーズがほぼそのままの形で放映される形態での輸出もされるようになった。但し、国によっては相変わらず大きな改変がされる事も多い。特に、通常のテレビで子供が直接見る時間帯に放映されるものに多い。この時代から輸出されるようになった作品に、『美少女戦士セーラームーン』、『ドラゴンボール』、『遊☆戯☆王』等がある。1996年に『攻殻機動隊』が、アメリカのビルボードでビデオソフト週間売り上げ1位をとった事も、アニメ輸出へ有利に働いた。尚、ビルボードで日本の映像作品がビデオ販売1位となったのはこれが初めてである。

1999年には新たな転機があった。前年から放映されていた『ポケットモンスター』が全米を初めとして世界各地で大成功を収めた。映画版『ポケットモンスター』と、映画『リング』のハリウッドリメイク版の成功から、日本映画、特にアニメ作品への注目が高まった。1963年から1998年までにアメリカに輸出されたアニメよりも、1999年から2003年までに輸出されたものの方が量が多いとさえも言われる。しかし、単に『ポケットモンスター』と『遊☆戯☆王』が成功しただけであり、日本のアニメ全体が評価された訳ではないという冷静な見方もある。これらの作品の成功により、ハリウッドの映画会社の中では、日本映画や日本アニメの専門部署を設け、北米向け輸出や改作が可能な作品がないか検討を始める所も出てきており、いずれにしても影響は一過性のものとは限らない。この頃、アニメのアメリカへの輸出量は、前年比で3倍まで増えた事もあったが、その後の伸びは鈍化した。

また、中国政府は自国のアニメを発展させる為、ゴールデンタイムの時間帯の外国制作のアニメの放映を禁止し、更にアニメ放映の約8割以上を自国制作のアニメにする措置を2006年9月から行うと発表した。

第六節　カラオケの歴史

「カラオケ」という言葉は、もともとは「空のオーケストラ（つまり歌謡曲などのオーケストラ伴奏のみの録音）」の略語である。カラオケの誕生は1972年ごろ、プロ歌手用の伴奏用テープを使ったのが始まりと言われる。その後、エコーマシンを内蔵した業務用カラオケが開発され、ガイドメロディーが付いたソフトも作られた。70年代後半には家庭用製品も出回るようになり、カラオケは夜の酒場から家庭へと広がっていくと共に、カラオケ愛好者の層も厚くなった。80年代末にカラオケルームが出現して、ヤング世代、OL、主婦層に急速に広がっていった。1991年現在全国のカラオケボックスは8,070店、前年末と比較して年に1,000店以上増えている。年間の売上は4,000億円から5,000億円で、同時期に急成長したレンタルビデオ業界の売上3,000億円と比べても、その勢いが分かる。

現在、業務用カラオケの主な市場はやはり酒場(35万軒、推定採用率82%)だが、それと並んでカラオケルーム(1万軒、約10万5,000室)がある。ホテルや旅館といった宿泊施設では全日本観光連盟店などの大手に限定しても約1万5,000件がカラオケを設置しており、推定採用率は60%にもなる。その他、結婚式場、保養施設、バス、観光船、鉄道、ゲームセンター、ボーリング場、工場のリラックスゾーン、公民館、文化ホール、病院、ゴルフ場といったところにまでカラオケが進出している。

酒場の流しの延長に始まったカラオケだが、カラオケルーム出現後は年代や場所を越えて、日本人のあらゆる階層に広がっていき、現在カラオケファンの人口は4,000万人に達している。幼稚園の子供から老人にいたるまで3人に1人がカラオケを楽しんでいる計算になる。もっぱら中高年層が楽しんでいた風俗がかなりの年月を経て、若い世代に伝わっていったという点は、現在若い層をひきつけている競馬や相撲と同様の現象であり、興味深い。カラオケの楽しみ方のリーダーシップは、いまや中年の男性層からヤング世代や主婦層に移りつつあるようだ。

第8章 芸術·芸能

第一節　諸芸

日本の伝統芸術の中には、宗教的な思想と深く結びついたものや、伝統的な作法に基づいて行われるものなど様々なものがある。また日本の生活様式や、時代背景に深く影響を受け、何百年もの伝統と技術を現在まで継承しているものばかりである。

日本古来から続いているものや、仏教伝来と共に大陸から伝わったものが発展·融合したものまでその個性は様々である。

一　茶道

茶道とは伝統的な様式にのっとって客人に抹茶をふるまう事で、茶の湯とも言う。茶を入れて飲む事を楽しむだけではなく、生きていく上での目的·考え方、宗教、そして茶道具や茶室に飾る美術品など広い分野に跨る総合芸術として発展した。

茶道は、抹茶を飲み楽しむ事に様々な文化が加わって発展した。つまり茶室や庭など住まいに関する空間、茶道具を選んだり鑑賞したりする工芸、そしてお茶会（茶事）に出てくる懐石料理や和菓子などの食、客人を気持ちよくもてなすための点前作法が融合した総合芸術である。

さらに、茶道は禅宗と深く関わり「わび・さび」という精神文化を生み出した。「わび・さび」とは、わびしい、さびしい、という満たされない状態を認め、慎み深く行動することを言う。茶道においては、この「わび・さび」の精神を大切にし、茶室という静かな空間で茶を点てることに集中することで心を落ち着かせる。その事によって自分自身を見直し、精神を高める。

また、茶道では「一期一会」という言葉がある。これは「人との出会いを一生に一度のものと思い、相手に対し最善を尽くす」という意味の言葉である。茶道ではこれら精神にのっとってお茶をたてる事を大切にしている。

茶道はもともと唐の時代の中国から伝わったと言われている。茶道の精神は禅宗の考え方に基づいており、鎌倉時代、日本全国に禅宗が広まるのと共に茶道も全国的に広まった。そして室町時代の華やかな東山文化のもと、茶の湯が成立した。その後、安土・桃山時代に千利休が侘茶を完成させ、これが現在の茶道の原形となった。千利休の死後、茶道は子孫に受け継がれ、表千家、裏千家、武者小路千家の、いわゆる三千家の流派が生まれた。流派としてはこの三千家を中心に多くの流派が生まれ、現在では日本国内のみならず海外からも注目されている。

茶を点てること、そしてその作法の事を点前と言う。その手順は

(1)茶碗に抹茶を入れて釜の湯を注ぎ、茶筅(竹製のお茶を点てるための道具)でかき回し泡立てる。

(2)手で茶碗を取り、左の手のひらにのせ回し飲む。茶碗には正面があり、運ばれてきたときに向けられた側が正面になる。お茶をいただくときに、この正面を避けるため、茶碗を回して飲む。

(3)飲んだ後を指先でぬぐい、指は懐紙(茶席で、菓子を取り分けたりするのに用いるもので、たたんでふところに入れてお

く紙）で拭く。

礼儀作法だけでなく、茶碗などの茶道具を始め、茶室や茶庭などの鑑賞、客人との心の交流なども大切にする。

千利休の教え：現在の茶道の原型を完成させた千利休は茶道の心得を、「四規七則」と説いた。

「四規」とは和敬清寂の精神を言う。

和…お互い仲良くする事。

敬…お互い敬いあう事。

清…見た目だけでなく心の清らかさの事。

寂…どんな時にも動じない心の事。

「七則」とは、他人に接するときの以下七つ心構えである。

「茶は服のよきように点て　炭は湯の沸くように置き　冬は暖かく夏は涼しく　花は野にあるように入れ　刻限は早めに降らずとも雨具の用意　相客に心せよ」

つまり、「心をこめる、本質を見極め、季節感を大切にし、いのちを尊び、ゆとりをもち、やわらかい心を持ち、たがいに尊重しあう」のが大切だということである。

この他に千利休の教えをはじめての人にもわかりやすく、おぼえやすいように、和歌の形にしたものを、「利休道歌」という。

二　華道

華道とは、四季折々の樹枝・草花などを切って花器に挿し、その姿の美しさ、いのちの尊さを表現し観賞する芸術である。茶道などの他の諸芸と同様、礼儀作法を大切にする日本の伝統的な芸術である。

華道では、草木や花を人間と同じいのちのあるものとして見つめ、その美しさを花瓶の上で表現する。

日本の伝統的な芸術である華道は、師から弟子へ伝承されてきた。「相伝するのにふさわしくない者に相伝するのは、道の廃れる要因である」という考え方から、師は弟子へ厳しく稽古を付ける。それは、花の技術だけではなく、人間的な面・生き方といった思想的なものにまで及ぶ。この点では、茶道など日本の伝統的な諸芸とも通じている。現在華道の流派は、華道家元である池坊を中心に全国に2,000～3,000程ある。

「花は人の心である」という言葉がある。つまり花を生ける時、花をみつめて感じる感情、あるいは理想とする美しさを花に探し求め、花に託して表現するという事である。

花を拝見する場合、以下の作法に則って拝見する。

(1)拝見する場合は、床の間から畳一帖へだてた位置に座り、花へ一礼して拝見する。

(2)全体の構成、花材のとりあわせ、花器、花台までをよく拝見して、花を生けた人へ感謝の一礼をする。

自由花の場合、拝見する特別な作法はないが、あらたまった席で拝見する場合は生けた人に対して挨拶して拝見するのが礼儀とされている。

花の生け方の違いにより、様々な種類がある。

立花：室町時代に書院造りといった床の間のある建築様式の誕生と共に、その床の間を飾る為に生けられた様式である。細長い花びんに花を縦長に生ける技法で、生け花の基本の一つである。色々な種類の草花が互いに協和し絵画のような風景的な情緒を花瓶の上で表現したものである。

生花：茶の湯の流行によって茶室に飾られるようになった生け花の事で、小さな床の間に飾るのに適するように立花を簡略化した手ごろな生け花である。平たい器と、花材を刺す針が付いた剣山を使って生ける技法である。花らしさを大切にし、その草花の性質にかなう生け方で表現する。

自由花：現代の時代に応じて、ステージやイベントなどで演出される生け花の事である。伝統的な形式にとらわれず、自由な発想で表現される。

三　書道

書道とは、日本古来の筆記用具である毛筆と墨を用いて、漢字や仮名文字を芸術的に表現する日本の伝統芸術の一つである。

書道は漢字や仮名文字を毛筆と墨で書く。精神を集中させ、心の内面を書体によって表現する事を目的としている。同じ文字でも強さやしなやかさ、太さ等の違いが生まれ、その文字の整い具合や、筆の運び方、墨の濃淡、全体の配置の美しさ、そしてその文字の持つ意味といった観点で鑑賞する。

現在でも、正月二日には、めでたい言葉や詩歌を書く「書初め」の儀式が広く行われている。ワープロやパソコンが普及している現代では、毛筆を使う機会が減少しているが、書道教室に通ったり、通信教育などを通じて書道は人々に嗜まれている。

書道は現在では、冠婚葬祭の行事や年賀状など、墨と筆を用いて字を書くというように、日本人の生活に根強く溶け込んでいる。

書を習得するには筆法・姿勢など基本をきちんと学ぶ必要がある。

すずりのくぼみの部分に水を少し入れ墨をすると、墨がだんだん溶けて墨液ができ、この間に精神を集中させる。筆に墨をつけ、親指、人差し指と中指で筆の中ほどを持つ。この時、筆は鉛筆で書くときよりもまっすぐに立てて書く。姿勢は、背筋を伸ばし、左手で用紙を軽く押える。

四　香道

香道とは、一定の作法に基づいて香木をたき、その香りを鑑賞して楽しむ日本の伝統芸能である。茶道や華道と同時期の華やかな東山文化のもとに成立した。現在、「御家流」と「志野流」の二つの流派がある。

香道では香りを「嗅ぐ」という表現は使わず、「聞く」という。香元が点前（香をたく一連の動作）をし、その香炉が客の間をまわり、客は香りを味わうというものである。香道の作法や香席の流れは茶道と似ているが、一点だけ茶道との大きな違いがある。それは「香りを当てる」というゲーム的要素があるということである。ただし「香りを当てる」ことが第一目的ではなく、香りそのものを味わい楽しむこと、香りによって浮かぶイメージのなかで感性を磨き、自分を高めることを目的としている。

香道の席(香席)で行われる「組香」というものがある。組香は、2 種類以上の香を使って一つのテーマを表現し、鑑賞するもので、テーマは和歌や古典文学に基づくものである。客は香りで表現された古典文学の世界を鑑賞し、香りを聞き分ける。つまり、香道は香りを楽しむことを基本に、香りにまつわる古典的な詩歌や文学作品とも深く結びついていると言える。

香席でのマナー

香炉の扱い方:香炉が自分の所へ回ってきたら、左手の上に水平にのせ、右手で軽く覆い、親指と人差し指の間から香りを聞く。

香の聞き方:背筋を伸ばし香炉を傾けないようにし、深く息を吸い込むようにして 3 回香りを聞く。これを三息と言う。吸った息は脇へ軽く逃がす。一人があまり長く聞き続けていると末席まで良い香りが保てないので、一人三息は必ず守らなければならない。

香席に入る時は、香木の香りと混ざるため、香水·オーデコロン等匂いのあるものをつけてはいけない。身だしなみとして指輪、時計等もはずして香席へ入る。服装は、男性はネクタイ着用、女性はスカート着用が好ましい服装である。

五　盆栽

盆栽とは、陶磁器の鉢などで植物を育てながら、植物の姿の美しさを求めていく日本の伝統的な芸術である。盆栽の種類としては松類が代表的であるが、花物·実物·草物·葉物など様々な種類があり、いずれも数 10 cmで実際の草木のミニチュアのようなものである。

盆栽は、陶磁器で作られた鉢(盆)の中で草木を栽培する(栽)という意味である。草木が生育する過程の中で培養したり、姿を整えたりして、自然美を作り出し、その美しさを鑑賞する芸術である。盆栽の中には、代々受け継がれているものもあり、そのような盆栽は、数 10 cmの草木でありながら、自然の大樹を思わせるような存在感のあるものばかりである。現在盆栽は、わずかな鉢の空間の中に壮大な自然の美を表現する芸術として、日本国内のみならず世界各国で楽しまれている。

盆栽を鉢の中で何十年も育てていくために、様々な手入れが必要になってくる。その中から代表的な手入れ方法を紹介する。

剪定:ハサミや専用の道具で枝を切る作業のことである。盆栽としての骨格を決める大切な作業でバランスよく枝を切っていく。植物が生長する力をうまく利用して盆栽の形を整え、かつ盆栽の日当たりや風通しをよくして成長を助ける役目もある。

針金かけ:幹や枝に針金をかけて、その力を利用して樹に曲がりをつけたり不自然な曲がりを直したりする作業である。盆栽の姿を美しく整える為に行う作業であるが、それぞれの樹の性質と個性をつかんで、樹の良い面を引き出す事が大切である。

植え替え:鉢の中でいっぱいになった根を切って、新しい土で植えなおす作業のことである。鉢という限られたスペースの中で根がぎっしりとつまってしまうと、樹の成長を止め、空気や水の通りも悪くなってしまうので、定期的に植え替えをして、樹の生育を助けるために行いる。

第二節　武道・武術

武道とは、「武芸に関する道、武士の守るべき道」。武術とは、「武士が戦いのために身につける技術」。辞書にはその意味をこのように記してある。すなわち「武道·武術」とは、武士のための技術であったと言える。戦の道具や護身術としての意味合いを持っていた武道·武術は、時代の移り変わりと共に形を変えながらも、現代では庶民の間で親しまれる存在になっている。

日本古来から続いているものや、様々な武道が発展して成立した新しいものまでその個性は豊かである。その背景や理念、エピソードに至るまで、知れば知るほど奥の深い世界が広がっている。武道·武術は単なる戦いのための技術ではなく、人が心身を成長させるための「文化」といえるだろう。

一　相撲

相撲

相撲は日本の国技として知られているだけでなく、昔ながらの日本文化を色濃く残している点でも人々に親しまれている。現在は「大相撲」というプロスポーツとして繁栄しているが、その存在意義を時代ごとに変化させてきた歴史がある。常に人々の生活に深く関わっていたということが長く愛されてきた所以だろう。

丸い土俵の上で二人の大男が裸でぶつかり合い、強さを競う。武道·武術としての相撲は日本人の心を熱く奮わせる。それは格闘技ならではの興奮だけでなく、日本の古来からの文化を現在も色濃く残している点も大きく関係していると思われる。相撲ならではの作法·しきたりは様々な意味を持ち、古の日本を想像させる。単に強い弱いを決めるだけでなく、そこには格式を重んじる心があるところが相撲の大きな魅力の一つだろう。

現在は神事としての意味合いも残しながらも、プロスポーツとして、そして国技として繁栄しており、日本文化を代表する存在として海外でも高く評価されている。

現在日本で相撲と言えば「大相撲」という認識があるが、それは相撲の長い歴史のほんの一部分に過ぎない。相撲は日本文化の変遷に沿うように、形や存在意義を変えながら現在まで続いてきた。

相撲は日本の文化に合わせて成長・発展し、現在も日本の人々の文化に根付いている。

力士は負傷者など例外を除いては、まわし以外は着用してはならないというルールがあり、頭は髷を結うというのがしきたりである。

「大相撲」は、1年に6回(1回は、日曜日から次の次の日曜日までの15日間)行われ、それぞれを「場所」という。奇数の月に行われ、1月(初場所)、5月(夏場所)、9月(秋場所)の3回は、東京・墨田区の「両国国技館」で行われ、3月(春場所)は大阪市、7月(名古屋場所)は名古屋市、11月(九州場所)は福岡市で、それぞれ行われる。

力士は、素手で、腰に絹の「まわし」を付けるだけ。2人の力士が東と西に分かれ、体と体をぶつけ合って闘う。取り組みは、直径4m55cmの円形の「土俵」で行われる。土俵は俵(わらで編んだ袋に土と小石を詰め込んだもの)で囲まれている。相手を「土俵」の外に出すか、相手の足の裏以外の身体の一部、つまり手足はもちろん、髪の毛まで、自分より先に「土俵」につければ、「勝ち」になる。土俵から足を踏み出すことを「土俵を割る」と言う。

力士の地位、位を「番付」と言う。大相撲では下から序の口、序二段、三段目、幕下、十両、慕内と上がっていく。幕内は「番付」の最上段の地位で、「横綱」をトップに、大関、関脇、小結、平幕の序列になっている。この中で、大関、関脇、小結を三役、あるいは役力士と呼ぶ。横綱は力士の最高位の称号で、幕内の取り組みが始まる前に行われる「土俵入り」などで、腰に約4m・約15kgの白い綱を巻きつけることから名前が付いた。

大相撲の取り組みとして、東西に分かれた2人の力士は、まず、「呼び出し」に名前を呼ばれ、土俵に上がる。力士は、取り組みを始める前に、左右の足を交互に高く上げ下げして、準備運動をする。これを「四股を踏む」という。

次に、前の取り組みで勝った力士が、控えの力士から水(力水)をもらって、口をそそぐ。続いて、勝負の判定をする「行司」が再び名前を呼んで、両者を立ち合わせ、二度目の四股を踏む。力士は土俵に上がってから、取り組みが始まるまでに、3～4回、ざるに入っている塩をつかみ、少し口に含み、土俵の上に撒く。「塩を撒く」のは、①土俵上の邪気を払う、②土俵で負った傷の化膿を防ぐ殺菌効果③辛い塩をなめて元気をつける、などの効果があると言われている。ちなみに、1 場所で使われる塩は、約600kgだそうだ。

「行司」が右手に持っている団扇のようなものを「軍配」という。力士を立ち合わせる時や勝ち負けを決めて、勝った力士の名前を呼ぶ時に使う。

「行司」の指図に従って、2 人の力士が土俵上で相対し、両手をついて、闘うために身構えることを「仕切り」と言い、幅10cm、長さ80cmの白い「仕切り線」が、それぞれ土俵の中心から35cm、つまり70cmの間隔で引いてある。

「仕切り」は、力士が呼吸を整え、精神や肉体を統一させるために行われる。まず足の位置を決め、お互いに腰を落として、かがんだ姿勢で両手をつきながら、にらみ合う。

「大相撲」の「幕内」では、土俵にあがってから、4 分間の制限時間内に3-4回の「仕切り」をくり返した後、2 人は相手に向かって突進し、激しく組み合う。

「仕切り」が終わって、勝敗を決めるために闘いが始まる瞬間を「立ち合い」といい、「立ち合い」の善し悪しが勝敗に大きく影響する。頭を低く下げて相手の胸へ突進することを「ぶちかます」という。

なお、大相撲の力士で、体重の最も重かった力士は、ハワイ出身の元・大関「小錦」関で、274kgだ。

勝負が終わったら、両力士は軽くお辞儀をして、土俵を下りる。この時、勝った力士は「どうもありがとうございました」、負けた方は「また、鍛え直してきます」という気持ちを込めて、両者が感謝のあいさつをする。

勝負が決まる技を「決まり手」と言う。「決まリ手」の種類は、昔から四十八手と言われていたが、技が複雑になったため、現在は七十手に統一されている。

二　空手

「K－1」など格闘技界において中心的存在である空手は、ブームに乗り、今大きな注目を浴びている。その形態は、寸止めルールに代表される「伝統派」と、打撃によって相手を倒すことを目的とし、格闘技として知られている「実戦派」の２つに分かれている。どちらも武道としての空手の理念は共通している。

空手

正確に現在の空手が誕生したのは昭和に入ってからなので、新しい武道と言えるだろう。しかしその空手以前には原型があり、沖縄では「唐手」、「手（てぃ）」といわれていた。大正時代に入って、「唐手」は本土に上陸し、柔道など他武道との交流を経て、1935 年に「空手」と名を変え、いよいよ本土に浸透していくことになる。その際、技術の違いなどにより、細分化され流派が次々と誕生した。

空手が競技化することに際して、その危険性が問題視されるが、「寸止め」という打撃寸前で手を止める手法が編み出される。これに異を唱え、武術性を求める団体は「実戦派」として格闘技の道を歩んでいった。そして現在も伝統の保守と進化を続けながら、空手は新しい道を模索し続けている。

空手着と言われる、柔道着に近いもの（若干薄地）を着用し、段位によって色が異なる帯を使用する。

伝統派の競技は「寸止め」で行われる。寸止めとは、ここに当たれば有効という部位に確実に当たるという打撃が、寸前で止められる。実戦派はさらに複雑で、顔面攻撃の有無、ポイント制の導入、防具の使用など様々な競技形態があり、それぞれに独自のルールを持っている。しかし「礼に始まり、礼に終わる」という行動規範はどの流派でも同じであるようである。

三　合気道

合気道

武道は力や技で相手を倒すことを目標にするものが多いのに対して、合気道は「気」をもって相手の力を「制する」、いわば「受け」の武術であるという独特なスタンスをとっている。目的も強くなることではなく、心の修練である。古流武術から出発した「気」の武術は、強さを競うより大切なことがあるという理論を持つ「人にやさしい」武術なのである。

合気道は読んで字のごとく、「気を合わせる」武道である。自らの気と相手の気を読みあい、技を繰り出す。そして合気道と他の武道の最大の違いは「こちらから攻撃しない」ということである。攻撃してきたものに対して、それを捌き、技を返す。だから試合もないし、練習でも「形」ばかりである。小さな老人が、大きな成人男性を軽々とくるりくるりと投げ飛ばすという、驚くべき姿も見られる。

心の修練を最大の目的とし、「気」という独特な観点を大切にしている。日本の武道の中でも比較的新しい部類に入る武道である。

合気道の歴史は比較的浅く、明治時代から昭和初期にかけて起こった武道である。大東流柔術を修行した植芝盛平が起こした合気道は日本古来の柔術だけでなく、剣道や柔道の原理も吸収した総合武道と言える。

植芝は独自の武道理論を掲げて大東流柔術から独立の道を選択する。独立の過程で名称も相生流合気武術、皇武道、合気武道と変えていき、1942年に合気道とした。その後は日本中に広まり、現在では世界各国にも普及している。

基本は合気道着という柔道着に近いものと、袴を着用する。

技法は一点に力を集中させ押し倒す当身技や、関節技などを持つ。それは自ら攻撃するのではなく、相手の攻撃を無効にしたり崩したりして、相手を抑え込むというために用いられる。

競技としては試合はなく、練習も形稽古のみである。こうすることが合気道の理念を追求することにつながるのであるが、最近では競技スポーツとして確立させてはどうかといった動きも見られる。

四　剣道

剣道

日本では、武家社会の時代には侍が街を闊歩していた。その侍の魂である剣術の教えを現在も引き継いでいるのが剣道である。さまざまな流派が剣術の時代から存在し、剣道になった現在もその傾向は続いている。剣道は現代の人々に当時の侍を彷彿させる武道として親しまれている。

殺し合いの道具だった剣術(殺人刀)から、技術の習得や心の修練を目的とした剣術(活人剣)へ変化したものが現在の剣道である。剣道着と竹刀で戦う姿は、日本の人々にとってもおなじみである。海外の人々から見れば昔の日本の侍を垣間見ることができ、非常に人気も高く、競技人口も諸外国では着々と増えてきている。

剣を振るうことで精神を鍛えるという伝統的な考え方を持っている。現在はスポーツとしても確立されているが、その内には、武士が剣を振るい、剣の理法を学ぶという剣道の「道」の概念もしっかりと含まれている。

剣道の歴史は剣術の歴史と言い換えても過言ではない。平安時代に刀というものが登場し、鎌倉時代からの武家社会が到来すると、一気に剣術は成長していく。室町時代後期の戦国時代を迎えると流派も乱立し、戦闘方式の変化に伴って刀法も様々なものが登場した。江戸時代になって平和な時代が訪れると、人を殺すためでなく、人を活かす剣術（活人剣）へと考え方も変化していく。この頃宮本武蔵などが理論をまとめたり、精神論が確立されたりして現代の剣道の基本精神が形作られた。江戸時代後期から明治時代を経て、試行錯誤を繰り返しながら剣術から剣道へと変化を遂げていった。現在も当時の理念・思想を踏襲したスポーツとして日本のみならず世界中で発展している。

剣道着と袴の上に、剣道具（面、小手、胴、垂れ）を着用する。攻撃は、竹刀を持って行う。

竹刀で有効な攻撃を競う。有効な攻撃とは、定められた部位（面部、小手部、胴部、突部（のどもと部分））を打突することである。試合時間は 5 分で、3 本勝負というのが原則である。2 本先に有効な攻撃を相手に与えることができた方が勝者となる。

五　柔道

相手の力を利用して相手を制する。そうすれば小さい者でも大きな者を倒すことができる。これが柔道の基本理念である。オリンピックのような大きな大会でも小さな日本の選手が大き

柔道

な海外の選手を投げ飛ばす姿を見ることがある。まさに基本理念を体現した結果である。

小さい者が大きい者を投げ飛ばす。「柔よく剛を制す」という思想が示すこのアクションこそが柔道の醍醐味である。創始者の嘉納治五郎が柔術を学び、それを独自に改良し、武道としての精神的な道を確立させ、柔道が誕生した。理念は「精力善用」と「自他共栄」というもので、社会や周囲の人たちに対して、自らの心身がどうあるべきかを示したものである。それを柔道に打ち込むことによって学ぶことが大切だと考えられている。

現在では世界中に広まり、オリンピック競技としても発展し、日本が強さを誇れるスポーツとしても有名である。

柔道は柔術を母体としている。創始者の嘉納治五郎が柔術の主要な二流派を修行し、それを組み合わせて、当身技、締め技、関節技、投げ技を有する「柔道」を立ち上げた。この明治初期は武士社会が崩壊した時代で、武士のたしなみであった柔術は衰退していた。そこに精神を鍛えるという基本概念を持った嘉納の柔道が登場し、大衆に受け入れられ、発展していった。

講道館という道場を創設した嘉納は、「精力善用」と「自他共栄」という「柔よく剛を制す」の理念を改良した、柔道を行う物に対する心得を確立させせた。そして技術的にも精神的にも発展した柔道が、世界に拡大していったのである。

柔道着と言われる白い生地の装束を帯で結んで着用する。帯の色は有段者であれば黒となり、それ以外は基本的に白である。

投げ技や固め技を駆使して戦う。その際「一本」を取れば勝ちになる。「一本」は投げられた際、大体あおむけになるか、固められて「まいった」と発するか、30 秒以上経過した時に成立する。

その他にも「技あり」、「有効」などのポイント制の判定がある。

日本古来の柔道着は白色だったが、最近では色の付いた柔道着も世界の公式の場で見られるようになった。日本古来の「武道としての柔道」と世界の「スポーツとしての柔道」では少し概念の違いが出てきている。

六　弓道

弓道

様々な武道の中でも相手が人ではないというのが珍しい、的を相手にした武道である。ゆっくりとした動作で、集中力を高めて自分の間合いで的を射る。そしてその結果を基に反省し、次回への努力が始まる。このサイクルが精神修練となる。一人の世界に集中することこそ醍醐味で、その落ち着いた所作・雰囲気が現在でも人々に愛されている。

「自分」「弓」「的」が三位一体となることが、重要かつ意味がある弓道。他の武道は相手を倒すことを目標としたものであるのに対して、この弓道の相手は「自分」である。自分との戦いの中で、心身の鍛錬、技術の向上を行う。まるで心を映すかのように、心の動きが的を射抜く結果につながる。心を鎮め、集中するといった強さが必要となる。最高目標「真・善・美」という理念があり、それを追求する。

真：偽りのない射はどのようにあるべきかと思い求めること。

善：心を鎮め、平常心を保つこと。

美：人間として、心を清らかにし、礼を重んじて弓に向かい合うこと。

神事によく見られる馬上から的を射る流鏑馬など、昔ながらの慣習が色濃く残っている。

弓道衣(白筒袖)、袴、白足袋というスタイルで行われる弓道は、弓と矢を用いて的を射るというわかりやすいルールで競技が行われる。

本来は素足が原則とされていたが、1965年代頃から白足袋が奨励されるようになったようである。

競技には「近的競技」と「遠的競技」の2種類ある。「近的競技」は28m先の直径36cmの的に当たったかどうかを競う。「遠的競技」は60m先の直径1mの的を狙い、中心に近いほど得点が高く、その得点を競う。

弓矢を用いた射術の法則を射法といい、この基本事項を正しく理解することから弓道は始まる。射法の形式は「射法八節」という8つの動作(足踏み、胴造り、弓構え、打起し、引分け、会、離れ、残心)すべてが流れるような一連の動作として行われる。心が動揺すると手元が狂ってしまうので、何事にも動じない強い心を作り上げることが、日々の鍛錬の中で要求される。

七　柔術

柔術

柔術は単なる一つの武道ではなく、現在繁栄している日本武道の父とも言うべき存在である。柔道や合気道の源流とされるばかりか、空手など様々な武術に影響を与えている。また、現在ではブラジリアン柔術に代表されるように、海外で格闘技としてアレンジされ、人気を博している。

人々によく認知されている柔道は、実は柔術の異なる二流派が合わさってできたものである。柔術には多様な流派があり、その内の投げ技中心の流派と締め技・固め技中心の流派が結びつき、柔道が確立された。「柔よく剛を制す」の語源も柔術にあり、その影響力は多大なものがある。

武器を使わない武術のまさに王道である柔術は、最近では格闘技や護身術として応用されている。しかしその中には、お互いを尊重し、敬い合う「相互理解」と、自分を律し、誠実な行動を取る「自己抑制」、そして「心・技・体の調和」を習得するという基本概念もしっかり含まれている。

日本では古流武術としての認識が強く、根強く残っている流派もある。

装束は柔道着と同じであるが、一般的に柔術着は柔道着と比較して、ズボンや袖の丈が細長い。

柔術は様々な形態の総称のため、流派ごとに大きく違う。しかし、「素手あるいは短い武器を持って、素手あるいは武器を持っている敵を攻撃し、又は防御する術」という概念はどの流派も同じである。投げ技中心の流派、締め技・固め技中心の流派など様々なものが存在している。

世界中に広まっている現在の柔術は大会や流派によって大きく異なる。総合格闘技に参加していることが多く、柔術は今また注目を集めている。

八　躰道

躰道

武道独特の直線的で静かな動きではなく、アクロバティックな動きを持つというのが躰道の特徴である。沖縄空手から生まれたこの武道は比較的新しいが、その特徴あるスタイルで競技人口も増えてきている。その中でも女性の占める割合が多いというのも特徴の一つである。武道理念も独特で、他の武道とは一線を画している。

空手の突きや蹴りを基本に、体の軸（脊柱軸）を自由自在に変化させながら攻防を行うというのが躰道の基本である。その動きはアクロバティックで、旋体（コマのような動き）、運体（波のような動き)、変体(木が倒れるような動き)、捻体(渦を巻くような動き)、転体(空中で回転する動き)という5種類の技と、運足、運身という動きを組み合わせて攻撃を行う。古来からの日本武道にない地面に伏せてからの攻撃というものもあり、独自の世界を展開する新しい武道と言える。

「発展に終わりはない」、「常に進歩していく」という信念をもっているため現在も研究が盛んに行われている。健康や女性にやさしいという志向もあるため、女性の競技者がたくさんいる。

沖縄の「手(てぃ)」(空手の基になった武術)を母体に、1965年に成立したが、誕生までには創始者祝嶺正献の多大な苦労があった。第二次世界大戦末期の1945年、空手の玄制流最高師範だった祝嶺は特攻隊員として、敵艦に攻撃の命令をうけ、作戦を懸命に考えたところ、「旋・運・変・捻・転」の運動法則に気づいて、現在の躰道の基本動作を編み出した。その後、数年の創作・改良を経て、1953年に実験的に指導を始めた。その間、新しい武道として成立させるために基本内容・理念を整え、「躰道」を確立させた。その後、大会を開くなど競技化も整い、世界大会を行うところまで進化している。

空手から生まれたものなので、空手着と同じであるが、下半身は袴を着用する。

競技には、「実戦競技」「法形競技」「展開競技」の3つがある。

実戦競技は、他武道でいうところの「組み手」である。一本、技あり、有効によって判定される点は柔道と同じである。法形競技は、いわゆる「型」である。躰道特有の10個の要素から判定される。展開競技は主役1名と脇役5名で技を展開し、競い合う団体戦である。

競技は、基本形を工夫して独自に技を繰り出すことが大切である。創造的な武道であるので、勝敗だけを競うのではなく、自分が出せる最高の技をもって創作を競うことが重要であると考えられている。

九　長刀

「長刀」または「薙刀」と書いて「なぎなた」と読む。その字が表すように「長い刀で相手を薙ぎ倒す」武道である。しかし現在は相手を倒すことが目的ではなく、心身ともに調和を取るということを目的としている。なぎなたの競技者は主に女子が主流となっている。

競技人口の多くが女子で占められていることで有名な「なぎなた」であるが、特徴の最たるものは何と言ってもその武器の長さである。

装束や試合方法も剣道と殆ど同じであるが、武器の長さが全く違う。2m以上の長い武器で相手を薙ぎ切るように戦う。

なぎなたの本来の目的は、武道訓練を通して心身を成長させていくのが狙いである。そうして修練していく中で日本の伝統を継承していくことを基本理念としている。現在では世界 10数ヶ国に普及し、「日本のなぎなた」が「世界のなぎなた」に変貌を遂げる時を迎えている。

装束や試合方法は剣道とほぼ同じで、防具(面、小手、胴、垂れ)を着用するが、「すね当て」も用いる。武器の長さは 2.1mから 2.5m という大変長いものでこれを使って攻撃・防御を行う。

競技としてのなぎなたには「試合競技」と「演技競技」がある。試合競技は 3 本勝負で 2 本先取である。制限時間内に有効な攻撃が決まるかが勝敗のポイントである。有効な攻撃とは、定められた部位(面、小手、胴、脛、咽喉)を打突することである。演技競技では技の優劣を競い合う。

十　居合道

刀を鞘から抜いた瞬間に勝負が決まる。西洋の「西部のガンマン」の剣術版が居合である。刀を抜く瞬間の動きこそが勝敗を決める居合の「剣の理法」を伝え継ぎ、相手がいるのではなく、

居合道

「仮想敵」を相手とする武道であるのが居合道である。

日本刀の操作法に由来がある居合道は、勝負を抜刀の一瞬にかけるため、修業は「死生一如」「動静一貫」をめざす心身鍛錬の道であり、剣道と表裏一体の関係にある。しかし「剣の理法の習得が人間修練の道」という考え方においては、剣を扱うことを主とする武道として確かに剣道と同じである。居合道という武道には剣道のように実在する相手がいるのではなく、自らが仮想した相手、すなわち「仮想敵」と戦う。その相手は自分と背格好が同じと言われ、いわば己と対峙するという考え方である。

一般的には居合衣と言われる上着に、袴という装束である。稽古では剣道着を使っている人も多いようである。基本的に上下とも色や素材は自由であるが、試合では色を統一しなくてはならない。

多くの流派がある居合道であるが、試合や昇段審査の時には、複数の流派の技を組み合わせた 12 本の技(制定居合)が用いられる。このように流派を越えて方式を制定しているのは全日本剣道連盟との結びつきの強さも影響している。

試合は、競技者 2 名が真剣または模擬刀を用い、全日本剣道連盟居合と各流派の形、あわせて 5 本を演武して、「修業の深さ」、「礼儀」、「技の正確さ」、「心構え」などを審判員が判定して勝敗を決する。

第三節　演劇・舞踊

「演劇」とは、俳優が舞台の上で脚本に従い、言葉と動作によって表現したものを観客に見せる芸術の事である。俳優の動作・

台詞まわし·脚本·音楽·装置·照明など、あらゆる要素が鑑賞の対象となる総合芸術である。

「舞踊」とは、音楽に合わせた身振りや手振りによって感情や意思を表現する芸能の事である。

「演劇·舞踊」は、日本古来から続いているものや、大陸から伝わったものが発展·融合して成立したものまでその個性は豊かである。舞台芸術として、お座敷芸として、郷土舞踊として、その性質は様々であるが、人々の娯楽として、現在に至るまで人々の心を楽しませている。

一　能

日本芸能の一種目で、通常は猿楽能を指す。能専用の屋根のある舞台上で、シテと呼ばれる俳優が歌い舞う音楽劇である。

能

伴奏は地謡と囃子で構成されている。

能面と呼ばれる仮面を使用する点が一番の特徴で、歌舞伎に次いで、世界的に知られている日本の舞台芸術である。

わかり易く言えば、和製のミュージカルである。能の物語は約250程あり、主人公のほとんどが幽霊である。物語のテーマは、神仏への信仰、戦のはかなさ、乙女の恋心、女性の嫉妬、親子の愛情、妖怪退治など様々である。能では、登場人物がシテ方(主役)·ワキ方(主役の相手役)·狂言方(狂言を演じる人)·囃子方(囃子を演奏する人)などに分けられる。

能の演技は、ゆったりとした動作で、喜怒哀楽の表現を最小限にし、笑い声や泣き声はなく、ジェスチャーで表現することが多いようである。

能は能舞台で演じられる。そこは4本の角柱に囲まれた三軒四方の板敷きで、正面奥にある鏡板に松が大きく描かれているばかり。シテは多くの場合、役柄に応じた面をつける。衣装は豪華だが、装置は単純な少数の作り物だけで、同じ場所を想像により使い分ける。

農民の間で生まれた田楽と、散楽から発展して寺社の祭礼と結びついた猿楽が融合し、能が誕生した。能は、南北朝時代から室町時代初期にかけて発達した。能の発展に大いに貢献したのが、観阿弥・世阿弥親子で、「すぐれた面」・「リズムを主体とした舞」を取り入れ、能を舞台芸術として確立させていった。豊臣秀吉も大の能好きで自ら舞台に立つほどだったそうである。江戸時代中期に、徳川幕府の保護のもと現在の能の形が完成した。その後の明治維新により一時は断絶しかけたが、政府や皇室、財閥などの後援で復興し、現在まで日本の代表的な伝統演劇として存在している。

能の一番の特徴といえば、能面である。能面は基本的に顔よりも少し小振りに作られていて、「かぶる」といわず「つける」という。顔が面から少しはみ出していても不自然でなくピッタリとフイットしているように作られている。

能面の種類は200以上あるが、6種類に大別することができる。

翁系：御神体そのものとして使われる面。

尉系：神が仮の姿に身を変じてこの世に登場する老人の姿の時に使われる面。

男性系：王朝の物語に登場する男性の主人公に使われる面。

女性系：喜怒哀楽の表情がはっきりしない、中間表情をしている面。面を照らしたり(あおむける)曇らせたり(うつむける)することで喜びや悲しみの表情を出す。

鬼神系：邪悪、悪霊、汚れ、邪心等を追い払う怒りの表情をしている面。

怨霊系：戦で無念の死を遂げた武将、殺生をして死後成仏できない亡者、嫉妬に狂う女性の表情などの面。

能の題材を故事・説話・物語などからとるが、大きく分類すると、神・男・女・狂・鬼の５種類になる。

二　狂言

日本芸能の一種目である。猿楽の滑稽な部分を劇化した最古の喜劇で、能と能との間に上演される。能と併せて行われるが、能とは異なり、物まねの要素を含んだ写実的なセリフ劇である。

狂言

狂言は能とほぼ同じ頃に発生し、セットで交互に演じられ発展していった。交互に演じる事によって、能の「幽玄の世界」とは正反対の「笑いの世界」へと観客の心を和ませてくれる。

狂言の登場人物は身近な親しみある普通の人々である。殿様や大名も出てくるが、だいたい家来にバカにされたり、ドジだったりする。狂言の主役を演じる人を能と同じく「シテ」と呼ぶ。また、シテの相手役を勤める脇役を「アド」と呼る。

日常的な話し言葉を使っているので内容もわかりやすく演じられている。

奈良時代に中国から渡来した「散楽」が、平安時代に「猿楽」となり、猿楽本来の笑いの要素がセリフ劇となり、南北朝時代に「狂言」が生まれた。そして能と併せて発展し、能とは全く対照的な、日常的なできごとを笑いを通して表現するセリフ劇として庶民の間に広まった。室町時代の後期に大蔵流・和泉流・鷺流が成立する。現在では和泉流、大蔵流の二流が活動している。

能の厳粛に対し、風刺喜劇的色彩が強い。長く能の従属的芸能として扱われ、能の会でも気分転換の意味で上演されていたが、戦後、独立した芸能として認識されるようになった。

能とは違って、一般に面は用いず、素顔で演じられる。

セリフが主体で、時には激しい動きを見せるなど、演劇に近いものである。ほとんどが、3～5 人の登場人物で、30 分くらいの上映時間のものである。能の多くが過去の世界を扱うのに対し、狂言は現実社会の人々が登場人物なので素顔で舞台に立つのが一般的である。面は能面ほど発達せず、神·鬼·精霊·老人·動物等の 20 種類ほどしかない。しかしそれらの面は喜怒哀楽の表情が豊かなものである。

三　歌舞伎

江戸時代に大成した日本の代表的演劇である。鎌倉·室町時代に大成した能楽、江戸時代に大成した人形浄瑠璃と並んで、三大国劇と呼ばれている。女優の代わりに男性が女形を演じ、舞踊劇·音楽劇などの要素も含む演劇である。

歌舞伎

歌舞伎の語源は「傾く」から来ている。「傾く」とは派手な服に身を固めて、街を闊歩人々を「かぶき者」と呼んだことから生まれた言葉である。もともと歌舞伎は江戸時代当時の現代劇であり、老若男女の一般大衆向けの大衆演劇として発展した。当時の風俗や習慣を劇中に取り入れていたので、誰もが理解でき、大衆の人気を得た。動的かつ、非常に華やかな衣装·舞台が特徴で、面は用いず、隈取と言う、様々な色·模様の線を顔に描いて演じる。

1603 年頃、出雲大社の巫女·阿国が京都で念仏踊りを興行したのが初めとされている。当時珍しい輸入品などを身につけ男装して踊ったため、異様奇抜なおどりという意味で「かぶきおどり」と言われた。しかし風俗を乱すとの理由で1629年に女歌舞伎は禁止され、その後に登場した少年俳優による若衆歌舞伎も同様の理由で1652年禁止された。それ以後は成年男子によって演じられるようになり、現行の歌舞伎の元となった。その後、江戸時代にできた古典歌舞伎、近代以降に新劇の要素を取り入れてできた新歌舞伎、そして現代に登場したスーパー歌舞伎へとそれぞれ時代の変化に伴って、新しいものへと進化を続けている。江戸では市川団十郎が荒事(歌舞伎で勇士・鬼・神などの役を演じる荒々しいしぐさ)を、大阪では坂田藤十郎が和事(歌舞伎で情事や恋愛を中心とした場合)を考案し、劇的内容を含めつつ今日に至った。

現在では、海外でも積極的に公演されるようになり、世界的に日本の伝統芸能として浸透している。

歌舞伎の要素は文字通り、歌＝音楽、舞＝舞踊、伎＝演技・演出である。

歌：歌舞伎音楽は、三味線音楽と共に発展した。大きく分けて「唄い物」と「語り物」に分けられる。前者の代表的なものは「長唄」で、後者は「義太夫節」である。

舞:歌舞伎舞踊はその演目ごとに多くのレパートリーがある。どの舞も、その動作の美しい身のこなしが基本となっている。

伎：感情表現の一つ一つを大げさに誇張して表現するのが基本的な演技術である。演出·演技ともに「美」を追求している。

歌舞伎はこの三要素の集大成というべき総合芸術として完成した。

四　浄瑠璃

三味線音楽における語り物の総称である。室町時代に成立して、江戸時代に最盛期を迎えた。人形芝居や、歌舞伎の音楽、あるいは純粋な語り物として広く庶民に愛好され、日本音楽の一大ジャンルを形成した。

浄瑠璃

浄瑠璃とは、三味線伴奏による語り物である。語り物とは、三味線で拍子を取りながら語って聴かせる物語の事を指す。江戸時代に入ると、浄瑠璃は多くの流派に分かれ、浄瑠璃は歌舞伎・人形劇などの劇場音楽として発展した。

現在は、「浄瑠璃」といえば、有名な一派である義太夫節を指すことが多いようである。また、浄瑠璃と人形劇を組み合わせた人形浄瑠璃の1つである文楽も有名である。

もともと浄瑠璃は、扇や鼓で拍子を取ったり、琵琶の伴奏で語られていたが、16 世紀の室町時代に三味線の伝来とともに、三味線が浄瑠璃の伴奏に使われるようになった。この時代に誕生した語り物の中に、牛若丸と浄瑠璃姫のロマンスを題材にした物語があり、人気を集めた。この物語の浄瑠璃姫の名前にちなんで、その後にできた語り物を浄瑠璃と呼ぶようになった。また17 世紀の江戸時代初期には、人形劇とも結び付き、人形浄瑠璃として人気を集めた。

浄瑠璃は、語り手によって節の語りまわしが違ったことから、演奏者の名前をつけて「〇〇節」という名前でよばれるようになった。代表的なものは上方(関西)で発展した「義太夫節」、江戸で発展した「清元節」、「新内節」などがある。

義太夫節：人形浄瑠璃(文楽)の伴奏として演奏される。登場人物の感情表現がはっきりしていているのが特徴である。低音の力強い太棹三味線を、大きめの撥で演奏する。

清元節：高音で一音一音を延ばし細かく節に変化をつける派手で粋な曲節と、甲高い声を裏声で聞かせるのが特徴である。演奏には、常磐津のものよりやや細めの中棹三味線を用いる。

新内節：初期は、歌舞伎に用いられていたが、後に江戸の遊郭を中心に座敷浄瑠璃として流行した。演奏には、中棹三味線の中でも太めのものを用い、箏の義爪やごく小さい撥で細かく弾く。

五　文楽

文楽は人形浄瑠璃を受け継いだ、日本の伝統的な人形劇の事を言う。もともと、江戸時代後期に人形浄瑠璃を蘇らせた植村文楽軒と言う人物が創った劇場の名前だったのであるが、いつの間にか芸能そのものを指すようになり、現在では正式名称となっている。

文楽

文楽は、太夫・三味線・人形遣いの「三業」で成り立つ三位一体の演芸で、男性によって演じられる。客席の上手側に張りだした演奏用の場所を「床」と呼び、太夫と三味線弾きが、ここで浄瑠璃を演奏する。江戸時代後期までは、「操り浄瑠璃」または「人形浄瑠璃」と呼ばれていた。つまり浄瑠璃にあわせて演じる、操り人形芝居ということである。文楽が諸外国の人形劇と違うところは人間の微妙な心の動きを描くところである。そのために、人形の表現を多彩で豊かなものにする必要があり、一体の人形を 3 人で操ることによって細かな心情を表現している。

16 世紀末に人形舞わしの芸が、浄瑠璃と一緒に演じられるようになったのが、文楽の起源と言われている。その頃は人形遣い一人で人形を操っていた。その後竹本義太夫という人物がたくさんの浄瑠璃を統合し、大阪に竹本座を創設、「近松門左衛門」の作品を上演し、人気を集めた。特に「曽根崎心中」などは文学的にもすぐれた内容を持ち、演劇的に飛躍的な向上を得た。その後もたくさんの作品が上演され、文楽人気は歌舞伎を圧倒していた。しかし江戸時代後期には、その人気にも陰りがでてきた。そんな中、植村文楽軒という人物が大阪の松島に文楽座という劇場を作り、人形浄瑠璃は「文楽」と呼ばれるようになった。

文楽の演技は浄瑠璃語り、三味線弾き、人形遣いの三者で成り立っている。

太夫：浄瑠璃を語る人のことである。いかにして浄瑠璃の内容を的確に表現し、登場人物の心を伝えるか、というのが使命である。文楽では登場人物のすべてのセリフはもちろん、その場の情景から、事件の背景までを大夫ひとりで語る。

三味線：太棹三味線を使用する。演奏用の撥は象牙で、厚く重いので重量感のある力強い音色を響かせる。三味線は伴奏とは違い、情景を描き出し、心情を表現する事を大切にする。

人形遣い：文楽では 3 名で人形を操る。主遣いが左手で首、右手で人形の右手を操作、左遣いが右手で人形の左手を操り、足遣いは両手で人形の両足を操る。

文楽の演目は「時代物」「世話物」「景事」の三つに分けられる。

時代物：公家や武家社会に起こった事件や物語を題材にしたものである。江戸時代よりも前、平安から戦国時代にかけてが時代の背景となっている。代表作：義経千本桜 etc.

世話物：ちまたに起こった事件や物語などを題材にしたものである。庶民の日常がリアルに描かれている。代表作：曽根崎心中 etc.

景事：能狂言、歌舞伎などから独立したもので、音楽的で舞踊の要素がつよく、華やかでスピーディーなものである。代表作：釣女 etc.

六　日本舞踊

日本舞踊とは、歌舞伎の歴史とともに歩んできた舞踊をさす。江戸文化によって育てられてきた舞踊で、主に歌舞伎の題材からとった演目が多いのが特徴である。

日本舞踊は歌舞伎舞踊から生まれ、現在 120 を越す日本舞踊の流派がある。代表的な流派として、西川流·藤間流·花柳流、坂東流などがある。どこの流派も、個人差はあるが、週 1、2 回の稽古で 3 年以上修業すれば、名取免許が取得できるほどに上達し、その後の努力しだいでは、師範の資格も得られる。

日本舞踊の衣装は着物である。着物は日本の民族衣装というだけでなく、日本舞踊の表現を支えている。人体の曲線を覆い、手足のなめらかな表現を際立たせることができる。傘や扇子などの小物を用いて踊る場合もある。

日本舞踊にはさまざまな種類の演目がある。

長唄 : 出囃子の明快でリズム感が魅力の躍動感ある種目である。

常磐津節 : ドラマチックな演目に合わせた叙情的な演奏が特長の種目である。

清元節 : 江戸で生まれた、派手で軽妙な語り節が特徴である。

創作 : 現代の舞踊家が生み出した演目。斬新なテーマのものなど様々なものがある。

七 組踊

組踊は沖縄に古くから伝わる伝統芸能である。音楽、踊り、台詞で構成されている沖縄独自の歌劇である。1972 年の沖縄本土復帰と共に、国の重要無形文化財に指定された。

組踊の物語は沖縄の歴史や故事、説話等に基づいている。また、演技·演出は、本土芸能(能や歌舞伎など)や中国、東南アジアなどの芸能要素を取り入れたもので、組踊は広くアジアの文化の影響を受けた芸能と言える。単調なリズムにゆっくりとした動きで、見た目の美しさ、沈黙の中にある激しい心情が感じられる静の場面と、観る人の気持ちを高揚させる動の場面を巧みに使った音楽劇である。

音楽に合わせて踊り舞うというよりは、能や歌舞伎に比較的近く、ストーリーのある音楽劇、沖縄のミュージカルである。

組踊は、歌三線（音楽）、唱え（せりふ）、踊り（舞踊）で構成されている。

組踊の音楽（歌三線）では三線を中心に演奏される。三線を弾く人が唄も歌い、「ウタ・サンシン」と呼ばれる。他には箏・太鼓・笛・胡弓などが使われるが、メインとなるのは、やはり「ウタ・サンシン」である。

第四節　寄席芸

「寄席」とは、落語・講談・浪曲・義太夫・手品・音曲などの大衆芸能を興行する娯楽場の事を指し、江戸時代の寛政年間（1789-1801）にできたものと言われている。

「寄席芸」は、日本古来から続いているものや、大陸から伝わったものが発展・融合ししたものまでその個性は豊かである。大衆芸能として、郷土芸能として、その性質は様々であるが、人々の娯楽として現在に至るまで人々の心を楽しませている。

一　太神楽

江戸時代末期から寄席芸能として広く大衆の人気を集めた、日本の総合演芸の事を指す。内容として、主に獅子舞をはじめとした「舞」と、傘回しをはじめとした「曲」がある。「おめでとうございま～す」で有名な海老一染之助・染太郎の曲芸がまさに太神楽である。

内容としては主に「舞」と「曲」とに分かれる。

「舞」は獅子頭を仰ぎ、それを捧げて人家を訪ね悪魔祓いの祈祷を目的とした神楽舞（獅子舞）である。

「曲」は娯楽性ゆたかな余興として曲芸を見せるというもの

である。

太神楽の代表的な演目として傘回しがある。傘回しとは、傘をグルグル回してその上で､升や鞠･ボールを上手く乗せて回すという曲芸である。

この他にも、口に咥えた棒の先に茶碗を立てる五階茶碗や、両手に持った棒に皿を乗せてクルクルまわす皿回しなど、様々な演目がある。

二　伎楽

伎楽とは、中国から伝わった大きな仮面をつけて演じられる台詞の全くない無言劇である。仮面舞踏劇のようなもので、聖徳太子の時代に盛んに行われていたが、次第に大陸から伝わった雅楽などの新しい芸能の伝来によってだんだんと廃れていってしまった。

現在毎年の恒例行事として薬師寺で行われている伎楽は、｢三蔵法師　求法の旅｣である。

これは、西遊記でお馴染みの三蔵法師が仏の教えを求めて天竺へ旅をするというストーリーになっている。主役の三蔵法師役の役者は面をつけず、伎楽面をかぶった伎楽グループとのからみでドラマが展開して行く。物語がわかり易いように、創建以来の薬師寺の声明で、地の文が語られるという、古典芸能に新しい工夫を加え、お寺の伝統を盛り込んだ薬師寺独特の伎楽の形で上演されている。

三　散楽

散楽とは、中国から伝わった、滑稽な物まね、曲芸、呪術など多種多様な芸一般を広く指す｡のちに散楽が発展して能･狂言の元になった。

もともと散楽は寺社の祭礼で演じられ、国土安穏･天下泰平を祈祷する事を主な目的としていた。その後いつしか、一般庶民の娯楽となり、散楽が訛って猿楽となった。大道芸としての道を歩んだ猿楽は、散楽よりもより大道芸的な要素の濃いものになり、また猿楽とは別に、散楽と農村で行われていた楽芸とが結びついてできた、「田楽」というものが現れた。この芸能はもともと農村の田植えを囃し立てる為に生まれ、発展した。その後、猿楽と田楽は現在の能・狂言へと向かって融合・発展していった。

散楽の内容は、主に曲芸や軽業、物まね、呪術、奇術などである。今の中国雑技団のような曲芸や軽業、猿の物まね、「火を吹く術」「刀を呑む術」といった呪術を見せたりと、多種多様な芸があった。散楽は日本古来の芸能の影響を受けて、やがて猿楽と言う芸能に発展し、そこから台詞と仕草による滑稽な物まね芝居が「狂言」へ、音楽と舞踊による活劇が「能」になった。

四　曲独楽

曲独楽とは、江戸時代に考案された曲芸用の独楽のことである。大小の独楽を使って、独楽を扇子に乗せたり、綱渡りをさせるといった、様々な曲芸を披露する寄席演芸として、元禄(1688～1704年)ごろに博多で生まれた。

独楽は、もともと貴族階級の演芸であったため、一般庶民へは広がらず、ただの貴族階級の子供の遊び道具としてのみ存在していた。曲独楽が一般庶民の見世物として行われるようになったのは江戸時代になってからの事である。曲独楽とは、形や色の美しい独楽を使って、様々な芸をする演芸の事を指す。特に江戸独楽は、現在でもその美しさからコレクターの人々の中では非常に人気の高い独楽である。主に、「見世物」や「お座敷遊び」などに用いられていたが、明治時代以降、独楽文化は廃れ、その後は限られた職人たちの手で伝統的技術が現在まで細々と継承されている。

五　ちんどん屋

人目をひく服装をして、鉦や太鼓、三味線·クラリネットなどの楽器を鳴らしながら広告·宣伝を行う職業の人々の事である。日本特有の街頭宣伝業で、別名「東西屋」、「広目屋」とも言われている。

ちんどん屋は、商店の開店や売り出し、催しの告知などを、広く一般に宣伝して知らせることを目的としている。人目を引きつける手段として、ド派手なユニークな着物を着て、かつらをかぶり、歌舞伎のようなメイクを施し、鉦や太鼓などの楽器演奏を行い、雑然とうねるように練り歩く。

一時は廃れたちんどん屋であるが、現在の高度情報化社会のなかで、ちんどん屋のもつダイレクトなコミュニケーションが見直されている。宣伝やPRの手段として、ちんどん屋に注目している大企業もある。ちんどん屋は、伝統的なちんどんの技術を受け継ぎながら、マスコミ出演、海外進出、ライブ出演など、時代にあわせた新しい活動を展開している。

楽器の編成は、ちんどん屋の代名詞でもある「ちんどん太鼓」に加え、三味線、クラリネット、トランペット、サックス等がメロディの演奏を担当する。大編成の場合、他にもアコーディオンやギター、トロンボーン等の様々な楽器が編成に加わることもある。これらの編成に特定の決まりは無く、その都度変動する。

六　落語

落語とは町民の生活や、お伽話などを滑稽な話として語るもので、噺の結末にオチがつくのが特徴である。大阪・京都を中心とする関西圏(上方)中心に発達した上方落語と、江戸(東京)で発達した東京落語がある。

江戸時代には「士・農・工・商」という四つの身分制度があっ

た。落語はその中でも「工・商」である町民と呼ばれる低い身分の人々の間で生まれた。その為、落語の噺は毎日のつらい生活を一生懸命生きていた人々の知恵が笑いと一緒に語られている。

上方落語は、もともと屋外のざわめきの中で、噺を聞く事を目的としてない通りすがりの人々も相手にしていたので、とにかく目立つ必要があった。そのため、小道具や鳴り物を使うなど、東京落語よりも比較的派手なものが特徴である。さらに、上方言葉で聞き手に語りかける話法をとり、愛嬌・サービス精神が旺盛で、常に聞き手とのコミュニケーションを大切にしている。

一方、東京落語は、座敷ばなしが始まりで、少人数を相手にした噺なので、簡潔でさらっと噺す事が粋なものとされている。聞き手の反応をあまり気にせず、噺家のペースでずんずん噺を進めていくので、ラジオで放送するには、上方落語よりも適している。

落語が一芸として世に出たのは、今から約300年前、江戸時代中期と言われている。上方では京都の露の五郎兵衛・大阪の米沢彦八という人達が、道端や神社の境内に舞台を設けて多くの人々に向けて自作の噺を披露して、銭を稼いでいた。これが上方落語の始まりであると言われている。一方、江戸では、「江戸落語の祖」と呼ばれている鹿野武左衛門という人物が、諸々の屋敷に招かれ、お座敷芸として噺を披露していた。これが江戸落語の始まりである。その後、江戸時代末期に初代三笑亭可楽が登場し、一定の場所で銭を取って多くのお客さんに対して噺すという、寄席興行が始まった。江戸中に寄席が次々と増え、庶民の気軽な娯楽として人気を集めるようになった。

落語では小道具を使って、何かに見立てたり、場面転換をしたりする。上方落語だけに使われる小道具として、「見台・小拍子・膝隠し」の3つがある。

見台：演者が自分の前に置く小さな机である。見台を叩く事によって場面転換をする。

小拍子：手の中に入る小さな板の事で、場面転換する時に鳴らして用いる。

膝隠し：見台の前に立てる低い衝立のようなものである。

他にも上方落語には「はめもの」という演出効果がある。噺の最中に三味線を用いて入れる効果音のようなもので、これが入ることにより噺がさらに盛り上がる。

一方、東京落語では小道具は手拭と扇子のみを使用する。

落語は一人で座って演じる芸である。台詞だけで物語を展開し、扇子や手拭を使ってあらゆるものを表現したりもする。上半身と台詞だけで物語を展開させるので、落語家には話術や表現力が必要である。

落語において登場人物の会話は大変重要なものである。2人の人物を登場させる場合、顔を左右にふることで2人を区別させる。これを「上下をつける」と言う。また、目上の人物に話し掛ける場合は左ななめ上を向き、目下の人物に話し掛ける場合は右下を見下ろす。このような人物の関係、あるいは距離感などを目線やしぐさでこまやかに表現する。

第五節　日本画

日本画とは、伝統的な日本の画法を用いて描かれた絵画のことである。日本画に対し、西洋の画法を用いて描かれた絵を洋画と呼ぶ。

日本画は日本文化の発達とともに様々な発展を遂げてきた。チラシやポスターなど、江戸時代の風俗を表した浮世絵、日本の四季の素晴らしさを花々と鳥達で表現した花鳥画･･･。日本画からは、日本人のその時代時代の風俗や心情が見てとれる。

一　浮世絵

浮世絵とは、江戸時代に発達した版画絵の事である。浮世絵には当時人気のあった花魁や歌舞伎役者、風景などその時代の様々な風俗が描かれている。また、初期の浮世絵は単色刷りしかできなかったため、彩色には筆を用いていたが、1765年鈴木春信らによって多色刷が考案され、極彩色の浮世絵が刷られるようになった。この多色刷り浮世絵を「錦絵」と呼ぶ。

當世好物八景さけ好
歌麿

江戸時代以前「うきよ」といえば「憂世」と書いた。憂世とは世を憂くこと、つまり「つらくはかない世の中、変わりやすい世間」といった意味である。しかし、徳川幕府が開かれ戦乱の世に平和が訪れると、人々の心は次第に晴れ渡り「うきよ」という言葉も「憂世」から「浮世」に変化した。「浮世」は現代風・当世風という意味を持つ。つまり、浮世絵とは浮世（現代）の様子を描いた絵、風俗画のことを指す。このため、浮世絵には人々の心が躍るような美人や人気歌舞伎役者、心に染みる景色の絵などが中心に描かれている。また本来浮絵とは、今で言う街頭ポスターやチラシにあたり、日常生活の中で使い捨てにされる存在だった。しかし歌麿や北斎といった優れた絵師達は消耗品としての浮世絵に芸術性を与え、世界に浮世絵を認めさせた。

浮世絵は、16世紀後半に京都の庶民生活を描いた絵が始まりだと言われている。その後、人気役者や美しい女性など身近な題材が描かれるようになったことや、木版画技術が向上したことなどがきっかけで、18 世紀（江戸時代）には多くの人々に広まった。また、この時代に大衆向けの読み物が大流行し、読み物に挿し絵を描いていた画家たちが浮世絵の絵師になっていったと考えられている。19 世紀末頃ヨーロッパの画家たちは、包装紙として使われていた日本の浮世絵を目にした。そしてその表情豊かな線や簡潔な色使い、自由な発想の図柄など日本独特の表現方法に強い衝撃を受けたといわれている。それまで宗教的題材や写実的技法を重視してきた西洋の人々には思いも寄らなかった技法だったのであろう。浮世絵はゴッホに代表される 19 世紀末の画家たちに大きな影響を与えた。ゴッホは浮世絵を油絵で模写し、世界に浮世絵の価値を広めた。

浮世絵は 1 人の手で生み出されるものではなく、「絵師」「彫り師」「刷り師」が協力し合い初めて 1 つの作品が完成する。

二　水墨画

水墨画は山水画ともいい、墨の濃淡と筆の動きによって描かれた絵のことを言う。鎌倉時代後期に禅宗とともに日本に入り、禅の精神を表すものとして盛んに描かれた。

水墨画は中国からもたらされた。江戸時代以前の日本にとって、中国は一番近い先進国であり、中国の絵画や工芸品はとても高級な舶来品だった。なかでも、中国からもたらされた絵画は総称して「唐絵」と呼ばれた。唐絵の一種として日本に伝来した水墨画はその技法や画風が日本人に好まれ、日本文化に溶け込み、日本独自の様々な文化や流派が生まれることとなった。

中国と日本が融合するかのように生まれた水墨画には、現在でも「水墨技術を使った絵」という意味のほか、「中国風に描かれた絵」など幅広い意味が含まれている。また、水墨画というと真っ先に黒墨で描いた絵を思い浮かべるが、実際は多くの色を用いて描かれる極彩色の水墨画も存在するようである。

日本で水墨画が描かれるようになった初期の頃は、高級品である中国の人気絵師達の水墨画に似せて描く事が望まれていた。

日本の絵師達は「〇〇(中国の人気絵師)風に」と言われると、その絵師の特徴やクセなどを真似して描いていた。江戸時代に入った頃、日本画有数の流派である狩野派は「自分の才能にまかせて描く絵(質画)より、以前よりある絵を模写し続けていく継続の中で成り立つ絵(学画)を描け」と説いた。しかし、これでは絵を写し継ぐことはできても、新しい絵を生み出す事ができず、見る方も描く方も面白みに欠ける。そう感じた絵師達はやがて狩野派を離れ、自分の才能を生かして様々な水墨画を描き始めた。独自の道に進んだ絵師達により、水墨画のジャンルや流派は多様化した。

現在も趣味で水墨画をたしなむ人は多く、中国からもたらされた水墨文化が日本に溶け込み、日本文化の１つとして長い間大切に受け継がれていることが分かる。

三　美人画

美人画とは女性の美しさを強調して描いた絵の事を言う。江戸時代の浮世絵に始まり、明治末から昭和初期にかけて活躍した竹久夢二の木版画などに代表される日本画の一大ジャンルである。絵のモデルとなるのは、人気のある遊女や花魁、町娘などであるが、稀に少年を中性的に描いた絵を含める場合もある。

17 世紀に江戸で生まれ明治の中頃まで作られた浮世絵には歌舞伎役者を描いた「役者絵」、物語や歴史上の武将を描いた「武者絵」、人気のある花魁や町娘を描いた「美人絵」などが存在した。そもそも浮世絵は「見返り美人」の作者として有名な菱川師宣によって始められたと言われており、浮世絵は美人画から始まったといっても過言ではない。江戸の人々は歌舞伎役者のブロマイドを買う感覚で写楽の役者絵を買い、人気美人女優のポスターを買う感覚で美人絵を購入していた。中でも一般市民の中の美人を題材とした美人絵は、「庶民の芸術」として世界中からも高く評価されている。また美人画のモデルとなる女性はたいてい当時の最先端ファッションを身にまとっていた。美人画は現在の流行ファッション誌のような存在だったようである。

浮世絵の末期になると花魁など一部の女性だけではなく一般市民の美人を題材にした美人画が描かれるようになった。このような身近な美人を描いた絵師では東洲斎写楽と歌川豊国が有名である。歌川豊国には、国貞と国芳という優秀な弟子がおり、国貞は三代目豊国を襲名、国芳は玄治店派と呼ばれる一派を形成し、その技術を後に伝えた。

黒船屋

竹久夢二

近代を代表する美人画家では上村松園や竹久夢二などが有名である。これらの画家達は浮世絵ではなく、あくまでも写実的に美女を描いており技術的には同じ種のものとは言えないかもしれない。しかし、高い技術や絵の持つ気品、美しさの中のデフォルメ感など近代の美人画と浮世絵の共通する部分は多いようである。これら近代の美人画が流行し始めたのは大正 5 年頃といわれている。1907 年に文部省美術展覧会(文展)が始まった。文展とは、現在毎年秋に行われる日展の原型となった展覧会である。1915 年に行われた第 9 回文展で、美人画専用の一室が設けられ多くの美人画が展示されたという。当時浮世絵は庶民の低級な芸術と見なされていたため、浮世絵を原点とする美人画は批評家達から集中的な非難を浴びた。しかしこの展示がきっかけとなり、一般市民の美しさを忠実に描いた美人画の人気は留まることを知らず、1916 年頃には大流行したようである。

江戸時代後半の 19 世紀前半、徳川家斉の時代になると、幕藩体制が崩壊し社会が乱れ始める。しかし財政難を克服するために貨幣を乱発したため景気はよくなった。このような、落ち着かない世情の中で退廃的で享楽的な文化ができあがった。幕末以降の美人画には「退廃的美人」が目立つ。退廃的美人とは、それまでの優しい微笑みをたたえた女性や少女などと対照的に、目の釣り上がった恐い顔の女性の事である。時代を象徴するように退廃的美人画は大流行し、そこに描かれるしぐさも優雅さや可憐さより、強さや人間の生々しさが目立つようになった。落ち着かない世の中でも強く生きていこうとする人々の感情を色濃く反映した美人画だと言える。

四　花鳥画

花鳥画とは、花・鳥・虫などを描く日本画の総称である。人物画や水墨画（山水画）と並び東洋画の代表的な存在である。平安時代には障子・襖・屏風・衝立などに描かれる「障屏画」として親しまれた。

日本にははっきりとした四季の変化がある。花鳥画はそのような四季折々の花や鳥を描いている。自然の鳥や花を描くため、鋭い観察力と細かな筆さばきが必要とされる。物の形をただ写し取ったように感じる西洋の静物画に対し、日本の花鳥画が非常にいきいきと見えるのはこの観察力と筆さばきの違いのようである。

五　鳥獣戯画

鳥獣戯画とは、猿・兎・蛙などの動物が擬人化して描かれた絵巻物で、日本最古の漫画だと言われている。平安時代末期から鎌倉時代前期にかけて、鳥羽僧正覚猷によって描かれたといわれているが、確かではない。現在も京都市右京区にある高山寺で大切に保管されている。

鳥獣戯画には、擬人化された様々な動物が登場する。中でも兎と蛙は多く登場する。兎はお調子者でおっちょこちょい、反対に蛙は真面目な熱血漢として描かれている。その他にも馬や牛、犬、鶏など身近な動物に始まり麒麟や竜、獏などの空想的な動物を含めて70匹近い鳥獣が描かれている。主に擬人化された動物達が人まねをして遊ぶ様子などを描いているが、第3巻には人間も登場し共に双六や囲碁などの賭博遊びをしている。また第4巻では全体を通して流鏑馬や葬儀など、人間社会の勝負事や行事の様子が描かれている。

このように鳥獣戯画各巻の内容は全体で一貫しておらず、そのことから主題の解釈には様々な議論が沸き起こっている。一説では第1巻と第3巻は当時の仏教界に対する風刺であり、全巻を通して賭博遊びが描かれていることは俗世への風刺ではないかと言われているようです。つまり、この作者は動物が人間のように振舞う不思議な様子に、人間が住む俗な世の中から神様や仙人の住む神仙世界への憧れの思いを込めたのではないかという説がある。

鳥獣戯画は、現代のマンガやアニメーションの祖であると言われている。それは、動物を擬人化したユニークな作風のためだけでなく、実際に現代のマンガやアニメーションで用いられる技法が戯画に見られるからである。

例えば、マンガでは素早い動きを出すために線を何本も引き、その効果を表す。これを「効果線」と言うが、鳥獣戯画でもこれと同じような描写を見ることができる。

第9章 宗教

日本での主な宗教には神道·仏教·キリスト教がある。

日本における宗教の信者数は文化庁「宗教年鑑」(2004)によると、神道系が約1億858万人、仏教系が約9,348万人、キリスト教系が約216万人、その他約959万人、合計2億1,382万人となり、日本の総人口の2倍弱の信者数になる。神道系と仏教系だけで2億人をこえる。これは日本古来の民族信仰の基盤の上に、自然風土の中で培われた年中行事や祭礼などを通じて、多くの日本人が七五三や初詣、あるいは季節の祭りを神社で行い、江戸時代の寺請制度の影響で、葬式や盆などを仏教式で行うなど、複数の宗教にまたがって儀礼に参加しているためである。これは他国では洗礼を受けた時点でその宗教の信者に成るのに対し、日本ではその宗教の神を拝めば信者とみなすので、神や仏を同等に崇拝する日本人は複数の宗教を掛け持つ形となる。

第一節　神道

神道とは、日本の民俗的な信仰体系であり、日本固有の多神教の宗教である。

日本列島に住む民族の間に自然発生的に生まれ育った伝統的な民俗信仰・自然信仰を基盤とし、豪族層による中央や地方の政治体制と関連しながら徐々に成立した。神道には明確な教義や教典がなく、『古事記』『日本書紀』『古語拾遺』『宣命』などといった「神典」と称される古典を規範とする。森羅万象に神が宿ると考え、天津神・国津神や祖霊を祀り、祭祀を重視する。浄明正直（浄く明るく正しく直く）を徳目とする。他宗教と比べて、現世主義的であり、性善説的であり、祀られるもの（神）と祀るもの（信奉者）との間の連体意識が強い、などといった特徴が見られる。

一　分類

神道は皇室神道・神社神道・教派神道（神道十三派）・民間神道に分類できる。今日、単に「神道」といった場合には神社神道を指す。また、何に重きを置くかによって、儀礼を中心とする社人神道と、教学を中心とする学派神道とに分けられる。

皇室神道は、皇居内の宮中三殿を中心とする皇室の、すなわち天皇家の神道である。神社神道は、神社を中心とし、氏子・崇敬者などによる組織によって行われる祭祀儀礼をその中心とする信仰形態である。教派神道は教祖・開祖の宗教的体験に基づく宗教で、他の神道とは少し性質が異なる。民間神道は民俗神道とも呼ばれ、日本で古くから民間で行われてきた信仰行事をいう。なお、国家神道という言葉もあるが、これは第二次世界大戦後に作られて一般化した言葉であり、（特に明治以降第二次世界大戦までの日本における）国家の支援の下に行われた神道を指す名称である。

二　由来と教義

「神道」という言葉は、中国の『易経』や『晋書』の中に見えるが、これらは神（あや）しき道という意味であるが、それ以前の女系社会の名残を指摘しており、原点としての日本の神道にある女系性を言い当てているが、古代以降の神道観念とは性質が異なる。日本での「神道」という言葉の初見は、『日本書紀』の用明天皇の条にある「天皇信佛法尊神道」（天皇、仏法を信じ、神道を尊びたまふ）である。すなわち、外来の宗教である仏教と対になる、日本固有の信仰を指したものであることがわかる。もっとも、日本固有の信仰に「神道」の語を宛てたのは、日本に仏教を伝えた中国の人々であるとする説もある。中国では、信仰は四段階に進化すると考えられ、仏教は一番進んだ「聖道」に達していると信じられていた。一番下の段階が「鬼道」で、魏志倭人伝の中にもこの語が出てくる。次の段階が「神道」である。すなわち、「神道」という語は、鬼道よりは進んでいるが、まだまだ劣っているという蔑称であった。しかし、日本ではこの「神道」という言葉に独自の解釈が加えられて行った。すなわち、神を信仰する道、「神ながらの道」である。

元々、神道が教義を言語で定着させなかったのは、古来より「神在随　事擧不為國」（神ながら　言挙げせぬ国　柿本人麻呂、万葉集　萬葉集第13巻3253）であったからであるとも言われている。そのため、外来諸教と融合しやすい性格を有すことにった。しかしながら、教義が明確でないことからくる神道の「掴みにくさ」は、同時に言語空間に強く依存した外来の諸宗教に完全な吸収同化できない身体感覚を重視した遠い昔から来る所作の現われとして現代社会にも息づいている。この結果、仏教や儒教、キリスト教などの受容後も、神道的なものが日本列島人の精神生活に幅広く残ったのである(なお、土着の民俗信仰と宗派宗教の併存例は世界各地で見られるものであり、日本列島の神道が特に珍しい例というわけではない)。

三　神道における「神」

神道は多神教であるが、祖霊崇拝性が強いため、古いものほど尊ばれる。出雲派的なものが未だに強く残っていたり、氏神信仰などの地域性の強いものも多い。

気象、地理地形に始まりあらゆる事象に「神」の存在を認める。いわゆる「八百万の神」である。この点はアイヌの宗教にも共通する。

一方で外来の「神」も自らに取り込んでしまうという習性を持っており、ユーラシア大陸由来の原始宗教の「神」は多くが神道でも「神」として祀られている。その中には対立しているはずの「神」同士が神道の中では両立していたりする。また外来の聖者を「神」と扱うことも多い。この習性は近世になり、産業革命による信仰の重要度の低下と情報伝達手段が発達したことによって薄れていったが、それでも本来キリスト教の要素である十字架が一般に「聖なる物」として認知されたり、月(特に新月、イスラム教)、六紡星(ユダヤ教)といった要素を「人知を越えた存在の象徴」として捉えるなどといった文化的な形で残っている。

四　参拝の方法

参拝前に、本来は神の前に向かう前に心身を清める禊が必要である。現代であれば一般参拝では入浴・シャワー等で身体を清潔にしてから参拝する心がけが望ましい。神社に到着し、鳥居をくぐる際は「軽く一礼(会釈)」するのが望ましい。この時に服装もきちんと整える。次に手水を使う、これは重要な事である。神は「穢れ」を嫌う。従って拍手と祝詞を行なう手口を清める必要がある。ひしゃくで水をすくい左手、右手の順で水をかけ清める。最後に口をすすぐ。この時口が直にひしゃくに触れないよう注意すること。最後にひしゃくを洗う、次の人のための配慮である。巫女さんの補助が付く場合には、作法は巫女さんの指示に従うこと。

参拝の基本的な作法は「二礼二拍手一礼」である。即ち、2 回礼をし、2 回拍手を打ち、(祝詞を奏上し)最後にもう一度礼をする。一部の神社では作法が異なっており、例えば、出雲大社や宇佐八幡宮では「四拍手」である。

尚、正式な作法としては、

・鈴鐘を鳴らす

・神霊に向かって拝礼(神への挨拶·背筋を伸ばし 90 度礼する)

・賽銭を奉納する(神様への供物)

・二礼二拍手一礼(礼はきちんと、拍手は胸の高さで)

であるとされているが、二礼二拍手一礼と願を共にし、最後の一礼の際に居住地および氏名の名乗りと願い事を陳べるのが一般的となっている。

第二節　仏教

仏教は中国·朝鮮を経て日本に伝えられた。7 世紀の初め、当時の皇太子であり、実際に政治を行っていた聖徳太子が仏教を深く学んでこれを広める役割を果たした。12 世紀ごろまでは仏教は貴族のための宗教であった。しかし 13 世紀から庶民の間でも非常に盛んになり、同時に武士には「禅」が普及した。これらは現在まで引き続いて日本人の宗教の中心になっている。

奈良時代に律宗(鑑真)、平安時代に天台宗(最澄)·真言宗(空海)、鎌倉時代に浄土宗(親鸞)·浄土真宗(法然)·法華宗(日蓮)·禅宗(道元)などの宗派ができ、仏教が盛んになった。

仏教では神がなく、無限の愛を持って憎しみや怨みを捨てることを強調する。一般に狂信を排して寛容であり、同時に平等を貫こうとする。

日本人の生活では仏教とのつながりが非常に大きいだけでなく、日本の美術・文学・建築或は日本人の思想・道徳など文化全般にわたって仏教が非常に強く影響を与えている。

第三節　キリスト教

日本におけるキリスト教の歴史は 1549 年、つまりイエズス会の伝導士フランシスコ・ザビエルが鹿児島にやってきた時に始まるとされている。しかし、遅くとも 7 世紀の前半、キリスト教の存在は知られていた痕跡がある。初め支配層の中には西洋の文物に対する関心もあって布教に好意的な者もあった。後、封建秩序に有害であると考え、いくたびかの迫害を受けたが、19 世紀後半欧米と国交を開いてから、再び日本におけるキリスト教布教が盛んになった。

『日本書紀』に、聖徳太子は母親がウマヤの前で産み落としたので、ウマヤド皇子の別名があったとあるが、これなどは明らかに聖書の焼き直しであり、キリスト教誕生の伝説をまねて、太子の誕生を神秘化しようとしたものである。

7 世紀初めの頃、キリスト教はネストリウス派を通じて中国に入っている。ネストリウス派とは、コンスタンチノーブル大主教ネストリウスの教えを支持するシリアのキリスト教徒が正統教会から分離して、この宗派を作った。635 年の唐の時代に、中国にはペルシャから正式なネストリウス伝導団が長安にやってきて、布教を許可された。中国ではこれを「景教」と呼んでいた。日本にもこの景教を通じて、キリスト教や聖書の話が入ってきた。また遣唐使の中には、実際その教えに接したものもあったと言われる。

聖徳太子の伝説のほか、法隆寺に残っている竜首水瓶などもペルシャ風であって、景教と共に中国に入り、日本にもたされたことを物語っている。

日本における近代文化とはほとんど欧米文化を意味したが、欧米文化の中心をなすキリスト教的思考・生活方式の一部、道徳なども日本に取り入れられた。

日本では憲法で宗教の自由が保障され、厳格に実行されている。従って国教というものはなく、国の行事も宗教とは一切無関係である。国公立の学校では宗教教育が禁じられている。

第10章 教育

教育というと、こどもを育てて人間としてより良い方向へ発達するように指導･援助するという意味合いが強調されることもあるものの、教育には、こどもに対するもののほかに、一般成人や高齢者に対するものもある。人々に基礎的な教育を保証するために、日本を含む多くの国では、6～9年ほどの義務教育が設けられており、日本においては、学校教育によって義務教育が担われている。

日本において教育は、行われる場に対応させて学校教育･社会教育･家庭教育の 3 つに大きく区分して捉えられることが多い。「学校教育」とは、学校において行われる教育のことであり、特にこどもに対しては、同年代のこども達を一定期間、定められた学校で所定の年限の間、心身の発達に応じて行われる。「家庭教育」とは、家庭において行われる教育のことであり、特に人間社会において基礎的な事項をこどもに示すことはしつけと呼ばれる。「社会教育」とは、社会において行われる教育のことであり、広義には、社会のさまざまな場において行われている多様な教育活動が該当するといわれている。

また、日本における教育は、知識の伸張(知育)、道徳の伸張(徳育)、身体の伸長(体育)の 3 つを中核として捉えられるほか、キャリア(職業など)や各種資格のための高度な知識的·技術的な事項を教え伝達する方法がとられている。

日本においては、文章で教育の根本理念を明示したものとして教育勅語(1948 年に排除・失効確認)や教育基本法 1947 年法律第 25 号、現行法) がある。

次に日本の教育史について振り返ってみる。

第一節　奈良・平安時代の教育

古代日本の教育について、多く知られているとはいえない。しかし、山上憶良の「貧窮問答歌」などにも見られるように、親が子を思い、そのために何かをしてやりたいという気持ちは時代が違っていても変わることはなかったようで、資料の残っている以前から、親や大人たちが子どもや若者が 1 人前になっていく上で、何かの手助けや指導をしていたことは想像に難くない。

施政にあたる人物で、最初に教育に関心を示したといわれるのは、聖徳太子(574 年-622 年)である。彼は、飛鳥時代の政治家で、本名は厩戸皇子で、上宮王・豊聡耳などともいう。理想主義的な哲人政治を志向したが、書物としての教育論は残していない。 冠位十二階、十七条の憲法の制定、遣隋使 (小野妹子) の派遣、四天王寺、法隆寺などの建立などが主だった業績である。経典を研究し「三経義疏」という注釈書を書いたが、これに彼の教育思想、「一乗思想」が色濃く反映されている。つまり、すべての人に等しく教育を説き、理想の実現と人間平等の考え方である。教育についての日本では初めて思想として提起されたものになる。

最初の教育の制度というのは、大宝律令(701 年) による教育制度の確立である。これが、日本で最初の成文化された教育の制度になる。この骨格は中国から持ちこまれたものである。

その仕組みは、大学寮が中央(都)に一つ設けられた。式部省の所管で、明経道(経書)、算道（算術）および副教科の音道(中国語の発音)、書道(書き方)の四学科があり後に紀伝道(のち文章道・中国史・文章)明法道(法律）が加わった。これらの「明」は、それについて「明るい」(ことの次第によく通じた）という意味である。

その他にも、専門的な技術者養成機関としては典薬寮、陰陽寮、雅楽寮などがあった。これらでは医、薬、針、按摩、陰陽、天文占術、暦、雅楽などを教授した。

学校の制度が定着してくると、有力氏族は大学別曹のような学生寮を設置した。

当時の学生は、大半は大学寮内に寄宿していたが、有力な氏族は特別な寮舎を設けて、一族の師弟をそこに収容した。これらは独立性を持ち、寄宿舎で、同時に研究所的な性格を持っていた。和気氏の弘文院、藤原氏の勧学院、橘氏の学院館、王氏の奨学院など。大学寮という公的機関を巡る氏族対立の副産物のような存在で、貴族政治の台頭を背景としていた。

第二節　鎌倉から室町時代の教育

鎌倉時代から室町時代には、京都の貴族が古典研究や有職故実の学問の担い手となっていた。しかし、都の衰退と共に、仏教寺院や学識僧が徐々にその担い手として台頭し、その中でも鎌倉五山を中心とした五山文学はその代表である。

また武家階級という新たな社会層も、自らの後進のために、学問を身につけるための施設、学校の整備に配慮するようになり、鎌倉時代には北条実時が金沢称名寺（現、神奈川県横浜市金沢区）に金沢文庫を設置し、多くの文書を収集した。また、遅れて室町時代には関東地方において上杉憲実が足利学校を再興する。これは、キリスト教の宣教師たちに「坂東の大学」といわれ、当時の日本の中心的な学校と考えられた。また西洋人の目からみて、その当時の代表的な学校は、他に高野山、比叡山などがそれに並べられていた。

庶民の間では、芸事や趣味の道が次第に洗練されたものになり始め、『風姿花伝』のように芸の道を人間の道と重ね合わせて修行のありようを考えるという視点も、この武家階級の時代の産物である。

第三節　江戸時代の教育

江戸時代の教育制度は、士農工商の身分制度を反映して、二極化していた。武士身分を対象とした学校は、幕府直轄の学校と、諸藩が運営した藩校に大別され、その規模、内容共にこの時代を代表する教育機関であった。一方、庶民の一般教育を引き受けたのは寺子屋である。他に郷学、塾(私塾)などにおいても教育が行われた。

幕府直轄の昌平坂学問所は、昌平坂に面していたので昌平坂学問所、または昌平黌とよばれた。1790年老中松平定信は、寛政の改革の一環として、柴野栗山・岡田寒泉を湯島聖堂付きの儒者に登用し、湯島聖堂あずかりの林家に対し朱子学擁護を命じた。この「寛政異学の禁」の後、学舎が増設され、旗本・御家人だけでなく、藩士・郷士・浪人らも聴講ができるようになった。1793年に林述斎が林家をついで大学頭となると、それまで林家の家塾だった「湯島聖堂」が、正式に幕府直轄の学問所となった。

藩校は、江戸時代、諸藩がおもに藩士の子弟のために設立した教育機関であった。藩学・藩学校・藩黌とも書いた。内容や規模はさまざまだが、藩士の子弟はすべて強制的に入学させ、庶民の子弟は原則的に入学できない。広義には医学校・洋学校・皇学校（国学校）・郷学校・女学校など、藩が設立したあらゆる教育機関をふくむ。藩によって異なるが、一般に藩校では「文武兼備」をかかげ、7-8歳で入学してまず文を習い、のち武芸をまなび、14-15歳から20歳くらいで卒業する。教育内容も藩によって異なるが一般に四書五経の素読と習字を中心とし、江戸後期には蘭学や、武芸として剣・槍・射・砲・馬・柔術などが加わった。

江戸前期、武断政治から文治政治への移行を背景に、1641年岡山藩主池田光政が設立した花畠教場が最初の藩校である。しかし、全国的に藩校が設立されたのは宝暦期(1751年-1764年)以後であり、多くの藩が藩政改革のための有能な人材を育成するために設立した。発展期には全国に255校、ほぼ全藩につくられた。藩校の隆盛は地方文化の振興にもつながった。代表的な藩校には、米沢藩の興讓館(1697 年)、会津藩の日新館(1799年)、水戸藩の弘道館(1841年)、岡山藩の花畠教場(1641年)、長州藩の明倫館(1719年)、熊本藩の時習館(1755年)、薩摩藩の造士館(1773年)などがある。

寺子屋は、庶民のための学校で、読み、書き、算を教えた。寺子屋では往来物と称される教科書が使用されていて、『実語教』、『童子教』、『女大学』などがよく使われた。読み書きが中心だが、寺子屋の師匠と教え子たちのつながりは、かなり長く続いたようで、房総半島では、そうした師匠が亡くなったのち、教え子たちがそのお墓をつくったものが、「筆子塚」として多数残っている。筆子というのは、寺子屋で教わった教え子の意。郷学は、江戸時代の教育機関の中で、最も多様な内容を含んだものであった。藩学校が武士の師弟を教育し、寺子屋が庶民を対象として、読み書き算盤を教え、塾がその中間にあって武士も庶民も教えたという中で、郷学は教育内容の面では、それらとかなり重複する側面を持っていた。形態は、藩が設立し、藩学校の分校のようなものから、庶民を対象にしたもの、藩と庶民が協力して設立したもの、庶民のみの手になるものなどがあった。藩が設立したものでは、岡山藩の閑谷学校が有名であった。

江戸後期には、医学を中心に蘭学の塾(私塾)が興隆した。緒方洪庵の適塾が有名であった。

第四節　明治時代以後の教育

明治維新では昌平坂学問所は新政府に接収され、併設された開成所（天文方の流れを組む)、医学所（種痘所の流れを組む）も共に1869年昌平学校、開成学校、医学校として再開し、同年大学本校、南校、東校となり、のち合わせて大学校となるが、1870年の学制改正で休校し、そのまま廃校となった。1877年、再びこれが東京大学として復活した。1886年帝国大学令で「帝国大学」と改名した。後、1897年に京都帝国大学新設により東京帝国大学へ改称した。

第五節　戦後の教育

1945年に戦争が終わると、学校での教育内容がそれまでとは大きく変わることになった。教科書の中で戦争に関係することが書かれた部分に墨をぬる､切り取るなどして使えなくしたり、一部の授業が止められることもあった。先生も生徒も、共にとまどいや希望を抱きながら、新しい時代に生きる人々を育てるための教育が始まった。

1947 年、教育基本法と学校教育法という新しい法律が定められ、尋常高等小学校の高等科をもとに中学校が、旧制の中学校をもとに高等学校が設立された。

学校は小学校(6年)、中学校(3年)、高等学校(3年)、大学(4年)が整備され、このうち義務教育は小学校6年間、中学校3年間のあわせて9年間と定められた。

第六節　学校数・在学者数・教員数

2005 年 5 月 1 日現在、全国には、幼稚園が 13,949 校、小学校が 23,123 校、中学校が 11,035 校、高等学校が 5,418 校ある。また、中等教育学校が 19 校、盲・ろう・養護学校が 1,002 校、高等専門学校が 63 校ある。

大学と短期大学は 1,214 校あり、専修学校や各種学校は 5,269 校ある。

2005 年 5 月 1 日現在の、全国の児童・生徒の数は、幼稚園が 1,738,766 人、小学校が 7,197,458 人、中学校が 3,626,415 人、高等学校が 3,605,242 人である。

また、中等教育学校は 7,456 人、盲・ろう・養護学校は 101,612 人、高等専門学校は 59,160 人である。

大学・短期大学には 3,084,406 人、専修学校・各種学校に 947,450 人いる。

2005 年 5 月 1 日現在の教員の数は、幼稚園に 110,393 人、小学校に 416,833 人、中学校に 248,694 人、高等学校に 251,408 人いる。

また、中等教育学校に 560 人、盲・ろう・養護学校に 63,632 人、高等専門学校に 4,469 人いる。

大学・短期大学には 173,650 人、専修学校・各種学校には 52,821 人いる。

付　録

一　行政区画表

2006年10月1日現在

内訳 / 地方	行政区	庁所在地	人口（千人）	面積km²
北海道地方	北海道	札幌	5,601	83,456
東北地方	青森	青森	1,423	8,918
	岩手	盛岡	1,375	15,279
	宮城	仙台	2,355	6,862
	秋田	秋田	1,134	11,434
	山形	山形	1,208	6,652
	福島	福島	2,080	13,783
関東地方	茨城	水戸	2,972	6,096
	栃木	宇都宮	2,015	6,408
	群馬	前橋	2,021	6,363
	埼玉	浦和	7,054	3,767
	千葉	千葉	6,074	5,082
	東京	東京	12,659	2,103
	神奈川	横浜	8,830	2,416

地方＼内訳	行政区	庁所在地	人口(千人)	面積km²
中部地方	新潟	新潟	2,418	10,789
	富山	富山	1,110	2,046
	石川	金沢	1,172	4,185
	福井	福井	819	4,189
	山梨	甲府	880	4,201
	長野	長野	2,189	13,105
	岐阜	岐阜	2,105	9,768
	静岡	静岡	3,797	7,329
	愛知	名古屋	7,308	5,115
近畿地方	三重	津	1,873	5,761
	滋賀	大津	1,389	3,794
	京都	京都	2,643	4,613
	大阪	大阪	8,815	1,897
	兵庫	神戸	5,590	8,395
	奈良	奈良	1,416	3,691
	和歌山	和歌山	1,028	4,726
中国地方	鳥取	鳥取	604	3,507
	島根	松江	737	6,708
	岡山	岡山	1,955	7,009
	広島	広島	2,875	8,479
	山口	山口	1,483	6,112
四国地方	徳島	徳島	805	4,146
	香川	高松	1,009	1,862
	愛媛	松山	1,460	5,677
	高知	高知	789	7,105
九州地方	福岡	福岡	5,054	4,844
	佐賀	佐賀	863	2,440
	長崎	長崎	1,466	4,095
	熊本	熊本	1,836	6,403
	大分	大分	1,206	5,099
	宮崎	宮崎	1,148	6,346
	鹿児島	鹿児島	1,743	9,043
	沖縄	沖縄	1,368	2,275

注:1)各都道府県の面積には，都道府県にまたがる境界未定地域(14,197km²)を含んでいない。2)市部、郡部別不明を除く。

二　日本の主な山及び火山（▲は活休火山）

山　名	所在地	海拔高度（m）
1▲富士山（剣ヶ峯）	「山梨・静岡」	3,776
2 北岳（白根山）	「山梨・静岡」	3,193
3 奥穂高岳	「長野・岐阜」	3,190
4 間ノ岳	「山梨・静岡」	3,189
5 槍ヶ岳	「長野・岐阜」	3,180
6 東岳（悪沢岳）	「静　　岡」	3,141
7 赤石岳	「長野・静岡」	3,120
8 涸沢岳	「長野・岐阜」	3,110
9 北穂高岳	「長野・岐阜」	3,106
10 大喰岳	「長野・岐阜」	3,101

三　日本の主な川

河川名	流域面積（km^2）	長さ（km）
1 利根川	16,840	322
2 石狩川	14,330	268
3 阿賀野川	13,761	210
4 信濃川	12,597	367
5 北上川	10,150	249
6 木曽川	9,100	229
7 十勝川	9,010	156
8 淀川	8,240	75
9 最上川	7,040	229
10 天塩川	5,590	256

四　日本の内閣総理大臣

代	氏名	在職期間
1.	伊藤博文(いとうひろぶみ)	1885.12.22～1888.04.30
2.	黒田清隆(くろだきよたか)	1888.04.30～1889.10.25
3.	山縣有朋(やまがたありとも)	1889.12.24～1891.05.06
4.	松方正義(まつかたまさよし)	1891.05.06～1892.08.08

代	氏名	在職期間
5.	伊藤博文	1892. 08. 08～1896. 08. 31
6.	松方正義	1896. 09. 18～1898. 01. 12
7.	伊藤博文	1898. 01. 12～1898. 06. 30
8.	大隈重信(おおくましげのぶ)	1898. 06. 30～1898. 11. 8
9.	山縣有朋	1898. 11. 08～1900. 10. 19
10.	伊藤博文	1900. 10. 19～1901. 05. 10
11.	桂太郎(かつらたろう)	1901. 06. 02～1906. 01. 07
12.	西園寺公望(さいおんじきんもち)	1906. 01. 07～1908. 07. 14
13.	桂太郎	1908. 07. 14～1911. 08. 30
14.	西園寺公望	1911. 08. 30～1912. 12. 21
15.	桂太郎	1912. 12. 21～1913. 02. 20
16.	山本權兵衛(やまもとごんべえ)	1913. 02. 20～1914. 04. 16
17.	大隈重信	1914. 04. 16～1916. 10. 09
18.	寺内正毅(てらうちまさたけ)	1916. 10. 09～1918. 09. 29
19.	原敬(はらたかし)	1918. 09. 29～1921. 11. 04
20.	高橋是清(たかはしこれきよ)	1921. 11. 13～1922. 06. 12
21.	加藤友三郎(かとうともさぶろう)	1922. 06. 12～1923. 08. 24
22.	山本權兵衛	1923. 09. 02～1924. 01. 07
23.	清浦奎吾(きようらけいご)	1924. 01. 07～1924. 06. 11
24.	加藤高明(かとうたかあき)	1924. 06. 11～1926. 01. 28
25.	若槻禮次郎(わかつきれいじろう)	1926. 01. 30～1927. 04. 20
26.	田中義一(たなかぎいち)	1927. 04. 20～1929. 07. 02
27.	濱口雄幸 (はまぐちおさち)	1929. 07. 02～1931. 4. 14
28.	若槻禮次郎	1931. 04. 14～1931. 12. 13
29.	犬養毅 (いぬかいつよし)	1931. 12. 13～1932. 5. 16
30.	齋藤實 (さいとうまこと)	1932. 05. 26～1934. 7. 8
31.	岡田啓介(おかだけいすけ)	1934. 07. 08～1936. 3. 9
32.	廣田弘毅(ひろたこうき)	1936. 03. 09～1937. 2. 2
33.	林銑十郎(はやしせんじゅうろう)	1937. 02. 02～1937. 6. 4

代	氏名	在職期間
34.	近衛文麿(このえふみまろ)	1937.06.04～1939.01.05
35.	平沼騏一郎(ひらぬまきいちろう)	1939.01.05～1939.08.30
36.	阿部信行(あべのぶゆき)	1939.08.30～1940.01.16
37.	米内光政(よないみつまさ)	1940.01.16～1940.07.22
38.	近衛文麿	1940.07.22～1941.07.18
39.	近衛文麿	1941.07.18～1941.10.18
40.	東條英機(とうじょうひでき)	1941.10.18～1944.07.22
41.	小磯國昭(こいそくにあき)	1944.07.22～1945.04.07
42.	鈴木貫太郎(すずきかんたろう)	1945.04.07～1945.08.17
43.	東久邇稔彦(ひがしくになるひこ)	1945.08.17～1945.10.09
44.	幣原喜重郎(しではらきじゅうろう)	1945.10.09～1946.05.22
45.	吉田茂(1)(よしだしげる)	1946.05.22～1947.05.24
46.	片山哲(かたやまてつ)	1947.05.24～1948.03.10
47.	芦田均(あしだひとし)	1948.03.10～1948.10.15
48.	吉田茂(2)	1948.10.15～1949.02.16
49.	吉田茂(3)	1949.02.16～1952.10.30
50.	吉田茂(4)	1952.10.30～1953.05.21
51.	吉田茂(5)	1953.05.21～1954.12.10
52.	鳩山一郎(1)(はとやまいちろう)	1954.12.10～1955.03.19
53.	鳩山一郎(2)	1955.03.19～1955.11.22
54.	鳩山一郎(3)	1955.11.22～1956.12.23
55.	石橋湛山(いしばしたんざん)	1956.12.23～1957.02.25
56.	岸信介(1)(きしのぶすけ)	1957.02.25～1958.06.12
57.	岸信介(2)	1958.06.12～1960.07.19
58.	池田勇人(1)(いけだはやと)	1960.07.19～1960.12.08
59.	池田勇人(2)	1960.12.08～1963.12.09
60.	池田勇人(3)	1963.12.09～1964.11.09
61.	佐藤栄作(1)(さとうえいさく)	1964.11.09～1967.02.17
62.	佐藤栄作(2)	1967.02.17～1970.01.14

代	氏名	在職期間
63.	佐藤栄作(3)	1970.01.14～1972.07.07
64.	田中角栄(1)(たなかかくえい)	1972.07.07～1972.12.22
65.	田中角栄(2)	1972.12.22～1974.12.09
66.	三木武夫(みきたけお)	1974.12.09～1976.12.24
67.	福田赳夫(ふくだたけお)	1976.12.24～1978.12.07
68.	大平正芳(1)(おおひらまさよし)	1978.12.07～1979.11.09
69.	大平正芳(2)	1979.11.09～1980.06.12
70.	鈴木善幸(すずきぜんこう)	1980.07.17～1982.11.27
71.	中曽根康弘(1)(なかそねやすひろ)	1982.11.27～1983.12.27
72.	中曽根康弘(2)	1983.12.27～1986.07.22
73.	中曽根康弘(3)	1986.07.22～1987.11.06
74.	竹下登(たけしたのぼる)	1987.11.06～1989.06.03
75.	宇野宗佑(うのそうすけ)	1989.06.03～1989.08.10
76.	海部俊樹(1)(かいふとしき)	1989.08.10～1990.02.28
77.	海部俊樹(2)	1990.02.28～1991.11.05
78.	宮沢喜一(みやざわきいち)	1991.11.05～1993.08.09
79.	細川護熙(ほそかわもりひろ)	1993.08.09～1994.04.28
80.	羽田孜(はたつとむ)	1991.04.28～1994.06.30
81.	村山富市(むらやまとみいち)	1994.06.30～1996.01.11
82.	橋本竜太郎(はしもとりゅうたろう)	1996.01.11～1996.11.07
83.	橋本竜太郎	1996.11.07～1998.07.30
84.	小渕圭三(おぶちけいぞう)	1998.07.30～2000.04.05
85.	森喜朗(もりよしろう)	2000.04.05～2000.07.04
86.	森喜朗	2000.07.04～2001.04.26
87.	小泉純一郎(こいずみじゅんいちろう)	2001.04.26～2003.11.19
88.	小泉純一郎	2003.11.19～2005.09.21
89.	小泉純一郎	2005.09.21～2006.09.26
90.	安倍晋三(あべしんぞう)	2006.09.26～2007.09.26
91.	福田康夫(ふくだやすお)	2007.09.26～

五　日本人のノーベル賞受賞者

2006年現在

物理学賞

湯川秀樹(1907～1981)：理論物理学者で、1949年に原子核を構成する陽子と中性子を結びつける核力を媒介する中間子理論の功績により、日本人として初めてのノーベル賞を受賞した。

朝永振一郎(1906～1979)：物理学者で、1965年にくりこみ理論の手法を発明して量子電磁力学の発展に寄与した功績によってノーベル物理学賞を受賞した。

江崎玲於奈(1925～　)：物理学者で、1958年、東京通信工業株式会社(現在のソニー株式会社)時代に研究を行っていた、半導体のPN接合におけるトンネル効果の発見により、1959年、東京大学から博士の学位を授与されるとともに、1973年のノーベル物理学賞を受賞している。そのトンネル効果を利用したものが、エサキダイオードである。

小柴昌俊(1926～)：物理学者で、2002年、「天体物理学とくに宇宙ニュートリノの検出に対するパイオニア的貢献」によりノーベル物理学賞を受賞。ニュートリノ天文学という新しい学問分野を開拓した。

化学賞

福井謙一(1918～1998)：化学者で、「フロンティア軌道理論(frontier orbital theory)」で1981年にノーベル化学賞を受賞した。

白川英樹(1936～　)：化学者で、電気を流すことの出来るプラスチック(ポリアセチレン)を発見し、2000年にノーベル化学賞を受賞した。電気伝導のメカニズムに関して、ソリトンが関わっていることが有力視された。

野依良治(1938年～)：化学者で、ルテニウム錯体触媒による不斉合成反応の研究が評価され、2001年にノーベル化学賞を受賞した。受賞理由は「キラル触媒による不斉反応の研究」である。

田中耕一(1959～)は、日本の科学者・エンジニアで、2002年12月10日「生体高分子の同定および構造解析のための手法の開発」でノーベル化学賞を受賞した。島津製作所の社員であり、サラリーマンのノーベル賞受賞として日本国内で話題となった。

生理学・医学賞

利根川進(1939～　)：分子生物学者で、1987年に『遺伝子工学的手法による抗体生成に関する免疫グロブリンの構造解明』でノーベル生理学・医学賞を受賞した。

文学賞

川端康成(1899～1972)：小説家で、『伊豆の踊子』『雪国』『千羽鶴』『古都』など日本の美を表現した作品を発表し、1968 年に日本人初のノーベル文学賞を受賞した。

大江健三郎(1935～　)：小説家で、1994年にノーベル文学賞を受賞した。核時代に生きる人類の救済と弱者との共存をテーマに据えた彼の文学が評論されたのだ。

「個人的な体験」は、障害を持って生まれた子供の「処理」を考えながら、最後に回心に至る青年を描き、ノーベル文学賞の対象作品となった。難解といわれる文体は、近代の標準的な日本語である東京方言に対抗しうる詩的な言語として、ノーベル文学賞に選出された際の受賞理由として挙げられている。

平和賞

佐藤栄作（1901～1975)：政治家で、1974年にノーベル平和賞を受賞した。首相として核兵器保有に始終反対し、太平洋地域の平和の安定に貢献した。

六　日本の県花・県鳥・県木

都道府県	県花	県鳥	県木
北海道	ハマナス	タンチョウ	エゾマツ
青森	リンゴ	フクチョウ	ヒバ
岩手	キリ	モジ	ナンブアカマツ
宮城	ミヤギノハギ	ガン	ケヤキ
秋田	フキノトウ	ヤマドリ	アキタスギ
山形	ベニバナ	オシドリ	サクランボ
福島	ネモトヤエハクサンシャクナゲ	キビタキ	ケヤキ
茨城	バラ	ヒバリ	ウメ
栃木	ヤシオツツジ	オオルリ	トチノキ
群馬	レンゲツツジ	ヤマドリ	クロマツ
埼玉	サクラソウ	ミラコバト	ケヤキ
千葉	ナノハナ	ホオジロ	イヌマキ
東京	ソメイヨシノ	ユリカモメ	イチョウ
神奈川	ヤマユリ	カモメ	イチョウ
新潟	チューリップ	トキ	ユキツバキ
富山	チューリップ	ライチョウ	タテヤマスギ
石川	クロユリ	イヌワシ	アテ
福井	スイセン	ツグミ	マツ
山梨	フジザクラ	ウグイス	カエデ
長野	リンドウ	ライチョウ	アカマツ
岐阜	レンゲンソウ	ライチョウ	ヤマモモ
静岡	ツツジ	サンコウチョウ	シラカバ
愛知	カキツバタ	コノハズク	イチイ
三重	ハナショウブ	ミロチドリ	モクセイ
滋賀	ミャクナゲ	カイツブリ	ハナノキ
京都	ミダレザクラ	オオミズナギドリ	ジングウスギ
大阪	アシ	モズ	モミジ
兵庫	ノジギク	コウノトリ	キタヤマスギ
奈良	ナラノヤエザクラ	コマドリ	イチョウ
和歌山	ウメ	メジロ	クスノキ
鳥取	二十世紀ナシ	オシドリ	スギ
島根	ボタン	オオハクチョウ	ウバメガシ
岡山	モモ	ホトトギス	ダイセンキャラボク
広島	モミジ	アビ	クロマツ
山口	ナツミカン	ナベヅル	アカマツ
徳島	スダチ	シラサギ	モミジ
香川	オリーブ	ホトトギス	オリーブ

都道府県	県花	県鳥	県木
愛媛	ミカン	コマドリ	マツ
高知	ヤマモモ	ヤイロチョウ	ヤマセスズ
福岡	ウメ	ウグイス	ツツジ
佐賀	クスノキ	カササギ	クスノキ
長崎	ウンゼンツツジ	オシドリ	ヒノキ、ツバキ
熊本	リンドウ	ヒバリ	クスノキ
大分	ブンゴウメ	メジロ	ブンゴウメ
宮崎	ハナユウ	コミジロヤマドリ	フェニックス
鹿児島	ミヤマキリシマ	ルリカケス	カイロウズ
沖縄	デイゴ	ノゲチゲラ	リュウキュウマツ

七　幕府歴代将軍

鎌倉幕府将軍

代	将軍名	在位期間	代	将軍名	在位期間
1	源頼朝	1192～1199 年	6	宗尊親王	1252～1266 年
2	源頼家	1199～1203 年	7	惟康親王	1266～1289 年
3	源実朝	1203～1219 年	8	久明親王	1289～1308 年
4	藤原頼経	1226～1244 年	9	守邦親王	1308～1333 年
5	藤原頼嗣	1244～1252 年			

室町幕府将軍

代	将軍名	在位期間	代	将軍名	在位期間
1	足利尊氏	1338～1358 年	9	足利義尚	1473～1489 年
2	足利義詮	1358～1367 年	10	足利義稙	1490～1493 年
3	足利義満	1368～1394 年	11	足利義澄	1494～1508 年
4	足利義持	1394～1423 年	12	足利義稙	1508～1521 年
5	足利義量	1423～1425 年	13	足利義晴	1521～1546 年
6	足利義教	1429～1441 年	14	足利義輝	1546～1565 年
7	足利義勝	1442～1443 年	15	足利義栄	1568～1568 年
8	足利義政	1449～1473 年	16	足利義昭	1568～1573 年

注：10 代と 12 代の義稙は同一人である。

江戸幕府将軍

代	将軍名	在位期間	代	将軍名	在位期間
1	徳川家康	1630～1605 年	9	徳川家重	1745～1760 年
2	徳川秀忠	1605～1623 年	10	徳川家治	1760～1786 年
3	徳川家光	1623～1651 年	11	徳川家斉	1787～1837 年
4	徳川家綱	1651～1680 年	12	徳川家慶	1837～1853 年
5	徳川綱吉	1680～1709 年	13	徳川家定	1853～1858 年
6	徳川家宣	1709～1712 年	14	徳川家茂	1858～1866 年
7	徳川家継	1713～1716 年	15	徳川慶喜	1866～1867 年
8	徳川吉宗	1716～1745 年			

八　歴代天皇一覧

代	天皇名	読み	在位
1	神武	じんむ	紀元前 660. 01. 01～585. 03. 11
2	綏靖	すいぜい	紀元前 581. 01. 08～549. 05. 10
3	安寧	あんねい	紀元前 549. 07. 03～511. 12. 06
4	懿徳	いとく	紀元前 510. 02. 04～477. 09. 08
5	孝昭	こうしょう	紀元前 475. 01. 09～393. 08. 05
6	孝安	こうあん	紀元前 392. 01. 07～291. 01. 09
7	孝霊	こうれい	紀元前 290. 01. 12～215. 02. 08
8	孝元	こうげん	紀元前 214. 01. 14～158. 09. 02
9	開化	かいか	紀元前 158. 11. 12～ 98. 04. 09
10	崇神	すじん	紀元前 97. 01. 13～ 30. 12. 05
11	垂仁	すいにん	紀元前 29. 01. 02～ 70. 07. 14
12	景行	けいこう	71. 07. 11～130. 11. 07
13	成務	せいむ	131. 01. 05～190. 06. 11
14	仲哀	ちゅうあい	192. 01. 11～200. 02. 06
15	應神	おうじん	270. 01. 01～310. 02. 15
16	仁徳	にんとく	313. 01. 03～399. 01. 16
17	履中	りちゅう	400. 02. 01～405. 03. 15
18	反正	はんぜい	406. 01. 02～410. 01. 23
19	允恭	いんぎょう	412. 12　～453. 01. 14

代	天皇名	読み	在位
20	安康	あんこう	453.12.14～456.08.09
21	雄略	ゆうりゃく	456.11.13～479.08.07
22	清寧	せいねい	480.01.15～484.01.16
23	顕宗	けんぞう	485.01.01～487.04.25
24	仁賢	にんけん	488.01.05～498.08.08
25	武烈	ぶれつ	498.12　～506.12.08
26	継体	けいたい	507.02.04～531.02.07
27	安閑	あんかん	531.02.07～535.12.17
28	宣化	せんか	535.12　～539.02.10
29	欽明	きんめい	539.12.05～571.04
30	敏達	びだつ	572.04.03～585.08.15
31	用明	ようめい	585.09.05～587.04.09
32	崇峻	すしゅん	587.08.02～592.11.03
33	推古	すいこ	592.12.08～628.03.07＊
34	舒明	じょめい	629.01.04～641.10.09
35	皇極	こうぎょく	642.01.15～645.06.14＊
36	孝天	こうとく	645.06.14～654.10.10
37	斉明	さいめい	655.01.03～661.07.24＊
38	天智	てんじ	661.07.24～671.12.03
39	弘文	こうぶん	671.12.05～672.07.23
40	天武	てんむ	673.02.27～686.09.09
41	持統	じとう	686.09.09～697.08.01＊
42	文武	もんむ	697.08.01～707.06.15
43	元明	げんめい	707.07.17～715.09.02＊
44	元正	げんしょう	715.09.02～724.02.04＊
45	聖武	しょうむ	724.02.04～749.07.02
46	孝謙	こうけん	749.07.02～758.08.01＊
47	淳仁	じゅんにん	758.08.01～764.10.09
48	称徳	しょうとく	764.10.09～770.08.04＊

代	天皇名	読み	在位
49	光仁	こうにん	770.10.01～781.04.03
50	桓武	かんむ	781.04.03～806.03.17
51	平城	へいぜい	806.03.17～809.04.01
52	嵯峨	さが	809.04.01～823.04.16
53	淳和	じゅんな	823.04.16～833.02.28
54	仁明	にんみょう	833.02.28～850.03.21
55	文徳	もんとく	850.03.21～858.08.27
56	清和	せいわ	858.11.07～876.11.29
57	陽成	ようぜい	876.11.29～884.02.04
58	光孝	こうこう	884.02.05～887.08.26
59	宇多	うだ	887.08.26～897.07.03
60	醍醐	だいご	897.07.03～930.09.22
61	朱雀	すざく	930.09.22～946.04.20
62	村上	むらかみ	946.04.20～967.05.25
63	冷泉	れいぜい	967.05.25～969.08.13
64	円融	えんゆう	969.08.13～984.08.27
65	花山	かざん	984.08.27～986.06.23
66	一条	いちじょう	986.06.23～1011.06.13
67	三条	さんじょう	1011.06.13～1016.01.29
68	後一条	ごいちじょう	1016.01.29～1036.04.17
69	後朱雀	ごすざく	1036.04.17～1045.01.16
70	後冷泉	ごれいぜい	1045.01.16～1068.04.19
71	後三条	ごさんじょう	1068.04.19～1072.12.08
72	白河	しらかわ	1072.12.08～1086.11.26
73	堀河	ほりかわ	1086.11.26～1107.07.19
74	鳥羽	とば	1107.07.19～1123.01.28
75	崇天	すとく	1123.01.28～1141.12.07
76	近衛	このえ	1141.12.07～1155.07.23
77	後白河	ごしらかわ	1155.07.24～1158.08.11

代	天皇名	読み	在位
78	二条	にじょう	1158.08.11～1165.06.25
79	六条	ろくじょう	1165.06.25～1168.02.19
80	高倉	たかくら	1168.02.19～1180.02.21
81	安徳	あんとく	1180.02.21～1185.03.24
82	後鳥羽	ごとば	1183.08.20～1198.01.11
83	土御門	つちみかど	1198.01.11～1210.11.25
84	順徳	じゅんとく	1210.11.25～1221.04.20
85	仲恭	ちゅうきょう	1221.04.20～1221.07.09
86	後堀河	ごほりかわ	1221.07.09～1232.10.04
87	四条	しじょう	1232.10.04～1242.01.09
88	後嵯峨	ごさが	1242.01.20～1246.01.29
89	後深草	ごふかくさ	1246.01.29～1259.11.26
90	亀山	かめやま	1259.11.26～1274.01.26
91	後宇多	ごうだ	1274.01.26～1287.10.21
92	伏見	ふしみ	1287.10.21～1298.07.22
93	後伏見	ごふしみ	1298.07.22～1301.01.22
94	後二条	ごにじょう	1301.01.22～1308.08.25
95	花園	はなぞの	1308.08.26～1318.02.26
96	後醍醐	ごだいご	1318.02.26～1339.08.15
97	後村上	ごむらかみ	1339.08.15～1368.03.11
98	長慶	ちょうけい	1368.03.11～1383.10
99	後亀山	ごかめやま	1383.10　～1392.10.05
北朝 1	光厳	こうごん	1331.09.20～1333.05.25
北朝 2	光明	こうみょう	1336.08.15～1348.10.27
北朝 3	崇光	すこう	1348.10.27～1351.11.07
北朝 4	後光厳	ごこうごん	1352.08.17～1371.03.23
北朝 5	後円融	ごえんゆう	1371.03.23～1382.04.11
100	後小松	ごこまつ	1382.04.11～1412.08.29
101	称光	しょうこう	1412.08.29～1428.07.20

代	天皇名	読み	在位
102	後花園	ごはなぞの	1428.07.28～1464.07.19
103	後土御門	ごつちみかど	1464.07.19～1500.09.28
104	後柏原	ごかしわばら	1500.10.25～1526.04.07
105	後奈良	ごなら	1526.04.29～1557.09.05
106	正親町	おおぎまち	1557.10.27～1586.11.07
107	後陽成	ごようぜい	1586.11.07～1611.03.27
108	後水尾	ごみずのお	1611.03.27～1629.11.08
109	明正	めいしょう	1629.11.08～1643.10.03＊
110	後光明	ごこうみょう	1643.10.03～1654.09.20
111	後西	ごさい	1654.11.28～1663.01.26
112	霊元	れいげん	1663.01.26～1687.03.21
113	東山	ひがしやま	1687.03.21～1709.06.21
114	中御門	なかみかど	1709.06.21～1735.03.21
115	桜町	さくらまち	1735.03.21～1747.05.02
116	桃園	ももぞの	1747.05.02～1762.07.12
117	後桜町	ごさくらまち	1762.07.27～1770.11.24＊
118	後桃園	ごももぞの	1770.11.24～1779.11.09
119	光格	こうかく	1779.11.25～1817.03.22
120	仁孝	にんこう	1817.03.22～1846.02.06
121	孝明	こうめい	1846.02.13～1866.12.25
122	明治	めいじ	1867.01.09～1912.07.30
123	大正	たいしょう	1912.07.30～1926.12.25
124	昭和	しょうわ	1926.12.25～1989.01.07
125	今上	きんじょう	1989.01.07～

注：＊は女帝である。

九　歴代横綱一覧

代	力士名	出身地	在位期間	優勝
初	明石志賀之助(あかししがのすけ)	不詳		
2	綾川五郎次(あやがわごろうじ)	不詳		
3	丸山権太左衛門(まるやまごんたさ)	宮城		
4	谷風梶之助(たにかぜかじ)	宮城	1789〜1795	21
5	小野川喜三郎(おのかわさぶろう)	滋賀	1789〜1797	7
6	阿武松緑之助(おうのまつみどり)	石川	1828〜1835	5
7	稲妻雷五郎(いなずまらい)	茨城	1830〜1839	10
8	不知火諾右衛門(しらぬいたく)	熊本	1840〜1844	1
9	秀ノ山雷五郎(ひでのやまらい)	宮城	1845〜1850	6
10	雲竜久吉(うんりゅうひさきち)	福岡	1861〜1865	7
11	不知火光右衛門(こうえもん)	熊本	1863〜1869	3
12	陣幕久五郎(じんまくきゅう)	島根	1867〜1869	5
13	鬼面山谷五郎(きめんざんたに)	岐阜	1869〜1870	7
14	境川波右衛門(さかいがわなみ)	千葉	1876〜1881	5
15	梅ヶ谷藤太郎(うめがたにとう)(初)	福岡	1884〜1885	9
16	西ヶ海嘉治郎(にしのうみかじろう)(初)	鹿児島	1890〜1896	2
17	小錦八十吉(こにしきやそきち)	千葉	1896〜1901	7
18	大炮万右衛門(おおづつまんえもん)	宮城	1901〜1908	2
19	常陸山谷右衛門(ひたちたにえもん)	茨城	1903〜1914	8
20	梅ヶ谷藤太郎(二)	富山	1903〜1915	3
21	若島権四郎(わかしまごんしろう)★	千葉	1905〜1907	×
22	太刀山峰右衛門(たちやまみね)	富山	1911〜1918	11
23	大木戸森右衛門(おおきともり)★	兵庫	1912〜1914	×
24	鳳谷五郎(おおとりたに)	千葉	1915〜1920	2
25	西ノ海嘉治郎(二)	鹿児島	1916〜1918	1
26	大錦卯一太郎(おおにしきういち)	大阪	1917〜1923	5
27	栃木山守也(とちぎやまもりや)	栃木	1918〜1925	9
28	大錦大五郎(おおにしきだい)★	愛知	1918〜1922	×
29	宮城山福松(みやぎやまふくまつ)★	岩手	1922〜1931	2
30	西ノ海嘉治郎(三)	鹿児島	1923〜1928	1
31	常ノ花寛市(つねのはなかんいち)	岡山	1924〜1930	10
32	玉錦三右衛門(たまにしきさんえもん)	高知	1932〜1938	9
33	武蔵山武(むさしやまたけし)	神奈川	1935〜1939	1
34	男女ノ川登三(みなのがわとうぞう)	茨城	1936〜1942	2
35	双葉山定次(ふたばやまさだじ)	大分	1937〜1945	12
36	羽黒山正司(はぐろやままさじ)	新潟	1941〜1953	7
37	安芸ノ海節男(あきのうみせつお)	広島	1942〜1946	1

代	力士名	出身地	在位期間	優勝
38	照国萬蔵(てるくにまんぞう)	秋田	1942～1953	2
39	前田山英五郎(まえだやまえいごろう)	愛媛	1947～1949	1
40	東富士欽壱(あずまふじきんいち)	東京	1948～1954	6
41	千代ノ山雅信(ちよのやままさのぶ)	北海道	1951～1959	6
42	鏡里喜代治(かがみさときよじ)	青森	1953～1958	4
43	吉葉山潤之輔(よしばやまじゅんのすけ)	北海道	1954～1958	1
44	栃錦清隆(とちにしききよたか)	東京	1954～1960	10
45	若乃花幹士(わかのはなかんじ)(初)	青森	1958～1962	10
46	朝潮太郎(あさしおたろう)	鹿児島	1959～1962	5
47	柏戸剛(かしわどつよし)	山形	1961～1969	5
48	大鵬幸喜(たいほうこうき)	北海道	1961～1971	32
49	栃ノ海晃嘉(とちのうみてるよし)	青森	1964～1966	3
50	佐田の山晋松(さだのやましんまつ)	長崎	1965～1968	6
51	玉の海正洋(たまのうみまさひろ)	愛知	1970～1971	6
52	北の富士勝昭(きたのふじかつあき)	北海道	1970～1974	10
53	琴桜傑将(ことざくらまつかつ)	鳥取	1973～1974	5
54	輪島大士(わじまひろし)	石川	1973～1981	14
55	北の湖敏満(きたのうみとしみつ)	北海道	1974～1985	24
56	若乃花幹士(二)	青森	1978～1983	4
57	三重ノ海剛士(みえのうみつよし)	三重	1979～1980	3
58	千代の富士貢(ちよのふじみつぐ)	北海道	1981～1993	31
59	隆の里俊英(たかのさととしひで)	青森	1983～1986	4
60	双羽黒光司(ふたはぐろこうじ)	三重	1986～1987	0
61	北勝海信芳(ほくとうみのぶよし)	北海道	1987～1992	8
62	大乃国康(おおのくにやすし)	北海道	1989～1991	2
63	旭富士正也(あさひふじせいや)	青森	1990～1992	4
64	曙太郎(あけぼのたろう)	ハワイ	1993～2001	11
65	貴乃花光司(たかのはなこうじ)	東京	1994～2003	22
66	若乃花勝(わかのはなまさる)	東京	1998～2000	5
67	武蔵丸光洋(むさしまるこうよう)	ハワイ	1999～2003	12
68	朝青龍明徳(あさしょうりゅうあきのり)	モンゴル	2003～	
69	白鵬翔(はくほうしょう)	モンゴル	2007～	

注：(初)(一)(二)(三)は同名横綱の代数を示す。　★ は大阪横綱

十　日本国政府と中華人民共和国政府の共同声明(日中共同声明)

日本国内閣総理大臣田中角栄は、中華人民共和国国務院総理周恩来の招きにより、千九百七十二年九月二十五日から九月三十日まで、中華人民共和国を訪問した。田中総理大臣には大平正芳外務大臣、二階堂進内閣官房

長官その他の政府職員が随行した。

毛沢東主席は、九月二十七日に田中角栄総理大臣と会見した。双方は、真剣かつ友好的な話合いを行った。

田中総理大臣及び大平外務大臣と周恩来総理及び姫鵬飛外交部長は、日中両国間の国交正常化問題をはじめとする両国間の諸問題及び双方が関心を有するその他の諸問題について、終始、友好的な雰囲気のなかで真剣かつ率直に意見を交換し、次の両政府の共同声明を発出することに合意した。

日中両国は、一衣帯水の間にある隣国であり、長い伝統的友好の歴史を有する。両国国民は、両国間にこれまで存在していた不正常な状態に終止符を打つことを切望している。戦争状態の終結と日中国交の正常化という両国国民の願望の実現は、両国関係の歴史に新たな一頁を開くこととなろう。

日本側は、過去において日本国が戦争を通じて中国国民に重大な損害を与えたことについての責任を痛感し、深く反省する。また、日本側は、中華人民共和国政府が提起した「復交三原則」を十分理解する立場に立って国交正常化の実現をはかるという見解を再確認する。中国側は、これを歓迎するものである。

日中両国間には社会制度の相違があるにもかかわらず、両国は、平和友好関係を樹立すべきであり、また、樹立することが可能である。両国間の国交を正常化し、相互に善隣友好関係を発展させることは、両国国民の利益に合致するところであり、また、アジアにおける緊張緩和と世界の平和に貢献するものである。

一　日本国と中華人民共和国との間のこれまでの不正常な状態は、この共同声明が発出される日に終了する。

二　日本国政府は、中華人民共和国政府が中国の唯一の合法政府であることを承認する。

三　中華人民共和国政府は、台湾が中華人民共和国の領土の不可分の一部であることを重ねて表明する。日本国政府は、この中華人民共和国政府の立場を十分理解し、尊重し、ポツダム宣言第八項に基づく立場を堅持する。

四　日本国政府及び中華人民共和国政府は、千九百七十二年九月二十九日から外交関係を樹立することを決定した。両政府は、国際法及び国際慣行に従い、それぞれの首都における他方の大使館の設置及びその任務遂行のために必要なすべての措置をとり、また、できるだけすみやかに大使を交換することを決定した。

五　中華人民共和国政府は、中日両国国民の友好のために、日本国に対する戦争賠償の請求を放棄することを宣言する。

六　日本国政府及び中華人民共和国政府は、主権及び領土保全の相互尊重、相互不可侵、内政に対する相互不干渉、平等及び互恵並びに平和共存の諸原則の基礎の上に両国間の恒久的な平和友好関係を確立することに合意する。

両政府は、右の諸原則及び国際連合憲章の原則に基づき、日本国及び中国が、相互の関係において、すべての紛争を平和的手段により解決し、武力又は武力による威嚇に訴えないことを確認する。

七　日中両国間の国交正常化は、第三国に対するものではない。両国のいずれも、アジア・太平洋地域において覇権を求めるべきではなく、このような覇権を確立しようとする他のいかなる国あるいは国の集団による試みにも反対する。

八　日本国政府及び中華人民共和国政府は、両国間の平和友好関係を強固にし、発展させるため、平和友好条約の締結を目的として、交渉を行うことに合意した。

九　日本国政府及び中華人民共和国政府は、両国間の関係を一層発展させ、人的往来を拡大するため、必要に応じ、また、既存の民間取決めをも考慮しつつ、貿易、海運、航空、漁業等の事項に関する協定の締結を目的として、交渉を行うことに合意した。

千九百七十二年九月二十九日に北京で

日本国内閣総理大臣　　田中角栄（署名）
日本国外務大臣　　大平正芳（署名）
中華人民共和国国務院総理　　周恩来（署名）
中華人民共和国　外交部長　　姫鵬飛（署名）

十一　日本の歴史年表

先土器時代（旧石器時代）

氷河時代。
南方からナウマン象、北からマンモス象。
群馬県の岩宿遺跡（相沢忠洋による発見）。
打製石器。
先土器時代・無土器時代。

縄文時代

約 1 万年前から紀元前 3 世紀ごろまでの約 8000 年間。
今のような日本列島できた。
縄文土器。
打製石器･磨製石器･骨角器。
たて穴住居、土偶。
青森県の三内丸山遺跡（縄文時代についての新たな発見）。

弥生時代

紀元前 3 世紀ごろ～3 世紀ごろまでの 500～600 年間
57　奴国王が中国（後漢）に使いを送り、中国の光武帝が金印を授ける。
107　倭の国から使者を後漢に送り、交わりを始める。
239　邪馬台国の卑弥呼、中国（魏）に使いを送る。

古墳時代

285　漢字、中国から伝わる。
350　このころ、大和朝廷、国内ほぼ統一。
391　倭、朝鮮に出兵、任那に日本府を設ける。
421　倭王讃（仁徳天皇？）、宋に使者を送る。
538　百済から仏教伝わる(552 年の説もある)。
562　任那の日本府ほろぶ。

飛鳥時代

574　聖徳太子の誕生。
587　蘇我氏、物部氏を滅ぼす。

593	聖徳太子の執政。
603	冠位十二階制定。
604	憲法十七条制定。
607	小野妹子を隋に送る（遣隋使）。
622	聖徳太子が死去。
630	遣唐使の派遣。894 年までの間、10 数回送られる。
645	大化の改新。
663	白村江の戦い。
672	壬申の乱。
701	大宝律令の制定。
708	和同開珎を発行する。

奈良時代

710	平城京に遷都。
712	古事記完成。
720	日本書紀完成。
754	鑑真来朝。
759	万葉集が成立。
765	僧の道鏡・太政大臣禅師。
784	長岡京に遷都。

平安時代

794	平安京に遷都。
804	最澄・空海、入唐。
805	最澄（伝教大師）・天台宗。
806	空海（弘法大師）・真言宗。
887	藤原基経・関白（関白の始まり）。
894	遣唐使停止。
905	古今和歌集。
935	平将門の乱・藤原純友の乱
995	藤原道長・右大臣。
1010	源氏物語。
1016	道長・摂政。 → 摂関政治
1017	藤原頼道・摂政。
1051	前九年の役。

1053　頼道、平等院鳳凰堂建立。
1083　後三年の役。
1086　院政の開始。
1156　保元の乱。
1159　平治の乱。
1167　平清盛、太政大臣になる　→日宋貿易。
1175　法然・浄土宗。
1180　治承・寿永の内乱。
1185　壇ノ浦の戦い。

鎌倉時代

1192　頼朝、鎌倉幕府を開く。
1203　北条氏執権となる。
1221　承久の乱。
1232　御成敗式目。
1274　文永の役。
1281　弘安の役。
1297　永仁の徳政令。
1324　正中の変。
1331　元弘の変。
1333　鎌倉幕府滅びる。
1334　建武の新政。
1335　足利尊氏の挙兵。
1336　南北朝の対立。

室町時代

1338　足利尊氏征夷大将軍に、京都に室町幕府を開く。
1368　足利義満・３代将軍。
1392　南北朝の合一。
1399　応永の乱。
1404　勘合貿易。
1429　尚巴志の琉球統一。
1443　足利義政・８代将軍。
1467　応仁の乱。
1543　ポルトガル人、九州の種子島に鉄砲を伝える。

1549　フランシスコ・ザビエル鹿児島にキリスト教を伝える。
1553　川中島の合戦。
1560　桶狭間の戦い。
1568　織田信長、京都入。
1573　室町幕府滅亡。

安土桃山時代

1575　長篠の戦い。
1576　安土城（滋賀県）築く。
1582　本能寺の変。
　　　太閤検地の始め。
1583　秀吉・大阪城築城。
1586　秀吉・太政大臣となる。
1588　刀狩令。
1590　秀吉、全国統一。
1592　文禄の役。
　　　朱印船。
1597　慶長の役。
1598　秀吉死去。
1600　関ヶ原の戦い。

江戸時代

1603　徳川家康、征夷大将軍となり、江戸幕府を開く。
1613　伊達正宗、支倉常長をヨーロッパに派遣。
1614　大阪冬の陣。
1615　大阪夏の陣。
1616　家康死去。
1624　スペイン船の来航禁止。
1629　踏み絵。
1635　日本人の海外渡航を禁じ、御朱印船廃止。
　　　参勤交代制。
1637　島原の乱。
1639　鎖国の完成。
1651　慶安の変。
1680　綱吉５代将軍となる。

1687　生類憐れみの令。
1690　湯島聖堂落成。
1702　赤穂浪士浅野の仇討。
1709　新井白石の改革（正徳の治）。
1716　享保の改革。
1732　享保の大飢饉。
1742　公事方御定書制定。
1767　田沼時代。
1774　解体新書(杉田玄白・前野良沢ら)。
1782　天明の大飢饉。
1787　寛政の改革。
1790　寛政異学の禁。
1798　古事記伝(本居宣長)。
1828　シーボルト事件。
1832　葛飾北斎の「富嶽三十六景」。
1833　天保の大飢饉。
1837　大塩平八郎の乱。
1839　蛮社の獄。
1841　天保の改革。
1853　アメリカの使節ペリー艦隊、浦賀に来航。
1854　ペリー再来航、日米和親条約調印。
1856　アメリカの総領事ハリス、下田に着任。
1858　日米修好通商条約調印。
　安政の大獄。
1860　桜田門外の変。
1862　生麦事件。
1863　薩英戦争。
1864　蛤御門の変。
　下関事件。
　長州征伐（第一次）。
1865　長州征伐（第二次）。
1866　薩長連合。
1867　大政奉還。
1868　五箇条の御誓文。
　戊辰戦争。

明治時代

1868　一世一元の制。
1869　東京に遷都。
　　　版籍奉還。
1871　廃藩置県。
1872　学制頒布　→義務教育の開始。
　　　岩倉具視・大久保利通らを欧米視察に派遣。
　　　東京の新橋と横浜の間に鉄道開通。
1873　徴兵令布告。
1874　自由民権運動 板垣退助、後藤象次郎、江藤新平。
1877　西南戦争。
1881　国会開設の詔。
1882　大隈重信、立憲改進党。
1885　太政官廃止、内閣制度制定。
1886　ノルマントン号事件。
1887　東京に電灯。
1889　大日本帝国憲法配布。
　　　東海道線全線開通。
1890　第1回衆議院議員選挙。
　　　第1回帝国議会開催。
　　　教育勅語発布。
1894　日清戦争（～1895)。
1895　下関条約調印。
1900　治安警察法。
1902　日英同盟。
1904　日露戦争（～1905)。
1905　ポーツマス条約。
1906　南満州鉄道株式会社。
1909　伊藤博文暗殺。
1910　韓国併合。
1911　関税自主権の回復。

大正時代

1912　明治天皇死去、大正天皇が即位。
1914　第一次世界大戦参加。

1915　中国に21か条要求。
1918　富山米騒動。
原敬内閣。
1919　パリ講和会議。
1920　国際連盟正式加入。
1921　ワシントン軍縮会議。
1923　関東大震災。
1925　普通選挙法公布。

昭和時代

1926　大正天皇死去、昭和天皇が即位。
1930　ロンドン軍縮会議。
1931　満州事変。
1932　五・一五事件。
1933　国際連盟脱退。
1936　二・二六事件。
1937　盧溝橋事件をきっかけに日中戦争。
1938　国家総動員法。
1939　第二次世界大戦。
1940　日独伊三国軍事同盟。
1941　太平洋戦争（～1945）。
1945　アメリカ軍の沖縄への上陸。
広島・長崎に原子爆弾投下。
ポツダム宣言受諾降伏。
1946　天皇、人間宣言。
極東軍事裁判開かれる。
日本国憲法公布。
六三三四制新学制。
1947　労働基準法、児童福祉法、教育基本法、学校教育法、独占禁止法公布。
日本国憲法施行。
1949　湯川秀樹がノーベル賞を受賞。
1950　朝鮮戦争。
1951　対日講和条約（48ヶ国）・日米安全保障条約調印。
1953　テレビ放送開始。

1954　防衛庁・自衛隊発足。
1956　日ソ共同宣言。
日本国際加盟。
1960　日米安全保障条約の改定。
1961　南極観測始まる。
1964　東海道新幹線開通。
第 18 回東京オリンピック開会。
1965　日韓基本条約。
1968　小笠原諸島返還。
川端康成がノーベル文学賞を受賞。
1970　日本万国博覧会開催。
1972　沖縄復帰。
日中国交回復。
1973　石油ショック→狂乱物価現象・異常インフレ。
金大中事件。
1974　戦後初のマイナス成長。
高度成長経済大打撃→省エネ。
佐藤栄作、ノーベル平和賞受賞。
三菱重工時限爆破事件。
1975　山陰新幹線開通(岡山～博多)
1976　ロッキード疑惑事件。
台風 17 号の全国的被害。
1977　日米漁業協定。
戦後最大の不況。
日本赤軍ダッカ事件。
1978　成田空港開港。
円高 180 円を割り反転。
日中友好条約。
1979　グラマン・ダグラス疑獄事件。
1980　冷夏→水稲大不作。
1981　神戸ポートピア。
ローマ教皇来日。
1982　東北新幹線開通(大宮～盛岡)
1983　大韓航空機撃墜。
日本海中部地震(104 人)。

三宅島大噴火。
1984 新紙幣発行。
グリコ社長誘拐事件。
世界一の長寿国家。
1985 男女雇用機会均等法成立。
日航ジャンボ機墜落(死者 520 人)。
科学万博つくば。
1986 バブル景気。
防衛費ＧＮＰ1%枠を撤廃。
国鉄分割、ＪＲグループ発足。
1988 リクルート事件。
青函トンネル鉄道開通。
瀬戸大橋開通。

平成時代

1989 昭和天皇死去。
消費税(3%)施行。
リクルート事件→宮沢喜一蔵相辞任。
宇野首相女性スキャンダル→自民党参院戦大敗→与野党逆転。
美空ひばり死去。
1990 株価暴落始まる。
日米構造協議。
大阪花博開催。
1991 雲仙普賢岳噴火。
バブル経済の崩壊。
地価下落。
都庁移転。
1992 国連平和維持活動(ＰＫＯ)協力法案成立。
カンボジアへ自衛隊派遣。
共和汚職事件。
日本人初の宇宙飛行士 (毛利)。
1993 連立政権樹立。
新生党·日本新党·新党さきがけ+社会党·公明党·民社党。

1994　政界再編(自民党・社会党・新党さきがけ)。
　関西空港開港。
　ゼネコン汚職事件。
　純国産ロケットH2打上げ。
　ノーベル文学賞(大江)。
1995　阪神・淡路大震災死者6430人、防災体制欠陥露呈。
　東京地下鉄サリン事件(オウム真理教)。
1996　食中毒O157発生。
　プリクラ大人気。
1997　神戸連続児童殺傷事件。
　島根沖ロシアタンカー重油流出。
　動燃虚偽報告。
　景気減速。
　臓器移植法成立。
　サッカーW杯初出場決定。
　タマゴッチ、ポケモン流行。
1998　戦後最悪の不況、過去最大の景気対策。
　長野冬季オリンピック開催。
　北朝鮮ミサイル上空通過。
　明石海峡大橋完成。
　東京湾アクアライン開通。
　地球温暖化防止京都会議開催。
1999　東海村で国内初の臨界事故、被ばく者死亡。
　失業率過去最悪、中高年の自殺急増。
　ガイドライン法成立と自衛隊初の海上警備行動。
2000　北海道有珠山、23年ぶり噴火。
　介護保険制度施行。
　雪印の食中毒事件（被害者過去最高の1万5000人)。
2001　国内初の狂牛病の牛確認。
　不況深刻化。
　株価急落、失業率5%台。
　大坂・池田小児童殺傷事件で8人死亡。
　えひめ丸がハワイ沖で米原潜と衝突、沈没。
2002　日韓共催サッカーW杯。
　ノーベル賞初のダブル受賞。
　倒産相次ぐ、失業率5.5%で最悪水準。

主要参考文献

青木千枝子．標準学習活用辞典 3　社会Ⅰ地理．日本：学習研究社．1983

青山道夫．標準学習活用辞典 5　社会Ⅲ社会、経済、政治．日本：学習研究社．1983

飯田国雄．標準学習活用辞典 4　社会Ⅱ歴史．日本：学習研究社．1983

家永三郎、黒羽清隆．日本史．3 版．日本：三省堂．1986

石井進・笠原一男など．詳説．日本史　改定版．山川出版社．1999

梅棹忠夫、金田一春彦ら監修．日本語大辞典．日本：講談社．1992

大谷洋平編集．知恵蔵’98．日本:朝日新聞社．1998

大谷洋平(CD～ROM版)編集．知恵蔵’99．日本：朝日新聞社出版局出版 企画室電子出版編集部．1999

鈴木保昭、山崎金造監修．日本世界人名辞典．28 版．日本：日東書院．1988

総務省統計局編集．総務省統計研究所．第五十六回　日本統計年鑑　平成 19 年．毎日新聞社．2006

帝国書院編集部．ＴＶそばに一冊ワールドアトラス．3 版．日本：帝国書院．1990

新渡戸稲造著．奈良本辰也・訳．現代語で読む最高の名著　武士道．日本：三笠書房．1989

日本文化いろは事典プロジェクトスタッフ．日本の伝統文化・芸能事典．汐文社．2006

年鑑辞典編集部．ジュニア朝日年鑑 1997★1998　社会[統計]．日本：朝日新聞社．1997
樋口清之監修．生活歳時記．日本：三宝出版．1994
山本信．知恵蔵 94．日本：朝日新聞社．1994
王华伟・曹亚辉．新编日本概况．中国：青岛海洋大学出版社．1999

国勢調査：http://www.stat.go.jp/data/kokusei/index.htm
都道府県市区町村：http://uub.jp/index.html
文化遺産オンライン：http://bunka.nii.ac.jp/Index.do
帝国書院：http://www.teikokushoin.co.jp/index.html
文部科学省へようこそ：http://www.mext.go.jp/kodomo/html/index.htm
社会実情データ図録 http://www2.ttcn.ne.jp/honkawa/index_list.html

后记

本教材《日本社会与文化》是在《新编日本概况》(编著：王华伟， 曹亚辉， 青岛海洋大学出版社，1999 年）的基础上改编而成。

我们在编写《新编日本概况》时，市面上这类教材还不太多见，而现在情况却大为改变。《新编日本概况》出版后得到全国许多院校日语专业的垂青，至今仍有部分院校选用本书作为相关课程的教材，另有若干院校将本书作为研究生入学考试的参考书，对此我们感到荣幸的同时，也感到责任的重大。

根据当前课程改革的需要，很多院校外语专业的概况课均改为社会与文化课。本教材的修订再版便是适应于这一背景。社会与文化突现了本课程的核心，同时也配合了现代外语语言教学中语言与社会，语言与文化的教学重点。

本教程分地理概貌、历史、政治、经济、社会生活等五个主要部分，这基本保留了《新编日本概况》的构成框架，但在内容含量与内容编排上却有相当大的改动。特别是地理和社会生活部分不仅加大了信息量，而且顺序也作了相应调整。还增加了日本经济部分。我们加大了教材的内容含量，目的是使课堂教学更加富有弹性。倘若作为一个学期的授课内容，教师可以根据需要选择性地完成教学任务，当然也可以作为两个学期的授课内容。

既然是社会与文化，似乎两者应当同等重要。但是对于外语学习，目标语言国家的文化往往更显重要，因此在教授外语时，我们往往要强调语言背后的文化。本教程在这方面也有所体现，文化方面的内容占有很大比重。

本次修订中，为了使读者加深对内容的理解，我们引用了大量的图表和图片，由于条件所限，我们未能同资料的版权所有者一一取得联系，在此一并表示感谢！

我们再次感谢使用过和正在使用《新编日本概况》的日语界同仁和同学们，是你们的支持使我们有勇气编写修订版，希望一如既往地支持和关注即将面世的《日本社会与文化》，多提中肯宝贵意见。

编　者

2008. 2. 27